上海市精品课程教材
普通高等教育金融类专业规划教材
华东理工大学优秀教材出版基金资助图书

金融学

刘建国　钱丽霞　主编

华东理工大学出版社
EAST CHINA UNIVERSITY OF SCIENCE AND TECHNOLOGY PRESS
·上海·

图书在版编目(CIP)数据

金融学/刘建国主编.—上海:华东理工大学出版社,2013.8(2022.7重印)
ISBN 978-7-5628-3636-0

Ⅰ.①金… Ⅱ.①刘… Ⅲ.①金融学 Ⅳ.①F830

中国版本图书馆CIP数据核字(2013)第197593号

上海市精品课程教材
普通高等教育金融类专业规划教材
华东理工大学优秀教材出版基金资助图书

金融学

主　　编/刘建国　钱丽霞
责任编辑/黄雯鑫
责任校对/李　晔
出版发行/华东理工大学出版社有限公司
地　址:上海市梅陇路130号,200237
电　话:(021)64250306(营销部)
(021)64252749(编辑室)
传　真:(021)64252707
网　址:www.ecustpress.cn
印　　刷/江苏凤凰数码印务有限公司
开　　本/710mm×1000mm 1/16
印　　张/27.75
字　　数/555千字
版　　次/2013年8月第1版
印　　次/2022年7月第6次
书　　号/ISBN 978-7-5628-3636-0
定　　价/45.00元

联系我们:电子邮箱 zongbianban@ecustpress.cn
官方微博 e.weibo.com/ecustpress
天猫旗舰店 http://hdlgdxcbs.tmall.com

華東理工大學出版社
客户端扫码进入天猫旗舰店

FOREWORD 前言

"金融学"作为一门研究货币与金融体系运行机制以及货币运行与经济运行之间关系的经济学科，已经成为我国高等院校财经类和管理类专业学生基础理论和专业必修课程。金融理论和实践的发展，尤其是国际金融形势和我国金融改革的日新月异，对金融学教学与研究以及学科发展和教材建设提出了与时俱进的要求。在这样的背景下，本书作者们在总结多年教学经验的基础上，结合理论前沿和热点问题的研究成果编写而成。主要分为四个部分：

第一部分阐述金融基础知识，包括货币、现代金融体系、利率和资产选择四章。货币是金融发展的历史起点，信用行为导致了金融活动，进而形成了金融机构和金融市场，利率是资金的价格，收益和风险则是资产选择的要素。本部分内容构成了全书的逻辑起点。

第二部分主要围绕金融市场和金融机构展开论述，包括金融市场、商业银行业务与管理、非银行金融机构和中央银行四章。以使学生能够了解各种类型的金融市场和金融工具及其交易特点，对金融机构和影子银行体系能够具有全局性认识为目标。本部分重点介绍了商业银行和中央银行这两类金融机构。

第三部分主要围绕宏观货币及政策问题进行讨论，包括货币供给、货币需求、通货膨胀与通货紧缩、货币政策和开放经济的均衡四章。通过分析货币需求、货币供给来反映货币总量的形成及其运动，在此基础上阐述货币政策对宏观经济的作用机理，进而探讨通货膨胀和通货紧缩。本部分将使学生系统了解宏观货币金融的理论和政策，为理解和分析宏观金融调控奠定坚实的理论基础。

第四部分主要涉及金融发展和稳定问题，包括金融与经济发展、金融稳定两章。通过分析金融发展理论和实践，使学生对金融体系与经济发展的关系认识能更加透彻。本部分对金融监管体制的发展及其在次贷危机后的最新变化也进行了讨论。

本书在写作过程和内容方面,体现了以下特色:

第一,全面系统地阐述货币金融理论。本书不仅关注金融学微观领域和宏观领域的重要基础理论,并且密切关注和体现前沿理论的发展。力求理论体系逻辑结构完整,行文层次清晰,言简意赅,深入浅出。

第二,联系中国实际,体现中国金融特色。在编写本书的过程中,作者广泛收集中国金融业发展中的素材和数据,阐述问题注重联系实际,尤其是联系中国银行业、金融市场以及货币政策的实际,体现出较强的实践性特点。

第三,结合课程内容,设置参考专栏。本书所设专栏以全球视野和热点追踪为特点,通过具有前沿性、知识性或趣味性的案例资料,对教材内容进行补充和细化,有助于增强学生对理论内容的认识,引起学生对现实问题的关注并培养其兴趣。

本书是上海市精品课程和华东理工大学校级精品课程《货币银行学》的建设成果之一。由华东理工大学商学院金融系主任刘建国教授领衔主编,提出教材编写大纲和写作要求,经本书全体作者多次讨论,最后由刘建国教授和钱丽霞老师统一定稿。各章编写人员如下:刘建国:第一章、第十一章;钱丽霞:第二章、第三章、第四章、第十五章;杨娥:第五章、第六章、第十三章;崔惠贤:第七章、第十四章;盛宝莲:第八章、第九章、第十章、第十二章。

本书适用于财经类和管理类专业的学生作为教材使用,也可以作为非专业学生、研究生和实际工作者的参考用书。竭诚欢迎有教学需求的教师,通过华东理工大学“金融学”精品课程网址(http://www.jingpinke.com),搜索本教材下载教学PPT。另也可进入华东理工大学课程中心(http://59.78.108.100)搜索本课程。

本书凝聚了作者们长期的教学和研究之体验。本书在编写过程中参考了国内外大量有关书籍和文献,谨向这些作者表示谢意。由于水平有限,不足之处在所难免,敬请各位读者批评指正。

刘建国

2013年8月

目录 CONTENTS

第一篇　总论

目录 CONTENTS

目录 CONTENTS

目录 CONTENTS

第二篇　金融市场与金融机构

第三篇　金融调控

目录 CONTENTS

目录 CONTENTS

第四篇 金融发展与稳定

第一篇 总论

第一章 货币

从经济学的角度而言，货币是人们在交换产品或服务，或者偿还债务时所愿意接受的一种优价资产——资产是由个人或企业持有的有价值的东西。

为了更好地理解货币的重要性，让我们进一步讨论无货币流通的经济体的情况——人们直接交换各自手中的商品或服务，即物物交换。物物交换有两个明显的缺点，即交易过程复杂、交易周期较长。以一个物物交换背景下的农民为例。假设这个农民需要额外的一头奶牛，并且向他的邻居提议，用自己闲置的耕具与其交换所需的奶牛。邻居如果不需要耕具，那么这个交易就无法完成。要在两个人之间达成物物交换，前提是一方所需必须是另一方所有。经济学家将这个条件称之为需求的双重符合。上述需要奶牛的农夫可以通过与其他人交换得到邻居所需的东西，才能最终与邻居达成交易。不过在最终换回拥有奶牛的邻居所需物品之前，这位农民可能已经经历了多次交易。很明显，确定多次的交易对象和进行多次的中间交易会花费大量的时间和精力。

物物交换的缺点是人们要想方设法去寻找一个大家在交易自己所需之物时都会接受的东西，货币就是在这种背景下产生的。在历史上，当某种商品被人们广为接受为货币时，即使人们暂时不需要它的使用价值，也会愿意接受它。

货币的出现大大便利了商品和服务间的交易，人们仅需出售自己所有的东西换取货币，再用货币购买自己所需的东西。这样，家庭就无需生产所有或大部分生活必需品，从而使专业化成为可能。

在现代经济生活中，人们已经实现高度专业化，人们仅需做自己的工作——护士、会计师或工程师等，然后用所赚得的钱购买自己所需的任何商品和服务。因为刻意追求自己的比较优势，因此在专业化之后生产力普遍提高。货币带来的专业化使得现代经济的高收入成为可能。我们现在就可以回答这样的问题：我们为什么需要货币？因为货币能使交换变得容易，能促进专业化和提高生产力。

第一节/货币的职能

货币具备五大职能，即充当交易媒介、价值尺度、价值贮藏手段、支付手段和世界货币。前两个职能统称为货币的基本职能,后三个则是由基本职能派生而来的。

一、交易媒介

当货币在商品交易中起媒介作用,即充当流通手段时,又可称为交换中介、流通中介。在物物交换条件下,只能在双方的需求和时间巧合之际,交易才能顺利完成,这种交易方式效率低、成本高,也只能限于在较简单的商品范畴内进行,因此,它逐渐成了生产力发展的桎梏。

在商品经济条件下,每个人都专门生产一种商品而又需要多种商品,于是交换就成为必然。生产商品需要花费时间,付出劳动,交换商品也不是一件容易的事情。我们将在商品和劳务交换过程中所花费的时间和劳动叫做交易费用。由于物物交换非常费时而且很难成交,因此要使交换有效率,就需要在商品中独立出一种特殊商品,即"货币"作为交换的媒介。也就是说,出卖商品的人要先将自己的商品换成货币,然后再用货币购买自己所需要的商品。所以货币作为商品交换的媒介,是被广泛接受的一般等价物。货币成为当然的支付手段,关键在于它能大大方便生产者、消费者,节约交易费用,使交易以最高效率、最低成本进行。这些节省下来的巨大人力、物力和时间,可以用来进行生产,从而提高经济发展水平,增进社会福利。同时,由于商品交换已经割裂为两个独立的行为——卖和买,并且有独立发展的可能,即卖而不买,不买就不能卖……如此推延超过一定限度,就有可能出现商品滞销、过剩等问题,引发经济危机。货币作为流通手段,虽有利于扩大商品交易,促进生产力发展,但也孕育了经济危机的萌芽。

二、价值尺度

货币的第二个职能是价值尺度。简单地说,就是我们将货币作为比较价值的工具。在日常生活中,我们用秤来度量重量,用公里来度量距离;同样,各国都用自己的货币来计算商品和劳务的价值。因为货币是大家都接受的交换媒介,所以,所有商品用货币计价十分方便,且非常容易比较价值大小贵贱程度。如果商品的价值不用货币来度量,那么商品的价值比较就非常困难了。例如在物物交易条件下,商品种类为 N,则交换比率总数为 $\frac{N\cdot(N-1)}{2}$,N 超过一定数量后,交换率将接近天文数字,计算极为耗时费力。而以货币作为价值尺度,人们只需比较商品之间以货币表示的相对价格即可,交换率将减至($N-1$),计算时间也大为节省。假设某人关心 200 种商品,这是一个很寻常的数字。有了价值标准后,他只需弄清按这个价值标准得出的 199 种价格。但若没有价值标准,他应了解的交换比率将达 19 900 个!

此外,各种资产和负债、收入和开支,都能用共同的货币来表示、比较和计算,大大简化了会计工作。由此可见,以货币衡量商品和劳务价值,极大地简化了市场上商品交换价值的衡量问题。

三、价值贮藏

货币还发挥着价值贮藏的功能,它是一种超越时间的购买力的贮藏。我们利用货币的价值贮藏功能将自己取得收入的时间和支出的时间分离开来。货币的这一功能非常有用,因为我们大多数人并不想在获得收入的当时就进行支出,而是想等到我们有时间或是有购物欲的时候再进行支出。换言之,货币代表了一般性的购买力,也就具有价值贮藏功能,即弗里德曼所说的“货币是购买力的暂栖处”。

作为价值贮藏的手段,货币并不是独一无二的。任何资产,不管是货币、股票、债券、土地、房产、艺术品还是珠宝,都可以用于贮藏财富。很多资产在作为价值贮藏手段时,比货币有更多的优点:它们通常能给持有者带来更高的利息收入、资产升值,或提供居住的服务功能。如果这些资产作为价值贮藏手段更为合适的话,人们为什么还要持有货币呢?

回答这个问题需要引入一个重要的经济学概念——流动性(liquidity),即某种资产转化为交易媒介的相对难易和快慢程度。人们对流动性的需求很高。货币是所有资产中流动性最高的,因为它本身就是交易媒介,它不需要转换为任何东西,就可以直接表现为购买力。其他资产转化为货币的时候,还会涉及交易成本。举例来说,如果你要出售你的房产,你必须向经纪人支付一定的手续费;如果你急需现金支付到期的账单,为了尽快出手,你可能不得不为你的房产定一个很低的价格。这样,货币是最具流动性的资产这一事实,就解释了为什么人们愿意持有货币,尽管它不是最好的价值贮藏手段。

货币作为价值贮藏手段的优劣取决于物价水平,因为货币价值依赖于价格水平。如果所有价格上涨一倍,就意味着货币价值下降了一半;相反,所有价格减半,就意味着货币价值上升一倍。在通货膨胀时期,物价水平急速上升,货币也迅速贬值,人们就不愿意以货币形式来持有财富。在极端通货膨胀时期,当月通货膨胀率超过50%,情况就更是如此。

第一次世界大战之后,德国发生了恶性通货膨胀,有时通货膨胀率甚至超过了1000%。到了1923年,物价水平比两年前上涨了300亿倍,即使是购买最基本的物品,也需要数量惊人的货币。例如,在恶性通货膨胀末期,买一片面包就需要一手推车的现金。货币贬值得如此迅速,以至于在一天中,要分好几次向工人支付薪水,而工人也要赶回家将领到的薪水尽快花出去,以免它变得一文不值。在这种情况下,没有人愿意持有货币,通过货币进行的交易越来越少,物物交换盛行。交易成本飞速上升,经济产出急速下降。

四、支付手段

在借贷关系中，货币在延期付款上起着重要作用。通过发挥交易媒介和价值尺度的作用，货币有利于交换中的即期支付，比如纺织厂可能会愿意现在卖给服装厂一批布料而在几个月之后再收款；而作为延期支付的方式，货币又在跨期交易中扮演着重要角色。在商品流通中，以信用形式买卖商品的现象，即赊销。商品卖出以后，货币并未同时由购买者交到商品销售者手中，这时，商品销售者变成了债权人，购买者变成了债务人。当契约到期时，债务人将贷款偿还给债权人。在赊销中，没有商品在同时同地与之相向运动，货币作为价值的独立形态单方面转移。随着商品生产的发展，货币充当支付手段的范围扩展到商品流通之外，如赋税、地租由实物形态转化为货币形态，各种劳务费用的支付，货币的借贷以及财政收入和支出，银行的存放款和工资的支付等，都由货币执行支付职能。货币支付手段出现后，一方面，在交易过程中，没有钱可以先进货，没有货可以先收钱，在时间、地区、行业之间大范围地调节资金和货物的平衡，使社会生产得以顺利进行，促使商品流通进一步扩大；另一方面，由于赊销预付在全社会形成了一个互相影响、互相制约的债务链，一旦债务链中的任何一个环节断裂，都可能导致商品流通和社会再生产的困难，甚至酿成经济危机。

货币的支付手段功能相当程度上取决于货币价值的稳定程度，因为不同时期货币的时间价值存在差异性，特别是在通货膨胀或通货紧缩的条件下，这需要运用计算现值的方法来进行调整。

第二节/货币形态的演变

纵观货币发展史，货币大致经历了实物货币和金属货币、代用货币、信用货币三个阶段，这个过程也是货币价值不断符号化的过程。

一、商品货币和金属货币

商品货币是货币演变的最初形态。商品货币从形态上来讲是指用商品充当货币，作为一般等价物存在。在人类经济史上，各种商品曾在不同时期、不同国家扮演过货币的角色，如古希腊以牛、羊，非洲和印度等地以象牙，美洲土著人和墨西哥人以可可豆作为代币。后来的金银铜等金属商品都曾充当过商品货币的具体形态。从实质上来讲，商品货币是足值货币——它作为一种商品提供非货币用途的价值，与其作为货币的价值相等。早期的货币大都是由足值的商品货币构成的，这种足值的商品货币不作为货币使用的可能性，能有效地保护货币持有人免受货币购买力大幅度下跌带来的损失。这种保护机制有效增强了商品货币的普遍适用性。

一般来说，作为货币的商品应具有四个特性：①价值比较高，这样可用较少的货币完成较大量的交易；②易于分割且分割后单位价值不变，从而为不同规模和数量的交易提供方便；③易于保存，在保存过程中不会损失价值，无需支付费用等；④便于携带，以利于在较广的地域内或不同的地区之间进行交易。

事实上，最早出现的货币在不同程度上具备这样的特征。如贝，作为计量单位不需分割，也便于携带。作为外来商品，价值也高。牲畜具有价值高、便于转移的优点，但不宜于分割，因为分割后，部分价值的总和就会大大低于整体。只要商品交换没有发展到一定阶段，作为货币的商品在某些方面的欠缺是可以容忍的。探险家在太平洋的雅普岛上发现当地人用巨大的难以搬动的轮形石盘作货币。在那个岛的范围内，获得货币的所有者只需在石盘上凿上自己的印记即可，而无需搬走。在这里，货币是实现收入转化为财富的重要手段，那里的轮形石盘类似于现在的黄金储备。

随着交换的发展，对以上四个方面的要求越来越高，商品货币均有不适合作为货币的缺点，而金、银、铜等金属比其他任何商品都能更有效地发挥货币的性能，商品货币也就逐渐被金属货币所替代，因而金属日益成为货币商品。金属充当货币的优点非常突出。尤其是金属可按不同比例多次分割，分割后还可冶炼还原。金属易于保存，特别是铜、金、银都不易被腐蚀。这些特性使得金属，特别是贵金属成为最理想的充当货币的商品。在一些古文明较发达的国家，白银是主要的货币商品。中国自宋代以来直至20世纪30年代，白银一直是主要的商品货币。西欧从公元13世纪以来，金币逐渐增多，到十八九世纪日益占据主要地位。20世纪初，在世界主要的工业化国家中，黄金已成为垄断性的商品货币。正如马克思概括的那样："金银天然不是货币，但货币天然是金银。"

金属货币最初没有固定形状、质量和重量，交易时须检验成色、权衡重量，又称为"称量货币"。随着商品交换的发展，人们把货币金属铸成具有一定形状、一定重量，并具有一定成色的金属铸币，大大便利了流通。但是，不管金、银的特性是多么适合充当货币，金、银在携带、分割、生产等方面还是有诸多不便，而且货币供应量受到金、银等贵金属产量的限制。人们逐渐发现金属铸币在流通中发生磨损和减重，但仍按面值流通使用，于是渐渐出现了作为代用货币的纸币。

二、代用货币

纸币作为代用货币，可以解决金、银等贵金属作为货币所面临的问题。最初的纸币可兑现金、银等贵金属，也就是发行纸币的钱庄、商号保证按纸币上写的数字按质按量地兑换成贵金属。人们在商品交换中接受纸币，实际是接受了发行纸币的钱庄、商号的信誉。从这个意义上说，纸币是一种可兑现的代用货币。

如果发行纸币的钱庄、商号不能按质按量地向纸币的持有者兑换贵金属，纸币就会丧失信誉，人们也就不会接受它。

后来，代表金属货币使用的纸币或银行券，一般由政府和银行发行，其本身价值低于货币价值，是一种不足值货币。纸币在市面流通，作为交易媒介，但都有足额金、银为保证，持币人有权随时向政府或银行将纸币兑换为金银货币或金银条块。

代用货币的优点是：①印刷纸币比铸造金属货币的成本低得多；②纸币比金属货币更易于携带和运输；③可避免金属货币流通所产生的一些问题。

代用货币的发行数量仍取决于金属准备量，它不能满足增加货币量的需求，况且，大量闲置的金属准备只能存放在仓库里，造成了巨大的浪费。随着金本位制的崩溃，代用货币便由信用货币替代。

三、信用货币

信用货币本身价值低于其货币价值，而且它不再代表任何贵金属，不能与金属货币兑换。实际上，信用货币已经成为一种货币的价值符号。

信用货币是代用货币进一步发展的产物，也是目前世界上几乎所有国家采用的货币形态。从历史观点而论，信用货币是金属货币制崩溃的直接结果。在1929—1933年的世界性经济危机和金融危机中，各国被迫相继放弃金本位制，实行不兑现的纸币流通制度，所发行的纸币不能再兑换金属货币，信用货币便应运而生。

除了上述直接的历史因素外，信用货币的演进也有其经济发展的内在根源。根据经验，政府和货币当局发现，只要纸币发行量控制适宜，即使法定纸币没有十足的金银准备，社会大众对纸币仍会保持信心。事实上，当今世界大多数采用信用货币制的国家，均具有相当数量的黄金、外汇、有价证券等资产作为发行信用货币的准备。但是各国政府或货币当局不再受十足金银准备的约束，而是根据政策需要决定纸币的发行量，这已是公众能接受的事实。

（一）纸币

现代社会中使用的纸币一般是法币。法币是由政府用行政命令发行，在商品交换中必须接受，并且不能换成贵金属的纸币。法币有很多优点，法币既然是政府靠行政命令以法律的形式发行的，在一个国家或地区一般只允许一种法币流通，因此法币具有统一性。法币又便于携带，根据经济需要可发行不同票面值的钞票，用起来很方便。公民对法币的信任，实际上是对发行法币的政府的信任。法币也有缺点，因为它不可兑换，所以一个政府如果大量发行法币就会造成恶性通货膨胀。这类事例在历史上已多次出现，比如在1923年的德国，1947—1949年的中国，以及20世纪七八十年代的部分拉美国家。

专栏 1-1 没有政府的货币

伊拉克第纳尔正相对于美元升值。这似乎并不奇怪。2003 年 5 月，随着美国和英国军队入侵伊拉克，伊拉克萨达姆·侯赛因政权最终垮台了。伊拉克的新政权尚未建立，但印有萨达姆头像的纸币仍在流通。美国驻伊拉克的官员曾预计，随着战争的结束以及萨达姆的倒台，印有萨达姆头像的纸币将没有任何价值。当美国开始以美元支付伊拉克官员工资时，这个结果似乎是不可避免的。不过很多伊拉克人却继续使用第纳尔，因为他们对此更为熟悉。正如一位伊拉克人所说，相比较美元，人们更相信第纳尔，它是伊拉克的。事实上，在美军进驻伊拉克数周之后，第纳尔的供不应求导致了它相对于美元的升值。2003 年 4 月上旬，美军刚进入巴格达时，4 000 第纳尔换 1 美元。6 周后，也就是 5 月中旬，只需 1 500 个第纳尔就能换 1 美元。

最终，新的伊拉克政权重组，并要求货币以旧换新。新的第纳尔在世界各地的印刷厂印刷，然后再由 27 架装满纸币的波音 747 飞机运往巴格达。2004 年 1 月，20 亿元不同面值的纸币被分配到伊拉克各地的银行，印有萨达姆头像的旧货币退出流通领域。萨达姆政权倒台后，其发行的货币仍然经历了一段时间的价值上升，这说明了货币的一个重要特征：只要人们愿意接受并以之交换产品和服务，任何物品都可以成为货币——即使这个货币是由一个已经消失了的政府发行的。

资料来源 R. 格伦·哈伯德、安东尼·P. 奥布赖恩著，王永钦、丁菊红、许海波译：《宏观经济学》，机械工业出版社 2007 年版，第 324－325 页。

（二）支票存款

辅币和纸币在日常生活中通常被称为现金，它们构成信用货币的重要形式。但在信用制度比较发达的国家，支票存款已成为信用货币的主要形式。支票存款是存款人能以支票即期提取、支付的存款。这种存款通过支票可以随时在交易双方之间进行转移，因而在商品和劳务的支付，以及债务的清偿中被普遍接受，发挥着货币的职能。不仅如此，支票存款在现代社会中已成为主要的货币形式。这是因为，使用支票不但可以减少因使用现金而带来的遭受丢失和失窃损失的风险，而且由于传递方便、省去找换零钱等程序，可以减少交易成本；同时，支票经收款人背书后还可在一定范围内直接充当支付工具。在现代社会中，随着各国银行金融领域的不断创新，支票的形式呈现出多样性。所以，在交易双方不相识或缺乏信任的场合，支票常常难以为交易双方所接受，国家也往往不赋予支票存款以法币的地位。这种局限性往往通过保证支付等方法得到有效克服，从而进一步提高了支票存款在现代信用货币构成中的地位。

现代的信用货币是以纸币为主导的一种货币形态，现金与支票构成了整个社会的支付系统。该支付系统在电子技术迅速发展、金融创新不断深化的条件下，面临着这样的问题，即现行的支付系统在行使其职能时，费用是否能进一步减少，效率是否能进一步提高。许多经济学家提出，支付系统在经过无现金社会的变革后，将通过电子货币的方式过渡为无支票社会。

（三）电子货币

电子货币是一种电子化存储的货币，它类似于支票，但相比于支票，它有两个优点：一是电子货币对陌生人来说比支票更容易被接受；二是电子货币支付的结算成本远低于支票的结算成本。

电子货币有以下几种形式：

(1) 借记卡。通过借记卡，消费者在购买商品时可以使用电子支付系统将其银行账户上的资金直接转移到商家的账户上。在很多可以使用信用卡的地方，都可以使用借记卡，而且它往往比使用现金还要快捷。例如，在超市购物时，你只需要将你的借记卡在机器上轻轻一划并输入密码，你所需支付的金额就直接从你银行的账户上被扣除了。很多银行和企业，比如 VISA 和万事达，都发行借记卡。

(2) 储值卡。最简单的储值卡是消费者购买的预先设定一定量货币的卡。更复杂的储值卡称为智能卡，卡上带有电脑芯片，可以在任何需要的时候从其持有人账户载入数字现金，这一载入过程可以通过 ATM 机、个人电脑或是具有特殊装备的电话来实现。

(3) 电子现金。可用于在互联网上购买商品或劳务。如果银行接入互联网，消费者就可以开设电子资金账户，从而将电子现金转移到自己的电脑上。想要使用电子现金购物的消费者，可以访问互联网上的购物网站，选择所要购买的物品，随后电子现金就会自动从消费者的电脑上转移到商家的电脑上。这样，在配送商品之前，商家就可以将资金从消费者的银行账户转移到自己的银行账户上。

(4) 电子支票。互联网使用者可以直接通过互联网支付大量的账单，而无需签发纸质的支票。使用者通过电脑签发类似支票的替代物，将这种电子支票传送给另一方，对方随后将之传给银行。一旦接受银行确认该电子支票有效，资金就会从签发者的银行账户转移到接受者的银行账户上。整个过程都是电子化的，所以比使用纸质的支票要廉价而且更为快捷。据美国的专家估计，使用电子支票进行交易的成本不到使用纸质支票成本的三分之一。

（四）准货币

现金和使用支票的存款货币等，在清偿债务及购买物品时，均按面额接受，最具有流动性，是最基本的货币形式。但是，许多经济学家认为，上述货币形态不足以涵盖所有具有货币性的资产。如银行存款中的定期存款（包括可转让定期存单）、通知存款，虽然不能凭票支付，但一般也可以提前支取变现，构成现实的支付能力。这些金融资产，由于很容易变现，可以将被其视为近似货币或准货币。

短期政府债券、具有现金价值的人寿保险单、外币存款、外汇信托资金及外币定期存单，甚至在证券市场上流通的股票、长期债券等都可以很快地货币化，也可以看作是准货币。

在现代信用货币制度下，黄金作为实质货币已退出了历史舞台，但黄金的非货币化并不彻底。黄金本身价值高、易于储存和分割等货币特性使其尽管退出了流通领域，失去了流通手段和价值尺度的功能，但其储藏手段和最终支付手段的功能并没有完全丧失，黄金仍然是各国政府重要的储备资产。因此，黄金也可以被看成是一种准货币。

第三节/货币本位制度

一、货币制度的形成

金属货币流通经历了称量货币和铸币两个阶段。在称量货币阶段，金属货币以条块的形式流通。由于每块黄金和白银的重量、成色不同，因此每次交易都要称量重量、鉴定成色，并根据交易额的需要加以切割，这给交换双方带来很多不便。第三次社会大分工后，出现了商人阶级，一些富商大贾以个人信誉做担保，在一定形状的金属块上打上自己的印记，标明重量和成色，这就是最初的铸币。由于商人信誉的局限性，这种铸币仅在有限的流通范围内方便了商品交换。随着市场的扩大，需要对金属铸块做出更有权威的证明，因此国家作为最高权威的代表，把金属块铸成一定形状并打上印记，即出现了国家铸币。

铸币广泛流通于前资本主义社会，但极其分散和紊乱，其特点主要体现在三方面。

（一）充当货币的材料种类繁多

黄金、白银、铜、铁、粮食、布帛等都充当过货币的材料。流通中铸币的币材主要是银、铜等较廉价的金属，黄金一般只在巨额交易中使用。这种情况是由前资本主义社会商品经济不发达的情况所决定的。在奴隶社会，希腊的铸币币材是白银；罗马在公元前 3 世纪以前用铜，以后用白银；西欧中世纪的铸币币材也主要是银；在中国，从春秋到清末的两千多年时间里，铸币币材主要是铜，白银虽然被广泛使用，但仍是称量货币。

（二）铸币铸造具有分散性，流通具有区域性

在奴隶社会的希腊几乎每个城邦都铸造自己的铸币，当时曾有 1 500～

2 000 所造币局。在中世纪的欧洲，由于经济和政治割据，使铸币的铸造权极端分散。德国当时属于各封建领主的造币局有 600 多所，此外还有很多独立的城邦有造币权。我国古代铸币铸造也分散于各地，如先秦的刀币和布币是各城邑铸造的，币面多标明地名；唐朝的开元钱，明朝的大中、洪武等铸币，以及清朝流通 200 多年的钱币，都是由各州、省或局分别铸造的，铸币背面有州名、省名或局名。

铸币铸造的分散决定了流通的区域性。在一个封建国家内，各城邦、省（州）均使用自己铸造的铸币。如我国宋朝，京东、京西使用铜钱，成都一带使用铁钱，陕西一带则铜钱、铁钱兼用。

（三）铸币不断贬值

铸币的重量经过长期流通会因磨损而减少，成为不足值货币，但磨损较小并不影响流通。由于这里存在着巨大的利益，因而常常诱使私铸泛滥。例如汉武帝时期，因私铸罪判死刑的有十几万人，但仍无法完全杜绝私铸。国家为了维持庞大的财政开支，经常有意识降低铸币的成色和重量，铸造不足值铸币。雅典在公元前 407 年—公元前 406 年曾发行仅镀一层白银的铜铸币。罗马曾铸造仅含有 2%白银的“银币”。中国汉初把 12 铢重的“半两”钱减轻为 3 铢重的五铢钱。南北朝时期出现的“鹅眼钱”，1000 文积起来还不到 3 寸厚。英国在 1290 年用 1 镑白银铸成 240 个便士，到 1616 年则铸成 792 个便士。中外这样的实例不胜枚举。

混乱的铸币制度阻碍了商品交换的扩展和统一市场的形成，铸币的贬值又使正确计算成本发生困难，使得广泛的信用联系难以建立，这一切都妨碍了资本主义生产方式的建立。因此，当资产阶级建立国家政权后，就逐步清除货币流通中的混乱现象，先后以法令形式对货币流通做了种种规定。所颁布的货币方面的法令和条例逐渐被固定下来，从而形成了统一的、定型化的资本主义货币制度。

二、货币制度的构成要素

货币制度简称币制，是国家以法律形式规定的货币体系和货币流通的组织形式，它使货币流通的各个要素结合成为一个有机整体。它主要包括确定本位货币；货币单位和价格标准；主币与辅币的铸造、发行和流通程序；准备制度等。

（一）本位货币

确立本位货币是建立货币制度的基础。因此，国家必须首先用法律规定将某种特殊商品作为衡量货币价值的标准，如金、银等金属。实际上，这种法律规定受客观经济条件制约，而不是政府主观意志的产物。从整个金属货币的发展历史来看，本位货币最初由价值相对较低的白银充当，后来演变为白银和黄金同时流通，最后演变为由价值较高的黄金充当，这是商品经济发展的必然要求。一般说来，发达国家的本位货币多为黄金，落后国家则为白银。

随着生产发展和商品流通扩大，黄金的产量已无法满足需要，各国渐渐以纸币和银行券取代金属货币。大多数国家实行不兑现的纸币流通制度。由于法令中没有规定何种商品可充当本位货币，这就是说，货币制度中最重要的一个构成要素消失了。

货币制度要规定本位货币的名称。货币名称通常以习惯形成，例如，英国的本位货币名称为“英镑”、美国为“美元”、印度为“卢比”等。

（二）货币单位和价格标准

货币制度要明确货币的单位及其划分。例如，英国的本位货币单位为“镑”，1 镑的 1/20 叫“先令”，1 镑的 1/240 叫“便士”。现在则改为 1%的面值，称“新便士”。

在金属货币流通的条件下，价格标准是规定货币单位的名称与每一货币单位所含的货币金属重量。例如，美国的货币单位名称为“美元”，根据 1934 年的法令，美元的含金量规定为 0.888 671 克黄金；英国的货币单位名称为“英镑”，按照 1870 年铸币条例，其含金量为 7.97 克黄金；旧中国在 1914 年的《国币条例》中规定，货币单位名称为“圆”，每圆含纯银为 6 钱 4 分 8 厘，合 23.977 克。

在现代纸币本位制度中，货币单位不再规定含金量，货币单位与价格标准逐渐融为一体，货币的价格标准即是货币的单位及其划分的等份，如元、角、分。

（三）主币与辅币的铸造、发行和流通程序

在现代经济社会中，各国货币通常都是纸币、铸币和存款货币三者同时流通，前两者总称为通货。由各种货币依据等价关系所构成的体系与秩序，形成一国的货币制度。货币制度的核心是货币的标准和计量单位，即所谓的货币本位。在多种货币并存的情况下，充当计算单位或基本单位的货币，被称为本位货币，即标准货币。一个国家需要通过法律形式对本位货币的名称（如我国的“元”、英国的“英镑”、美国的“美元”）、种类、法偿性、价值或等价关系做出规定。本位货币具有两个特点：①具有无限的法偿性。所谓法偿性是法律赋予本位货币的一种属性，是法律赋予的强制流通的能力。无论支付额是多少，任何人都不得拒绝接受。其他货币，如辅币或支票作为支付手段，接受者可以拒绝。②是一切交易行为最后的支付工具。市场上的交易，以本位货币作为最后的支付工具，任何人不得要求以其他货币支付。在某些情况下，虽然其他货币可以在市场上流通，但接受者可以要求以本位货币支付。

概括来讲，一国的本位货币，是指国家以法律形式确定其本位货币的价值，赋予其在市场上强制流通的能力，并将本位货币作为商品交换、劳务交换、债务债权清偿及会计核算的计量单位的一种货币制度安排。如果一国的货币制度中规定货币单位受等量金属或其他国货币等价的约束，称为规范本位制度。如果以纸币为币材，其价值由法律所赋予，不与一定金属保持等价关系，则称为自由

本位制度。

(四) 准备制度

任何一个国家都规定货币金属必须集中于中央银行或国库。在金属货币流通的条件下,金属准备的用途主要有三个:①作为世界货币的准备金;②作为国内货币流通的准备金;③作为支付手段和兑换银行券的准备金。

目前,世界各国不再有金币流通,金属准备只具有第一项用途。除此以外,某些发达国家的货币(如美元)也可以作为世界货币。因此,现在的准备制度包括黄金和外汇准备制度,黄金和外汇都必须集中于中央银行或国库。

三、货币制度的演变

自货币制度形成以来,共经历了四种类型,即银本位制、金银复本位制、金本位制(包括金币本位制、金块本位制和金汇兑本位制)和不兑现的纸币本位制。

(一) 银本位制

银本位制是以白银作为本位币的货币制度,是最早的货币制度之一。其内容包括:①以白银作为本位币材,银币为无限法偿货币,并有强制流通能力;②本位币的名义价值和实际价值相符,银币可以自由铸造,自由熔化;③银行券可以自由兑换银币或等量白银;④白银和银币可以自由输出入。

银本位制从16世纪以后开始盛行,这主要是由于在墨西哥和秘鲁发现了丰富的银矿,白银产量大增所致,墨西哥、日本、中国、印度等先后实行过。但是,这种货币制度在世界各国推行时间较短,一般在19世纪末渐渐较少使用,主要原因是:①白银价格不稳定,仅从1870年到1935年期间,白银价格就有四次大的波动。中国就是在1935年被迫放弃银本位制的。②银价贬值幅度大,使实行银本位制国家的货币对外贬值,影响该国的国际收支平衡和国内经济发展。③与黄金相比,白银单位重量的价值较小,在大宗交易和价值较大的交易中使用白银,会给计量和运输带来诸多不便。17世纪在巴西出现了丰富的金沙,大量黄金从美洲流入欧洲,也促使了银本位制向金银复本位制的过渡。

(二) 金银复本位制

金银复本位制是以金币和银币同时作为本位币的货币制度,即金币与银币同时具有无限法偿性,均可以自由铸造和熔化,并按法定比率相互兑换,在市面上平行流通的制度。实行复本位制的国家,往往是黄金产量不足以满足货币供应,而以白银作为补充的国家。

按国家是否规定金银之间的比价来划分,金银复本位制可分为平行本位制和双本位制两种类型。

(1) 平行本位制。这是指两种货币按各自所含金属的实际价值流通的本位制。国家对两种货币的交换比率不加规定,根据市场上金银的比价自由确定金币银币的比价。

(2) 双本位制。这是指国家用法律形式规定金银之间的比价，金银按法定比价流通的本位制。国家依据市场金银比价为银铸币规定国家的兑换比率，如果市场金银比价大幅波动，国家又未及时调整兑换比率，就会出现金银市场比价与金银铸币兑换比率背离的情况。

专栏 1-2 格雷欣法则

金银复本位制是不稳定的制度，易产生“劣币驱逐良币”现象。例如，美国在 1791 至 1861 年间，法定币制是金银复本位制，最初金银之间的铸币比率为 1∶15，但其他主要实行金银复本位制的国家，均采用 1∶15.5 的金银铸币比率。于是，任何商人都愿意将一盎司黄金自美国运至他国，换取 15.5 盎司的白银后，再运返美国以 15 盎司白银换回 1 盎司黄金，从中获取 0.5 盎司白银毛利，除去运杂费后仍有盈余。同时，美国在外国购货，以支付黄金较为有利；而外国在美国购货，则以支付白银较为有利。因此，金币逐渐外流，金银复本位制变为事实上的银本位制。其后，美国国会于 1834 年将铸币比率改为 1∶16，结果又造成银币外流的局面，又变成实际的金本位制。这一现象为英国造币厂厂长格雷欣所发现，因此，它被称为“格雷欣法则”。

资料来源：根据相关资料整理。

总之，由于金银同时作为计价标准与价值尺度的独占性相矛盾，所以，金银复本位制实际上无法有效地实行。从 19 世纪起，美国及主要资本主义国家先后放弃金银复本位制，改为金本位制。

(三) 金本位制

金本位制是以黄金为本位币的货币制度，可分为金币本位制、金块本位制和金汇兑本位制三种不同形式。

1. 金币本位制

金币本位制是最完全意义的金本位制，货币单位有法定的黄金含量，金币由政府铸造并为无限法偿货币。为了维持货币单位与所含黄金价值的固定关系，政府金融机关在规定的价格下无限买卖黄金。黄金可以自由输入和贮藏，纸币也可以自由兑换为金币。

在第一次世界大战前，世界上的主要国家均采用金币本位制。实行金币本位制有五个条件：①国家以法令规定每枚金币所含的纯金与重量；②金币可以自由熔化和铸制，即自由铸币；③黄金可以自由买卖、输入、输出、窖藏，不受任何限制；④金币与其他形式的货币按等价相互兑换；⑤金币为无限法偿货币。英国大约在1816年采用金币本位制后，欧、美、日各国纷纷效尤，在1816至1914年这段时期内，世界主要国家都采用金币本位制，这一时期可谓金本位制的全盛时期。

2. 金块本位制

金块本位制是指货币单位仍有一定的黄金含量，但是停止金币铸造和流通，国内只流通银行券、辅币等，人们仍可以自由购买和贮藏黄金。银行券只能在一定的条件下兑换金块或金条，兑换条件较高。如1925年英国规定银行券与金块兑换的起点为1 700英镑，含金量400盎司这种条件下，只有少数富人才有实力兑换金块或金条，因而又称之为“富人本位制”。

第一次世界大战后，除美国外，世界上所有的国家都放弃了金币本位，而实行金块本位制。金块本位与金币本位的差别，主要是金币不再铸造和流通，政府或中央银行按固定价格无限制收购黄金，但支付以金块为准备发行的纸币。纸币仍有含金量的规定，但黄金却不能流通。1925年，英国恢复金本位制，但随着1929至1933年世界经济大危机和金融危机的爆发，英国被迫于1931年放弃金本位制。美国也于1933年放弃金本位制，并于1934至1971年采用一种有限度的金块本位制。其他国家从1914年开始，多采用某种形式的金汇兑本位制或不兑现的纸币本位制。1933年以后，世界各国进一步限制了黄金的使用，规定除工业用途外，人民不能向政府购买黄金；不能自由输出黄金，进口黄金必须卖给政府；黄金国有化，对内作为中央银行的准备金，对外作为国际支付工具。

3. 金汇兑本位制

货币单位规定有含金量，但无金币铸造和流通，无金块可供兑换。国内流通银行券，在规定汇率下能自由地兑换另一种采用金币本位制或金块本位制国家的货币，本国货币间接地与黄金挂钩。金汇兑本位制是指一个实施金本位制的国家，在国际清算上是用黄金或黄金的替代品(可兑换黄金的通货)，而另外一个国家的货币不与黄金直接发生联系，只通过兑换实施金本位国家的货币间接与黄金建立联系的本位制。例如，1893年印度的卢比与英国的英镑，1903年的菲律宾比索与美元就是这样的关系。第一次世界大战后，德国、智利、意大利也实行过金汇兑本位制。

金本位制对物价和货币供应量具有自发调节机制，并有利于汇率和国际收支的稳定和均衡。但是随着经济的发展，世界各国流通中货币需求急剧增加，而黄金、白银等贵金属作为币材产量受到限制，且各国黄金、白银矿藏分布不均，工业消耗也大量增加，贵金属产量无法满足货币需求量的增加，各国也不再能保证黄金的自由铸造、自由兑换和自由输出入。这是金本位制最终退出历史舞台的根本原因。因此，金本位制崩溃，各国纷纷实行不兑现的纸币本位制度是历史的必然选择。

(四) 不兑现的纸币本位制度

1930年以后,各国货币制度过渡到不兑现的纸币本位制度。主要特征如下:

(1) 各国本位币(通货)是由中央银行发行的纸币,具有无限法偿资格,根据政府法令强制流通。

(2) 纸币不与任何金属保持等价关系,不规定含金量。货币发行一般不以金银为保证,也不受金银的数量限制。

(3) 货币通过信用程序发行。中央银行贷款给商业银行或其他金融机构,银行或其他金融机构再贷给企业;企业支付税金形成政府收入,支付工资形成居民收入。

(4) 纸币本位制度是一种管理通货制度。货币根据经济需要而发行,国家对货币流通的调节和管理非常重要,如利用公开市场业务、存款准备金率、贴现率等变量来调节货币供给量,通过设立外汇基金干预外汇市场来稳定汇率,因而纸币本位制又称为"管理本位制"。

在不兑现的纸币本位制度下,纸币发行必须具有相当准备,如金银、外汇、政府证券等,否则会形成严重的通货膨胀,无法维持纸币信用。

四、我国的货币制度

(一) 古代的货币制度

我国使用货币已有几千年的历史。原始货币主要是海贝、布帛和农具,商周时期已开始使用金属货币,春秋、战国时期的货币种类更多,如刀币、布币、铲币、环钱、蚁鼻钱等。秦始皇统一中国后,废除刀、布、贝等币,以半两钱铜铸币为统一的铸币,每枚重量为当时的半两(即12铢),形状外圆内方。从秦朝到清末的2000多年时间里,外圆内方的铜钱一直是我国流通的基本货币。黄金、白银也是主要流通货币,但以称量货币形式流通。

我国是使用纸币和信用货币最早的国家。早在周朝时就有了叫做"里布"的商业票据。汉武帝时期(公元前119年)发行过"白鹿皮币",已具有纸币的雏形。唐宪宗时期(公元806年至公元820年)出现的"飞钱""便换"可在异地之间流通、转让和兑现,具有汇票性质。多数货币学家认为,中国最早的纸币是北宋初年在四川出现的"交子"。当时四川使用铁钱,体大值小,流通不便。益州16户富商发行一种名为"交子"的纸币,类似于存款收据,可兑现和流通。后因有些商人破产不能兑现,所以政府禁止商人发行,并于宋仁宗天圣元年(1023年)改由政府发行,实现全国范围内的流通。1105年改"交子"为"钱引"。南宋时期的纸币主要是关子、会子等。到了1161年,流通中的纸币数量已达4 147万贯,而金属铸币总共只有70万贯。元朝和明朝时期,纸币仍然占据重要地位,但因多次发生纸币贬值和通货膨胀,清朝从17世纪起取缔了纸币,直到19世纪中期才重新发行纸币。

我国古代货币制度是不健全的。贵金属(如金、银)与廉价金属(铜、铁)同时流通,金、银称量货币与金属铸币同时流通,纸币与金属货币同时流通,这些货币平行流通,没有主币与辅币之分,政府很少硬性规定它们之间的比价,铸造货币和发行纸币比较分散。这种货币制度是由我国落后的自给自足的自然经济基础所决定的。

(二)近代的货币制度

从鸦片战争到1949年中华人民共和国成立这段时间,我国近代货币制度呈现一种混乱的、落后的与不独立的货币制度。

在西方国家早已实行金本位制时,我国仍旧实行落后的银本位制,即银两本位制、银钱平行本位制,这种称量货币的流通极为不便,造成外国银元如西班牙本洋、墨西哥鹰洋、日本龙洋等大量涌入我国。据1910年清政府调查,当年在中国流通的外国银元有11亿元。清政府于光绪十五年(1899年)开始自铸银元,通称“龙洋”,即以银元为货币本位。但并未废除银两制度,直到1935年国民政府实行法币,银本位制才退出历史舞台。在银本位制下币值经常受到出产白银国家产量及输出政策的影响,国际银价上涨时,白银外流,通货紧缩,造成经济不景气;国际银价下跌时,白银大量输入,造成通货膨胀,物价上涨。因此,银本位制国家的经济,常随世界银价的波动而波动。

当时,在流通中使用银元、银行券和铜元,而大宗交易和支付用“银两”计价。由于主要商埠的“银两”轻重不一,这就造成了计价与流通标准不统一的混乱局面,不利于商品流通和经济发展。

直至1933年4月,国民政府实行“废两改元”的币制改革,我国才开始以统一的银铸币为货币本位。“废两改元”规定,所有收付、交易一律改用银元,不得再用银两,并确定以银本位制的“元”为单位,每元含纯银23.493 448克。银元同银两的折算率,定于一元等于上海规元7钱1分5厘。一切收付与交易如仍用银两计算,在法律上将不承认有效。“废两改元”在客观上起到统一货币并促进经济发展的积极作用。

由于银价暴涨,国内银短缺,使得银本位制很难维持下去,国民党政府于1935年11月被迫放弃银本位制,实行“法币改革”。主要内容是:①以中央银行、中国银行、交通银行、中国农业银行发行的钞票为法币,具有无限法偿能力;②禁止白银流通,各地银钱行号、商店、公共团体及个人,持有银币、厂条、生银、银锭或银块等,均交各地兑换部门换取法币;③白银收归国有,移存海外,作为外汇准备金;④法币1元与14.5便士或0.297 5美元等值,中央银行、中国银行、交通银行、中国农业银行无限制买卖美元、英镑,以维持法币币值的稳定。至此,我国铸币流通宣告结束,开始实行不兑现的纸币本位制度。

“法币改革”不久,抗日战争爆发,接着又是3年解放战争,国民党政府实行通货膨胀政策。仅1945年8月到1948年8月，法币发行量增加了1 000多倍，法币贬值以致几乎变成了废纸。1948年8月19日，国民党宣布币制改革，发行金圆券，以1∶300万的比例收兑法币。金圆券是不兑现的银行券，虽然规定了含金量并声称具有十足准备，但是不兑现，这些规定毫无意义，1年以后金圆券又变成了废纸。1949年7月4日，国民党政府在广州发行了所谓无限制兑现的"银元券"，1元折合金圆券5亿元，但已无力回天。有人将法币、金圆券的贬值作了形象的分析:100元法币的购买力，1938年值两头黄牛，1939年值一头猪，1943年值一只鸡，1945年值两个鸡蛋，1947年值一个煤球，1949年5月仅值一粒大米的千分之二点四五。国民党政府时期的恶性通货膨胀，严重扰乱了货币流通秩序，对人民生活和经济发展造成了无可挽回的巨大损失。

与国民党统治区货币制度并存的，是中国共产党领导的革命根据地的货币制度。早在第一次国内革命战争时期，中国共产党领导下的农民协会就建立了一些银行或信用机构，并发行过货币。例如1927年湖南平民银行发行的临时兑换券，湖北黄冈县的农民协会信用合作社发行的流通券等。第二次国内革命战争时期，各苏区也发行过各种货币，如1928年海丰劳动银行的银票，1929年江西东古平民银行的钞票，1931年中华苏维埃共和国国家银行的钞票、银元和铜币。抗日战争和解放战争时期，各根据地的银行先后发行了地区性货币，如陕甘宁边币(陕甘宁边区)、晋察冀边币(晋察冀边区)、西北农民币(晋绥边区)、北海币(山东解放区)、中州币(中原解放区)、南方币(华南解放区)、东北币(东北解放区)等。革命根据地的货币大多是银行券，由各根据地的银行垄断发行。当时的根据地和解放区被包围分割，因此，各根据地货币发行也处于分散、不统一的状态，但它的形成和发展为新型货币制度的建立积累了经验。随着解放战争的形势发生根本性变化，各解放区的货币统一工作也开始了。例如1948年1月，西北解放区停止了陕甘宁边币的发行，而以西北农民币作为主要流通货币；在东北解放区，规定东北币、关东币、长城币三种流通货币混合流通，以东北币为主。1948年12月1日，中国人民银行成立，并于当天发行人民币作为全国的统一货币，这标志着新中国货币制度的建立。

(三)新中国的货币制度

人民币发行后，随着解放全国的进程加快，迅速收兑了法币、金圆券和银元券，解放区的货币也逐步统一。但是，由于10多年的恶性通货膨胀，人们对纸币缺乏信心。金银尤其是银元又重新进入流通领域，在某些地区，外币成为主要流通货币，如港币在广州通行。为稳定人民币制度，国家禁止金银计价流通和私自买卖，统一管理金银购销，坚决取缔外国银行在我国发行货币，禁止外币流通，并垄断了外汇经营的特权。通过一系列措施，政府迅速克服了货币流通混乱的状况，用人民币占领全国市场，建立起统一的、独立自主的新货币制度。

解放之初，为恢复对国民经济、救济灾民、保障军队和公职人员的供给，财政出现巨额赤字，不得不依靠货币发行来弥补，全国仍然存在严重的通货膨胀。如果不及时消除通货膨胀，新的货币制度将很难巩固。为此，国家统一全国财政收支、物资调拨和现金管理，建立信贷、结算和现金统一管理制度。终于，1950 年 4 月现金开始回笼，物价不再上涨，人民币的币值基本稳定，为以后人民币制度长期稳定奠定了基础。

当时流通中钞票最小面值是 50 元券和 100 元券，大面额的是 5 万元券。鉴于人民币票面额过大，单位价值太低，国务院于 1955 年 3 月 1 日起发行新的人民币，按 1∶1000 的比例无限制无差别地收兑了全部旧币，并同时建立辅币制度，这种格局一直保存至今。我国人民币制度主要包括五方面内容：

(1) 我国法定货币是人民币。人民币单位为“元”，元是本位币，即主币，辅币名称为“角”和“分”。

(2) 人民币是一种不兑现的信用纸币，是代表一定价值的货币符号。没有含金量的规定，不能兑换金银。

(3) 人民币发行坚持高度集中统一和经济发行（也称信用发行）的原则。由中国人民银行按照商品流通规模和经济发展的客观合理需要发行货币。

(4) 人民币是一种管理通货。目前正经历由直接调控向间接调控的过渡阶段，逐步放弃信贷计划管理，而运用货币政策工具调节和控制货币流通。

(5) 人民币是独立自主的货币。人民币只准在我国境内流通，禁止人民币出入国境，也禁止外币在国内自由流通。原来实行外汇管理，人民币外汇牌价由国家外汇管理局统一制定、调整和公布。20 世纪 90 年代，实行有管理的浮动汇率制度，在经常项目下实现人民币自由兑换，为最终实现人民币自由兑换创造了条件。

第四节/货币的衡量

作为交易媒介是货币最主要的功能，凡是明确地作为交易媒介的东西都可以称为货币。现金和支票存款被定义为货币是没有争议的。而许多资产的流动性虽不如现金和支票存款，但仍可行使交易媒介的职能。作为准货币的大量资产在较发达的金融市场上都可以转换为交易媒介，因而均具有一定的货币性。

一、货币层次的划分

目前，世界各国普遍以金融资产流动性的强弱作为划分货币层次的主要依据。所谓“流动性”，是指金融资产能及时转变为现实购买力并不蒙受损失的能力。流动性越强的金融资产，现实购买力越强。流动性程度不同的金融资产在流通中周转的便利程度不同，从而对商品流通和各种经济活动的影响程度也就不同。因此，按照流动性强弱的差异，对不同形式、不同特性的货币划分不同的层次，对科学地分析货币流通状况，正确地制定和实施货币政策，及时有效地进行宏观调控，具有非常重要的意义。

由于各国信用化程度不同，金融资产的种类也不尽相同。按照国际货币基金组织的口径，货币层次一般可以作如下划分：

(1) M_0（现钞）。M_0 指流通于银行体系以外的现钞，包括居民手中的现金和企业单位的备用金。这部分货币可随时作为流通手段和支付手段，因而具有最强的购买力。

(2) M_1（狭义货币）。M_1 由 M_0 加上商业银行的活期存款构成。由于活期存款随时可以签发支票或进行转账结算而成为直接的支付手段，因此，它同现金一样是最具有流动性的货币。M_1 作为现实的购买力，对社会经济有着最广泛而直接的影响，因而是各国货币政策调控的主要对象。

(3) M_2（广义货币）。M_2 由 M_1 加上准货币构成。准货币一般由定期存款、储蓄存款、外币存款以及各种短期信用工具（如银行承兑汇票、短期国库券等）构成。准货币本身是潜在的货币而非现实的货币，但由于经过一定的手续后，能够较容易地转化为现实的货币，进而增加了流通中的货币量。由于 M_2 包括了一切可能成为现实购买力的货币形式，因此，对研究货币流通的整体状况具有重要意义，尤其对货币供应量的计量以及对货币流通未来趋势的预测，均具有独特的作用。近年来，一些发达国家货币供应量调控的重点，就出现了由 M_1 向 M_2 转移的趋势。

在国际货币基金组织的口径下，各国对货币层次的具体划分各不相同，而且还随着本国经济和金融市场的变化进行相应的调整。现阶段我国货币计量可划分为以下四个层次：

M_0 = 流通中的现金；

M_1 = M_0 + 企业活期存款 + 机关团体部队存款 + 农村存款；

M_2 = M_1 + 城乡居民储蓄存款 + 企业定期性质的存款 + 信托类存款 + 其他存款；

M_3 = M_2 + 财政金库存款 + 银行承兑在途资金 + 其他非金融机构存款。

近几年我国各层次的货币供应量均呈递增趋势，详见表 1-1。

表 1-1　2009—2012 中国各层次的货币供应量(年末余额)

单位：亿元

年　份	2009	2010	2011	2012
流通中货币 M_0	38 245.97	44 628.17	50 748.47	54 659.81
货币 M_1	220 004.47	266 621.54	289 846.59	308 672.99
货币和准货币(M_2)	606 223.55	725 774.05	851 591.81	974 159.46

资料来源：中国人民银行各年度金融统计数据报告。

专栏 1-3 货币定义的历史演变

货币职能的多样性，为明确地将某种资产定义为货币制造了许多麻烦，而且由于不同的资产都不同程度地履行着货币的各种职能，故在表述货币定义时出现了许多严重的问题。在以物易物经济向货币经济转化的早期阶段，存在商品货币。商品货币的一种主要形式是以贵金属制造的硬币作为流通货币，其交换价值与硬币中所含的贵金属价值大致相等。这些硬币通常由君主或政府所属当局制造，是法定(或法偿)货币，卖者或债权人不能拒收。

在有些情况下，值得信赖的人或机构开出的借据以及 18 世纪和 19 世纪英国使用的汇票，是法定货币的补充手段。18 世纪以后，私人银行在英国发行纸币，并最终发展到在这些商业银行持有活期存款的人，可凭提款单即支票取款。20 世纪初期，企业与富人们在银行持有活期存款已十分普遍，但普通百姓持有这种存款还是后来的事情。随着活期存款的普及，它成为经济中交换手段的一个重要组成部分，其数量最终超过了流通货币。

在 19 世纪中叶的英国，经济学家和银行家面临的共同问题是，除了流通货币外，是否应该把商业银行的活期负债也看作货币。商业银行的业务仍处在初始阶段，其服务对象仅限于比较大的企业与比较富有的人。虽然在这些群体中，商业银行的活期负债起到了支付手段的作用，但大多数人并不使用它。在这种背景下，英国关于准确的货币定义、恰当的货币政策和管制问题，依然存在诸多争论。这些争论围绕的问题是，银行活期存款作为一种尚不完善的流通货币替代品，是否应该算作是货币供给的一部分。在 19 世纪和 20 世纪上半叶的英国、加拿大和美国，活期存款的普及和商业银行的发展，使得相关证券出现且活期存款得到普遍使用，形成了流通货币的相近替代品。因此，到了 20 世纪 40 年代末，人们公认的货币定义是，公众持有的流通货币加上商业银行的活期存款——即货币的狭义定义 M_1。

直到 20 世纪中期，商业银行的活期存款才开始支付利息。储蓄存款虽然一直付息，但利率在法律或习惯上有上限。20 世纪 50 年代，银行业务操作的变化使得储蓄存款越来越近似于活期存款。因此，当时关于货币定义的争论，主要是储蓄存款是否应该包括在货币定义中。然而，到了 20 世纪 60 年代初，绝大多数经济学家开始用 M_2 来测度货币供给，而 M_2 是指 M_1 加上商业银行中的储蓄存款，但不包括其他金融机构中任何其他形式的存款。由于在 20 世纪五六十年代米尔顿·弗里德曼是 M_2 的主要倡导者之一，故 M_2 被称作“弗里德曼货币定义”。

在 20 世纪 60 年代的美国，债券和国库券的市场利率远远高于管理当局规定的商业银行储蓄存款应付利率的上限。未受管制的部门间的竞争，使得非银行金融中介机构的现有准货币的特征发生了改变，它们更像活期存款，而且还导致未受管制部门创造了一系列其他资产。非银行中介机构的这些负债是通货和活期存款的替代品，虽然其中有些替代品更相近，但大多数还是很不完善的。它们的相近性越来越明显，就引起了同以前相似的争论，比如在19世纪有关活期存款作用的争论，20世纪50年代有关商业银行储蓄存款的争论。在加拿大和英国，也发生了类似的发展和争论。这些争论的关键问题是：一项资产与M_1相近到何种程度才能包含在货币定义中？

近几十年来，金融创新得到了飞速发展。既有各种存款服务技术上的改进，如自动柜员机的使用、通过电脑在家中办理银行业务等，也有新资产的创造，如可转让提款单(NOW)、货币市场共同基金等。此外，先是信用卡的广泛使用，然后是借记卡或银行卡流行，最近又试图创造和流通电子货币卡，有时也称之为电子钱包或智能卡。而且，各类金融中介机构都提供类似于活期存款或可迅速转换为活期存款的负债，它们之间的竞争在近几十年间日趋激烈。各种金融创新时的活期存款和储蓄存款间的区别更加模糊——这些区别更多是名义上的而不是实质上的，银行与作为流动负债提供者的一些其他金融机构间的区别也越来越模糊了。在提供金融服务方面，金融创新的过程与金融机构的演变在格局上出现重叠，并且这种局面仍在继续。

资料来源 [加]杰格迪什·汉达著，郭庆胜、刘晓路、陈卫东译：《货币经济学》，中国人民大学出版社2005年版，第8－9页。

二、货币的价值

货币的价值有对内价值和对外价值之分，通常所说的货币价值是指货币的对内价值。

(一) 货币的对内价值

货币的对内价值是指货币的交换价值，即货币的购买力，也就是一个国家的货币对一切商品、劳务的购买力。货币购买力与物价水平呈负相关关系，即物价水平越高，货币购买力则越低。这里的物价水平通常是指一个社会总的价格水平，并用物价指数来表示。所谓物价指数，是统计学上用以衡量物价水平变动的方法，就是将某一时期市场上各类重要商品和劳务的价格加在一起，得到这一时期的平均数或合计数，然后再与指定年用上述同样方法所求得的平均数或合计数进行比较。如果以基年为100，指定年与基年的百分比便是这一时期的物价指数。

物价指数是为了反映货币的购买力，理论上应包括市场上所有商品和劳务的价格，但由于商品和劳务种类数量太多，因此编制物价指数时通常根据需要选用具有代表性的商品和劳务价格。物价指数主要分两类：一是批发价格指数，以批发价格为准进行编制；二是消费者物价指数，以零售价格为准进行编制，反映物价上涨对工薪阶层的影响程度。由于编入指数的商品或劳务对经济的重要性不同，有些商品或劳务的交易量大，在居民消费支出中的比重较高，有些则相反，因此应对不同的商品或劳务价格根据其重要性赋予权重，因而计算得到的物价指数是加权平均数。物价指数与货币购买力的表达关系式为：

$$货币购买力指数=1/物价指数$$

物价指数越高，货币购买力越低，货币的对内价值也就越低。

（二）货币的对外价值

货币的对外价值是指一国的汇率水平。汇率是两国货币的兑换比率，是用一国货币表示的另一国货币的价格。

货币的对内价值与对外价值互为基础，互相传导，互相影响。通常来说，货币的对内价值是对外价值的基础，但货币对外价值的变动具有其自身的特殊规律。我们将在后面的章节详细介绍货币的对外价值（即汇率）。

本章小结

货币是一种人们在交换产品或服务，或者偿还债务时所愿意接受的优价资产。货币能使交换变得容易，促进专业化和提高生产力。

任何用作货币的东西，都应具有以下四种职能：交易媒介、价值尺度、价值贮藏和支付手段。货币作为商品交换的媒介，是被广泛接受的一般等价物，货币能成为当然的支付手段，关键在于它能大大方便生产者、消费者，节约交易费用。货币的第二个职能是价值尺度，我们利用货币作为比较价值的工具。货币还发挥着价值贮藏的功能，它是一种超越时间购买力的贮藏。作为延期支付的方式，货币又在跨期交易中扮演着重要角色。

货币的形态各异，按照演进的先后顺序，依次为商品货币、纸币、支票存款和电子货币。货币形态的变化反映了交易规模、种类和范围的扩大，推动货币形态演进的基本动力是交易成本的降低。

一国的本位货币制度，是指国家以法律形式确定其本位货币的价值，赋予其在市场上强制流通的能力，并将本位货币作为商品交换、劳务交换、债务债权清偿及会计核算的计量单位的一种货币制度安排。金属本位制是本位货币与一定量的贵金属保持等价关系的本位制度。根据贵金属的种类，可以分为金本位制、银本位制、金银复本位制（同时采用金银两种本位）。金本位制是本位货币与黄金保持一定比价关系的本位制度,又可细分为金币本位制、金块本位制、金汇兑本位制三种基本形态;银本位制是本位货币与白银保持一定比价关系的本位制度;金银复本位制度则是同时采取两种货币作为本位货币。

不兑现纸币本位制是指不与任何金属保持固定的比价关系,而以纸币为本位货币的制度。这种货币由政府授权中央银行发行,通过法律赋予其无限法偿性。因为其货币供应量由国家控制,可以无限扩大,因而在不兑现纸币本位制度下更易发生通货膨胀。

作为交易媒介是货币最主要的功能,凡是明确地作为交易媒介的东西都可以称为货币。现金和支票存款被定义为货币是没有争议的,而许多资产的流动性虽不如现金和支票存款,但仍可行使交易媒介的职能。作为准货币的大量资产在较发达的金融市场上都可以转换为交易媒介,因而均具有一定的货币性。伴随各国金融市场的发展,在金融创新的推动下,准货币的范围呈不断扩大之势。

货币的对内价值是指货币的交换价值,即货币的购买力,也就是一个国家货币对一切商品、劳务的购买力。货币购买力与物价水平呈负相关关系,即物价水平越高,货币购买力越低。货币的对外价值是指一国的汇率水平,汇率是两国货币的兑换比率,是用一国货币表示的另一国货币的价格。

重要概念

货币　货币的职能　货币的形态　准货币　货币价值　货币本位制度

思考题

1. 什么是货币？货币在经济生活中具有哪些重要职能？
2. 货币有哪些形态？推动货币形态演进的动力是什么？
3. 货币是如何度量的？狭义货币与广义货币有什么区别？
4. 什么是本位货币？本位货币有什么特点？
5. 为什么在金银复本位制的条件下会出现劣币驱良币的现象？
6. 金本位制三种基本形态的区别是什么？
7. 为什么说在不兑现纸币本位制下,发生通货膨胀的可能性会更大些？
8. 如何正确理解货币对内价值与物价指数的关系？

第二章　现代金融体系

金融是现代市场经济的核心，一国经济的正常运转离不开一个健全的金融系统。现代金融体系是有关资金的集中、流动、分配和再分配的一个系统，它由资金的流出方（资金盈余单位）和流入方（资金短缺单位）、连接这两者的金融中介机构和金融市场，以及对这一系统进行管理的中央银行和其他金融监管机构共同构成。金融体系关系到资金的流向，它的有效运转是经济健康发展的一个关键。有关金融体系的详细内容，将在本书随后几章中陆续介绍。在本章中，我们将介绍金融系统运行的基本原理，阐明金融体系在经济中为什么会具有如此重要的影响。此外，本章还将介绍金融系统正常运转所必需的金融中介机构和金融工具。最后，还要说明金融系统为什么会存在信息不对称的问题及其影响，并介绍解决金融体系信息不对称问题的办法。

第一节/资金融通

一、资金盈余者与资金短缺者

任何一个国民经济体系，总是由家庭居民、企业、政府机构和对外部门四个经济单位构成的。在现代经济生活中，每一个经济单位都有自己的预算结构。居民通过向企业提供劳务获得薪金和报酬，然后用上述的收入向企业购买最终产品。企业通过向居民、政府和其他企业出售商品而取得收入，然后支付生产成本和追加资本等。政府通过税收取得收入，然后履行政府职能进行预算支出。

在经济体系中，有些部门收入大于支出，它们就会有资金盈余；另一些部门则相反，支出大于收入，于是出现资金短缺。就整个社会而言，一般情况是，政府和企业是资金短缺者，居民个人是资金盈余者。显然，资金盈余单位和资金短缺单位之间存在着合作的可能，也就是盈余单位可以以一定的条件将暂时不用的资金交给短缺单位去使用，并获得相应的回报，这种资金盈余单位和资金短缺单位之间的资金融通的活动就是“金融”，这对资金融通的交易双方都是有利的。

首先，对于借入资金的一方来说，通过借入急需的资金，可以更为有效地安排自己的生产和消费。这一点对于企业来说尤其重要。许多时候，企业之间的竞争其实是资金实力的竞争，谁能更有效地获得资金，谁就能在竞争中占据主动地位。在商场上，企业因资金不足而痛失投资良机，从而在竞争中失利，甚至被对手挤出市场的例子比比皆是。对于消费者来说，资金融通同样具有重要意义。例如，一个刚参加工作的人，即便薪水十分可观，但是要想凭借自己的积蓄来购房，也得经过长期的积累。如果他能够通过某种渠道借入一笔资金，便可以较早地实现购房的愿望。即便是对于一个国家来说，片面地追求自身资金收支的平衡也并不总是可取的，在国家财力紧张的情况下，通过发行国债借入适量资金，对制约国民经济发展的某些“瓶颈”部门加以投资，往往能更好地促进经济的发展。当然，和任何其他经济主体一样，国家的借贷也不能超过一定的限度，否则就会反受其害。

其次，对于资金的贷出方来说，如果他不把闲置的资金贷放出去，而是放在自己手里，就不可能从中获得任何收益。反之，如果能将钱借给急需资金的人去使用，获得资金的一方将会支付一定的报酬，因而本来无收益的资金就变成了能够生息的资产，这对资金的贷出方显然是有利的。

最后，资金盈余单位的钱可能是分散的，任何一个盈余单位都无力单独进行大的投资。通过资金融通，可以把这些分散的资金集中起来，积少成多，集腋成裘，实现规模经济。

如表 2－1 中所示，2004 至 2010 年间，中国住户部门的净金融投资一直为正数，说明它是资金盈余部门。相应地，政府部门和非金融企业部门的净金融投资都是负数，这说明了它们是我国经济体系中的资金短缺部门。

表 2－1　2004—2010 年中国住户部门的净金融投资

单位：亿元

年份	2004	2005	2006	2007	2008	2009	2010
金融资产	180 369	209 083	251 600	335 495	342 870	410 869	494 832
金融负债	29 431	32 972	39 636	50 652	57 892	82 744	117 094
净金融资产	150 938	176 111	211 964	284 843	284 978	328 125	377 738

资料来源　《中国金融稳定报告》(2012)，中国人民银行网站(http://www.pbc.gov.cn)。

资金短缺者的资金缺口是由盈余部门来弥补的，所以，住户部门和金融部门的资金盈余总额就等于非金融企业、政府部门和国外部门的资金缺口总额。那么，盈余部门的资金是怎样流向资金短缺部门的呢？让我们来看看资金融通的方式。

二、直接金融和间接金融

从资金盈余单位到资金短缺单位的资金流动可以有两种渠道(如图 2－1 所示)，即直接金融和间接金融。

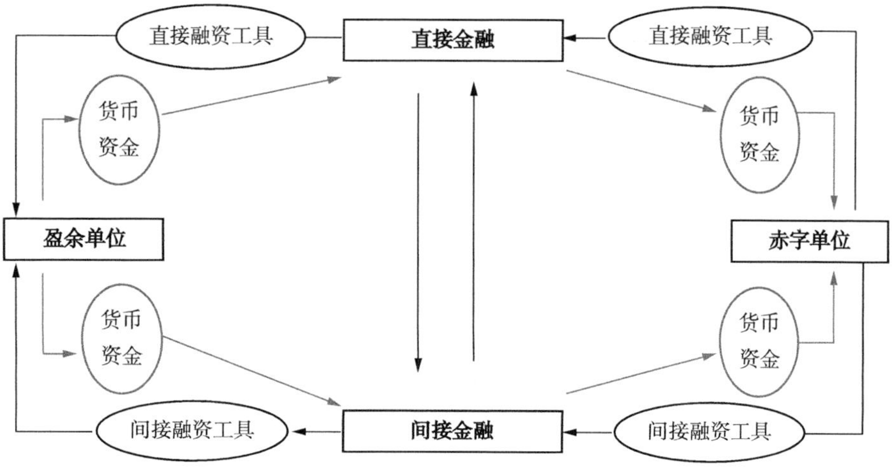

图 2-1 资金融通过程

(一) 直接金融

直接金融是资金短缺单位直接在证券市场向资金盈余单位发行某种凭证(即金融工具),比如债券或者股票,当资金盈余单位花钱向资金短缺单位购买这些凭证时,资金就从盈余单位转移到了短缺单位手中。

在直接金融过程中,资金短缺单位通过出售股票、债券等凭证而获得资金,资金盈余单位持有这些凭证而获得未来的本息收入(债券)或股息分红(股票)。因此,对于资金短缺单位来说,这些凭证是一种负债;对于资金盈余单位来说,它们则是一笔资产。这些凭证大多可以在市场上流通,因而具有较高的流动性。直接融资的特点是:①融资双方直接联系,根据各自的融资条件实现融资,在融资期限、规模、利率等方面具有较大的灵活性,这种方式有利于筹措长期资金;②由于资金供求双方联系紧密,债务人直接面对债权人因而会有较大的压力和约束力,从而有利于资金的合理配置,提高资金的使用效率;③由于直接金融借助投资银行、证券交易所等金融机构的服务,从而避开了商业银行等中介环节,由资金供求双方直接进行交易,所以资金短缺单位可以节约一定的融资成本,资金盈余单位则可能获得较高的资金报酬。

资金短缺单位向最初的购买者出售新发行证券的市场,被称为一级市场或发行市场;而交易已发行证券的市场则被称为二级市场或交易市场,并可以分为有组织的证券交易市场和场外交易市场两种形式。一级市场的重要性是毋庸置疑的,因为正是在这个市场上,完成了资金短缺单位和资金盈余单位之间的资金融通,而二级市场仅仅是资金盈余单位之间的交易市场,和资金的融通并无直接的关系。但这是否就意味着二级市场是可有可无的呢?答案是否定的。事实上,正是由于二级市场的存在,使得证券具有了流动性,也才使得证券为人们所欢迎,从而使资金短缺单位在一级市场的证券发行更容易成功。在 20 世纪 80

年代初我国刚开始恢复国库券发行时，由于国库券的二级市场没有开通，人们普遍不愿意接受它，必须依靠硬性摊派才能销售出去。但是当国库券的交易市场形成之后，它立刻变得十分抢手。这一例子充分说明了二级市场对于资金融通的重要意义。

直接金融也有其严重的不足，这主要表现在：①它要求资金盈余单位的从业人员具备一定的专业知识和技能。授资者（资金盈余单位）要通过对证券发行者（资金短缺单位）的了解和对市场行情的判断来决定购买哪一种证券，这需要很高的技巧，并需要投入大量的时间和精力。②它要求资金盈余单位承担较高的风险。因此金融市场瞬息万变，其风险是非常大的，它可以使人一夜暴富，也可以使人转瞬间一贫如洗。相反，把钱存入银行则要安全、省心得多。③对于短缺单位来说，直接金融市场的门槛是比较高的。一个知名度很高的大企业也许可以很轻易地将它所发行的证券推销出去，并且卖得一个好价钱；但是对于一个不太为人所知的中小企业来说，要让投资者接受它所发行的证券便会有很大的困难。因此可以说，直接金融市场只是政府和一些大企业的专利，中小企业很难涉足，个人消费者就更不用说了。其局限性主要体现在：一是直接融资受到的限制往往较多，进入门槛高，资金短缺单位不易进入；二是资金盈余单位自己承担风险，风险性较大。同时，信息是通过价格信号间接提供的，信息是否充分和准确取决于市场的完善程度，比如，信息披露制度是否健全等。直接金融的上述不足为间接金融留下了广阔的活动空间。

（二）间接金融

间接金融是盈余单位把资金存放（或投资）到银行等金融中介机构中去，再由这些中介机构以贷款或证券投资的形式将资金转移到资金短缺单位手中。在间接金融中，资金的盈余单位和资金短缺单位并不发生直接联系，而是分别同金融中介机构发生一笔独立的交易。在这个过程中，金融中介机构发挥着吸收资金和分配资金的功能，它通过发行对自身的要求权（债权或股权）来获得资金，然后再把它转化成对资金短缺单位的要求权。特别值得注意的是，金融中介机构不是一般的代理人，而是一个独立的交易主体，资金盈余单位对金融中介机构的要求权和金融中介机构对资金短缺单位的要求权是两种独立的权利，两者并无一一对应的关系。也就是说，盈余单位对中介机构的要求权与中介机构对从该单位所获资金的具体运用无关。例如，假定银行从某一存款者手中获得 10 万元存款，并用它发放一笔贷款，那么即使到期后这笔贷款无法收回，银行也仍应该偿还原存款者本息。因此，在间接金融中，金融中介机构是融资风险的直接承担者。金融中介机构之所以从事这种中介活动，就是为了获得相应的报酬，也就是从资金短缺单位获取的收益扣除向资金盈余单位支付的成本之后的剩余。对于银行这种中介机构来说，这种报酬主要就表现为存款和贷款的利差。

间接融资相对于直接融资，其特点表现在：①融资能力极强。金融中介机构是专门从事融资的机构，资金雄厚，信誉卓越，拥有专门的融资人才、现代化的融资手段和融资工具，能够广泛动员社会资金，甚至还可以调动国外资金。②对债权人而言安全性强。金融中介机构雄厚的经济实力、多样化的资产负债结构，可以分散融资风险，确保融资安全。③具有信息优势。一方面，金融中介机构由于其贷款的非公开交易性可避免“搭便车”问题；另一方面，它通过存款账户了解企业财务状况，可以相对有效地防范逆向选择和道德风险。间接金融的不足之处在于资金使用效益低，资金盈余单位的投资收益低(参见表 2－2，图 2－2)。

表 2－2 1995—2011 年我国股票融资和银行信贷的融资结构(%)

年 份	境内股票筹资额	银行贷款增加额	比率
1995	118.86	9 339. 82	1.27
1996	341.52	10 683.33	3.20
1997	933.82	10 712.47	8.72
1998	803.57	11 490.94	6.99
1999	897.39	10 846.36	8.27
2000	1 541.02	13 346.61	11.55
2001	1 182.13	12 439.41	9.50
2002	779.75	18 979.20	4.11
2003	823.10	27 702.30	2.97
2004	862.67	19 201.60	4.49
2005	338.13	16 492.60	2.05
2006	1 231.89	31 441.30	3.92
2007	8 431.86	36 322.51	23.21
2008	3 308. 16	49 854.00	6.64
2009	3 923.52	96 290.18	4.07
2010	9 672.20	79 510.73	12.16
2011	5 518.27	68 751.14	8.03

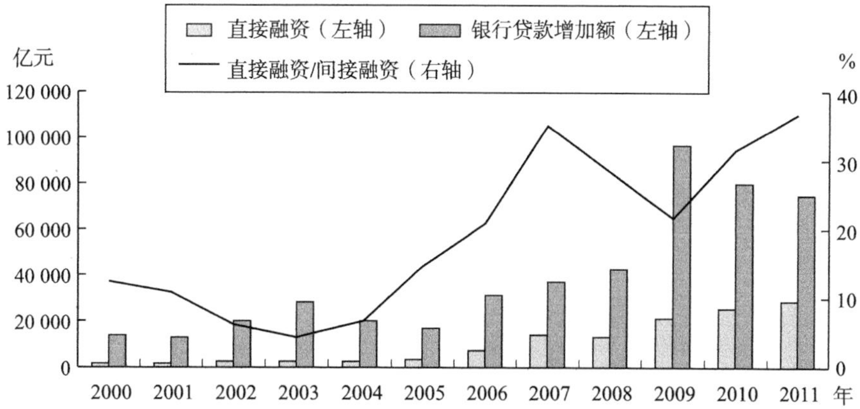

图 2－2 2000 至 2011 年直接融资、间接融资规模及比例

数据来源 《中国金融稳定报告》(2012)，中国人民银行网站(http:///. pbc. cn. gov)。

当然，直接融资和间接融资的划分也不是绝对的，随着金融业的不断创新，两者在实践上的区别已经逐渐模糊。例如，贷款证券化就是将两者结合起来的一种融资方式。像美国这样金融市场高度发达的市场经济国家，部分银行贷款也是可以在二级市场上流通转让的。资产证券化将商业银行一组流动性较差但可以产生稳定的可预见未来收入流的资产，按照某种共同特质汇集成一个组合，并通过一定的技术（在大多数情况下是成立一个特殊目的载体）把这个组合转换为可在资本市场上流通的有固定收入的证券。资产证券化为银行更好地进行流动性管理提供了一条很好的渠道和机制。如图 2-3 所示。

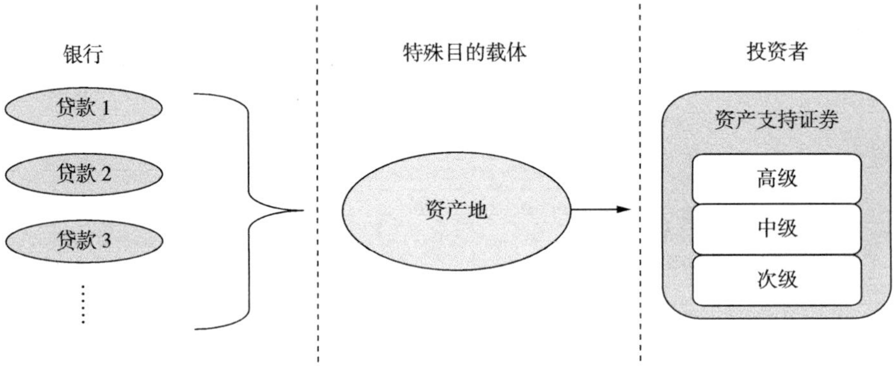

图 2-3　资产证券化

专栏 2-1　信用形式和工具

信用是现代金融体系的基石，在直接金融和间接金融的过程中，多种多样的金融交易都是以信用为纽带。信用是以偿还为条件的商品或货币的借贷行为，体现一定的债权债务关系。信用有借方和贷方两个关系人：贷方为授信者，即债权人；借方为受信者，即债务人。

最早的信用是实物借贷。在货币产生后，货币借贷逐步取代实物借贷而占据主导地位。早期的信用属于高利贷性质，随着资本主义生产关系的确立，逐步形成了现代的信用关系。

信用可以根据主体不同而分为商业信用、银行信用、国家信用、消费信用、资本市场信用和国际信用。商业信用是工商企业之间在进行商品销售和劳务交易时以延期付款（赊销）和预付货款的形式提供的信用，它是现代信用制度的基础。商业信用的优点在于方便和及时，但是规模和范围有限；银行信用是指用由银行和其他金融机构以贷款和贴现的形式提供的信用，银行信用规模巨大，能够全方位地聚集社会资金；国家信用是以国家和地方政府为债务人筹集资金的一种信用形式，其主要形式是发行公债；消费信用是工商企业、商业银行及其他金融机构以消费品为对象，向消费者个人提供的信用，主要采取分期付款、消费贷款、信用卡等方式；资本市场信用就是通过资本市场实现的资金借贷或转移，信用工具主要包括股票和公司债券；国际信用是国家间相互提供的信用，是国际经济发展过程中资本运动的主要形式，包括以赊销商品形式提供的国际商业信用、以银行贷款形式提供的国际银行信用以及政府间相互提供的信用。

资料来源 杨长江、张波、王一富：《金融学教程》，复旦大学出版社 2008 年版，第 23 页。

第二节/现代金融体系中的金融机构

在现代金融体系中，金融中介机构的资金流动在分配过程中扮演着极其重要的角色。为适应市场经济资金融通的需要，一般来说，西方发达国家都建立了规模庞大、职能齐全、适应各国国情特点的金融机构体系，主要包括银行体系和非银行金融机构体系。大致可以分为三类：①存款型金融机构（depository institutions）；②合约性储蓄机构（contract saving institutions）；③投资性中介机构（investment intermediaries）。此外，还有政策性银行和其他金融机构。具体内容在第六、七章中将详细介绍。

一、存款型金融机构

存款型金融机构即接受个人、家庭、企业或政府部门的存款，并发放贷款为主要业务的金融中介机构。存款型金融机构，特别是商业银行是金融学的主要研究对象，因为它们涉及存款货币的创造，其行为将极大地影响货币供应量，从而影响价格水平和总产出。存款型金融机构可以进一步细分为商业银行、储蓄贷款协会、互助储蓄银行和信用社。

（一）商业银行

商业银行主要通过发行支票存款、储蓄存款和定期存款来筹措资金。用于发放工商业贷款、消费者贷款和抵押贷款，购买政府债券，提供广泛的金融服务。无论在哪个国家，商业银行都是最重要的一种金融中介机构，它们所拥有的总资产量最大，机构数量多、业务范围广、提供的金融服务也最全面。本书的第六章将集中讨论这类金融机构。

（二）储蓄贷款协会

储蓄贷款协会是指以吸收居民储蓄存款、定期存款和支票存款为主要资金来源的银行。储蓄贷款协会最早成立于19世纪30年代的美国,目的在于汇集储蓄,为协会成员购买住宅提供融资。现在的主要业务是发放抵押贷款等。

(三) 互助储蓄银行

互助储蓄银行最早也在美国成立,主要目的是为了鼓励美国的工薪阶层进行储蓄。业务同储蓄贷款协会非常相似,主要依靠储蓄存款筹集资金,并主要投向抵押贷款业务。但是,两者的企业结构不同。在储蓄贷款协会中,存款人是会员,会员的存款是协会的负债业务;而互助储蓄银行是合作性质的存款机构,存款人就是互助储蓄银行的股东,拥有银行净资产的份额。

(四) 信用社

信用社是围绕某一社会集团建立的合作性的储蓄和贷款机构,往往为某一大企业、政府机构、大学、工会团体的雇员所拥有,存款人即为股东,规模一般都很小。信用社的主要资金来源是成员缴纳的股金和吸收存款,并主要向信用社的成员发放消费者贷款。此外,它也可以从事以不动产或有价证券为担保的抵押贷款业务。

二、合约型储蓄机构

合约型储蓄机构的共同特征是以合约方式定期定量地从持约人手中收取资金(保险费或养老金预付款),然后按合约规定向持约人提供保险服务或养老金。由于它们能通过概率计算出每年需要支付的赔偿额和退休金,所以就可以把其余的资金投资于较长期的证券,如公司债券、股票,以及长期国债等。合约型储蓄机构包括各种保险公司和养老基金(Pension funds)。

(一) 保险公司

保险公司通过向投保人收取保险费,对发生保险责任的被保险人进行赔偿或给付。保险公司主要有两种类型:人寿保险公司及财产和意外灾害保险公司。从总体上看,人口死亡率是比较稳定的,所以人寿保险公司能够相当准确地计算出其未来的保险金支付额,因此,人寿保险公司主要投资于收益较高的公司股票、债券、抵押贷款等长期性金融工具。财产和意外灾害保险公司主要是对火灾、盗窃、车祸、自然灾害等各种事件造成的财产损失进行保险。由于它们的保险赔偿额不像人寿保险公司那样可以准确地加以预期,所以它们更多投资于中央政府债券和市政债券,以保持必要的资产流动性。

(二) 养老基金

养老基金是为了以年金的形式向参加者提供退休收入的金融机构。养老基金资金来源稳定,数额巨大,在西方发达国家的金融市场发挥着重要的作用。养老基金分为私人养老基金和公共养老基金。私人养老基金通常由企业为其雇员设立的,养老金预付款由雇员和雇主共同分担,同时政府还给予某些税收上的优惠。私人养老基金可以由商业银行的信托部、人寿保险公司或专门的养老基金经理来管理,往往大量投资于公司股票。公共养老基金则包括各级政府为其雇员所设立的养老基金和社会保障系统(Social Security System)。在美国,联邦政府及州和地方政府也像私营企业一样,为其雇员设立养老基金。这些基金在管理上和私人养老基金并没有太大的不同,只是在资金的投向方面受到一定的限制,所以不像私人养老基金那样大量投资于股票。社会保障系统在许多发达国家都存在,几乎涵盖了在私有部门就业的所有人员,资金来源主要是雇主和雇员交纳的社会保障税。社会保障系统的主要任务是向年老、伤残、疾病、失业人员及死亡者家属提供必要的援助。和私人养老基金不同的是,社会保障系统的资金援助是根据需要发放的,而不是根据个人所缴纳的预付款发放的。

三、投资型金融机构

投资型金融机构依靠提供金融服务或金融机构自己投资管理实现盈利。此类金融机构不能吸收存款,主要通过向金融市场筹集资金,凭借专业技能从事金融投资,或依靠提供贷款和其他金融服务实现利润。投资型金融机构主要包括投资银行、基金管理公司和金融公司。

(一) 投资银行

投资银行是专门从事证券承销、交易和相关业务的金融中介机构。投资银行在英国称为商人银行,在日本和我国称为证券公司。投资银行的资金来源主要依靠发行有价证券(包括股票和债券)来筹集。其具体业务包括:①对工商企业的股票和债券进行投资;②对工业企业提供中长期贷款;③为工商企业承销股票和债券的发行;④参与企业的兼并与收购;⑤承销本国及外国公债;⑥从事投资与兼并的咨询等。

(二) 基金管理公司

基金管理公司通过向个人出售股份或与个人签订合约来筹集资金,将大众的零散资金集中,通过具有专业知识和投资经验的专家进行管理和运作,用于购买股票和债券组合,并由信誉良好的金融机构充当信托人或保管人。基金管理公司降低了交易成本及信息成本,并通过多样化的投资组合而降低风险,谋求资本长期稳定的增值。投资人按照出资比例分享投资收益和承担投资风险。

(三) 金融公司

金融公司又可称为财务公司。金融公司通过出售商业票据,发行股票或债券,以及向商业银行借款等方式来筹集资金,并用于向购买汽车、家具等大型耐用消费品的消费者或小型企业发放贷款。金融公司可以分为三种类型,即销售金融公司、消费者金融公司和商业金融公司。销售金融公司由一些大型零售商或制造商建立,目的在于提供消费信贷来促进企业的产品销售活动,如福特汽车信贷公司。消费者金融公司专门发放小额的消费者贷款,为难以在其他金融机构获得贷款的消费者提供资金以购买家居和家电等设备。商业金融公司则主要向企业发放以应收账款、存货和设备为担保的抵押贷款，通常贷款额都比这些资产的实际价值要少。

四、政策性金融机构

（一）农业银行

大多数市场经济国家都以支持农业发展为原则而由政府设立农业银行。诸如美国的联邦土地银行、法国的农业信贷银行、德国的农业抵押银行、日本的农林渔业金融公库、我国的农业发展银行。其资金来源主要为政府拨款，也可以发行股票或债券、吸收存款等。由于农业受自然因素影响大，对资金的需求具有鲜明的季节性特点；农村地域广，单个贷款需求数额小，利息负担能力低；抵押品集中和保管困难，贷款一般只能依靠个人信誉。基于以上原因，农业信贷的特点是规模小、期限长、风险大、利率低。一般商业银行等存款金融机构都不愿意从事此类信贷业务。

因此，农业银行一般都享有税收优惠或政府贴息政策。

（二）开发银行

开发银行一般是为满足社会经济发展而设立的银行。开发银行的贷款主要用于投资大、周期长、风险大、收益低，但对一国宏观经济而言又非常重要的项目。诸如日本开发银行、韩国开发银行、澳大利亚资源开发银行、我国的国家开发银行等。

（三）进出口银行

进出口银行是通过金融渠道支持本国对外贸易的专业银行。美国称其为进出口银行，日本称其为输出入银行，法国称其为对外贸易银行。

专栏 2-2　美国政策性金融机构

美国的政策性金融中介机构可以分为两类：一类是政府直属的机构（government agencies），它完全为政府所有；另一类则是政府支持的机构（government sponsored agencies），其股权完全为私人部门所有，但是又同政府有着密切的关联，例如可以向财政部借款，可以享受某些税收优惠等。这些政策性金融中介机构的基本任务是为特定的部门或产业提供资金，以促进该部门或产业的发展。在美国，受政府支持较多的部门和产业主要有农业、私人住宅业、教育业和对外经济部门。

对农业提供贷款的联邦金融机构是农业信贷系统（Farm Credit System）。该系统将全国分为 12 个农业信贷区，每区各有一家合作银行、一家联邦土地银行和一家联邦中期信贷银行，它们分别对农业生产的不同环节提供贷款，其资金来源主要是靠发行各种证券。虽然这些银行的股份都先后实行了私有化，但是其业务要受农业信贷署的监督，后者是联邦政府的一个独立机构。除此之外，农业信贷系统还包括一家中央合作银行，负责跨地区的农业贷款。

对私人住宅业提供支持的政策性金融中介机构主要包括联邦住宅贷款银行系统和三家联邦信贷机构。联邦住宅贷款银行系统（Federal Home Loan Bank System 简称 FHLBS）成立于 1932 年，它由 12 家地区性的联邦住宅贷款银行组成，大部分储蓄贷款协会都是该系统的会员。联邦住宅贷款银行系统的职能就是通过发行债券筹集资金，然后向其会员提供贷款。三家联邦信贷机构分别是政府全国抵押协会（Government National Mortgage Association，简称 GNMA 或 Ginnie Mae）、联邦全国抵押协会（Federal National Mortgage Association、简称 FNMA 或 Fannie Mae）和联邦住宅贷款抵押公司（Federal Home Loan Mortgage Company，简称 FHLMC 或 Freddie Mac）。其中政府全国抵押协会是一个政府机构，后两家机构则属于政府支持机构，其股份为私人所有。关于这些机构的具体职能，参见本章的第三节。

为使无力支付高等教育学费的学生能够更容易地获得贷款，美国在 1972 年成立了学生贷款市场协会（Student Loan Marketing Association，简称 Sallie Mae），它也是一个政府支持机构。其主要职能是购买私人机构发放的学生贷款，从而促使更多的资金流入学生贷款市场。

对外经济部门是各国政策性金融机构发挥作用的重要领域，美国也不例外。为促进商品出口，美国于 1934 年创立了美国进出口银行。该行是美国联邦政府所属的独立企业单位，主要业务是通过提供优惠的出口信贷来增强美国企业的出口竞争力，并且为私人金融机构提供出口信贷保险（承保的范围主要是政治风险），同时该行还执行美国政府的对外援助计划。美国进出口银行的资本金由联邦政府拨付，每年的利润小部分上交财政部，大部分抵补该行准备金。为促进对外投资的发展，美国于 1971 年成立了海外私人投资公司（The Overseas Private Investment Corporation，简称 OPIC），该公司由美国政府国际开发署的一部分改组而成，主要业务是为海外私人投资项目提供政治风险保险。

资料来源　易网、海闻主编：《货币银行学》，上海人民出版社 1999 版。

第三节/金融工具

资金短缺单位(包括金融中介机构)为获得资金而发行的各种书面凭证,被称为金融工具(或金融市场工具)。交易各种金融工具的市场就是人们通常所说的金融市场。

广义的金融工具不仅包括股票、债券等有价证券,而且还包括存款、贷款等各类金融资产。根据这一定义,任何资金融通过程都可以被视为资金与金融工具之间的交换过程。狭义的金融工具则是指那些已经标准化了的、在金融市场上被普遍接受和交易的金融资产。这里着重介绍各种狭义的金融工具。

根据金融工具的期限,可以把它分为货币市场金融工具和资本市场金融工具。前者的期限在一年以内,后者的期限则在一年以上。但是这种划分主要是针对一般的金融工具,也就是股票、债券等基本的融资凭证而言的。在这些一般金融工具的基础上,还产生了各种不同的买卖合约,这些合约就是所谓的衍生金融工具(derivative instrument)。

一、货币市场金融工具

(一) 短期国债

短期国债(treasury bill, T-bills)是由中央政府发行的期限在一年以内的政府债券,其期限通常为 3 个月、6 个月或 12 个月。最早发行短期国债的国家是英国。现在,西方各国都普遍发行大量短期国债,将它作为弥补财政赤字的重要手段。同时,一定规模的短期国债也是中央银行开展公开市场业务、调节货币供给的物质基础。短期国债的最大特点是安全性,由于它是凭中央政府的信用发行的,所以几乎不存在违约风险;它在二级市场上的交易也极为活跃,变现非常方便。此外,与其他货币市场金融工具相比,短期国债的起购点比较低,面额种类齐全,适合一般投资者购买。短期国债的这些特点使它成为一种普及率很高的货币市场金融工具。

(二) 可转让定期存单

可转让定期存单(negotiable time certificates of deposit, CDs)是由银行向存款人发行的一种大面额存款凭证。它与一般存款的不同之处是可以在二级市场进行流通,从而解决了定期存款缺乏流动性的问题,所以很受投资者的欢迎。其面额一般比较大(美国的可转让定期存单最小面额为 10 万美元),期限则多在一年以内。它最早是由美国花旗银行于 1951 年推出的,并且很快为别的银行所效仿,目前已成为商业银行的重要资金来源。在美国,其规模甚至超过了短期国债。我国从 1986 年下半年开始发行大额可转让定期存单,最初只有交通银行和中国银行发行，自 1989 年起，其他银行也陆续开办了此项业务。在我国，面向个人发行的存单面额有 500 元、1 000 元和 5 000 元，面向单位发行的存单面额则一般为 5 万元和 10 万元。

（三）商业票据

商业票据（commercial paper，CP）是由一些大银行、财务公司或企业发行的一种无担保的短期本票（所谓本票，是由债务人向债权人发出的支付承诺书，承诺在约定期限内支付一定款项给债权人）。商业票据是一种传统的融资工具，但是它的迅速发展却是从 20 世纪 60 年代后期开始的。由于 Q 条例[①]规定了存款利率的上限，美国的商业银行开始寻求新的获取资金的渠道，其中之一便是通过银行持股公司（持有数家银行股份的公司）发行商业票据。与此同时，越来越多的大企业也开始更多地依赖于发行商业票据而获得流动资金。到 20 世纪 90 年代，商业票据已经成为美国数额最大的货币市场金融工具。

专栏 2-3　票据的类型

票据是具有一定格式，载明金额和日期，到期由付款人对持票人或指定人无条件支付一定款项的信用凭证。根据票据的性质，可以分为本票、汇票和支票。本票是由出票人签发，承诺自己付款的票据；汇票是由出票人委托付款人在见票时或者在指定日期无条件向持票人或收款人支付确定金额的票据；支票是由出票人签发的，委托办理支票存款业务的银行或其他金融机构在见票时无条件支付确定金额给收款人或持票人的票据。此外，按照票据发生的基础，分为真实票据和融通票据。真实票据有交易背景，而融通票据没有交易背景，目的只为融资，又称为商业票据（CP）。有关票据交易的重要概念包括：

1. 出票：创造和签发票据的行为。
2. 背书：票据的收款人或持票人为将来到期的票据转让给第三者而在票据的背面签名盖章的行为。
3. 承兑：票据的付款人在票据上签名盖章，写明“承兑”字样，承诺票据到期保证付款。
4. 付款：票据到期时，持票人提交票据，付款人或承兑人付款。

资料来源　杨长江、张波、王一富：《金融学教程》，复旦大学出版社 2008 年版。

---

① 美国历史上的大萧条引发了银行业多项重大改革措施的出台实施，其中最重要的一项就是依据《1933 年银行法案》（即《格拉斯-斯蒂格尔法案》）推行联邦存款保险制度。此外，还推出了禁止银行对支票账户给付利息对定期存款利息施加限制的 Q 条件。

(四) 回购协议

回购协议(repurchase agreement,RPs)是产生于20世纪60年代末的短期资金融通方式。它实际上是一种以证券为抵押的短期贷款。其操作过程如下:借款者向贷款者暂时出售一笔证券,同时约定在一定时间内以稍高的价格购回;或者借款者以原价购回原先所出售的证券,但是向证券购买者支付一笔利息。这样,证券出售者便暂时获得了一笔可支配的资金,证券的购买者则从证券的买卖差价或利息支付中获得一笔收入。回购协议中的出售方大多为银行或证券商,购买方则主要是一些大企业,后者往往以这种方式来为自己在银行账户上出现的暂时闲置余额得到有效的利用。回购协议的期限大多很短,很多只有一个营业日,但是由于数额巨大,购买者的收入也很可观。

(五) 银行承兑汇票

汇票是债权人向债务人发出的付款命令。汇票必须经债务人承兑方才有效。所谓承兑,是指债务人在汇票上答上"承兑"字样,表明愿意到期进行支付。如果对汇票进行承兑的是一家银行,这张汇票就变成一张银行承兑汇票(bankefs' acceptance,BA)。如果汇票的付款人到期无力支付,承兑银行就有责任对它进行付款,因此银行承兑汇票是以银行的信用为担保的。由于银行违约的可能性比一般的企业小,所以银行承兑汇票的风险要比一般的汇票低。在进行贸易的双方互不了解时,尤其是在进行国际贸易的时候,销售方一般都要求购买方的银行对汇票进行承兑。由于风险较小,银行承兑汇票能够在二级市场上方便地流通。

二、资本市场金融工具

(一) 股票

和其他金融工具不同,股票是所有权凭证(其他金融工具都属于债权凭证),它代表的是对股份公司净收入和资产的要求权。根据股东拥有的权利的不同,股票分为普通股和优先股。

普通股的股东具有投票等基本权利,其股息随公司经营状况的变化而变化。企业利用普通股进行融资,具有突出的优点:①它没有偿还期。在企业存续期内,股票的持有者只能在二级市场上进行转让,而不能要求偿还,这样股份公司就获得了发行股票所获收入的长期使用权。②股息的收入可以随股份公司的经营状况而波动,不像债券的利息那样是固定的。因此当股份公司遇到暂时的经营困难时,可以通过减少股息支付来渡过难关,而不必担心遭到破产清算的威胁。对于投资者来说,购买普通股的好处是可以分享企业的净收入,并且从股票的升值中获得资本利得。

优先股的股东在利润分配和企业剩余财产的分配方面比普通股股东具有一定的优先权,但一般没有表决权。优先股又可以分为累积优先股和非累积优先股、参与优先股和非参与优先股等类型。累积优先股是指当企业当年可供分配的利润不足以支付事先规定的优先股股息时，未支付的部分应累计到以后的年份补足；而非累积优先股的股息如果没有达到事先规定的水平，以后就不再补发。当企业可供分配的利润较多时，参与优先股的股东除可按定额或定率获得规定的优先股股息外，在普通股也分配到和优先股相同的股息后，还可以和普通股股东一起参加当年额外股利的分配，而非参与优先股的股东则没有这种权利。

大多数优先股也和普通股一样，没有偿还期，但有的优先股可以在一定期限后由发行者按规定的价格赎回，这种优先股叫做可赎回优先股。还有些优先股可以在一定期限后按规定的比率转换为普通股，这种优先股叫做可转换优先股。

专栏 2-4　中国的资本市场金融工具——股票的多种性质

1. 国有股、法人股、社会公众股和外资股

国有股是有权代表国家投资的政府部门或机构以国有资产投入股份公司形成的股份。

法人股是企业法人或具有法人资格的事业单位和社会团体以其可支配的资产向股份公司非上市流通股投资所形成的股份。

社会公众股是社会个人和法人以其合法资产投入股份公司形成的股份，它可以在股票市场自由流通转让。

外资股是外国和我国港、澳、台地区投资者以购买人民币特种股票的方式形成的股份。

2. A 股和 B 股

按我国股票发行和交易范围可将股票分为人民币普通股(A 股)和人民币特种股(B 股)。A 股是以人民币发行，由境内中国人买卖的记名普通股票；B 股是境内公司发行的，以人民币标明面值，在国内交易所上市交易，开始时专供外国人和我国港、澳、台地区投资者用外币买卖的股票。从 2001 年 6 月 1 日开始，境内居民也可以使用外币买卖 B 股。

3. H 股、N 股和 S 股

H 股是我国大陆的股份公司在内地注册，在香港发行并在香港证券交易所上市的股票。

N 股是我国大陆的公司在美国纽约证券交易所发行的股票。

S 股是我国大陆的公司在新加坡证券交易所发行的股票。

资料来源　杨长江、张波主编：《金融学教程》，复旦大学出版社 2008 年版。

专栏 2-5　跨境资本市场工具——存托凭证(ADR)

如果中国的上市公司希望到美国资本市场筹集资金，除了在纽约证券交易所发行股票这一方式外，还可以发行存托凭证。存托凭证是指在一国证券市场上流通的、代表外国公司的股票。也就是说，中国的上市公司可以将其股票存托于美国的一家银行或信托公司(即存托机构)，并由该存托机构发行与股票面值相等的存托凭证，然后在美国的股票交易所挂牌交易。存托凭证这一跨境资本市场工具，帮助其他国家的上市公司实现在美国融资的目的，美国的投资者也可以通过购买 ADR 投资其他国家的上市公司股票。

资料来源　根据相关资料整理。

(二) 债券

债券是一种使用非常广泛的债务融资工具。它可以从多个不同的角度进行划分。

(1) 根据债券发行单位的不同，可以划分为政府债券、金融债券和公司债券。

政府债券又可分为中央政府债券和地方政府债券。中央政府债券简称国债，是政府为弥补财政赤字而发行的债券，一般由财政部发行。由于它是直接以中央政府的信用为担保的，所以通常被认为是没有风险的。地方政府(含各州政府)发行的债券又被称为市政债券，它主要用于为某些大型基础设施和市政工程筹集资金。购买市政债券的一个好处是它们大多可以享有一定的税收优惠。例如，在美国，州和地方政府债券的利息收入可以免交联邦所得税。

金融债券是由银行等金融机构发行的债券。银行等金融机构除通过吸收存款、发行大额可转让定期存单等方式吸收资金外，经特别批准，也可以通过发行债券的方式来获得资金。我国各专业银行发行金融债券始于 1985 年，其他金融机构则于 1988 年开始发行金融债券。

公司债券有广义和狭义之分。广义的公司债券泛指一般企业和股份公司发行的债券(我国一般叫“企业债券”)，狭义的公司债券则专指由股份公司发行的债券。公司债券是企业融资的重要手段，其期限一般都较长，大多为 10～30 年。公司债券的流动性和安全性都不及政府债券和金融债券，因而利率较高。根据债券发行单位的资信情况，可以将公司债券分为不同的等级。

(2) 按照债券的偿还期限，可以分为短期债券、中期债券和长期债券。虽然各国划分的具体年限有所不同，但是较为通行的划分是期限在 1 年以下的为短期债券，在 1～10 年之间的为中期债券，在 10 年以上的为长期债券。例如，美国的短期国债(treasury bills),期限多为 3～6 个月,最长不超过 1 年,中期国债(treasury notes)期限在 1～10 年之间,长期国债(treasury bonds)的期限则达 10～30 年。

(3) 按照债券是否有担保,可以分为担保债券(secured bond)和信用债券(debenture)。担保债券是以某种抵押品为担保而发行的,当发行人不能按期支付利息和本金时,债券持有人为满足清偿要求可以将抵押品出售。信用债券则完全是凭发行人的信用发行的,没有任何担保。信用债券的发行人要有很高的资信。

(4) 按照债券的利率是否固定,可以分为固定利率债券和浮动利率债券。前者的利率在整个期限内是固定不变的。因此,当市场利率上升时,债券的持有者要蒙受损失;当市场利率下降时,则是债券的发行人要遭受损失,因为他本来可以更低的利率在市场上获得资金。浮动利率债券则可以避免这一缺点,因为它的利率会定期随市场利率的变化而进行相应的调整。我国于 1989 年发行的保值公债就是一种浮动利率债券。

(5) 按照债券的利息支付方式,可以分为息票债券和折扣债券。息票债券上附有各期的利息票,上面载有付息的时间和金额。息票到期时,债券持有人凭从债券上剪下的息票领取本期的利息,俗称"剪息票"。息票本身可以作为一种有价证券转让,非债券持有人也可以凭息票领取债券利息。折扣债券则不附息票,也不按规定的利率支付利息,而是采取折价出售的方式发行,到期再按票面金额偿还,其利息体现在债券面值与其出售价格的差额上。许多国家的国债都采取折扣债券的形式,例如,美国的短期国债就是一种折扣债券。

三、衍生金融工具

衍生金融工具是一种合约,它的价值取决于作为合约标的物的某一金融工具、指数或其他投资工具的变动状况。衍生金融工具主要包括远期合约、期货合约、期权合约、认股权证(warrant)、互换(swap)协议及可转换证券(convertibles)等。近年来,衍生金融工具的交易变得越来越活跃,各种新的衍生金融工具不断被开发出来。具体内容见第五章第五节。

第四节/金融体系的功能

各种金融机构通过直接融资和间接融资渠道,将资金盈余部门的剩余资金转移到资金短缺部门,实现国民经济体系的资金融通功能。那么,金融体系在将储蓄转化为投资,实现资金融通方面具有哪些功能和优势呢?

一、降低交易费用

金融机构可以减少信息成本和合约成本，降低借款人和贷款人的信息费用和交易费用。资金盈余单位要对资金短缺单位进行融资，不管是采取贷款的形式还是采取购买证券的形式，都要了解资金短缺单位的有关信息，这便会有信息成本。若双方决定采取贷款的形式建立融资关系后，还必须通过谈判签订合约。合约签订之后，还要监督它的执行，由此产生的成本就是合约成本。如果这些事情都要由每个资金盈余单位和资金短缺单位分别来做，那么成本将是相当高昂的；而如果由某些机构来专门从事这些事情，便会产生规模效应。金融中介机构便是这方面的专业机构，它通过发行自身的负债将盈余资金集中起来，再选择相应的企业（或证券）进行贷款（或投资）。它们往往雇用大量的经济、金融、会计、审计、法律等方面的专家来完成这些工作，因而要比一般的资金盈余单位有效率得多。

二、实现时间与空间转换

利用金融中介机构可以将短期资金聚合起来转化为长期投资。一般说来，商业银行吸收的存款大多是短期资金，其中有不少是活期存款和 1 年以下的定期存款，虽然某些资金会被提走，但可以通过吸收新的资金进行补充，所以它能够发放长期贷款，有的可达到 15～30 年。比如，对于一个购房者来说，通过金融中介机构的抵押贷款，就能很好地解决收入流量与购买住房时的总价款之间的矛盾，将购房的支出均匀地分摊在未来相当长的一段时间里。由此可见，金融中介机构可以突破单个盈余单位资金量少、期限较短的限制，在保证盈余单位资金流动性的同时，满足资金短缺单位资金占用的长期性要求。

金融系统的时间转换功能不仅可以将短期资金转化为长期投资，而且还可以均衡生命周期内的收入，让人们合理地安排整个生命周期内的收支。在人的一生中，收入与支出在时间上也是不均匀的。一般来说，在参加工作之前是没有收入的，但是有维持生命的必需支出，以及进行学习教育等方面的投资性支出；退休后收入一般比较少，但可能需要支付养老和医疗方面费用；青年和中年时期收入逐渐增加并达到个人顶峰，但是结婚、购买住房、抚养子女等开支都很庞大。如果没有金融系统，我们在生活中就会遇到很多麻烦。例如，家境贫寒的学生如果没有助学贷款的资助，很可能就会由于无力支付大学期间的各项费用而不得不放弃接受高等教育的机会。

除了期限转换外，金融系统还可以克服金融资源在空间分布上的局限，调剂地区之间的资金余缺。在某一个既定的时期，一个地区可能存在资金盈余，而另一个地区却存在资金短缺。如果没有金融系统，那么，资金短缺的地区就得不到发展所急需的资金，资金盈余地区的资金也得不到充分利用。金融系统则很好地解决了资金在地区间乃至国家间流动的问题。所以，东部沿海地区的投资者可以通过金融系统足不出户地购买一家位于西部内陆地区的企业所发行的股票。不仅如此，人们还可以通过金融系统直接进行跨国投资。比如，欧美的投资者可以通过境外合格投资者渠道（QFII）购买中国证券市场发行的债券或股票；我国的投资者也可以通过境内合格投资者（QDII）渠道来投资海外证券市场。

三、流动性与投资的连续性

通过金融中介机构可以提供流动性，同时又保持了物质资本投资的连续性，如果没有金融中介机构，投资者就会遇到流动性问题。在没有金融中介机构的情况下，假设某公司为某项工程很顺利地从 1 000 个贷款者那里获得了 5 000 万元的贷款，如果工程进行到第 2 年时，有些贷款者因急需资金而收回贷款，在没有其他融资渠道的情况下，该公司的投资就会半途而废。

有了金融中介机构，这些问题就可以迎刃而解了。金融中介机构拥有许多分散的小额存款人，这些存款人一般不会同时去提取存款。一般说来，金融中介机构只需保留少量的准备金就足以应付这些提款需要。因此，金融中介机构具有积聚社会闲置资金，将短期剩余资金转化为长期投资的能力。

金融体系提供流动性的另一个方面就是直接金融中的二级市场。假定中国联通发行股票时，一名提供者以每股 2.3 元的发行价购买了 1 000 股，这是在一级市场上完成的。一级市场也叫发行市场，资金短缺部门在一级市场上通过发行各种金融工具筹集所需要的资金。但如果持有一段时间后，这名投资者急需现金或者将投资收益兑现，二级市场就可以满足投资者的这种需要，投资者可以在二级市场上将持有的 1 000 股中国联通股票卖给他人。二级市场也叫流通市场，是各种可流通金融工具流通和转让的市场。通过二级市场的流通转让，投资者不仅在需要时可以得到现金，同时也不会因为转让股份而影响中国联通投资和经营管理的连续性。

四、清算支付

金融体系中的金融机构可以为市场交易者提供清算支付功能，从而提高了市场交易的效率。例如，金融中介机构创造了票据结算的方法，企业与企业之间的交易大多通过银行转账或支票结算。相对于纸币的现金交易，这大大降低了纸币携带和清点的时间和风险，极大地提高了社会经济的运行效率。

随着电子计算机技术和网络技术的发展，现在越来越多的消费者在利用借记卡、信用卡、POS 机和网络银行来实现资金转账和结算。在现代金融体系中，现金结算的比例将逐渐降低。

专栏 2-6 山西票号的创始人——雷履泰

山西票号创始于清朝咸丰年间，其创始人是山西平遥人雷履泰。他最初受雇于同县的李氏，在天津管理一家颜料铺，叫“日升昌”。在雷履泰的精心打理下，日升昌营业日盛，声名鹊起。雷履泰还将生意扩大到了四川，经常到四川采购铜绿等颜料。但是，“蜀道难，难于上青天”，而雷履泰出入四川采购颜料时需携带大量现金，不仅麻烦，而且风险极高，如果遇到抢劫，身家性命堪忧。于是，雷履泰就创行汇兑法，由日升昌收银出票，凭票到指定地点的联号兑取现银，收取一定汇费，称为“汇水”。由于这种汇兑凭票兑银，因此就称为“票号”。雷履泰创建的票号有效地提高了支付效率，降低了风险，获得极大成功，在山西商人中广泛发展，“山西票号”也成为中国近代金融业的支柱。

资料来源　参阅高阳：《胡雪岩》，三联书店 2001 年版。

五、监督与激励

金融体系还具有监督和激励机制。例如，上述的公司从 1 000 个人那里借款 5 000 万元资金。如果没有任何监督，该公司可能任意使用资金，甚至任职者携款潜逃。那么，对这些资金的监督由哪个借款人执行呢？如果由于某个借款人执行监督而保证 5 000 万元贷款没有发生违约情况，那么 1 000 个借款人能够分享所有贷款收益。但是，所花费的监督费用却需要由唯一的监督者独自承担，显然，其余 999 个贷款者不需要支付 1 分钱却分享了贷款收益，属于典型的“搭便车”现象。由于存在“搭便车”现象，1 000 个借款人都没有监督借款的积极性，结果造成了对借款者的监督真空。

实际上，这 1 000 个借款人都明白，如果没有借款监督，他们的本金就可能收不回来，实行监督的总收益要远远大于监督的成本。因此，这 1 000 个贷款人就具有分摊委托费用，将监督权委托给第三方的责任，由第三方代表所有借款人对借款公司的投资行为进行监督。而金融中介机构能够有效克服“搭便车”的问题，尤其是商业银行发放的贷款不公开交易流通，使监督的收益内部化，因此，金融中介机构具有承担这一“代理监督”责任的监督激励。

在股票市场中，也同样存在着监督的“搭便车”问题。上市交易的股份公司股票持有人极为分散，要对上市公司的经营行为进行直接的监督极为不便，因此，每个小股东都希望其他股东能够积极为权益最大化而监督上市公司，自己则可以坐享其成。可见，股份公司分散的股东结构，导致对公司的监督存在“搭便车”问题。如何解决这一金融市场的监督和激励问题呢？实际上，是通过“用脚投票”来完成对股份公司的监督的。所谓“用脚投票”，是指当股东对上市公司的经营不满时，就会在二级市场上出售他们所持有的股票。如果很多股东都这样做，该公司的股票价格就会急剧下跌。当该公司的股票价格跌到一定程度时，它就有被别的企业收购或兼并的危险。由于股票在二级市场上的表现最终取决于该公司的业绩，所以，为了使自己发行的证券在二级市场上有一个良好的表现，企业的管理者必须尽可能地提高本企业的经营业绩，这就使二级市场具有了对上市公司进行监督的功能。因此，二级市场不仅对资金融通具有重要意义，而且还在公司治理结构中扮演着重要角色，“用脚投票”和兼并重组对上市公司的管理层构成了一种较强的约束力。

第五节/金融体系中的信息不对称

一、信息不对称及其基本问题：逆向选择与道德风险

在金融体系的直接融资和间接融资过程中，储蓄和投资行为相互分离，因此资金盈余者与资金短缺者之间就难免会产生信息不对称问题。信息不对称是指一方拥有的信息比另一方多。对信息不对称问题的最早研究是在旧车市场。旧车卖主在对旧车情况的了解方面肯定优于买主，他知道旧车的性能如何，而买主却不知道。由于买主不知道旧车的质量情况，所以买主一般只愿意以旧车的平均质量来支付旧车的价格。如果卖主所卖的旧车是次品车，卖主自然是很乐意的；但是，如果是一辆好车，买主所愿意支付的价格与该车的质量不相匹配，卖主实际上是不愿意卖出的。其结果只能是，旧车市场上只有次品车，没有好车。

像旧车市场这样的“次品车”问题，在金融领域也同样存在。在保险市场上，保险公司由于无法确定每个参保司机发生交通事故的概率，只能对所有交通事故险的参保司机确定统一的收费标准，比方说，保费率为投保金额的 2%。但是，每个司机发生事故的概率是不同的，有的人安全防范意识高，他们发生事故的概率自然就低些；而有的人粗心大意，或热衷于寻求刺激而超速驾驶，他们出车祸的概率自然要更高一些。保险公司因信息不对称而难以分辨这两类投保人，所以收取了统一的保费率，这样，积极购买交通事故险的往往是那些出车祸概率较高的司机，那些驾驶很谨慎的司机则较少来购买保险。

在信贷市场上也存在同样的“次品车”问题。由于信息不对称，贷款者往往难以对借款者的状况、风险程度进行很好的分辨，只能对所有的借款者都收取相同的利率。贷款者也通常认为，通过收取较高的利率可以将那些偿还概率较低的借款者挤出信贷市场，通过利率可以对借款者进行筛选。但由于对所有借款者都收取了相同的利率，最后，真正愿意来借款的反而是那些高风险的借款者，而那些低风险的借款者则被挤出了信贷市场。

诸如此类由信息不对称引起的“次品车”问题叫逆向选择，它是在合约签订之前发生的。信息不对称还会引起另一个问题，就是道德风险，它是在签订合约之后发生的。一般来讲，金融中的道德风险是指资金短缺者获得资金盈余者所提供的资金以后，违反合约从事高风险的投资活动。在信贷市场上，借款者在获得了一笔借款后，由于使用的是别人的钱，他们就可能会冒比较高的风险。不妨举一个假想的例子：一位客户从某商业银行借贷500万元流动性贷款，年利率为10%。如果经营得好，他一年的投资回报率可以达到15%，即在一年后可以得到75万元的利润，支付银行利息50万元后，还剩25万元的利润，即企业回报率为5%。但如果这家企业在获得银行贷款后，看到股票市场行情火爆，投资回报率可能高达100%，也就意味着投资股票市场一年利润高达500万元，这远比挣25万元更具有诱惑力。于是，这家企业违反合约规定的贷款用途，将从银行贷来的500万元钱投资于股票市场，如果恰好遇到股票市场股价急剧下跌，该企业就很有可能发生巨额亏损，无法按时偿还银行贷款，此时就产生了道德风险。在保险中，投保者在购买保险后就可能降低自我防范的意识，因为一旦出了事故，将由保险公司承担损失，这就是保险中的道德风险。

在股份公司，类似的道德风险被称为“委托—代理”问题。这里的委托人一般是指股东，代理人是指经营公司的经理人员，他们掌握着公司经营的控制权。在股份公司中，如果经理人员所持有的股份极少，或者根本就没有持有股份，这样，所有权与控制权就基本上是分离的。所有权和控制权的分离可能使经理人员产生道德风险，他们极有可能按照自己的利益而不是股东的利益行事，利用自己的信息优势，为了自己的利益最大化而掩盖公司经营的真实状况。例如，某些上市公司尽管经营业绩很不理想，但公司高层经理人员的年薪依然很高，待遇相当优厚，而所有花销都列支于公司的管理费用，这实际上侵蚀了股东的收益。

二、信息不对称的解决办法

（一）信息的私人生产和销售

由于道德风险和逆向选择是由信息不对称引起的，因此，获取尽可能多的信息就是解决逆向选择和道德风险的关键。在决策之前要尽可能多地收集各方面的信息，以免做出对自己不利的选择。解决融资活动中的道德风险和逆向选择的办法，是向资金供应者提供那些正在为投资寻求资金的个人或公司的详细情况。如果保险公司能识别各位司机出现交通事故的概率，就可以根据司机出事故的概率大小来收取保费；如果银行对其贷款客户的资金使用情况进行跟踪监督，就可能杜绝企业挪用资金投资股票市场的事件发生。使贷款者获得借款者信息的途径之一，就是设立私人公司，由它们负责搜集和生产公司有关的信息，将好公司与坏公司区分开来，然后将这些信息卖给投资者。国际上著名的标准普尔和穆迪投资者服务公司就是这种专门生产信息的公司。在投资之前，投资者可以对拟投资的公司进行调查，以获取相关信息。

（二）金融中介机构

金融中介机构能够成为生产公司信息的专家，从而在某种程度上帮助投资者分辨信贷风险的大小。它们能够从存款者那里获得资金，再将资金贷放给好的公司。由于银行贷款大部分是发放给好公司的，它们就能够从贷款上获得比支付给存款者的利息更高的收益。这样，银行获得盈利，使它们能够从事此类生产信息的活动。银行之所以具有从信息生产中获利的能力，是因为银行在长期贷款活动中，可以培养起对公司信息生产和加工的专长。银行之所以有收集这方面信息的激励，一个重要因素在于，银行主要发放私人贷款，贷款收益内部化，这就有效地避免了“搭便车”问题；而且银行发放贷款的规模一般较大，不像单个投资者的贷放活动规模较小。由于信息搜集、处理和加工成本不因贷款规模的大小而有大的变化，因此，银行去搜集处理企业的信息，然后向企业发放贷款，就有效地降低了投资的单位信息成本。这样，银行发放贷款获得的收益就更大。

但是，金融中介机构只是部分地解决了信息不对称问题，并没有解决信息不对称引起的全部问题。事实上，作为中介机构的银行也常常遭受逆向选择和借款者道德风险的冲击。为了更好地获取借款者的信息，银行还可以采取其他手段，如贷款承诺、抵押和净值要求等。

（三）贷款承诺

解决信息不对称的另一个办法是贷款承诺和金融机构的信贷额度。贷款承诺是金融机构事先与企业签订的合约，约定在未来一定时期内，只要合约规定的条件没有发生变化，银行就要向企业给予信贷支持。贷款承诺分为可撤销的贷款承诺和不可撤销的贷款承诺两种。可撤销的贷款承诺是指在银行与企业签订贷款合约后，如果发生了不利于银行的变化，比如宏观经济环境的恶化、企业重大人事变更影响企业的前景等，银行就可拒绝按照承诺向企业提供贷款。不可撤销的贷款承诺是指无论未来的情况发生了什么样的变化，银行都必须向企业提供承诺合约中规定的贷款。信贷额度是纯循环贷款，在规定的时间间隔内，企业如果需要资金，就可以从银行获得额度范围以内的贷款。因此，信贷额度对借款者而言具有较高的灵活性，可用作流动资金的主要来源。

贷款承诺使借款者免受信用配给或信用紧缩之苦，它虽然可以帮助解决逆向选择和道德风险问题，但也可能使这些问题更为严重。在贷款承诺中，会规定潜在借款者获得贷款承诺的各种各样的条件——前期费用、使用费、利率等，银行可能使借款者显示它们的真实类型，或选择较高净现值的投资项目，这在一定程度上解决了逆向选择的问题。而且，在贷款承诺中，银行有权了解企业实际经营状况，监督企业的经营行为，尤其是在可撤销贷款承诺中，如果企业的条件发生了不利于银行的变化，银行将拒绝继续向企业提供贷款，这样就会使企业的行为在一定程度上变得更为谨慎，又部分地解决了道德风险问题。然而，贷款承诺也可能使信息问题变得更为严重，假如承诺合约签订的时间较早，获得的有关借款者的信息较少，那么，对那些不可撤销的贷款承诺而言，就可能使信息不对称的问题变得更为严重。

（四）抵押和净值

只有当借款者不能归还贷款导致违约，使得贷款者蒙受损失时，逆向选择和道德风险才会阻碍金融市场的正常运作。但现在银行在发放贷款时一般会要求进行抵押或第三方担保。比如申请住房信贷，银行一般都要求以我们所购买的住宅为抵押品；银行在向企业发放贷款时，一般也会要求企业以相应的设备、厂房等作为抵押。原因在于，抵押品弱化了逆向选择和道德风险的不利后果，使贷款者能够在借款者违约的情况下减少损失。抵押品的价值与贷款额之比越高，借款者违约的可能性就越小。如果借款者发生贷款违约，贷款者可以变卖抵押品，并用出售所得的款项补偿借款者未偿还的贷款余额。但抵押的有效性依赖于抵押品二级市场的发达程度，如果抵押品二级市场较为活跃，一旦借款者违约，银行可以顺利地在二级市场上变现抵押品，从而收回未偿还的贷款余额。

净值发挥着与抵押品相类似的作用。如果公司的净值较大，那么，即使公司进行了导致亏损的投资，致使在贷款偿付上发生违约，贷款者也可以取得公司净值的所有权，并将其售出，用销售所得款项补偿未清偿的贷款余额。而且，公司的净值越大，公司拥有偿还贷款的缓冲资产就越多，因此其违约的可能性就越小。由此可见，公司的净值较大，可以减小逆向选择和道德风险。

（五）外部监管

外部监管机制也是解决逆向选择和道德风险的有效办法。世界各国的金融业都是受到政府严格监管的领域。各国都制定了相关的法律，要求公司使用标准的会计准则，以便更容易判断公司的真实经营状况。政府部门还规定，上市公司必须定期公布其财务报表，在指定媒体上及时披露对公司经营具有重大影响的事项。外部监管机制中的信息披露，有利于公众搜集上市公司的信息，能够对公司产生较强的外部约束力。因此，可以在一定程度上减轻金融市场的逆向选择和道德风险。

本章小结

所谓金融，是指资金盈余单位和资金短缺单位之间的资金融通。这种资金融通可以通过两种方式进行：一种是直接金融，也就是资金短缺单位直接在证券市场上向资金盈余单位发行某种凭证（即金融工具），比如债券或者股票；另一种则是间接金融，即资金盈余单位把资金存放（或投资）到银行等金融中介机构中，再由这些机构以贷款或证券投资的形式将其转移到资金短缺单位手中。

资金融通过程中必须借助金融中介机构的服务。金融中介机构一般可以划分为四种类型:即存款机构、合约性储蓄机构、投资性中介机构和政策性金融机构。存款机构即接受个人和机构存款,并发放贷款的金融中介机构,包括商业银行、储蓄贷款协会、互助储蓄银行和信用社;合约性储蓄机构包括各种保险公司和养老基金;投资型金融机构包括投资银行、基金管理公司和金融公司;政策性金融机构主要包括农业银行、开发银行和进出口银行。

将资金从盈余部门转移到资金短缺部门需要借助于金融工具。金融工具具有期限性、收益性、流动性和风险性四个方面的特征。根据金融工具的期限,可以将它分为货币市场金融工具和资本市场金融工具。货币市场金融工具是指期限在 1 年以下的金融资产,主要包括短期国债、可转让定期存单、商业票据、回购协议和银行承兑票据。资本市场金融工具则是指期限在 1 年以上的金融资产,主要包括股票、债券。衍生金融工具则是一种合约,它的价值取决于作为合约标的物的某一金融工具、指数或其他投资工具的变动状况。远期合约、期货合约、期权合约和互换协议等是最基本的衍生金融工具。

现代金融体系具有独特的功能,主要有降低交易费用、实现时间和空间转换、提高流动性并保持投资的连续性、清算支付和监督与激励五个方面的功能。

现代金融体系中存在信息不对称问题,会产生道德风险和逆向选择。可以通过以下途径解决:信息的私人生产和销售、金融中介机构、贷款承诺、抵押与净值和外部监管。

重要概念

资金盈余者　资金短缺者　直接金融　间接金融　证券化　信用　商业信用　银行信用　消费信用　国家信用　国际信用　商业汇票　商业本票　银行汇票　银行支票　消费信贷　存款机构　合约性储蓄机构　投资性中介机构　政策性金融机构　金融工具　货币市场金融工具　资本市场金融工具　衍生金融工具　信息不对称　道德风险　逆向选择　贷款承诺　净值

思考题

1. 资金融通的机制是什么?
2. 直接金融和间接金融各有哪些利弊?

3. 信用是什么？包括哪些信用形式和信用工具？
4. 金融中介机构一般分为哪几种类型？每一类各包括哪些具体的金融机构？
5. 什么是金融工具？金融工具有哪些特点？它们之间有什么关系？
6. 货币市场金融工具和资本市场金融工具有什么区别？
7. 衍生金融工具包括哪些内容？
8. 金融系统有哪些功能？
9. 什么是道德风险和逆向选择？有哪些方法可以防止道德风险和逆向选择？
10. 2001 年，中国的上市公司财务报表造假案频频曝光，你认为出现这种状况的根源是什么？有什么好的解决办法？

第三章　利率

在现代市场经济中，利率是最重要的经济杠杆之一，对于微观经济活动和宏观经济运作都具有重大的作用与影响。利率问题是金融市场最基础、最核心的问题之一，几乎所有的金融现象都与利率有着或多或少的联系。

第一节/利息和利息率

一、利息的来源与本质

（一）利息的本质

利息是借贷关系中借入方支付给贷出方的报酬，也可以看作是货币持有人一段时期内放弃货币流动性的报酬或放弃获取投资收益的补偿。

在远古时代就有了借贷行为，利息作为一种占有使用权的报酬就已经出现了。当时，以谷物、布匹等实物形式进行利息的支付。在奴隶社会和封建社会，高利贷资本是生息资本的主要形式。高利贷者的贷款对象有奴隶主、地主及小生产者。如果高利贷的借入者是小生产者，利息显然来源于小生产者的劳动所创造的价值。如果高利贷的借入者是奴隶主或地主，利息的来源则是奴隶或农民的劳动价值，因为奴隶主和地主是不参加任何生产的寄生阶级，他们收入的源泉是奴隶或农民的劳动成果。所以，高利贷的利息来源是奴隶或农民、小生产者所创造的，被高利贷者无偿占有的剩余劳动产品的价值，甚至包括一部分必要劳动价值。高利贷的利息，体现着高利贷者同奴隶主或封建地主共同对劳动者的剥削关系。

随着商品货币经济的发展，利息的支付逐渐过渡到货币形式上来。真正意义上的利息是资本主义的利息。正如马克思指出的："只有资本家分为货币资本家和产业资本家，才使一部分利润转化为利息，一般地说，才创造出利息的范畴；并且，只有这两类资本家之间的竞争，才创造出利息率。"在资本主义社会中，利息是借贷资本家因贷出货币资本而从职能资本家那里获得的报酬。在资本主义制度下，利息是借贷资本运动的产物，但在资本的表面运动形式中，资本主义生产关系被掩盖了，货币被贷放出去一定时间后，带着增殖的价值 ΔG 回到出发点，仿佛货币自身有了增殖的能力。如何认识资本主义制度下的利息的来源与本质呢？马克思从对借贷资本的特殊运动形式的分析中，揭示了利息的来源，分析了利息的本质。他指出，借贷资本的运动特点是双重支出和双重回流。双重支出是指货币资本家把货币资本贷给职能资本家，然后职能资本家用货币购买生产资料和劳动力。双重回流是指职能资本家把生产出来含有剩余价值的商品销售出去取得货币，然后把借贷资本连本带利归还给货币资本。借贷资本的整个运动过程可表述为

$$G—G—W\begin{cases}Pm\cdots\cdots P\cdots\cdots W'—G'—G'\cdots\cdots\\A\end{cases}$$

其中，G 代表货币，W 代表商品，Pm 代表生产资料，A 代表劳动力，P 代表生产过程，$'$代表增殖部分。由此可以看出，借贷资本的运动与现实资本的运动和资本主义再生产过程密切相关，借贷资本只有转化为现实资本，进入生产，才能增殖。由于货币资本家在货币资本贷出期间内，将资本商品的使用价值即生产利润的能力让渡给了职能资本家，后者运用借入的资本，购买生产要素并进行生产，所获得的剩余价值在转化为利润后，必须分割一部分给货币资本家，作为使用资本商品的报酬，这便是利息。马克思经过科学分析后指出，资本主义经济中的利息是借贷资本家凭借自己的资本所有权向职能资本家索取的报酬，是利润的一部分，是剩余价值的特殊转化形式。

在社会主义市场经济下，以资金借贷为核心的信用得到进一步发展，与此相联系的利息范畴也广泛存在。中国学者在研究与比较马克思以及西方各经济学派关于利息的理论的基础上，坚持了马克思的"利息是利润的一部分、是剩余价值的转化形式"的理论。他们认为，在以公有制为主体的社会主义社会中，利息来源于国民收入或社会纯收入，是纯收入再分配的一种方式。在公有制为主体的经济制度下，利息主要体现为劳动者共同占有生产资料、独立进行经济核算，重新分配社会纯收入的关系。

（二）利息与收益的一般形态

利息是资金所有者由于借出资金而取得的报酬，它来自于生产者使用该笔资金发挥生产职能而形成的利润的一部分。显然，没有借贷，就没有利息。但在现实生活中，利息被人们视为收益的一般形态：无论贷出资金与否，利息都被看作是资金所有者理所当然的收入——可能取得的或将会取得的收入；与此相对应，无论借入资金与否，生产经营者也总是把自己的利润分成利息与企业收入两部分，似乎只有扣除利息所余下的利润才是经营所得。于是，利息就成为一个尺度：如果投资额与所获利润之比低于利息率，则根本不应该投资；如果扣除利息，所余利润与投资额之比甚低，则说明经营的效益不高。所以，虽然从理论上剖析，在资本主义社会，利息是剩余价值及其转化形态利润的一部分；在社会主义社会，利息是劳动者所创造的归社会分配的收入及其转化形态利润的一部分，但

无论是资本主义社会还是社会主义社会，在会计制度中，利息支出都列入成本，而利润则只是指扣除利息支出后所余的那部分利润。于是，利率就成为一个尺度，用来衡量投资收益或经济效益，即人们通常都用利率来衡量收益，用利息来表示收益，从而使利息转化为收益的一般形态。

将各种具有特定收益的资产，在与利率的比较中表示出价格，称为收益的资本化。一般来说，收益是本金与利息率的乘积，可用公式表示为

$$B=P\cdot r$$

式中，B 代表收益，P 代表本金，r 代表利息率。

相应地，收益资本化的计算公式

$$P=B/r$$

正是按照这样的带有规律性的关系，有些本身并不存在一种内在规律可以决定其相当于多大资本的事物，只要有收益，也可以取得一定的资本价格，如土地；有些本来不是资本的东西也因之可以视为资本，如工资。具体讲，土地本身不是劳动产品，没有价值，从而不具备决定其价格的内在根据。但土地可以有收益，比如，某块土地每亩的年平均收益为 100 元，假定年利率为 5%，则这块土地就会以每亩 2 000 元（100÷5%＝2 000 元）的价格买卖成交。在利率不变的情况下，当土地的预期收益（B）越大时，其价格（P）会越高；在预期收益不变的情况下，市场平衡利率（r）越高，土地的价格（P）将越低。这就是市场竞争过程中土地价格形成的规律。收益资本化普遍存在于市场经济社会，债券、股票、土地、技术、劳动力等都是可以被作为资本品进行交易的，这些资本品都有特定的预期收益，其资本化的价格是由预期收益与利率的比值所确定的。

二、利率的种类

（一）年利率、月利率和日利率

根据计算利息的期限单位不同，利息率有不同的表示方法。年利率是以年为单位计算利息，月利率是以月为单位计算利息，日利率则是以日为单位计算利息。通常，年利率以本金的百分之几表示，月利率按本金的千分之几表示，日利率按本金的万分之几表示。例如，对于同样一笔贷款，年利率为 7.2%，则也可以用月利率 6‰或日利率 0.2‰（每月按 30 天计算）表示。这三种利率表示方法之间是可以折算的，例如，日利率乘以 30 即为月利率，月利率乘以 12 即为年利率。

（二）市场利率、官定利率、公定利率

市场利率是指由货币资金的供求关系所决定的利率。当资金供给大于需求时，市场利率下跌；当资金供给小于资金需求时，市场利率就会上升。因此有人将市场利率比作借贷资金供求状况变化的指示器。

官定利率是指由一国政府金融管理部门或中央银行确定的利率。它是国家

调节经济的重要经济杠杆，官定利率水平的高低已不完全由借贷资金的供求状况所决定，而是由政府金融管理部门或中央银行视宏观经济运行状况而定。在整个利率体系中，官定利率处于主导地位。

公定利率是由民间金融组织、银行公会等确定的利率。它对会员银行有约束作用，对非会员银行则没有约束作用。

（三）基准利率与差别利率

基准利率是指在多种利率并存的条件下起决定作用的利率。当它变动时，其他利率也相应发生变化。因此，了解这种关键性利率水平的变动趋势，也就了解了全部利率体系的变化趋势。基准利率，在西方国家通常是中央银行的再贴现利率或者国库券的收益率，在我国主要是中央银行对各金融机构的贷款利率。

差别利率，是指银行等金融机构对不同部门、不同期限、不同种类、不同用途和不同借贷能力的客户的存、贷款制定不同的利率。其作用主要是通过对不同的借贷资金予以不同的利率，达到鼓励、限制或调节的目的，也体现了风险与收益的关系及政策导向，例如，我国实行的差别利率主要有存贷差别利率、期限差别利率和行业差别利率。

（四）固定利率与浮动利率

固定利率是指在整个借贷期限内，利息按借贷双方事先约定的利率计算，而不随市场上货币资金供求状况而变化。实行固定利率对于借贷双方准确计算成本与收益十分方便，适用于借贷期限较短或市场利率变化不大的情况，但当借贷期限较长或市场利率波动较大时，则不宜采用固定利率。因为固定利率只要双方协定后，就不能单方面变更。在此期间，通货膨胀的作用和市场上借贷资本供求状况的变化，会使借贷双方都可能承担利率波动的风险。因此，在借贷期限较长、市场利率波动频繁的情况下，借贷双方往往倾向于采用浮动利率。

浮动利率是指借贷期限内，随市场利率的变化情况而定期进行调整的利率，多用于较长期的借贷及国际金融市场。调整期限的长短以及以何种利率作为调整时的参照利率都由借贷双方在借款时议定。例如，欧洲货币市场上的浮动利率，一般每隔 3～6 个月调整一次，调整时大多以伦敦银行间同业拆借利率（简写为 LIBOR）为主要参照。浮动利率能够灵活反映市场上资金供求状况，更好地发挥利率的调节作用；同时，由于浮动利率可以随时予以调整，利率的高低同资金供求状况密切相关，借贷双方承担的利率风险较小，有利于减小利率波动所造成的风险，从而克服了固定利率的缺陷。但由于浮动利率变化不定，使借贷成本的计算和考核相对复杂，且可能加重贷款人的负担。因此，对于长期贷款，借贷双方一般都倾向于选择浮动利率。

（五）名义利率与实际利率

在借贷过程中，债权人不仅要承担债务人到期无法归还本金的信用风险，而且还要承担通货膨胀的风险。基于这种情况，可以把利率划分为实际利率与名义利率。实际利率是指物价不变从而实际购买力不变条件下的利率,名义利率则是包含了通货膨胀因素的利率。通常情况下,名义利率扣除通货膨胀率即可视为实际利率。

实际利率对经济起实质性影响,但通常在经济管理中,能够操作的只是名义利率。划分名义利率与实际利率的意义在于,它为分析通货膨胀下的利率变动及其影响提供了依据与工具,便利了利率杠杆的操作。根据名义利率与实际利率的比较,实际利率呈现三种情况:当名义利率高于通货膨胀率时,实际利率为正利率;当名义利率等于通货膨胀率时,实际利率为零;当名义利率低于通货膨胀率时,实际利率为负利率。在不同的实际利率状况下,借贷双方和企业会有不同的经济行为。一般而言,正利率与零利率和负利率对经济的调节作用是互逆的,只有正利率才符合价格规律的要求。

一般来讲,实际利率的计算方法通常有两种:

(1) $$r=i+p \tag{3.1}$$

式中,r 为名义利率;i 为实际利率;p 为通货膨胀率。

(2) $$i=(1+r)/(1+p)-1 \tag{3.2}$$

通常按两种方法计算的结果有一些差别。例如,某银行贷款利率为 15%,而当年该国的通货膨胀率为 10%,若按式(3.1)计算的实际利率为 5%,而按式(3.2)计算的实际利率为 4.55%,两者相差 0.45%。出现这种计算结果上的差异是因为式(3.1)是个不精确的等式,仅有本金考虑到通货膨胀的影响,而其利息部分则没有考虑通货膨胀的影响。

(六) 长期利率和短期利率

一般来说,一年期以内的信用行为被称为短期信用,相应的利率即为短期利率;一年期以上的信用行为通常称之为长期信用,相应的利率则是长期利率。短期利率与长期利率又各有不同长短期限之分。总的来说,较长期的利率一般高于较短期的利率。但在不同种类的信用行为之间,由于有种种不同的信用条件,对利率水平的高低则不能简单地进行对比。

三、决定和影响利率水平的因素

(一) 平均利润率

利息是利润的一部分,因此利率高低首先由利润率高低决定,但决定利率高低的利润率不是几个企业的利润率,而是一定时期内一国的平均利润率。这是因为用于借贷的资本是在全社会流动的,通过竞争的作用,使得等量资本在相同的时间内获得等量的利润。一般来说,平均利润率是利率的最高界限。

(二) 借贷资本的供求关系

理论上利率的取值限于零和平均利润率之间,但是在某一具体时期的具体市场中,利率则需由借贷资本市场上借贷资本的供求双方协商确定。在这一过程中，借贷资本的供求状况就起着决定作用。通常情况下，借贷资本供给大于需求时，利率就会下降；借贷资本的需求大于供给时，利率就会上升。

（三）中央银行的货币政策

随着政府对社会经济运行干预的不断加强，中央银行的货币政策对利率的影响也越来越大。在西方一些发达国家，货币当局往往通过改变再贴现率和利率管理等政策来调节利率，并以此来调节经济，使经济运行达到他们的预期目的。一般来讲，中央银行若实行扩张的货币政策，利率就会下降；反之，利率就会上升。

（四）国际利率水平

随着国际经济一体化趋势的形成和国际经济联系的日益加深，国际利率水平及其变动趋势对一国利率水平具有很强的“示范效应”。由于这种影响，使得各国的利率水平呈现出一种“趋同”趋势。一般来讲，国际利率水平及其变动趋势对国内利率的影响有两个方面：一是其他国家的利率水平对国内利率的影响；二是国际金融市场上的利率的影响。一般来讲，国际金融市场上利率的下降会降低国内利率水平或抑制国内利率上升的程度。

（五）预期通货膨胀率和通货紧缩

只要在纸币流通条件下，就存在通货膨胀的可能性。通货膨胀必将引起纸币贬值，从而给借贷资金的本金造成损失。为了弥补这种损失，贷款人必须提高利率水平。同时，通货膨胀不仅会给借贷资金本金造成损失，而且还会使正常利息额的实际价值下降，造成利息贬值。而在通货紧缩的条件下，为了避免利息成本上升，往往会导致利率下降。因此，为了保证实际利息不至于造成本金贬值或发生利息成本上升，在决定利率水平时，要充分考虑预期通货膨胀率和通货紧缩的影响。

（六）汇率

在开放型经济体制中，汇率的变动也会影响利率的变化。当预期外汇汇率上升、本币贬值时，外币的预期回报率下降，国内居民对外汇的需求就会下降，对本币的需求就会增加，从而使国内利率水平上升。

此外，借贷期限的长短、借贷风险的大小、历史利率水平、同行业利率水平等因素都会影响利息率的高低。总之，影响和决定利息率的因素很多也很复杂，在以上各种因素中，有些因素与封闭型经济体制有关，有些因素与开放型经济体制有关。在决定一国的利率过程中，这些因素的相对重要性将取决于一国的经济、金融的开放程度。如果一国的经济体制在金融方面对外完全开放，或者开放的程度比较深，则国内利率受国际市场利率或预期货币价值变动的影响相对较大；否则，这种因素的影响就相对较小。

第二节/ 利率的计算

从上节的内容可以知道,利率就是借款者为了获得对贷款者资金的使用权,而向后者支付的价格。也就是说,利率体现了货币的时间价值,就是指当前所持有的一定量货币比未来持有的等量货币具有更高的价值。例如,现在的 100 元钱比一年后的 100 元钱的价值高,比两年后的 100 元钱价值更高。以此类推,货币的价值会随着时间的推移而降低。货币具有时间价值,主要原因在于现在持有的货币可以用于经济活动中的投资,获取比投入资金更高的投资收益。

一、单利和复利

利息的计算有两种基本方法:单利法和复利法。

(一) 单利法

单利法是指在计算利息额时,只按本金计算利息,而不将利息额加入本金进行重复计算的方法。公式可以表示为

$$I=P\cdot r\cdot n \tag{3.3}$$

$$S=P\cdot(1+r\cdot n) \tag{3.4}$$

式(3.3)和式(3.4)中,I 代表利息额;P 代表本金;r 代表利息率;n 代表借贷期限;S 代表本金与利息之和,简称本利和。

[例 3-1] A 银行向 B 企业放一笔为期 5 年、年利率为 10%的 100 万元贷款,则到期日 B 企业应付利息额与本利和分别为

利息额 $I=100\times10\%\times5=50$(万元)

本利和 $S=100\times(1+10\%\times5)=150$(万元)

(二) 复利法

复利法是指将按本金计算出的利息额再计入本金,重新计算利息的方法。其计算公式为:

$$I=P\times[(1+r)^n-1] \tag{3.5}$$

$$S=P\times(1+r)^n \tag{3.6}$$

式(3.3)和式(3.4)中,I 代表利息额;P 代表本金;r 代表利息率;n 代表借贷期限;S 代表本利和。

在[例 3-1]中,若其他条件不变,按复利计算 B 企业到期日应付利息额与本利和分别为

利息额 $I=P\times[(1+r)^n-1]=100\times[(1+10\%)^5-1]$
$=61.051$(万元)

本利和 $S=P\times(1+r)^n=100(1+10\%)^5$
$=161.051$(万元)

表 3-1 单利和复利

单位:万元

	单利		复利	
本金	100		100	
年利率 10%	新增利息	本利和	新增利息	本利和
第 1 年底	10	110	10	110
第 2 年底	10	120	11	121
第 3 年底	10	130	12.1	133.1
第 4 年底	10	140	13.31	146.41
第 5 年底	10	150	14.641	161.051

从表 3-1 我们可以很清楚地看到单利和复利的区别。所谓单利就是不对本金产生的利息再按一定的利率计算利息,单利每年都是以固定的 10 万元为新增利息;而复利就是通常所说的“利滚利”,本金产生的利息在本金的存续期内再按相同的利率计算利息。由于复利计算的基础在不断增加,因此复利以加速度累积新增利息。

以单利计算,手续简单,计算方便,借入者的利息负担也比较轻。以复利计息,考虑了资金的时间价值因素,是对贷出者(储户)利益的保护,有利于提高资金的使用效益,并强化利率杠杆的作用。由于复利反映出利息的本质特征,因而相对合理些。一般来说,单利计算适用于短期借贷,而长期借贷则多采用复利计算。同时,复利范畴在经济生活中还有广泛的用途,如零存整取和整存零取的储蓄本利和计算、企业设计折旧提存方案、社会保障机构计算退休养老金方案等。

二、现值和终值

与货币的时间价值相联系的是现值(Present Value)与终值(Future Value)概念。终值的概念建立在这样一个事实基础上:现在投入一元钱,投资者将来收到的本利和在数量上要多于现在的一元钱;相比较而言,现值则以这样一个众所周知的事实为依据:从现在算起,人们将来可以收到的一元钱在价值上要低于现在的一元钱。为什么会出现这个现象呢?假如某个投资人现在手头拥有一元钱,那么,在正常情况下,该投资人不会让其资金闲置,而是千方百计通过各种投资方式使其不断增值,或者存入银行,或者购买有价证券,或者购买不动产和其他有价值的艺术收藏品,等等。这样,一年后他(她)拥有的财富将会多于一元钱。那么,现在的一元钱相当于未来可以收到的几元钱呢?这个问题即是指现在这一元钱未来的终值是多少。反过来,对于将来能够获得的一笔收入,从现在的角度来看,其价值是应该打折扣的。到底将来可以获得的一元钱相当于现在的几角钱呢?这个问题即是指未来这一元钱收入的现值是多少。现值与终值概念是计算各种金融工具利率水平的基础。

(一) 终值

1. 复利和终值

以简单的银行贷款为例,用支付的利息额除以贷款额是衡量借款成本的标准,这个计量标准即是所谓的简单利率。

[例 3-2] 某企业从银行贷款 100 万元,期限为一年。贷款期满以后,该企业偿还 100 万元本金并支付 10 万元利息。那么,这笔贷款的利率(r)可以计算如下:

$$r=\frac{10}{100}=10\%$$

从贷款人的观点来看,如果某人发放 100 万元的贷款,第一年末他可以收回 110 万元,或者说这 100 万元一年期贷款的终值是 110 万元:

$$100\times(1+10\%)=110(\text{万元})$$

如果该贷款人将收回的 110 万元仍然贷放出去,第二年末他可以收回 121 万元:

$$110\times(1+10\%)=121(\text{万元})$$

这相当于发放一笔面额为 100 万元,利率为 10%,期限为两年的贷款,在贷款到期日时可以收回的本金和利息数额。或者说这 100 万元两年期贷款的终值是 121 万元:

$$100\times(1+10\%)\times(1+10\%)=100\times(1+10\%)^2=121(\text{万元})$$

同样,如果该贷款人将第二年末收回的 121 万元再次贷放出去,第三年末他可以收回 133.10 万元:

$$121\times(1+10\%)=133.10(\text{万元})$$

这相当于发放一笔面额为 100 万元、利率为 10%、期限为三年的贷款,在贷款到期日可以收回的本金和利息数额。或者说这 100 万元三年期贷款的终值是 133.10 万元:

$$\begin{aligned}&100\times(1+10\%)\times(1+10\%)\times(1+10\%)\\&=100\times(1+10\%)^3=133.10(\text{万元})\end{aligned}$$

把上述计算过程推广到一般情形,如果一笔简易贷款的利率为 r,期限为 n 年,本金现值 PV 元。那么,第 n 年末贷款人可以收回的本金和利息数额即相当于这 100 万元 n 年期贷款的终值(FV),如式(3.7)所示:

$$FV = PV \times (1+r)^n \tag{3.7}$$

如果每年计息多次，复利又如何计算呢？仍然以 100 万元的贷款作为本金，每半年按照复利计息一次，年利率 10%，这样，在第一年年末的计息次数为 2 次，本利和为：

$$100 \times (1+10\%/2) \times (1+10\%/2) = 110.25(\text{万元})$$

依次类推，到第 5 年贷款到期时复利计息次数为 10 次，本利和为：

$$100 \times (1+10\%/2)^{10} = 162.889(\text{万元})$$

通过上述计算，我们会发现，每年复利计息 2 次，贷款的本息和比每年复利一次的贷款本息和多 1.838 万元。可见，在利率、现值、年限一定的情况下，每年复利计息次数越多，复利计算基础就以越高的加速度增加。因此，所获得的利息收益越高，终值就会越高。

一般来说，我们设每年计息 m 次，在第 n 年结束时的终值计算公式就如(3.8)所示：

$$FV = PV \times \left(1+\frac{r}{m}\right)^{m \cdot n} \tag{3.8}$$

2. 年金终值

在银行存款中，有一种比较特殊的储蓄存款就是零存整取，即每月、每周或每年按统一的金额存入，到约定的期限本息一并取出。与此类似，养老保险中的固定缴款养老金计划也是由员工和公司按照员工工资的某一百分比按月向养老金账户存入一笔资金，专款专用，只有员工退休后才可以从这一账户中提取资金用于消费等方面的支出。此外，住房抵押贷款可以选择等额支付本息方式，即在一定的期限和利率水平下，借款者每个月支付固定金额给银行。

在以上各种金融活动中，现金流量具有共同的特点，即每个月的现金流量金额都是相等的，我们把这一系列均等的现金流或付款称为年金。年金分为即时年金和普通年金。即时年金是从即刻开始就发生一系列等额现金流，包括零存整取、养老保险等。如果是在现期的期末才开始一系列均等的现金流，就是普通年金。例如今天 8 月 1 日，你所签订的住房抵押合同是每个月 25 日偿还 4 000 元贷款，这就属于普通年金。两者的区别如图 3－1 所示：

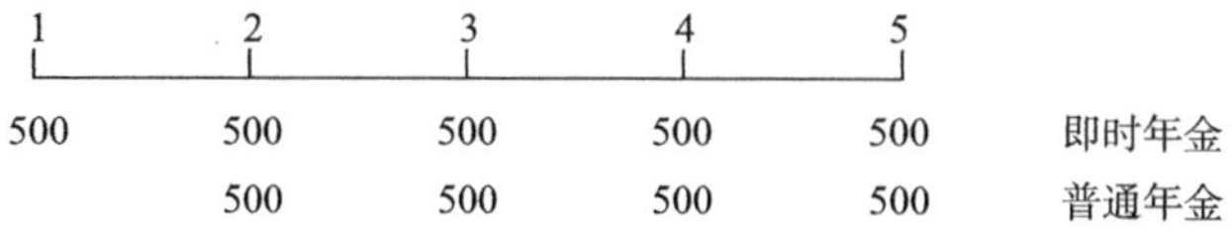

图 3－1　即时年金与普通年金的时间轴

年金终值就是一系列均等的现金流在未来一段时期的本息总额。

[例 3－3]　某存款者每年年初都存入银行 1 000 元，连续存 10 年，年利率为 12%，以复利计算，则该存款者在第 10 年末共有多少本利和？根据式(3.5)

的终值公式可以计算各年存入账户的终值分别为

第一年： $1\ 000\times(1+12\%)^{10}$

第二年： $1\ 000\times(1+12\%)^{9}$

第三年： $1\ 000\times(1+12\%)^{8}$

………

第十年： $1\ 000\times(1+12\%)$

将各年初存入金额的终值相加，就得到第十年账户上的本利和为

$$\begin{aligned}&1\ 000\times(1+12\%)^{10}+1\ 000\times(1+12\%)^{9}+1\ 000\times(1+12\%)^{8}\\&\quad+\cdots+1\ 000\times(1+12\%)\\&=1\ 000\times\frac{(1-1.12^{10})\times(1+12\%)}{1-(1+12\%)}\\&=19\ 654.58(\text{元})\end{aligned}$$

零存整取的本利和为 S，本金为 P，其计算公式为

$$S=P\left[\frac{(1+r)^{n+1}-1}{r}-1\right] \tag{3.9}$$

以上的零存整取存款属于即时年金，本利和 S，也就是即时年金的终值 FV，每年初(或每周初、每月初)存入的本金 P，设为即时年金 PMT，r 为复利利率，n 为期限，每年计息一次，则即时年金终值公式也可以表示为

$$FV=PMT\cdot\frac{(1+r)\cdot[(1+r)^{n}-1]}{r} \tag{3.10}$$

我们在图 3－1 中看到，即时年金的每笔现金流比普通年金都要多获得一年的利息，所以，即时年金的终值为普通年金终值的 $(1+r)$ 倍。因此，以 FV 为普通年金的终值，A 为普通年金，r 为利率，n 为年限，则普通年金的终值计算公式为

$$FV=A\left[\frac{(1+r)^{n}-1}{r}\right] \tag{3.11}$$

(二) 现值

1. 贴现和现值

将[例 3－2]的计算过程反过来，情形又如何呢？由于在利率水平为 10% 时，现在的 100 万元一年后将会变成 110 万元，据此我们可以说，一年后的 110 万元在价值上只相当于现在的 100 万元，即一年后可以收到的 110 万元的现值是 100 万元。或者可以说，为了一年后能得到 110 万元，现在任何理性的投资人的本金支付都不会超过 100 万元。同样，我们也可以说，从现在开始，两年后的 121 万元或者三年后的 133.10 万元在价值上只相当于今天的 100 万元。这种

计算将来一笔货币收入相当于今天的多少数额的过程可以称为对未来的贴现(Discounting)。其计算过程如下:

$$100=\frac{110}{1+10\%}$$

$$100=\frac{121}{(1+10\%)^2}$$

$$100=\frac{133\times 10}{(1+10\%)^3}$$

推而广之,所谓现值,是从现在算起数年后能够收到的某笔收入的贴现价值。如果 r 代表利率水平,PV 代表现值,FV 代表终值,n 代表年限,m 代表每年的复利次数,那么计算公式为

$$PV=\frac{FV}{\left(1+\frac{r}{m}\right)^{n\cdot m}} \tag{3.12}$$

2. 年金现值

如果你在未来有一项支出计划:在未来的某个时候,某一项支出每年为固定金额,如果你现在就想为这笔支出存入足够的金额,应该如何计算现在需要存入的金额呢?这就要计算在未来产生的一系列等额现金流的现值,即年金现值。

[例 3-4] 假定利率为 6%,存期为 5 年,以后每年末支取 2 000 元、存入资金满一年后在每年的年末支取,这属于普通年金。设第 i 年年末支取的 2 000 元年金的现值为 PV_i,根据终值公式,分别得到如下关系式

$$PV_1\times(1+6\%)=2\ 000$$

$$PV_2\times(1+6\%)^2=2\ 000$$

$$PV_3\times(1+6\%)^3=2\ 000$$

$$PV_4\times(1+6\%)^4=2\ 000$$

$$PV_5\times(1+6\%)^5=2\ 000$$

现在所要存入的金额就是未来 5 年中每年支取 2 000 元的现值的和,即

$$PV=\sum_{i=1}^{5}PV_i=2\ 000\times\left(\frac{1}{1.06}+\frac{1}{1.06^2}+\frac{1}{1.06^3}+\frac{1}{1.06^4}+\frac{1}{1.06^5}\right)$$
$$=8\ 424.73(\text{元})$$

通常,我们设普通年金为 A,利率为 r,年限为 n,现在一次存入的金额即一系列未来年金的现值,其计算公式为

$$PV=A\cdot\frac{(1+r)^n-1}{r(1+r)^n} \tag{3.13}$$

或

$$PV=A\cdot\frac{1-(1+r)^{-n}}{r} \tag{3.14}$$

特殊的存款方式——整存零取即属于上述普通年金现值,即一次存入一定的金额,在以后的预定期限内每月(或每周、每年)提取相等金额的货币,当到期

时本利一次全部提取。

[例 3-5] 三年期的整存零取的年利率为年复利 15%，某存款者存入 10 000 元，则此人在每年年底领取的金额是多少？

根据已知条件 $PV=10\ 000$ 元，$r=15\%$，$n=3$，代入式(3.13)，则

$$A=PV\cdot\frac{r(1+r)^n}{(1+r)^n-1}=10\ 000\times\frac{15\%(1+15\%)^3}{(1+15\%)^3-1}=4\ 379.8(\text{元})$$

3. 永续年金的现值

当 n 趋向于无穷大时，上述的普通年金就称为永续年金(Perpetuity)，即永远存续而没有到期日的年金。在金融工具中，股票就类似于永续年金，我们无法计算它的终值，却可以计算它的现值。对式(3.14)中，对 n 求无穷大的极限，就可以得到永续年金的现值，其计算公式为

$$PV=A/r \tag{3.15}$$

(三) 现值和终值的应用

在金融工具中，存在一系列现金流的现值和终值的计算，只要分别计算每一个现金流的现值和终值，简单相加的数值即可得到系列现金流的现值或终值。这种计算方法称为贴现现金流方法(discounted cash flow，简称 DCF 方法)，广泛应用于债券价值、股票价值和年金相关问题中。由于债券价格主要受利率的影响，这里介绍运用这一方法确定债券价值。债券分为附息债券和贴现债券。计算债券的价值，就是把债券未来能够带来的现金流收入分别折算和加总，得到的现值就是债券的价值，计算债券的价格通常也是确定债券市场价格的主要方法。

1. 贴现债券的价值评估

贴现债券是债券发行人以低于债券面值的价格(折扣价格)出售，在到期日按照债券面值偿付给债券持有人。贴现债券不支付任何利息，仅仅在期满时按照债券面值偿付。一般来说，贴现债券的价格由市场竞争决定，其市场价格低于面值，低于面值的部分就是贴现债券的利息。因此，债券投资者可以通过贴现债券的市场价格、剩余期限和票面价值来计算贴现债券的年利率。

[例 3-6] 某公司发行了一种贴现债券，面值 1 000 元，期限一年，发行价格为 950 元。一年后，债券持有人可以要求债券发行人按照面值偿付 1 000 元。该贴现债券的年利率的计算如下：

$$\text{一年期贴现债券的年利率}=\frac{\text{面值}-\text{价格}}{\text{价格}}=\frac{1\ 000-950}{950}=5.26\%$$

即该贴现债券的年利率为 5.26%。

[例 3-7] 某公司发行了一种三年期的贴现债券，面值 1 000 元，发行价格为 800 元，那么该贴现债券的年利率是多少呢？

假设该贴现债券的年利率为 i，则该债券在这三年中的现金流如下：

第一年末的本利和总额为：$800\times(1+i)$

第二年末的本利和总额为：$800\times(1+i)^2$

第三年末的本利和总额为：$800\times(1+i)^3$

贴现债券是按照面值偿付的，因此，三年后的本利和总额应等于面值 1 000 元，即 $800\times(1+i)^3=1\ 000$，则 $i=7.72\%$。

一般来说，设贴现债券当前的市场价格为 P，面值为 V，债券剩余的到期年限为 n，剩余年限中的年利率为 i，则

$$i=\sqrt[n]{\frac{V}{P}}-1 \tag{3.16}$$

2. 附息债券的价值评估

中长期国库券和公司债券通常采用附息债券这种形式。发行人在到期日之前每年向债券持有人定期支付固定数额的利息，至债券期满日再按债券面值偿还。在这种方式下，债券持有者将息票剪下来出示给债券发行人，后者确认后将利息支付给债券持有者。

[例 3-8] 一张面值 1 000 元的附息债券，期限为 10 年，息票率为 10%。债券发行人每年应向持有人支付 100 元的利息，在到期日再按面值 1 000 元本金并加最后一年的利息 100 元偿付。

一般地，假设 P 为附息债券的市场价格，C 为每次计息的利息，n 为债券的剩余期限，r 为市场利率（即折现率），V 为附息债券的面值，i 为附息债券的票面利率，则附息债券的市场价格表示为：

$$\begin{aligned}P&=\frac{C}{1+r}+\frac{C}{(1+r)^2}+\frac{C}{(1+r)^3}+\cdots+\frac{C}{(1+r)^n}+\frac{V}{(1+r)^n}\\&=\sum_{t=1}^{n}\frac{V\cdot i}{(1+r)^t}+\frac{V}{(1+r)^n}\end{aligned} \tag{3.17}$$

[例 3-9] 某公司发行面值为 1 000 元，票面利率为 5%，期限为 5 年，每年付息的债券，根据式(3.17)，在市场利率（折现率）$r=3\%$，$r=5\%$，$r=8\%$的情况下，这一公司债券的市场价格如表 3-2 所示：

表 3-2　市场利率和债券市场价格的关系

	未来现金流	$r=3\%$	$r=5\%$	$r=8\%$
第 1 年	50	48.55	47.62	46.30
第 2 年	50	47.13	45.35	42.87
第 3 年	50	45.76	43.19	39.69
第 4 年	50	44.43	41.14	36.75
第 5 年	1 050	905.73	822.68	714.61
债券市场价格		1 091.60	999.98	880.22

从表3－2可以明显看出，当市场利率低于债券的票面利率时，债券的市场价格高于债券的面值；而当市场利率高于债券的票面利率时，债券的市场价格低于债券的面值；只有当市场利率等于债券的票面利率时，债券的市场价格和债券面值才相等。

第三节/利率的风险结构

我们购买任何一种债券都要承担一定的系统性风险和非系统性风险。我们知道，为引导投资者接受市场投资组合的风险，必须向他们提供超过无风险利率的预期收益率，这就是风险溢价。投资者风险厌恶的程度越大，风险溢价就越高。影响不同发行者发行债券的利率差的主要风险是非系统性风险，即违约风险和流动性风险，而这正是本节所要讨论的内容。我们将主要考察期限相同的各债券利率之间的关系，即利率的风险结构。

利率的风险结构，即期限相同的各债券利率之间的关系，主要是由债券的违约风险、债券的流动性以及税收等因素决定的。

一、违约风险

证券发行人到期时不能按期还本付息的可能性就是违约风险，也叫信用风险。它包括两个层面：①借款者因经营不善，没有足够的现金流来偿付到期的债务；②借款者有足够的现金流，但他没有到期还本付息的意愿。显然，债券的违约风险越大，它对投资者的吸引力就越小，因此债券发行者所应支付的利率就越高。人们在购买某种具有一定风险的证券时，会在原有的利率水平之上要求一定的风险补偿。一般来说，信用等级越高的证券，其所需支付的风险补偿率就越低；反之，风险补偿率就越高 。

与一般的企业不同，中央政府有税收和货币发行的权力做后盾，因此，购买国债就不会承担什么信用风险。所以，政府债券享有“金边债券”的美誉。在政局的动荡威胁到中央政权的安全时，中央政府债券的持有者也可能遭受损失。地方政府也有一定的征税能力，但是其偿债的能力显然不如中央政府，因而被认为是具有一定风险的。风险更大的是公司债券，因为公司没有征税的权力，只能在竞争中求生存。然而竞争又是非常残酷的，任何决策上的失误或者外部环境的变化，都可能使一家信誉卓著的公司面临资不抵债的境地。在某些经济衰退年份，经济的不景气往往伴随着大批中小企业的倒闭。由于公司与公司之间的差异很大，所以公司债券的利率差异也非常大。一些信誉较好的大公司，其债券利率可能与政府债券相差无几；而那些不太为人所知的公司，往往要借助很高的利率才能将其债券销售出去。特别是在经济动荡的时期，后者的债券利率可能比前者高出数倍。

由于一般的投资者不可能全面地了解市场上交易的各种债券的具体情况，所以就需要有一些专门的机构来对它们进行调查，并评出相应的等级。这样一些专业的评级公司就应运而生了。全球主要有两家权威的私人评级机构，它们是穆迪投资者服务公司（Moody's Investors Service）和标准普尔公司（Standard & Poor's Corporation，简称 S&P）。它们评级的对象主要是债券，也包括一部分优先股。中央政府债券被视为无风险债券，不用评级。但地方政府和私人公司的债券在公开发行之前一般都要经过一家或几家评级机构的评级，否则很难为投资者所接受。各家评级机构对债券级别的划分都按照自己的标准，表示方法也不尽相同。表 3－3 是关于穆迪公司（Moody's）和标准普尔公司（S&P）关于债券级别的标准。

表 3－3　国际信用评级公司与级别设定

Moody's	S&P	说　明
投资级别——高信用级别		
Aaa	AAA	金边债券，还本付息实力非常雄厚，最安全
Aa1	AA+	高级别，信用好，还本付息能力很强
Aa2	AA	
Aa3	AA−	
A1	A+	中高级级别，还本付息能力较强，比 AAA 级与 AA 级易受环境和经济条件变化等不利因素影响
A2	A	
A3	A−	
Baa1	BBB+	中下级别，有充足的还本付息能力，但不利的经济条件或环境改变会削弱这一能力
Baa2	BBB	
Baa3	BBB−	
投资级别——低信用级别		
Ba1	BB+	低级别，具有投机性，一旦出现不利条件，便有重大风险
Ba2	BB	
Ba3	BB−	
B1	B	高投机性
B2		
B3		
高度投机级级别——风险极高，或者处于违约当中		
Caa	CCC+	风险很高，处境不妙
	CCC	
Ca	CC	很容易违约，非常高的投机性
C	C	极度投机性
	CI	收益性债券——已经不支付利息
	D	已经违约

如表 3-3 所示,BBB 级以上的债券被认为是投资等级,违约风险较小;后面等级的债券通常被称作垃圾债券(junk bonds),具有很强的投机性。

二、流动性

有一些债券的还本付息可能不成问题,但缺乏流动性,也就是说,在到期日之前,持有者很难把它转让出去以获得现金。这也会影响到对债券的需求,因为在其他条件相同的前提下,人们总是偏好于流动性较高的资产,以便在必要的时候能够将它迅速变现。因此,在其他条件相同的情况下,流动性越高的债券,利率将越低。

一种资产的流动性可以用它的变现成本来加以衡量。债券的变现成本主要包括两个方面:一是交易佣金;二是债券的买卖差价(Spread)。交易佣金也就是投资者买卖债券时必须向经纪商支付的手续费,它构成债券变现成本中的一项。需要稍加解释的是债券的买卖差价。我们知道,在任何一个交易时点的债券市场上都有两个价格:一个是债券出售者报出的债券卖出价(ask price),另一个是债券购买者报出的买入价(bid price)(债券自营商则同时报出其卖出价和买入价),并且卖出价总是高于买入价。投资者买入债券时,支付的是出售者的卖出价,但是当他将手中的债券变现时,得到的却是投资者的买入价。因此,其间的差价就构成了一项变现成本。

对于那些交易十分频繁的债券来说,由于市场上随时都有很多的买者和卖者,所以其买卖差价很小;而那些交易不大活跃的债券,买卖差价就要更大一些,因为想出售这些债券的人可能要花较多的时间来找到一个合适的买主,为了将手中的债券迅速变现,卖出者只好接受一个较低的价格。因此,交易越是活跃的债券,其变现成本越小,流动性也就越大。由于政府债券在二级市场上的交易通常要比一般的公司债券频繁得多,所以从流动性这个角度看,其利率也应该比公司债券低。由此我们看到,政府债券同公司债券的利率差,不仅反映了它们在违约风险上的差别,而且反映了它们流动性的不同。

三、税收因素

相同期限的债券之间的利率差异,不仅反映了债券之间风险、流动性的不同,而且还受到税收因素的影响。债券持有人真正关心的是税后的实际利率,因此,如果债券利息收入的税收待遇视债券种类的不同而存在差异,这种差异就必然要反映到税前利率上。税率越高的债券,其税前利率也应该越高。

为了更清楚地理解这一点,我们来比较两种债券。假定有债券 A 和债券 B,它们的违约风险和流动性均相同,但是债券 A 利息收入的所得税率为 t_A,债券 B 利息收入的所得税率则为 t_B。那么,债券 A 的税后利率就等于 $r_A(1-t_A)$,债券 B 的税后利率就等于 $r_B(1-t_B)$,其中 r_A、r_B 分别为债券 A 和债券 B 的税前利率。因此，要使这两种债券的税后利率相等，就必须有 $r_A(1-t_A)=r_B(1-t_B)$，则：

$$r_A=r_B(1-t_B)/(1-t_A) \tag{3.18}$$

从式(3.18)可以清楚地看出，税率越高的债券，其税前利率也应该越高。

如果不考虑税收因素，我们就很难解释这样一个事实，那就是自20世纪40年代以来，违约风险为零且有极高流动性的美国联邦政府债券，其利率却始终高于有一定的违约风险且流动性较低的州和地方政府债券。但是引入税收因素之后，这一点就不难理解了。根据美国的税法，州和地方政府债券的利息收入可以免交联邦所得税，因而其税前利率自然要低于利息收入须缴联邦所得税的联邦政府债券。在1986年美国税收改革之前，美国税法还对一般的债券利息收入和债券的资本利得规定了不同的税率，前者的税率高于后者。这样，收益主要体现为息票。利息收入的息票债券的税收负担就高于收益完全体现为资本利得的折价债券(或称零息票债券)，因此，前者的到期收益率往往要比后者高。同时，由于折价出售的息票债券也有一部分收益体现为资本利得，所以其到期收益率往往也低于平价或溢价出售的息票债券。

第四节/利率的期限结构理论

市场上利率多种多样，为什么同样是政府发行的债券，或在同一家银行的存款，不同期限的债券或存款的利率水平存在差异呢？这就需要从理论上对利率结构形成的内在机理进行分析研究，由此形成了利率的期限结构理论。利率的期限结构，是指其他特征相同而期限不同的各债券利率之间的关系，它可以用债券的回报率曲线(即利率曲线)来表示。债券的回报率曲线是指把期限不同，但风险、流动性和税收等因素都相同的债券的回报率连成的一条曲线。回报率曲线通常可以划分为向上倾斜、水平及向下倾斜三种类型，如图3-2所示。

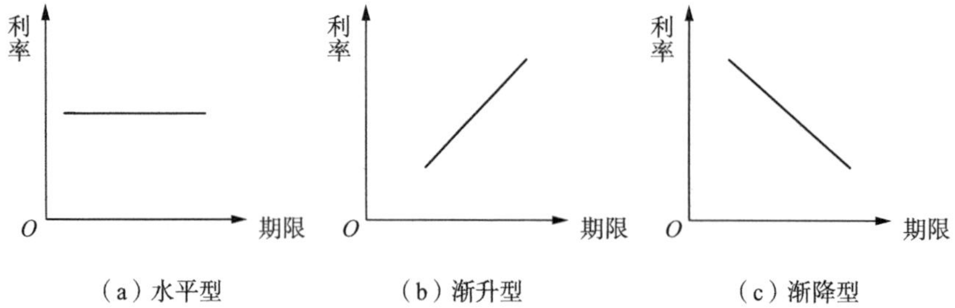

图3-2 回报率曲线的类型

如果回报率曲线向上倾斜，则表明随着期限的增长，利率越来越高，即长期利率高于短期利率；如果回报率曲线呈水平状，则表明长期利率等于短期利率；如果回报率曲线向下倾斜，则表明长期利率低于短期利率。回报率曲线也可以有更为复杂的形式，如凸起型或凹陷型等。经济学家们通过对这些不同现象的分析和解释来阐述其各自的利率期限结构理论，主要有以下三种。

一、预期假说

预期利率假说的基本观点是，长期债券的利率等于在其存续期内各个短期债券预期利率的平均值。例如，有两种投资策略：一是购买 1 年期债券，期满后再购买 1 年期债券；二是购买 2 年期债券并持有到期满。假定 1 年期债券的当期利率为 9%，预期明年 1 年期债券的利率为 11%，若采用前一种投资策略，则两年预期回报率的平均值为年利率(9%＋11%)/2＝10%。只有当 2 年期债券的利率等于 10%时，你才会愿意同时持有 1 年期债券和 2 年期债券。因此，预期假说对不同期限债券的利率不同的原因的解释在于对未来短期利率不同的预期值，利率的期限结构是由人们对未来短期利率的无偏预期所决定的。

预期假说认为，债券购买人并不偏好某一种期限的债券，当某债券的预期回报率低于期限不同的另一债券时，人们将不再持有这种债券。如果人们预期未来短期利率会上升，那么债券购买者因预期以后可获得更高的利率，就不愿购买长期债券，而只愿购买短期债券。结果是，短期债券的需求增加，供给减少，其价格上升，即短期利率下降；长期债券的需求减少，供给增加，其价格下跌，长期利率趋于上升，且长期利率上升到与长期债券到期前人们短期利率预期的平均值相等时为止。同理，如果人们预期未来短期利率会下降，则长期利率将趋于下降。

根据预期假说的分析，债券的回报率曲线的形状取决于人们对未来短期利率的预期。如果人们预期未来短期利率上升，长期利率就高于短期利率，则收益率曲线向上倾斜；反之，如果人们预期未来的短期利率下降，回报率曲线则向下倾斜。当人们预期未来短期利率不变时，回报率曲线则为水平。

预期假说作为一种精巧的理论，对利率的期限结构在不同时期变动的原因做出了简明的解释。但同时它也存在一个严重的缺陷，那就是无法对回报率曲线几乎总是向上倾斜的原因加以解释。

二、市场分割理论

市场分割理论认为，不同期限的债券市场相互之间是完全独立分割的。该理论认为，投资者只对一种期限的债券具有强烈的偏好，持有一种期限债券的预期回报率对另一种期限债券的需求没有任何影响，因此，每种债券的利率只受自身供求状况的影响，其他期限债券回报率的变化不会影响到该种债券的需求。根据分割市场理论，两年期国债利率的变化不会影响对一年期国债的需求。可见，分割市场理论与预期假说完全相反，即假定不同期限的债券之间根本没有替代性。

根据分割市场理论，不同期限的债券的回报率之间之所以存在差异，是由不同期限债券的供求差异所决定的。例如，当长期债券供给增加而需求不变时，其价格下跌，即长期债券的利率上升，但短期债券投资者并不会因此转而购买长期债券，长期债券利率的变动也不会对短期债券的利率造成影响。所以，长期债券的供求关系只决定其本身的利率曲线。同样，短期债券的供求关系也只决定其本身的利率曲线。如果在长期债券市场出现供给大于需求的同时，短期债券市场却出现供给小于需求，则会出现长期利率高于短期利率的现象；反之，就会出现短期利率高于长期利率的现象。一般来说，投资者更偏好期限较短、风险较小的债券，所以对短期债券的需求会较长期债券的需求更大。因此，短期债券的价格会高于长期债券的价格，它的利率也比长期债券的利率低，利率曲线向上倾斜。

但实际上，各种期限的债券之间还是有一定的替代性，长期债券回报率的变化会对短期债券的需求带来一定的影响，即各个市场之间还是会产生一些套利行为的。当两年期债券的回报率大幅上升，投资者很可能出售一部分持有的一年期债券，而购买两年期债券，以获得更高的回报率。由于投资者的套利活动，各种不同期限债券的利率就会随之一起波动，显然，分割市场理论对此无法解释。

三、期限选择和流动性升水理论

期限选择和流动性升水理论认为，长期债券的利率水平等于在整个期限内预计出现的所有短期利率的平均数，再加上该种债券随供求条件变化而变化的期限升水作为风险补偿，也就是流动性升水。用公式可以表述成

$$i_{nt}=\frac{i_t+i_{t+1}^e+i_{t+2}^e+\cdots+i_{t+n-1}^e}{n}+l_{nt} \tag{3.19}$$

式(3.19)中，l_{nt}表示一个正的时间溢价，即风险补偿，只有一个正的风险补偿率才能吸引投资者考虑放弃短期债券转而选择长期债券。之前一项表示在一定期限内所有短期利率的平均数，长期利率就是该期限内这种平均数与正的风险补偿的总和。这是由于债券的期限越长，本金价值波动的可能性就越大，因此投资者一般倾向于选择短期债券，借款人却偏向于发行稳定的长期债券。借款人要想使投资者购买长期债券，就需要给投资者一定的风险补偿，这就造成了长期利率高于当期短期利率和未来短期利率的平均值。

该理论同预期假说理论一样，认为不同期限的债券是可以互相替代的，投资者对不同期限的债券可以有偏好。这意味着不同期限的债券并非能完全替代，一种债券的预期回报率(利率) 的变化确实可以对不同期限债券的预期回报率

产生较大的影响。当投资者对某一期限债券的偏好大于其他期限债券时，他们往往习惯投资于某一特定的债券市场。但他们仍然关心其他非偏好期限债券的预期回报率，他们不允许自己持有的债券的预期回报率比另一种期限债券的预期回报率低得太多。由于他们对债券期限有偏好，只有向其支付正值的流动性升水，使他们能够获得更高的预期回报率时，他们才愿意购买非偏好期限的债券。

期限选择和流动性升水理论综合了预期假说和市场分割理论的特点，从而对现实经济生活中有关利率的诸多事实做出令人信服的解释。该理论可以使我们从回报率曲线中获知市场关于未来短期利率走势的预期。陡峭的向上倾斜的曲线表明未来短期利率预期上升，轻度向上倾斜的曲线表明短期利率预期不变，水平曲线表明短期利率预期轻微下降，下倾曲线表明未来短期利率预期大幅下跌。如图 3－3 所示。

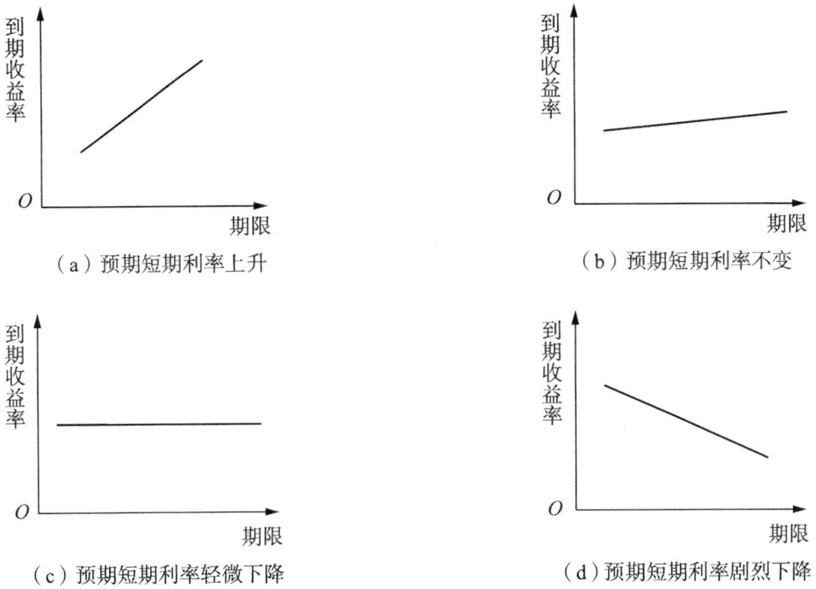

（a）预期短期利率上升

（b）预期短期利率不变

（c）预期短期利率轻微下降

（d）预期短期利率剧烈下降

图 3－3　回报率曲线和市场对未来短期利率的预测

第五节/利率总水平的决定

一、古典利率决定理论：储蓄与投资

古典利率理论流行于 19 世纪八九十年代至 20 世纪 30 年代。由于该理论继承了古典经济学重视实物因素的传统，主要从生产消费等实际经济生活中去研究影响资本供求的关系，因而它是一种实物利率理论。古典利率理论把利率的变化与资本的供给和需求的变化联系在一起，认为贷放的资金来源于储蓄，而储蓄则意味着人们要推迟现在的消费。但是由于“人性不耐”等原因，人们更注重现在的消费。为此，必须对人们的这种“等待”或者“推迟消费”的行为给予一定的补偿，这种补偿便是利息。一般来讲，储蓄是利率的递增函数。对资本的需求主要来自投资，而投资量的大小主要取决于投资预期回报率和利率的关系。当利率降低时，预期回报率大于利率的可能性增大，所以投资需求也会不断增大，即投资是利率的递减函数。只要货币利率与投资的预期回报率存在差异，资本就会在储蓄和投资两者之间发生移动，当货币利率等于新形成的投资预期回报率时，整个社会的资本供给恰好等于整个社会的资本需求，企业家既不会增加生产，也不会减少生产，整个经济就达到均衡状态。经济达到均衡状态时所形成的货币利率就是魏克赛尔所说的“自然利率”。它在数值上相当于投资的预期回报率。按照这一理论，在市场经济条件下，利率具有自动的调节功能，使储蓄和投资趋于一致。因此经济不会出现长期的供求失衡，它将自动趋于均衡。

该理论强调非货币的实际因素在利率决定中的作用。该理论根据储蓄 S 和投资 I 等实物因素来讨论利率的变化，实际因素中生产率以边际投资倾向表示，投资流量因 r 上升而减少，投资是利率的递减函数；节约以边际储蓄倾向表示，储蓄流量因 r 上升而增加，储蓄是利率的递增函数。利率的变化则取决于投资流量与储蓄流量的均衡，并认为通过 r 变动，能使储蓄 S 和投资 I 自动达到均衡，使经济始终维持充分就业。

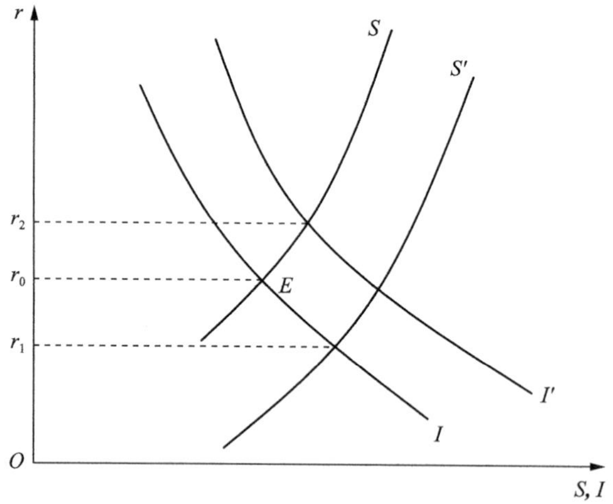

图 3-4　古典利率决定理论：储蓄、投资对利率的决定

如图 3-4 所示，S 代表资本供给，I 代表资本需求，r 则是资本租用价格，正如商品的供求决定均衡价格一样，资本供求决定均衡利率。因此，投资不变，S 的增加会使利率水平下降，若 S 不变，I 增加，则均衡利率上升。

二、流动性偏好理论

20 世纪 30 年代，西方国家爆发了经济大危机，以利率具有自动调节机制为核心的古典利率理论不能对这一现象做出令人信服的解释。1936 年，凯恩斯在其主要著作《就业、利息和货币通论》(以下简称《通论》)中，阐明了他的流动性偏好理论。

凯恩斯认为，利息是在一定时期内放弃货币、牺牲流动性所得的报酬，而不是像古典利率理论所讲的那样，利息是对节欲、等待或推迟消费的报酬。因为在现代货币经济中，人们可以以多种形式来持有财富，如持有股票、债券等资产。当人们持有非货币资产时，虽然有可能获得一定的收益，但由于经济运行中充满了诸多不确定性和人的有限理性，因此，持有该类资产也可能因各种原因而遭受损失。而货币作为一种特殊形式的资产，是财富的真正代表，为整个社会所认可和接受，能随时转化为其他商品，并具有完全的流动性和最小的风险性。所以，人们在选择其财富的持有形式时，大多倾向于选择货币。但是通常情况下，货币供给量是有限的，人们要取得货币，就必须支付一定的报酬作为对方在一定时期内放弃货币、牺牲流动性的补偿。凯恩斯认为，这种为取得货币而支付的报酬就是利息，利息完全是一种货币现象。只有在充分就业条件下，当投资的增加不会再引起实际收入的增加时，投资的进行才会减少人们的当前消费，形成“强迫储蓄”，利息才能被看作对节欲、等待或推迟消费的报酬。

凯恩斯还认为，货币需求起因于三种动机，即交易动机、预防动机和投机动机。其中，出于前两种动机的货币需求为收入的递增函数，记为 $M_1=L_1(Y)$；而出于后一种动机的货币需求则为利率 i 的递减函数，记为 $M_2=L_2(i)$，因此有

$$M_d=M_1+M_2=L_1(Y)+L_2(i) \tag{3.20}$$

这种理论认为，利率不是在产品市场上由储蓄和投资决定的，而是在货币市场上由货币的供应和需求的均衡点决定的。凯恩斯认为，货币供给是由货币当局决定的外生性变量，而货币需求量又基本取决于人们的流动性偏好。人们据此将凯恩斯的货币需求理论和利率理论称为流动偏好理论。人们对流动性的偏好强，愿意持有货币数量增加，当货币需求大于货币供给($M_d>M_s$)时，利率(r)上升；反之，流动性偏好转弱时，对货币需求下降，利率(r)下降。因此，利率(r)由流动性偏好曲线与货币供给共同决定，货币供给曲线 $\overline{M}$ 由货币当局决定，M_d 线 $L=L_1+L_2$ 是一条由上而下、由左到右的曲线，越向右，越与横轴平行。凯恩斯指出，当利率降至非常低的水平时，人们都预期利率“流动性陷阱”。

以 M 代表由货币当局决定的货币供给，以 L 代表由流动偏好所决定的货币需求，以 r 代表利率，则货币供求决定利率的机制可通过图 3－5 表示出来。

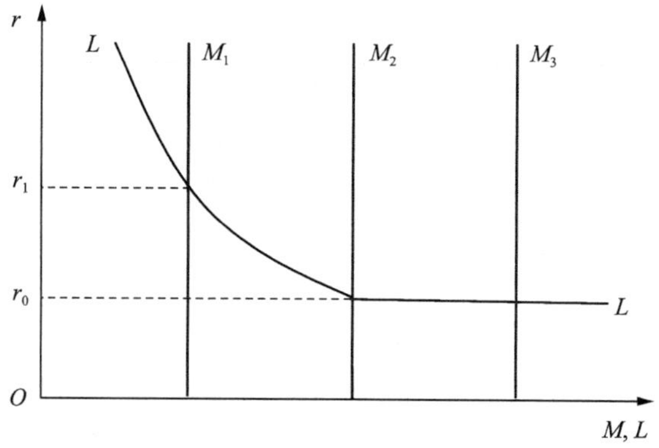

图 3－5　流动性偏好理论的利率决定机制

三、可贷资金利率理论

凯恩斯在其《通论》中阐述其流动性偏好利率理论时，将利率完全视为一种货币现象，其大小由货币供求关系所决定，而忽视储蓄、投资等实际因素对利率的影响。这一理论一经提出，就遭到许多经济学家的批评。1937 年，凯恩斯的学生罗伯逊(D. H. Robertson)在古典利率决定理论的基础上提出了所谓的可贷资金利率理论。这一理论受到了瑞典学派(又称"斯德哥尔摩学派")的重要代表俄林(B. Ohlin)等人的支持，并成为一种较为流行的利率理论。

可贷资金利率理论认为，既然利息产生于资金的贷放过程，那么考察利率的决定就应着眼于可用于贷放资金的供给与需求。该理论认为，对可贷资金的需求并非一定完全来自投资，还可能来自窖藏。因为现实生活中，储蓄者很有可能窖藏一部分货币而不借出，借款者也可能窖藏一部分货币而不用于投资，结果，就会有一部分储蓄不能用于投资。所以，对可贷资金的需求由投资 $I(i)$ 和窖藏 $H(i)$ 两部分组成。其中，投资部分为利率的递减函数，并构成可贷资金需求的主体。窖藏部分也为利率的递减函数，因为窖藏货币会牺牲利息收入，利率越高，窖藏货币所牺牲的利息收入就越多；利率越低，窖藏货币所牺牲的利息收入就越少。可贷资金的需求 $L^d=I(i)+H(i)$。同时，可贷资金的供应不仅限于储蓄，中央银行和商业银行也可通过增加货币供给和创造信用来提供可贷资金。可贷资金的供给由储蓄 $S(i)$、反窖藏 $DH(i)$ 和由中央银行增发的货币以及商业银行所创造的信用形成的货币供应增量 $\Delta M(i)$ 三部分组成。其中，储蓄部分 $S(i)$ 是可贷资金的主要来源，为利率的递增函数；货币供应增量部分 $\Delta M(i)$ 为利率的递增函数；反窖藏部分 $DH(i)$ 也就是将上一期窖藏的货币用于贷放或购买债券，如果利率越高，人们将窖藏货币用于贷放的动力就越强，因此，$DH(i)$ 为利率的递增函数，即可贷资金的供给 $L^S=S(i)+\Delta M(i)+DH(i)$。我们将可贷资金需求方的 $H(i)$ 和可贷资金供给方的 $DH(i)$ 合并起来，得到一定时期的货币净窖藏 $\Delta H(i)$($\Delta H(i)=H(i)-DH(i)$)，它实际上是一定时期内新增的货币需

求，是利率的递减函数，并入可贷资金需求的一项。综上所述，可贷资金的供求函数公式为

$$L^S = S(i) + \Delta M(i) \tag{3.21}$$

$$L^d = I(i) + \Delta H(i) \tag{3.22}$$

式(3.21)和式(3.22)中，L^S代表可贷资金供给函数，L^d代表可贷资金需求函数。当可贷资金供给等于需求时，即

$$S(i) + \Delta M(i) = I(i) + \Delta H(i) \tag{3.23}$$

可贷资金市场达到均衡，此时的利率便是均衡利率，如图 3－6 所示。

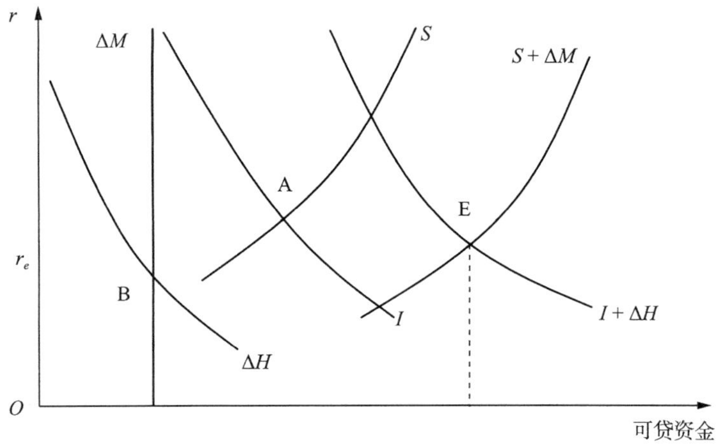

图 3－6 可贷资金市场的均衡

这是一种将传统的实际因素决定利率的理论和凯恩斯的货币因素决定利率的理论进行综合而形成的利率决定理论。利率决定过程中既有实际因素——储蓄和投资，又有货币因素——货币供给和货币需求，利率取决于可贷资金的供给与需求的均衡点。由于可贷资金利率理论实际上是试图在古典利率理论的基础上，将货币供求的变动等货币因素对利率的影响加以综合考虑，以弥补古典利率理论只关注储蓄、投资等实际因素的不足，所以它被称为新古典利率理论。

应该注意的是，虽然可贷资金利率理论既考虑了产品市场，又考虑了货币市场，但同流动性偏好利率理论一样，它所进行的分析仍只是局部均衡分析。因为可贷资金市场的均衡，并不能保证产品市场和货币市场同时达到均衡。例如，当产品市场上的超额需求为货币市场上的超额供给所抵消时，可贷资金市场仍是均衡的。只有在 *IS—LM* 模型中，我们才能得出使产品市场和货币市场同时达到均衡的利率。

四、*IS—LM* 模型的利率理论

IS—LM 模型是由英国著名经济学家希克斯(J. R. Hicks)首创，而后由美国

的凯恩斯主义者汉森(A. H. Hansen)补充和发展而成的,它从商品市场和货币市场的全面均衡状态来阐述利率的决定机理。

希克斯认为,凯恩斯的流动性偏好理论和古典利率理论一样,都忽略了收入因素,因此都不能确定利率的水平。对于古典利率理论而言,储蓄取决于收入,不知道收入,也就不知道储蓄,从而利率也就无法确定;利率不能确定,投资也就无法确定,从而收入也不能确定。对凯恩斯的流动性偏好利率理论而言,利率取决于货币需求与货币供应的均衡点,可是货币需求却取决于收入,既然不知道收入,那么货币需求就无法确定,从而利率也就无法确定。为了弥补这一缺陷,希克斯认为应把货币因素和实物因素综合起来进行分析,并把收入作为一个与利率相关的变量加以考虑。在此基础上,希克斯吸收了凯恩斯流动性偏好理论的核心内容,修正了古典利率理论,建立了 *IS—LL* 模型。按照这一利率决定理论,利率决定于储蓄与投资相等、货币需求与货币供给相等的一般均衡状态。

IS—LL 模型的提出,在利率理论研究上是一大飞跃。但是,由于 *IS—LL* 模型的结构比较粗糙,缺乏内在的逻辑性,特别是对两条曲线的形状的解释含糊不清,致使该模型难以被人们理解和接受,因而在提出后的很长时间内得不到人们的重视。1949 年,美国经济学家汉森通过对新古典借贷资金利率理论和凯恩斯流动性偏好利率理论的综合理解,重新推导出 *IS—LL* 模型,并将其易名为 *IS—LM* 曲线模型。

汉森认为,利率受制于投资函数、储蓄函数、流动性偏好函数(即货币需求函数)和货币供给量等四大要素,所以利率决定理论应包括对这些要素的分析。为此,汉森首先把收入水平作为一个变量引入借贷资金理论中的资金供给函数,建立了资金供给与收入和利率两个变量的函数关系,即 $M_s=f(Y,i)$,于是得到了一组在不同收入水平下的资金供给曲线。他接着把这组资金供给曲线与投资函数曲线相结合,当资金供给(即储蓄)等于投资时,就会形成一条由许多与之相对应的利率和收入所组合的点构成的曲线,即希克斯的投资储蓄 *IS* 曲线。

很显然,*IS* 曲线表示的就是使储蓄(S)等于投资(I)的利率与收入之间的相互关系的曲线,实际上是表示在一定的利率水平和一定的收入水平上,投资与储蓄均衡的点的轨迹。接着,汉森又把收入水平作为一个变量引入凯恩斯利率理论中的流动性偏好函数,建立了流动性偏好的收入、利率函数,即 $M^d=L(Y,i)$,并由此得出一组不同收入水平下的流动性偏好曲线。汉森又把这一组流动性偏好曲线与由金融当局控制的货币供给量结合起来。当流动性偏好与货币供给相等时,就会发现一条由许多与之相应的利率和收入所组成的点构成的曲线,即希克斯的 *LL* 曲线,汉森将其更名为 *LM* 曲线,以表示使货币需求等于货币供给的利率与收入两者之间的相互关系。所以 *LM* 曲线也即在一定的利率水平和一定的收入水平上,货币需求与货币供给均衡的点的轨迹。

由于 *IS* 曲线和 *LM* 曲线分别代表商品市场和货币市场的均衡,所以它们都不能单独决定两个市场全部均衡状态下的均衡收入和均衡利率。只有商品市场和货币市场同时达到均衡,即同时满足储蓄等于投资、货币供应等于货币需求时,均衡收入和均衡利率才能确定。

在图 3－7 中,IS 曲线和 LM 曲线的交点 E 所决定的收入 Y_e 和利率 r_e 就是使整个经济处于一般均衡状态的唯一的收入水平和利率水平。处于 E 点以外的任何收入和利率的组合都是不稳定的,都会通过商品市场和货币市场的调整来达到均衡。如图 3－7 所示。

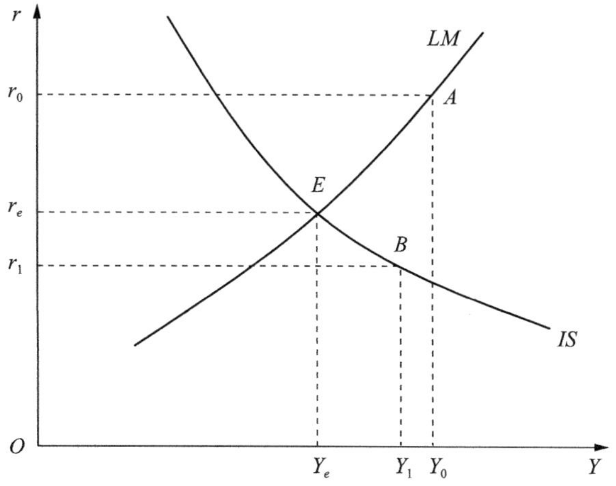

图 3－7 *IS—LM* 曲线

第六节/我国的利率市场化改革

我国的利率管理体制属于行政管制性质,从计划经济时代的存款和贷款利率的严格管制,经过不断市场化改革,目前已经取得了长足的进步。本节在阐述利率市场化的基础上,帮助读者了解我国利率市场化的目标和进程。

一、利率市场化的基本内容和意义

(一) 利率市场化的基本内容

利率市场化是指将利率的决定权交给市场,由市场主体自主决定利率的过程。在利率市场化条件下,如果市场竞争充分,则任何单一的经济主体都不可能成为利率的单方面决定者,而只能是利率的接受者。

具体而言,利率市场化至少应该包括如下内容:

1. 金融交易主体享有利率决定权。金融活动不外乎是资金盈余部门和赤字部门之间进行的资金交易活动。金融交易主体应该有权对资金交易的规模、价格、偿还期限、担保方式等具体条款进行讨价还价，讨价还价的方式可以是面谈、招标，也可以是资金供求双方在不同客户或者服务提供商之间进行反复权衡和选择。

2. 利率的数量结构、期限结构和风险结构应由市场自主选择。同任何商品交易一样，金融交易同样存在批发和零售的价格区别。与一般商品交易不同的是，资金交易的价格还应该存在期限差别和风险差别。利率计划当局既无必要也无可能对利率的数量结构、期限结构、风险结构进行科学准确的测算。相反，金融交易的双方应该有权就某一项交易的具体数量(或称规模)、期限、风险及其利率水平达成协议，从而为整个金融市场合成一个具有代表性的利率数量结构、期限结构和风险结构。

3. 同业拆借利率或短期国债利率将成为市场利率的基本指针。显然，从微观层面上看，市场利率比计划利率档次更多，结构更复杂，市场利率水平只能根据一种或几种市场交易量大、为金融交易主体所普遍接受的利率来确定。根据其他国家的经验，同业拆借利率或者短期国债利率是市场上交易量最大、信息披露最充分，也是最有代表性的市场利率，并将成为决定其他一切利率水平的基本标准，也是衡量市场利率水平涨跌的基本依据。

(二) 利率市场化的意义

随着我国社会主义市场经济的发展，一般商品价格的市场化程度已经相当高，而资金作为生产要素，“资金价格——利率”的市场化却远远落后于一般商品价格的市场化。利率市场化具有如下重要意义。

1. 利率市场化有助于利率反映并覆盖借款人的风险

贷款风险溢价直接关系到贷款利率的高低。不同信用级别的企业，违约风险不同，资金价格自然有所差别。而没有差别的贷款利率，使得商业银行根本不愿意给中小企业和民营企业提供融资，因为这类企业经营风险较大，对小企业的贷款风险相对较大。利率市场化可以使商业银行根据不同违约风险来确定贷款利率水平，有利于鼓励商业银行为中小企业和民营企业提供更多的金融服务。

2. 利率市场化有助于培养我国商业银行的产品定价能力

目前我国金融业开放程度扩大，尤其是银行业的竞争更加剧烈。由于我国利率长期处于管制状态，因而商业银行的自主定价能力薄弱，缺乏相关数据和经验。利率市场化可以培养商业银行的自主定价能力，提高其资产负债管理能力，提升国际竞争力。

3. 利率市场化有利于疏通货币政策的传导渠道

利率市场化包括三个层面的内容：①由市场供求关系决定利率；②中央银行要引导和调控市场利率；③货币政策工具是中央银行引导和调控市场利率的手段。为实现利率市场化这一目标，要不断完善中央银行利率体系，进一步理顺货币政策的传导机制，逐步将利率作为宏观调控的重要经济杠杆之一。

4. 利率市场化有助于协调直接融资和间接融资的关系

利率市场化后，存款和贷款利率市场化，在银行体系流动性过剩的条件下，存款利率将趋于下降，导致存款从银行体系分流，转入资本市场，为优化我国直接融资和间接融资的结构提供了前提条件。

二、我国利率市场化改革的进程

我国利率市场化的改革目标是建立以中央银行利率为基础，以货币市场利率为中介，由市场供求决定金融机构存贷款利率的市场利率机制。2003年确定的"路线图"：从货币市场起步，二级市场先于一级市场；先外币，后本币；先贷款，后存款；先长期，后短期。其中，贷款利率先扩大浮动幅度，后全面放开；存款利率先放开大额长期存款利率，后放开小额和活期存款利率。我国近年来的利率市场化进程，充分体现了这一路线图的总体思路。

（一）基准利率的市场化改革

基准利率的市场化，是实现利率市场化的基础和关键。我国基准利率的改革进程具体如下：

1986年1月，国务院颁布《中华人民共和国银行管理暂行条例》，明确规定专业银行资金可以相互拆借，资金拆借期限和利率由借贷双方协商议定。

1990年3月，出台了《同业拆借管理试行办法》，首次系统地制定了同业拆借市场运行规则，并确定了拆借利率实行上限管理的原则，对规范同业拆借市场发展和防范风险起到了积极作用。

1996年1月3日，建成全国统一的同业拆借市场，全国范围内形成统一的同业拆放利率(CHIBOR)。6月1日，中国人民银行《关于取消同业拆借利率上限管理的通知》明确指出，银行间同业拆借利率由拆借双方根据市场资金供求自主确定。这标志着利率市场化迈出了开创性的一步，为以后的利率市场化改革奠定了基础。

2007年1月4日起，上海银行间同业拆借利率(Shanghai Interbank Offered Rate，简称Shibor)开始运行，以位于上海的全国银行间同业拆借中心为技术平台，由信用等级较高的银行组成报价团自主报出的人民币同业拆出利率计算确定的批发性利率，未来有可能成为真正的基准利率。

虽然Shibor的市场地位不断提升，但是尚未成为具有广泛认同度的市场基准利率并对其他利率产生引导性作用。目前，完善的利率传导机制和统一的市场基准利率有待进一步完善。

（二）我国境内外币的利率市场化改革

2000年9月21日，经国务院批准，中国人民银行组织实施了境内外币利率管理体制的改革：①放开外币贷款利率，各项外币贷款利率及计结息方式由金融机构根据国际市场的利率变动情况以及资金成本、风险差异等因素自行确定；②

放开大额外币存款利率，300 万美元以上或等额其他外币的大额外币存款利率由金融机构与客户协商确定。

2002 年 3 月，中国人民银行将境外金融机构对境内中国居民的小额外币存款，统一纳入境内小额外币存款利率管理范围。

2003 年 7 月，境内英镑、瑞士法郎、加拿大元的小额存款利率放开，由各商业银行自行确定并公布。而美元、欧元、港币和日元的小额存款利率由国家制定。

2003 年 11 月，小额外币存款利率下限放开。商业银行可根据国际金融市场利率变化，在不超过中国人民银行公布的利率上限的前提下，自主确定小额外币的存款利率。

2004 年 11 月，中国人民银行放开一年期以上小额外币存款利率，商业银行拥有更大的外币利率决定权。

（三）人民币贷款利率的市场化改革

1987 年 1 月，中国人民银行发布的《关于下放贷款利率浮动权的通知》规定，商业银行可根据国家的经济政策，以国家规定的流动资金贷款利率为基准上浮贷款利率，浮动幅度最高不超过 20%。

1996 年 5 月，贷款利率的上浮幅度由 20%降低为 10%，下浮 10%不变，浮动范围仅限于流动资金贷款。

1998 年 10 月，中国人民银行将金融机构对小企业的贷款利率最高上浮幅度由 10%扩大到 20%；农村信用社贷款利率最高上浮幅度由 40%扩大到 50%。

1999 年 4 月，贷款利率浮动幅度再次扩大，县以下金融机构发放贷款的利率最高可上浮 30%。9 月，商业银行对中小企业的贷款利率最高上浮幅度扩大为 30%，对大型企业的贷款利率最高上浮幅度仍为 10%，贷款利率下浮幅度为 10%。

2003 年 8 月，中国人民银行在农村信用社改革试点时，允许试点地区农村信用社的贷款利率上浮不超过贷款基准利率的 2 倍。

2004 年 1 月 1 日，中国人民银行决定将商业银行、城市信用社的贷款利率浮动区间上限扩大到贷款基准利率的 1.7 倍，农村信用社贷款利率的浮动区间上限扩大到贷款基准利率的 2 倍，金融机构贷款利率的浮动区间下限保持为贷款基准利率的 0.9 倍不变。同时明确了贷款利率浮动区间不再根据企业所有制性质和规模大小分别制定。

2004 年 10 月 29 日，中国人民银行决定不再设定金融机构（不含城乡信用社）人民币贷款利率上限。对城乡信用社人民币贷款利率实行上限管理，但其贷款利率浮动上限扩大为基准利率的 2.3 倍。所有金融机构的人民币贷款利率下浮幅度保持不变，仍为基准利率的 0.9 倍。

自 2013 年 7 月 20 日起全面放开金融机构贷款利率管制，取消金融机构贷款利率 0.7 倍的下限,由金融机构自主确定。

我国金融机构人民币贷款利率已经基本过渡到市场化阶段。

(四) 人民币存款利率的市场化改革

1999 年 10 月,中国人民银行批准中资商业银行对中资保险公司试办五年期以上(不含五年期)、3 000 万元以上的长期大额协议存款业务,利率水平由双方协商确定。

2002 年 2 月和 12 月,协议存款试点的存款人范围扩大到全国社会保障基金理事会和已完成养老保险个人账户基金改革试点的省级社会保险经办机构。

2004 年 10 月 29 日,中国人民银行报经国务院批准,决定允许金融机构人民币存款利率下浮。所有存款类金融机构对其吸收的人民币存款利率,可在不超过各档次存款基准利率的范围内浮动,但存款利率不能上浮。

人民币存款利率实行下浮制度,实现了"放开下限,管住上限"的目标。

截止 2013 年 7 月,经过十多年的努力,中国管制利率仍然管制"存款利率上限"。2011 年以来,发展迅猛的商业银行理财产品,在一定程度上实现了存款利率的变相上浮。存款利率逐步放开已经悄然临近。

利率市场化是一项长期而又艰巨的系统性工程,诸如国有股份制商业银行的资产负债管理能力有待提高,同业拆借市场和票据市场等货币市场需要进一步完善,利率衍生品开发和金融衍生品市场的发展需加快,汇率和资金项目开放等问题,利率市场化与宏观经济、实体经济、金融监管、金融体系等均密切相关,目前仍有难题和有待完善之处,随着金融体制改革的继续深入,破冰时点将日益临近。

专栏 3-1 日本的利率市场化进程

日本的利率市场化漫长而缓慢,最早可追溯到 1947 年底的《临时利率调整法案》和 1949 年的《外汇和外贸控制法案》的出台实施,此后沉寂了近 30 年,又再度进入利率市场化的活跃期。在这个过程中,日本采取了形式多样的渐进措施:①先国债,后其他品种;②先银行同业,后银行与客户;③先长期利率,后短期利率;④先大额交易,后小额交易。最终实现存贷款利率的市场化,完全放开利率管制。具体进程如下:

1. 放开利率管制的第一步:国债交易利率和发行利率的自由化。

1975 年,日本政府为了弥补财政赤字再度发行赤字国债(第一次是 1965 年)。此后,便一发不可收,国债发行规模越来越大。1977 年 4 月,日本政府和日本银行允许国债的自由上市流通。第二年开始了以招标方式来发行中期国债,这样,国债的发行和交易开了利率自由化的先河。

2. 放开利率管制第二步：丰富短期资金市场交易品种。

1978年4月，日本银行允许银行拆借利率弹性化(在此以前，同业拆借适用于全体交易利率是基于拆出方和拆入方达成一致的统一利率，适用于全体交易参加者，并于交易的前一天予以明确确定)。

6月，日本又允许银行之间的票据买卖(1个月以后)利率自由化。这样，银行间市场利率的自由化也实现了。

3. 放开利率管理的第三步：交易品种小额化，将自由利率从大额交易导入小额交易。

(1) 日本政府采取的办法是通过逐渐降低已实现自由化利率交易品种的交易单位，逐步扩大范围，最后全部取消利率管制。在这一过程中，日本货币当局逐级降低了CD(大额可转让存单)的发行单位并减少了大额定期存款的起始存入额，逐步实现了由管制利率到自由利率的过渡。

(2) 在存款利率逐步自由化的同时，贷款利率自由化也在进行之中。

1989年1月，三菱银行引进一种短期优惠贷款利率，改变了先前在官定利率基础上加一个小幅利差决定贷款利率的做法，而改为在筹取资金的基础利率之上加百分之一形成贷款利率的做法。

筹资的基础利率是在银行四种资金来源基础上加权平均而得，这四种资金来源是：活期存款；定期存款；可转让存款；银行间市场拆借资金。由于后两种是自由市场利率资金，所以，贷款资金利率已部分实现自由化。随着后两部分资金在总筹资中比重的增加，贷款利率的自由化程度也相应提高。

4. 放开利率管制的第四步：存款利率自由化。

1991年7月，日本银行停止“窗口指导”的实施。

1993年6月，定期存款利率自由化，同年10月活期存款利率自由化。

1998年定期存单完全放开。

至此，日本基本实现利率完全自由化，画上了一个较圆满的句号。

资料来源　上海财经大学《货币银行学》教学网，http://couvse.shufe.edu.cn/jbkc/hbyhx。

本章小结

利息是借贷关系中借入方支付给贷出方的报酬，也可以看作货币持有人一段时期内放弃货币流动性的报酬或放弃获取投资收益的补偿。利率是衡量利息水平高低的指标。利率有多种分类标准，诸如年利率、月利率和日利率，市场利率、官定利率和公定利率，基准利率与差别利率，固定利率与浮动利率，名义利率与实际利率。决定和影响利率水平的因素主要包括平均利润率、借贷资本的供求关系、中央银行的货币政策、国际利率水平、预期通货膨胀率和通货紧缩及汇率。

人们通常用利率来衡量收益，从而使利息转化为收益的一般形态。将各种具有特定收益的资产，在与利率的比较中表示出价格，称为收益的资本化。

利率体现了货币的时间价值，即货币的价值会随着时间的推移而增长。利息的计算有两种基本方法：单利法和复利法。

终值就是一定金额的初始投资按一定的复利利率计算后，在未来某一时期结束时的本息总额。初始投资也就是终值的现值，即未来现金流按照一定的贴现率折合到现在的价值。

一系列均等的现金流或付款称为年金。年金分为即时年金和普通年金。即时年金是指从即刻开始就发生一系列等额现金流，包括零存整取、养老保险等。如果是在现期的期末才开始发生一系列均等的现金流，就是普通年金。永远持续下去没有最终到期日的年金就是永续年金。

利率的风险结构，即期限相同的各债券利率之间的关系，主要是由债券的违约风险、债券的流动性以及税收等因素决定的。

对于利率期限结构，预期假说认为，长期债券的利率等于在其存续期内各个短期债券预期利率的平均值。市场分割理论认为，不同期限的债券市场之间是完全独立分割的，每种债券的利率只受其自身供求状况的影响，一般来说，投资者更偏好期限较短、风险较小的债券，所以，对短期债券的需求较长期债券的需求更大。因此，长期债券的利率比短期债券利率更高。期限选择和流动性升水理论认为，长期证券的利率水平等于在整个期限内预计出现的所有短期利率的平均数加上期限升水或流动性升水。

对于利率总水平的决定，古典利率理论认为，当储蓄与投资相等时，就决定了均衡利率水平。流动性偏好理论认为，当货币供给与需求相等时，就决定了均衡利率水平。可贷资金理论认为，均衡利率水平由可贷资金供给和需求决定的，可贷资金的需求由投资和窖藏两部分组成。可贷资金的供给由储蓄、反窖藏和由中央银行增发的货币以及商业银行所创造的信用形成的货币供应增量三部分组成。这是一种将传统的实际因素决定利率的理论和凯恩斯的货币因素决定利率的理论进行综合而形成的利率决定理论。*IS—LM* 模型说明只有商品市场和货币市场同时达到均衡，即同时满足储蓄等于投资、货币供应等于货币需求时，均衡收入和均衡利率才能确定。

我国市场化的改革目标是建立以中央银行利率为基础，以货币市场利率为中介，由市场供求决定金融机构存贷款利率的市场利率机制。2003 年确定的“路线图”：从货币市场起步，二级市场先于一级市场；先外币，后本币；先贷款，后存款；先长期，后短期；其中贷款利率先扩大浮动幅度，后全面放开，存款利率先放开大额长期存款利率，后放开小额和活期存款利率。2013 年 7 月，贷款利率实现市场化，标志着我国利率市场化进入了全新的阶段。

重要概念

利息　利率　货币的时间价值　名义利率　实际利率　浮动利率　固定利率　基准利率　单利　复利　现值　终值　年金　普通年金　即时年金　永续年金　到期收益率　利率的风险结构　预期假说　分割市场理论　期限选择和流动性升水理论　古典利率理论　流动性偏好理论　可贷资金理论　*IS—LM* 模型　利率市场化

思考题

1. 什么是利息率？影响利率的因素有哪些？
2. 单利和复利有何区别？如何计算单利和复利？
3. 什么是现值和终值？
4. 什么是年金？年金有哪些类型？它们的现值和终值如何计算？
5. 假定你在银行有一笔存款总共 10 万元，存期为 5 年，年利率为 7.2%，每年复利一次。5 年后，你的账户内会有多少钱？
6. 假定你在银行开了一个零存整取的储蓄账户，每月存入 500 元，存期为 5 年，月利率为 5.25‰。5 年后，你储蓄账户内有多少钱？
7. 如果你以 90 元的价格购买了一张面值为 100 元的债券，该债券两年后按面值偿付，那么你购买这张债券的年利率是多少？
8. 一年期面值为 100 元的零息票债券目前的市价为 94.34 元，两年期零息票债券目前的市价为 84.99 元。你正考虑购买两年期、面值为 100 元、息票率为 12%（每年支付一次利息）的债券。请问：两年期零息票债券和两年期付息票债券的到期收益率分别是多少？
9. 下列有关利率期限结构的说法哪个是对的？
   (1) 预期假说理论认为，如果预期将来的短期利率高于目前的短期利率，收益率曲线就是水平的。
   (2) 预期假说理论认为，长期利率等于预期短期利率。
   (3) 流动性偏好理论认为，在其他条件相同的情况下，期限越长，收益率越低。
   (4) 市场分割假说认为，不同的借款人和贷款人对收益率曲线的不同区段有不同的偏好。
10. 请阐述利率决定理论的主要内容。
11. 请结合实践，谈谈我国利率市场化改革未来的进程。

第四章　资产选择

如何在各种可选择的资产之间进行分配，这就是资产选择。在资产选择中，人们常常面临损失的不确定性，这就是风险。不确定性对人们的选择带来了极大的影响。如果未来完全是可预知或是完全确定的，那么，实际上人们的选择就要少很多。尽管不确定性带来了很多难以取舍的痛苦，但在大多数情况下，人们还是无法回避它。本章主要介绍资产的种类和资产选择应考虑的因素。此外，还将介绍风险的性质和风险管理的方法。

第一节/资产的类别

尽管资产的形态千差万别，我们却可以按照属性将所有资产划分为两大类：金融资产和实物资产。

一、金融资产

金融资产是指以价值形态而存在的资产，如股票、债券、存款和现金等，可以将金融资产细分为货币资产、债权资产、股权资产及衍生性金融资产。

（一）金融资产的种类

1. 货币资产

货币资产包括流通中的现金和在银行的存款。如果某人有 2 万元的现金和 20 万元的存款，那么，此人就拥有 22 万元的货币资产。货币资产相对于其他资产而言，一般不会受到资本损失，流动性最高。但是现金资产没有利息收入，因此，仅占货币资产很小的一部分，存款则是货币资产的主要组成部分。存款相对于现金资产而言，流动性略低，但是有一定利息收入，具有收益稳定的特点。因此，一般来说，人们在选择货币资产时，都持有一小部分现金以备日常开支，同时拥有更大比例存款货币资产。当然，在银行的存款也是你对银行的债权，因此，存款货币资产同时也是债权资产。

2. 债权资产

从广义上说，人们所持有的现金和银行的存款都是债权资产。这里讲的仅指狭义上的债权资产，包括企业债券、政府债券、银行贷款，在开放经济条件下，人们可能还会购买外国的某家公司发行的债券，等等。债权资产一般都会承诺未来支付固定金额的现金，即通常所说的利息，因此，它们也称作固定收益证券。

在我国的投资中，最有可能成为资产的债券主要有政府债券和企业债券。政府债券是由政府发行的、具有一定面额和偿还条件的债权债务凭证。国库券就是政府债券。企业债券就是由一般工商企业发行的、具有一定面额和偿还条件的债权债务凭证。例如，三峡建设总公司发行的三峡企业债券、中国电力集团发行的电力债券都是企业债券。此外，还有金融债券。所谓金融债券是指由金融机构发行的债权债务凭证。但在我国，金融债券一般只对金融机构发行，大众投资者不能购买金融债券。

相对于货币资产而言，大部分债权资产的流动性要低些。债权资产有的是可以流通转让的，有的则不可以流通转让。存折、银行贷款一般都是不能转让和交易的；国库券和企业债券都是可以在有组织的证券交易所或场外交易市场交易和转让的。如果投资者在二级市场上买进和卖出债权资产，遇到行情不好的时候，可能还要遭受部分资产损失的风险。

3. 股权资产

股票是公司发行的、代表对公司资产部分所有权的凭证，因此，股权资产就是代表对公司部分财产所有权和剩余索取权的资产形式。与企业的融资方式相对应，股权资产也可称为权益性资产。

一般而言，股权资产具有以下几个方面的特点：

(1) 期限上具有永久性。如果你花了 10 万元购买了某家公司的股票，以后要求该公司退还你购买股票所付的 10 万元本金是不可能的，但你可以分得该公司相应比例的利润。

(2) 公司利润分配上具有剩余性。你购买股票的这家公司今年赚取了 2 亿元的利润，但要在支付其他债务的利息和应付税金之后，才能给你分配相应的利润。

(3) 清偿上具有附属性。如果你购买股票的这家公司出现了 2 亿元的亏损，资不抵债，那么，它就要破产了。只有当该公司所欠的全部债务都清偿完了以后，如果还有剩余资产，你才能按照你所持股份的比例，得到相应份额的剩余资产。

(4) 权利与责任上具有有限性。如果公司的总股本为 2 亿股，如果你所购买的股份只占总股本的万分之一。若公司所赚 2 亿元的利润在支付债务利息和应付税金、提取公积金后，还有 1 亿元的利润可分配，那么，你就能得到其中 1 万元的红利。如果该公司经营业绩很差，出现了巨额亏损，你所承担的损失也只以你所购买股票的支出为限，不会超过 10 万元，即责任是有限的。

4. 衍生性金融资产

上述股票、债券、存款等都是原生金融资产，或叫基础金融资产，它们的主要职能是促进储蓄向投资的转化或用作债权债务清偿的凭证。衍生性金融资产是在原生金融资产的基础上派生出来的金融产品，包括期货、期权等。它们的价值取决于相关原生产品的价格，主要功能不在于调剂资金的余缺和直接促进储蓄向投资的转化以及流动性管理，而是管理与原生资产相关的风险。

（二）金融资产的特性

金融资产一般具有四个特性，即期限性、流动性、安全性和收益性。

1. 期限性

期限性是指债务人在特定期限之内必须还清一种特定金融工具的债务余额。存款有活期存款或一年期、两年期和三年期等不同期限的定期存款；政府发行的国债也有一年期、三年期、五年期等。这里的"一年""两年"等就是这些金融工具各自的偿还期。因此，金融工具的偿还期有长有短，短的如活期存款，存款人随时都可以拿着自己的活期存折或银行卡提取现金，其偿还期实际为零。股票则为另一个极端，期限是不确定的无限期，投资者购买了股票后就不能要求企业在若干时日后退还自己所投入的本金。

2. 流动性

流动性是指将金融工具转变为现金而不遭受损失的能力。一般而言，政府发行的纸币和银行活期存款的流动性最高。纸币本身就是现金，它不需要转换就可以购买商品和服务；人们也可以随时到银行将活期存款转换为现金，或者干脆就直接用活期存款账户相对应的银行卡去购物，当这样做时，实际上是没有什么损失的。其他一些金融工具，要将它们变成现金，就可能遭受或多或少的损失。例如，你急需现金时卖出所持有的股票，不仅要缴纳印花税，还要向证券营业部缴纳手续费。更糟糕的是，如果买入股票后就被深度套牢，这时要将股票换成现金，连本金都不能如数收回。所以，股票的流动性就比活期存款差多了。

影响金融工具的流动性高低的因素主要有两个：发行人的信誉和偿还期的长短。一般而言，发行人的信誉越高，就越能按时履行其在金融工具上所载明的义务，也能按时还本付息。发行人的信誉越高的金融工具，在转手时就越容易。可见，金融工具的流动性与发行人的信誉成正比。另外，金融工具的流动性与它的偿还期成反比，偿还期越长，流动性越低。这是因为，偿还期越长，未来不可预知的因素也就越多。活期存款的流动性比股票的流动性要高的原因之一也就在此。

3. 安全性

安全性或风险性是指金融工具的本金遭受损失的可能性。风险分为两类。①债务人不按期还本付息的履约风险，或称违约风险。违约风险取决于债务人偿还债务的能力和偿还债务的意愿两个方面。如果债务人经营不善，无法收回投资，就没有偿还债务的能力。另外，有时尽管债务人有足够的现金流，却不愿意偿付应还的债务，即通常说的“赖账”，这也会形成违约风险。我国的商业银行积累了大量的不良债权，这就是借款企业不能或不愿履行借款契约义务而给银行带来的贷款本金损失的风险。②市场风险，即因市场利率上升导致金融工具市场价格下跌的风险。利率下跌，证券价格就会上涨；反之，利率上升，证券价格就可能下跌。当证券价格下跌时，卖出证券就会亏损。

一般说来，安全性与偿还期成反比。偿还期越长，安全性就越低，风险也就越高；反之，偿还期越短，本金安全性也就越高，风险也就越低。人们一般不愿意购买 30 年期的债券，而更愿意购买 5 年期的债券，主要原因就在于前者的风险比后者要高很多。此外，流动性越高的金融工具，其安全性也就越高，风险越低；反之，流动性越低，安全性也就越低，风险越高。

4. 收益性

收益性是指金融工具能够定期或不定期地给持有人带来收益的特性。你持有了一种金融工具，就希望它能给你带来收益。不论你是在银行存款还是购买企业债券或国债，你都可以得到一定的利息；你持有某公司的股票，就可以得到该公司支付的股利。利息和股利都是你持有这些金融工具所带来的收益。

金融工具的收益性与其他方面的特性之间有何关系呢？一般而言，持有期越长，收益率越高，即长期金融工具的收益率比短期金融工具的收益率高。活期存款的利率就很低，在有的国家，甚至不允许对活期存款支付利息；一年期的存款利率又比五年期的存款利率低很多，国债利率也是如此。之所以期限越长，要求的收益率越高，是因为投资者要求有期限贴水。金融工具的流动性越高，其收益率也越低；反之，收益率也越高。活期存款的流动性最高，所以它的收益率也就最低。之所以流动性越低，要求的收益率越高，是因为投资者要求有流动性贴水。一般而言，风险越高，所要求的收益率也就越高。垃圾债券的利率就要比 IBM 和微软这样知名大企业的债券高很多。之所以如此，是因为投资者要求有风险贴水。

二、实物资产

除了现金、存款、国库券和股票外，人们还拥有住宅、大宗耐用消费品以及工厂、设备等，这些都是实物资产。实物资产与金融资产不同的是，它可以直接为我们带来效用或服务。

在高通货膨胀环境下，实物资产投资是资产保值的重要手段。相反，在这样的环境下，持有大量的现金和存款等金融资产就很不明智，因为这些金融资产所能换回的实物资产越来越少；或者以后你若买回同样多的东西要花费更多的钱。2004 年，中国的消费者价格指数达 3.9%，房地产价格上涨了 14.4%，而一年期存款利息只有 2.25%。在这种存款利率低于消费者价格指数的“负利率”的情况下，2004年的中国出现了居民个人将银行存款转投于房地产的热潮。但是，在通货紧缩的环境下，实物资产投资可能就不合适。1998—2002年我国一直是通货紧缩的局面，物价水平持续下跌，家用电器和汽车价格都有很大幅度下降，此时投资此类实物资产就是不明智的。

此外，相对于金融资产而言，实物资产最大的不足就在于它的流动性极低，在急需现金时，很难迅速将它变现。相反，如果在银行拥有存款，可以随时提取；如果拥有股票或可公开交易的债券，可在上海和深圳证券交易所开市的时间里，迅速将它们出售。

第二节/资产选择的决定因素

在我们列举的金融和实物资产中，还可以细分出许多种资产来。你不可能投资每一种资产，你必须进行选择。那么，在选择资产时，会受到哪些因素的影响呢？资产选择主要取决于财富或收入、资产的预期回报率、风险和流动性等因素。

一、财富或收入

当收入或财富增加时，我们就拥有更多的资源来购买资产。这时，我们对每种资产的需求是否会以相同比例增加呢？答案是否定的。当你的收入或财富增加时，你对有些资产的需求增长幅度可能会大于对另一种资产的需求增长幅度。例如，月收入只有500元的人对股票、债券的需求就比较小；而月收入达到5 000元的人，除了现金外，可能会将很大一部分的收入用于股票投资。

我们可以用资产的收入/财富弹性来衡量收入或财富变动对资产需求的影响程度。资产的收入/财富弹性是指收入/财富变动1%时所引起的资产需求变动的百分比。如果你的收入/财富增加1%时，你对股票的需求会增加5%，那么，你对股票的收入/财富弹性就是5；反之，如果你的收入/财富增加了1%时，你对现金的需求只增加了0.5%，那么，你对现金需求的收入/财富弹性就是0.5。

根据资产需求对收入/财富弹性的大小，我们可以将资产分为两类：必需品和奢侈品。如果一种资产的需求对收入/财富的弹性小于1，即一种资产需求的增长速度低于收入/财富增长的速度时，这种资产就是必需品。在上面的例子中，现金需求的收入/财富弹性只有0.5，因此，现金是必需品。反之，如果资产需求的收入/财富弹性大于1，即一种资产需求的增长速度高于收入/财富的增长速度，那么，这种资产就是奢侈品。

在选择资产的必需品与奢侈品时，要依收入而定。当收入较高时，将会有较低的收入比例选择现金和银行存款等资产必需品，以较高比例投资股票、债券等资产奢侈品；当收入较低时，只能够选择较高比例的资产必需品，而较高比例的资产奢侈品则是对收入的不合理配置。

二、预期收益率

我们在选择资产时，首先考虑的可能就是该项资产能够给我们带来的预期回报，要对各种资产之间的预期收益率进行比较。预期收益率的高低对我们的资产选择有很大的影响。举个极端不现实的例子，如果国债的预期收益率提高到了 10%，而存款的利率只有 5%，很显然，人们会愿意持有国债。

但是，我们在选择资产时，如果只看预期收益率的高低，那么，很可能不仅得不到预期收益，还会由于资产的风险性而遭受损失。因此，投资者就要在投资前对收益率进行估计，由于风险证券的收益不能事先确知，投资者只能估计各种可能发生的结果（事件）及每一种结果发生的可能性（概率），从而以统计学中的期望值（平均值）来表示预期收益率。

$$E(r) = \sum_{i=1}^{n} r_i \cdot P_i \tag{4.1}$$

式(4.1)中，$E(r)$为预期收益率，r_i 是第 i 种可能的收益率，P_i 是收益率 r_i 发生的概率，n 是可能性的数目。

在对股票、债券、房地产等资产进行投资决策时，投资者都要估算预期收益率。不同的人对同一投资的预期收益率不同，有人看涨，有人看跌，这样才会形成买卖双方的交易。显然，如果其他条件类似，某项投资的预期收益率越高，就会吸引越多的人买入这项资产。

三、风险

风险即是一种资产潜在损失的不确定性。假设国债的预期收益率是 10%，而且是固定的。有一家公司的股票现在的价格是 10 元钱。如果该公司经营业绩有很大的提高，股票价格可能会上涨到 16 元，在这种情况下，它的收益率是 60%；反之，如果经营业绩不好，该公司的股票价格可能会下跌到 6 元，即如果现在购买的话，会亏损 40%。再假定该公司经营很好和不好的概率各为 1/2，因此，投资于这家公司股票的预期回报率也为 10%（$1/2 \times 60\% - 1/2 \times 40\% = 10\%$）。如果购买了这家公司的股票，运气好的话，会赚得 60% 的收益；但如果运气不好，连本金还要损失 40%。因此，尽管预期收益也是 10%，但面临着很大的不确定性，因此，风险性更大。

如果两种资产的预期收益率相同，但风险不同，那么，投资哪种资产就取决于你对待风险的态度和承受风险的能力了。一般来说，人们对待风险的态度有三种:风险规避型、风险中立型和风险偏好型。如果你只愿意获得10%的有保障的收益,因而决定购买国债,不愿意冒风险去追求那可能得到的60%的股票投资收益,那么,你属于风险规避型;如果你愿意冒风险去购买股票,指望获得60%的资本收益,那么,你就属于风险偏好型;如果你对购买这两种资产中的哪一种都无所谓,那么,你就属于风险中立型。对风险规避型的投资者来说,在预期收益率相同的情况下,一种资产相对于另一种资产的风险增加,他对这种资产的需求就会减少;反之,对风险偏好型投资者来说,对这种资产的需求会增加。

最重要的是,我们在进行资产选择时,要充分考虑到自己的风险承受能力。风险承受能力受到年龄、家庭经济状况、职位、收入水平、心理素质、阅历等多种因素的影响。从未来现金流来说,年轻人比老年人承受投资风险的能力要强,因为老年人未来的现金流时间比年轻人要短些。但从另一个角度来看,老年人的阅历丰富,淡定豁达,因此,对风险的心理承受能力就较强。职位高、收入稳定的人承受风险的能力一般也会强些,这是因为他们在需要现金支出时,流动性不会有很大问题。总之,除了经济状况外,心态是影响一个人承受风险的能力所不可忽视的重要因素。

四、流动性

影响资产选择的另一个因素是它的流动性。流动性是将一种资产转换成现金而不遭受损失的能力。如果人们持有一种资产,在他急需现金时想要出售却难于找到买主;或者有潜在买主,但条件很苛刻,人们就不愿意持有此类资产。我国在20世纪80年代,恢复发行国债后的很长一段时期里,由于缺乏有组织的国债流通转让市场,国债持有者要变现国债很困难,因此国债的流动性很低,人们购买国债的积极性很低,结果政府只能够用强制性的行政摊派手段发行国债。到了90年代,随着国债流通转让市场的建立和发展,国债可以在证券交易中心和证券公司的柜台进行交易,能够迅速变现,流动性大大提高,因此,国债也成为我国居民主要的金融资产。

第三节/资产风险管理

风险就是未来的不确定性。但是,不确定性只是风险的必要条件而非充分条件,并不是所有的不确定性都是风险。投资者购买股票后,股票的价格既可能会上涨,也可能会下跌。但无论是上涨还是下跌都是不确定的,只有被套和损失本金才是风险。因此,人们通常是将损失而非收益增加的可能性看作风险。

一、系统性风险与非系统性风险

风险分为系统性风险和非系统性风险。系统性风险是一个经济体系中所有的资产都面临的风险，主要包括市场风险、购买力风险以及政策风险，如货币贬值、金融危机、政局动荡等都会引发系统性风险。这类风险来源于宏观方面的变化，无法通过增加持有资产的种类数量加以分散，因此也称宏观风险。2001 年，我国讨论国有股减持方案时，就曾加剧了股票市场的深幅下挫，这就是政策性的系统性风险。非系统性风险是单项资产特有的风险，主要包括财务风险、信用风险、经营风险以及偶然事件风险，如单家公司所面临的诉讼、市场和新产品开发的失败、火灾等事件使公司遭受巨额损失，减少了未来的现金流量和盈利能力。非系统性风险与整个市场没有关系，又称微观风险。区分系统性风险和非系统性风险对风险管理具有重要的意义。非系统性风险可通过投资组合，增加持有资产的种类数量来分散风险。经验数据证明，如果持有的资产种类数超过 20 种，资产组合中的非系统性风险就会被完全抵消掉。因此，人们总是希望在不影响投资收益的情况下，通过适当的分散投资，消除非系统性风险，从而降低整体风险。系统性风险则无法做到这一点。“覆巢之下，安有完卵”，这可以看作对系统性风险的不可分散性的准确描述。图 4－1 显示了系统性风险和非系统性风险与组合中资产种类数量的关系。

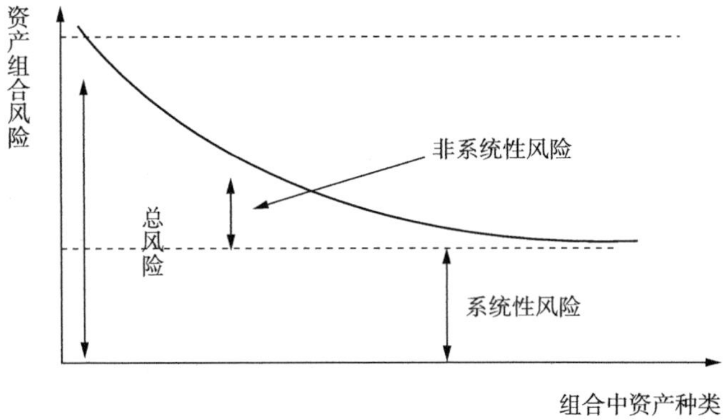

图 4－1　系统性风险和非系统性风险与组合中资产种类数量的关系

由于非系统性风险可以通过有效的证券组合来消除，所以当一名投资者拥有一个有效的证券组合时，他所面临的就只有系统性风险了。那么如何衡量系统性风险呢？

如果把证券市场处于均衡状态时的所有证券按其市值比重组成一个“市场组合”，这个组合的非系统性风险将等于零。这样就可以用某种证券的收益率和市场组合收益率之间的 β 系数作为衡量这种证券系统性风险的指标。某种证券的 β 系数 β_i 指的是该证券的收益率和和市场组合的收益率的协方差 σ_{im}，再除以市场组合收益率的方差 σ_m^2，其公式为

$$\beta_i = \sigma_{im} / \sigma_m^2 \tag{4.2}$$

如果某人购买了一种股票，在半年的时间里该种股票的价格上涨了 80%，而整个市场指数只上涨了 10%，则其购买的这只股票的 β 值就是 8。相反，如果市场指数上涨了 10%，而其购买的另一只股票的价格只上涨了 5%，那么，它的 β 值就只有 0.5 了。

由于系统性风险无法通过多样化投资来抵消，因此一个证券组合的 β 系数 β_i 等于该组合中各种证券的 β 系数的加权平均数，权重为各种证券的市值占整个组合总价值的比重 X_i，其公式为：

$$\beta_p = \sum_{i=1}^{N} X_i \beta_i \tag{4.3}$$

如果一种证券或证券组合的 β 系数等于 1，说明其系统性风险跟市场组合的系统性风险完全一样；如果 β 系数大于 1，说明其系统性风险大于市场组合；如果 β 系数小于 1，说明其系统性风险小于市场组合；如果 β 系数等于 0，说明没有系统性风险。

通常，我们将 β 值大于 1 的资产称为“激进型的资产”，将 β 值小于 1 的资产称为“保守型的资产”。对于激进型的资产而言，其收益率的波动会放大投资组合的整体收益，在整个市场上涨时，会跑赢大市，但是，在市场下跌时，它会跌得更惨。假设市场指数只跌了 10%，β 值为 4 的股票价格会下跌 40%。对保守型的资产而言，其价格波动幅度小于市场整体的波动幅度。如果投资者购买了保守型的资产，虽然失去了市场指数上涨时赚取更高收益的机会，但在市场下跌时，损失也会小得多。如果 β 值为 1，则意味着这种资产的收益率同市场整体同向、同比例地波动。

如果投资者是风险规避型的，那么，由于 β 值越大的资产其系统性风险越大，因此，对 β 值较大的资产的需求就会较少；反之，β 值越小，资产的系统性风险就越小，这种资产就越受投资者欢迎。

二、多样化与资本资产定价模型

（一）多样化的好处

资产组合的期望收益是资产组合中各单项资产期望收益率的加权平均值。

［例 4-1］ 如果投资者购买了三只股票，总投资为 10 万元。这三只股票分别是 A、B、C，持仓比重分别为 A 股票 20%、B 股票 30%、C 股票 50%，即在这三只股票上的投资分别为 2 万元、3 万元和 5 万元。如果 A 股票、B 股票、C 股票的期望收益分别为 10%、30%和 60%，那么，这个投资组合总的期望收益就是

投资组合的期望收益率＝20%×10%＋30%×30%＋50%×60%＝41%

推广开来，对 A_j 的投资在总投资中所占的比重为 w_j，资产 A_j 的期望收益率为 r_j，那么，总投资的期望收益率就是

$$E(r)=\sum w_j\cdot r_j \tag{4.4}$$

在[例 4－1]中，也许有人认为将这 10 万元全部用于购买 C 股票是最划算的，因为它的期望收益率为 60％，远远高于 41％的组合期望收益率。但是，这仅仅是期望，不是现实的收益率。如果将所有的投资都购买 C 股票，在期望的时间内上涨了 60％固然好，但也有可能出现亏损。如果 C 股票的价格下跌了 2％，而 A 股票和 B 股票的收益率却是 10％和 30％，这时，假设全部购买了 C 股票，就净亏了 2％的本金，这还不包括交易印花税和手续费。但是，如果按原来的比例在 A、B、C 之间进行投资组合，所实现的收益率为

投资组合的期望收益＝20％×10％＋30％×30％－50％×2％＝10％

在这种情况下，即使 C 股票出现了 2％的亏损，但由于进行了多样化的投资，A 股票和 B 股票所实现的收益冲抵 C 股票的损失后，总共还有 10％的毛收益率。“不要把鸡蛋放在一个篮子里”，形象地描述了投资组合分散化的好处。

一般来说，进入资产组合中的资产种类越多，分散的风险也就越多。但同时，所能获得的收益就越接近于平均化，即只能获得市场平均的收益率，而失去了一些获得超额收益的机会。在实际进行投资组合时，除了在资产的大类——现金、存款、债券和股票上每样都投资一定的比例外，没有必要在同种资产内部的各种资产上都分配一定的投资，根据个人的收入、流动性、风险承受能力等多种因素综合决定。

（二）相关性与分散化的有效性

通过组合投资来分散风险的一个重要原则就是，选择的资产之间的收益率/风险是相互独立的或者存在负相关性。相关性就是各种资产的变量之间的联动程度。各种变量之间的相关性可以分为正相关、负相关和相互独立。正相关是一个变量与另一个变量发生同向变化；负相关是一个变量与另一个变量发生反向变化。如果一个变量完全不受其他变量波动的影响，那么，变量之间就是相互独立的。

各种资产的收益/风险之间的相关性也存在正相关、负相关和相互独立三种情况。资产之间的正相关关系就是一种资产的收益/风险的变化会引起另一种资产的收益/风险同向变化；反之，如果一种资产收益/风险的变化会引起另一种资产的收益/风险的反向变化，这两种资产之间就存在负相关关系；如果一种资产的收益/风险的变化对另一种资产的收益/风险完全没有影响，则这两种资产之间是相互独立的。在投资组合中，选择存在正相关关系的资产就达不到分散风险的目的。这是因为，存在正相关的资产收益之间会“一荣俱荣，一损俱损”，只有相互独立或存在负相关关系的资产才能较好地达到分散风险的目的，因为

在相互独立的资产之间，它们的收益/风险互不影响，在存在负相关的资产之间，可以通过一种资产的盈利来弥补另一种资产的亏损。但是，投资的主要目标就是盈利，投资于存在负相关的资产时，盈利机会就会大大地减少。尤其是当投资于完全负相关的资产时，一种资产的盈利就会刚好被另一种资产的亏损所抵消，这恰恰是投资者所不希望看到的。可见，投资组合既要盈利，也要能够分散风险，因此，最佳投资组合是选择完全独立的资产。

（三）投资组合的期望收益率、方差、标准差、协方差与相关系数

上面分析了投资组合的期望收益率，那么是否期望收益率相同的投资组合都是无差异的呢？先举个假想的例子。

［例 4－2］ 有两只股票 A 和股票 B，股票 A 现在的价格是 10 元，一个月后上涨到 16 元的可能性是 0.25，上涨到 12 元的可能性是 0.5，还是 10 元的可能性是 0.25。也就是说，投资于股票 A，在一个月中获得 60%收益的概率为 0.25，获得 20%收益的概率为 0.5，不亏不赚的概率为 0.25。现在投资于股票 A 的期望收益率是

$$[(0.25\times16+0.5\times12+0.25\times10)-10]/10=25\%$$

再假设股票 B 现在的价格也是 10 元，但它出现了亏损，公司正在设法进行重组。如果重组很快，并获得成功，它的价格在一个月后上涨到 22 元，重组很快且获得成功的可能性是 0.25；如果重组进展很缓慢，一个月后价格上涨到 11 元，这种情况的可能性为 0.5；如果重组很快就失败了，扭亏无望，那么，它的股票价格会在一个月后下跌到 6 元，这种情况的可能性为 0.25。这就是说，现在投资于股票 B 的话，在一个月后以 0.25 的概率获得 120%的收益，以 0.5 的概率获得 10%的收益和以 0.25 的概率亏损 40%。股票 B 的期望收益率为

$$[(0.25\times22+0.5\times11+0.25\times6)-10]/10=25\%$$

虽然股票 A 和股票 B 的期望收益率相同，但它们的风险相差很大。我们一般以期望收益的方差或标准差来衡量风险的大小。方差就是各种可能的收益的概率乘以可能的收益与期望收益之差的平方和。以 σ^2 表示方差，r_i 表示收益率，p_i 表示获得 r_i 的概率，$E(r)$表示期望收益率，因此，计算期望收益率的方差的公式为

$$\sigma^2=\sum p_i\cdot[r_i-E(r)]^2 \tag{4.5}$$

根据式(4.5)，股票 A 和股票 B 期望收益率的方差分别为：

$$\begin{aligned}\sigma_A^2&=0.25\times(0.6-0.25)^2-0.5\times(0.2-0.25)^2+0.25\times(0-0.25)^2\\&=0.047\,5\end{aligned}$$

$$\begin{aligned}\sigma_B^2&=0.25\times(1.25-0.25)^2-0.5\times(0.1-0.25)^2+0.25\times(-0.4-0.25)^2\\&=0.342\,5\end{aligned}$$

统计量方差可以较好地反映统计量变量相对其平均值的波动情况，方差越

大，实际发生的收益率与预期收益率的偏差越大，投资于该证券的风险也就越大。因此，引入方差对风险大小进行定量分析，但是方差是一个平方数，无法判断变量相对于平均值的离散方向。因此，在实际应用中，都以方差的平方根——标准差来衡量风险，其计算公式如下

$$\sigma = \sqrt{\sum_{i=1}^{n} [r_i - E(r)]^2 \cdot (P_i)} \tag{4.6}$$

式(4.6)中，$E(r)$为预期收益率，r_i 是第 i 种可能的收益率，P_i 是收益率 r_i 发生的概率，n 是可能性的数目。

股票 A 和股票 B 的收益率的标准差分别约为 0.218 0 和 0.585 2。股票 B 的标准差比股票 A 的标准差大得多，表明它的收益率的波动幅度要比股票 A 的大得多。因此，投资于股票 A 风险更低。在这种情况下，风险规避型的投资者会购买股票 A。由此可见，收益率的方差/标准差越大，则收益率波动的幅度就越大，一旦价格出现了不利于投资者的变化，就可能使投资者出现大幅亏损。

为了考察投资组合收益率的波动幅度，就要通过计算协方差来衡量。如果在投资组合中，只有两种风险资产 A 和风险资产 B，风险资产 A 的期望收益率为 $E(r_A)$，B 的期望收益率为 $E(r_B)$，以 $\sigma_{A,B}$ 表示它们之间的协方差，则有

$$\sigma_{A,B} = \sum_{i-1}^{n} p_i [r_{Ai} - E(r_A)] \cdot [r_{Bi} - E(r_B)] \tag{4.7}$$

式(4.7)中，σ_{AB} 为股票 A 和股票 B 实际收益率和预期收益率离差之积的期望值，在统计学中称为协方差，协方差可以用来衡量两支股票收益之间的互动性。

风险资产 A 和风险资产 B 的标准差分别为 σ_A 和 σ_B，则资产 A 和 B 的相关系数就等于它们的协方差除以 A 和 B 的标准差的乘积，以 ρ 表示相关系数，则：

$$\rho = \frac{\sigma_{A,B}}{\sigma_A \cdot \sigma_B} \tag{4.8}$$

相关系数的一个重要特征是：其取值范围介于 -1 与 $+1$ 之间，即 $-1 \leqslant \rho_{AB} \leqslant +1$。如果相关系数 ρ 为 $+1$，则这两种资产之间完全正相关；如果 ρ 为 -1，则这两种资产之间完全负相关；如果 ρ 为 0，那这两种资产之间是相互独立的，即不相关(参见表 4-1)。

表 4-1　股票 A 和股票 B 组合投资时各自的方差及协方差的计算

概率	股票 A		股票 B		离差乘积
P_i	r_{Ai}	$[r_{Ai} - E(r_A)]$	r_{Bi}	$[r_{Bi} - E(r_B)]$	$[r_{Ai} - E(r_A)] \cdot [r_{Bi} - E(r_B)]$
25%	60%	35%	120%	95%	0.332 5
50%	20%	−5%	10%	−15%	0.007 5
25%	0	−25%	−40%	−65%	0.162 5

通过计算得到股票 A 和 B 的协方差为

$$\sigma_{AB}=25\%\times0.3325+50\%\times0.0075+25\%\times0.1625=0.1275$$

股票 A 和股票 B 之间的相关系数 ρ 为

$$\rho=0.1275/(0.218\times0.5852)=0.9994$$

因此，股票 A 和股票 B 是高度相关的。

(四) 最优投资组合与证券市场线

1. 最优投资组合

先考虑一种特殊情况，假定有两种资产，一种是无风险资产，另一种是风险资产。无风险资产是指在投资者决策期间内收益率完全可以预测的资产，它的收益率的方差/标准差为零。风险资产就是指在投资者交易期内收益率是无法确定的资产，其收益率的方差/标准差为正。例如，股票就是一种风险资产，投资者事后无法确定能够获得多少盈利。

我们进一步假定，无风险资产的收益率为 r_f，风险资产的预期收益率$E(r_r)$。再假定总共要投资 1 元，其中投资于风险资产所占的比例为 a，另外$(1-a)$投资于无风险资产，这样，投资组合的预期收益率就是：

$$E(r)=a\cdot E(r_r)+(1-a)\cdot r_f=r_f+a[E(r_r)-r_f] \tag{4.9}$$

再假设风险资产的标准差为 σ_r，由于无风险资产的标准差为零，因此，整个投资组合的标准差 σ 就等于风险资产的标准差 σ_r 与风险资产在投资组合中所占比重 a 的乘积，即

$$\sigma=a\cdot\sigma_r \tag{4.10}$$

则

$$a=\sigma/\sigma_r \tag{4.11}$$

将式(4.11)代入式(4.9)中，就可以得到

$$E(r)=r_f+\frac{E(r_r)-r_f}{\sigma_r}\cdot\sigma \tag{4.12}$$

式(4.12)表明，投资于风险资产和无风险资产时的预期收益率等于是整个投资组合标准差 σ 的线性函数，截距为 r_f，直线的斜率为$\frac{E(r_r)-r_f}{\sigma_r}$。该斜率表示的是对投资者愿意承担的每一单位额外风险所提供的额外预期收益，或称作风险溢价。一种资产的风险越高，那么，要鼓励人们持有这种资产，就必须向投资者提供更高的预期收益。

[例 4-3] 假定有 100 万元要投资于无风险资产和风险资产，其中，无风险资产的收益率 r_f 为 8%，风险资产的预期收益率 r_r 为 20%，风险资产的标准差 σ_r 为 0.5。有以下几种投资方案(见表 4-2)：

表 4－2　投资组合预期收益率、标准差与投资组合的关系

投资组合方案	投资于风险资产的比率 a(%)	投资于无风险资产的比例 $1-a$(%)	期望收益率(%) $r_f+a[E(r_r)-r_f]$	投资组合的标准差 $a\cdot\sigma_r$
A	0	100	8	0
B	25	75	11	0.125
C	50	50	14	0.25
D	75	25	17	0.375
E	100	0	20	0.5

将这种投资组合的期望收益率和标准差之间的关系描绘在同一坐标图上，就可得到图 4－2。

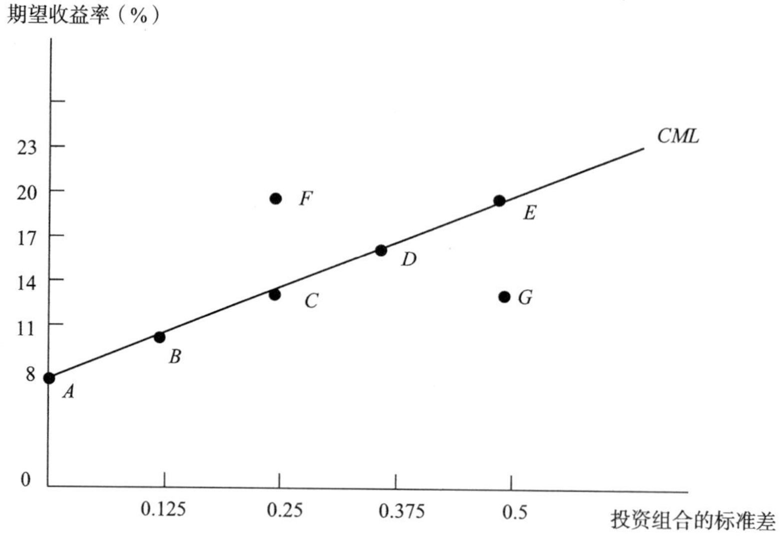

图 4－2　最优投资组合

图 4－2 是投资组合的预期收益率与投资组合标准差之间关系的曲线，称为资本市场线(*CML*)。资本市场线的截距为无风险资产的收益率 r_f，即为 8%，斜率为(20%－8%)/0.5＝0.24。只有在 *CML* 线上的投资组合才是最优的，即在这条线上的投资组合，在风险一定时，期望收益率能够达到最大；或者在期望收益一定时，风险最小。在该直线的上方，比如在 *F* 点，尽管期望收益率是 20%，但在 0.25 的风险下是不可能达到的。在这一风险度上，能达到的最高期望收益率只有 14%。在该直线的下方，比如在 *G* 点，所承受的风险是 0.5，但期望收益率却只有 14%，如果更新调整投资组合，在这一风险度上，完全可以获得更高的期望收益率，最高可以达到 *E* 点，这时的期望收益率为 20%，但风险度依然是 0.5。因此，只有在 *CML* 线上的投资组合才是有效投资组合，因为在这条线上，

在风险程度既定的情况下，投资者的期望收益率最高。

2. 证券市场线

资本市场线(CML)反映的是有效组合的预期收益率和标准差之间的关系，任何单个风险证券由于均不是有效组合而位于该直线的下方。因此，资本市场线并不能告诉我们单个证券的预期收益与标准差(即总风险)之间应存在怎样的关系。为此，我们有必要做进一步的分析。

我们可以得出市场组合标准差的计算公式为

$$\sigma_M = \left[\sum_{i=1}^{n}\sum_{j=1}^{n} X_{iM}X_{jM}\sigma_{ij}\right]^{1/2} \tag{4.13}$$

其中 X_{iM} 和 X_{jM} 分别表示证券 i 和 j 在市场组合中的比例。式(4.13)可以展开为

$$\sigma_M = \left[X_{1M}\sum_{j=1}^{n}X_{jM}\sigma_{1j} + X_{2M}\sum_{j=1}^{n}X_{jM}\sigma_{2j} + X_{3M}\sum_{j=1}^{n}X_{jM}\sigma_{3j} + \cdots + X_{NM}\sum_{j=1}^{n}X_{jM}\sigma_{nj}\right]^{1/2} \tag{4.14}$$

根据协方差的性质可知，证券 i 跟市场组合的协方差(σ_{iM})等于证券 i 跟市场组合中每种证券协方差的加权平均数

$$\sigma_{iM} = \sum_{j=1}^{n} X_{jM}\sigma_{ij} \tag{4.15}$$

如果我们把协方差的这个性质运用到市场组合中的每一个风险证券，并代入式(4.14)，可得

$$\sigma_M = \left[X_{1M}\sigma_{1M} + X_{2M}\sigma_{2M} + X_{3M}\sigma_{3M} + \cdots + X_{nM}\sigma_{nM}\right]^{1/2} \tag{4.16}$$

其中，σ_{1M}表示证券 1 与市场组合的协方差，σ_{2M}表示证券 2 与市场组合的协方差，依此类推。式(4.16)表明，市场组合的标准差等于所有证券与市场组合协方差的加权平均数的平方根，其权数等于各种证券在市场组合中的比例。

由此可见，在考虑市场组合风险时，重要的不是各种证券自身的整体风险，而是其与市场组合的协方差。这就是说，自身风险较高的证券，并不意味着其预期收益率也高；同样，自身风险较低的证券，也并不意味着其预期收益率也较低。单个证券的预期收益率水平应取决于其与市场组合的协方差。

由此，我们可以得出如下结论：具有较大 σ_{iM} 值的证券必须按比例提供较大的预期收益率以吸引投资者。由于市场组合的预期收益率和标准差分别是各种证券预期收益率和各种证券与市场组合的协方差(σ_{iM})的加权平均数，其权数均等于各种证券在市场组合中的比例。因此如果某种证券的预期收益率相对于其 σ_{iM} 值太低的话，投资者只要把这种证券从其投资组合中剔除就可提高其投资组合的预期收益率，从而导致证券市场失衡；同样，如果某种证券的预期收益率相

对于其 σ_{iM} 值太高的话，投资者只要增持这种证券就可提高其投资组合的预期收益率，从而也将导致证券市场失衡。在均衡状态下，单个证券风险和收益的关系可以写为

$$\bar{R}_i = R_f + \left(\frac{\bar{R}_M - R_f}{\sigma_M^2}\right)\sigma_{iM} \tag{4.17}$$

式(4.17)所表达的就是著名的证券市场线(Security Market Line)，它反映了单个证券与市场组合的协方差和其预期收益率之间的均衡关系，如果我们用 $\bar{R}_i$ 作纵坐标，用 σ_{iM} 作横坐标，则证券市场线在图上就是一条截距为 R_f、斜率为 $[(\bar{R}_M - R_f)/\sigma_M^2]$ 的直线，如图 4-3(a)所示。

从式(4.17)可以发现，对于 σ_{iM} 等于 0 的风险证券而言，其预期收益率应等于无风险利率，因为这个风险证券跟无风险证券一样，对市场组合的风险没有任何影响。更有趣的是，当某种证券的 $\sigma_{iM}<0$ 时，该证券的预期收益率甚至将低于 R_f。

把式(4.16)代入式(4.17)得

$$\bar{R}_i = R_f + (\bar{R}_M - R_f)\beta_{iM} \tag{4.18}$$

其中，β_{iM} 称为证券 i 的 β 系数，它是表示证券 i 与市场组合协方差的另一种方式。式(4.18)是证券市场线的另一种表达方式。如果我们以 $\bar{R}_i$ 为纵轴，以 β_{iM} 为横轴，则证券市场线也可表示为一条截距为 R_f、斜率为 $(\bar{R}_M - R_f)$ 的直线，如图 4-3(b)所示。

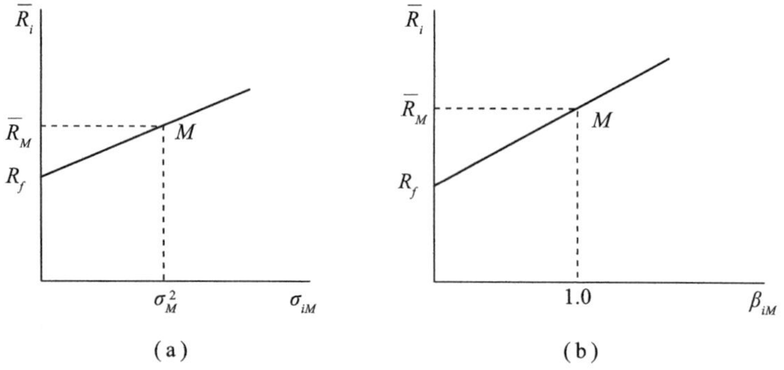

图 4-3 证券市场线

β 系数的一个重要特征是，一个证券组合的 β 值等于该组合中各种证券 β 值的加权平均数，权数为各种证券在该组合中所占的比例，即

$$\beta_{pM} = \sum_{i=1}^{n} X_i \beta_{iM} \tag{4.19}$$

其中 β_{pM} 表示组合 P 的 β 值。

由于任何组合的预期收益率和 β 值都等于该组合中各个证券预期收益率和

β 值的加权平均数，其权数也都等于各个证券在该组合中所占比例，因此，既然每一种证券都落在证券市场线上，那么由这些证券构成的证券组合也一定落在证券市场线上。

比较资本市场线和证券市场线可以看出，只有最优投资组合才落在资本市场线上，其他组合和证券则落在资本市场线下方。而对于证券市场线来说，无论是有效组合还是非有效组合，它们都落在证券市场线上。

既然证券市场线包括了所有证券和所有组合，因此也一定包含市场组合和无风险资产。在市场组合那一点，β 值为 1，预期收益率为 $\bar{R}_M$，因此其坐标为 $(1,\bar{R}_M)$。在无风险资产那一点，β 值为 0，预期收益率为 R_f，因此其坐标为 $(0,R_f)$。证券市场线反映了在不同的 β 值水平下，各种证券及证券组合应有的预期收益率水平，从而反映了各种证券和证券组合系统性风险与预期收益率的均衡关系。由于预期收益率与证券价格成反比，因此证券市场线实际上也给出了资本资产定价模型（$CAPM$）。

资本资产定价模型所揭示的投资收益与风险的函数关系，是通过投资者对持有证券数量的调整，并引起证券价格的变化而达到的。根据每一证券的收益和风险特征，给定一证券组合，如果投资者愿意持有的某一证券的数量不等于已拥有的数量，投资者就会通过买进或卖出证券进行调整，并因此对这种证券价格产生涨或跌的压力。在得到一组新的价格后，投资者将重新估计对各种证券的需求，这一过程将持续到投资者对每一种证券愿意持有的数量等于已持有的数量，证券市场达到均衡。

本章小结

资产包括金融资产和实物资产。金融资产分为货币资产、债权资产和股权资产。货币资产的流动性较高，风险较小，但收益率最低；债权资产和股权资产的收益率高，但流动性较低，风险较高，有时还可能遭受资本损失。在通货膨胀环境下，实物资产是保值的一种有效手段，但实物资产的流动性最低。

选择资产时，首先要考虑财富或者收入流量的稳定性和大小，其次是预期收益率。风险和流动性、对待风险的态度和风险的承受能力对资产的选择影响也很大。

风险分为系统性风险和非系统性风险。系统性风险是同一种类的所有资产共同面临的风险，不能通过投资组合来分散；非系统性风险是某一种资产所面临的特有风险，这种风险可以通过投资组合来分散。

资本资产定价模型所揭示的是投资收益与风险的函数关系，是通过投资者对持有证券数量的调整并引起证券价格的变化而达到的。这一过程将持续到投资者对每一种证券愿意持有的数量等于已持有的数量，证券市场达到均衡。公式表示为

$\overline{R}_i = R_f + (\overline{R}_M - R_f)\beta_{iM}$。

重要概念

金融资产　实物资产　系统性风险　非系统性风险　多样化　预期收益　相关性　方差　标准差　有效投资组合　资本市场线　证券市场线　资本资产定价模型

思考题

1. 什么是资产？资产有哪些类型？其各自的特性是什么？
2. 选择资产时需要考虑哪些因素？
3. 什么是资产的风险？什么是系统性风险和非系统性风险？
4. 假如有两只股票A和B。投资于股票A，以60%的概率获得15%的收益，以40%的概率获得5%的收益；投资于股票B，以50%的概率获得10%的收益，以50%的概率获得8%的收益。如果你在两只股票上的投资金额相同，这一投资组合的期望收益率是多少？如果你只想投资于其中一只股票，股票A和股票B的期望收益率各是多少？哪只风险更大？

第二篇

金融市场与金融机构

第五章　金融市场

金融市场是资金融通的场所。作为一个复杂的有机整体，按不同的标准划分，金融市场可分为许多相互独立的子市场。例如，按融资的期限划分可分为货币市场和资本市场，按交易对象划分可分为拆借市场、票据承兑与贴现市场、证券市场、外汇市场、黄金市场和衍生金融工具市场，按交割期限划分可分为现货市场和期货市场。金融市场发达与否是衡量一国市场经济发达程度的重要标志。

第一节/金融市场概述

一、金融市场的含义

金融市场是市场体系的一个重要组成部分。简单地说，金融市场是资金融通的场所。由于计算机技术和网络技术在金融交易中被广泛运用，资金融通日趋无形化，因此，越来越多的人更倾向于将金融市场理解为多种金融商品交易活动的组织系统或营运网络。金融市场发达与否已成为衡量一国市场经济发达程度的重要标志。

金融市场有广义和狭义之分。广义的金融市场是指一切从事货币资金借贷的场所，包括货币的借贷、票据的承兑与贴现、有价证券的买卖、黄金和外汇的交易。狭义的金融市场特指证券市场，即股票和债券的发行与流通市场。

二、金融市场的基本要素

金融市场与普通商品市场一样，是由交易主体、交易客体、交易价格、组织形式等基本要素组成的。

金融市场上的交易主体包括任何参与交易的个人、企业、各级政府和金融机构。金融市场主体可以分为非专门从事金融活动的主体与专门从事金融活动的主体两大类。非专门从事金融活动的主体主要由个人、企业和政府部门构成，它们不以金融交易为主，参与交易是为了自身在资金供求方面的需要，在它们之间发生的金融交易是直接金融。专门从事金融活动的主体则主要由以金融活动为主的机构或个人组成，包括各类银行和各种非银行金融机构等。

金融市场的交易客体，也称交易对象，是指金融市场的参加者进行交易的标的物——金融工具。如商业票据、政府债券、公司债券、股票、可转让大额定期存单以及各种金融衍生工具等。金融工具是能够证明债权债务或所有权关系并据以进行货币资金交易的合法凭证，一般具有期限性、流动性、风险性和收益性四个基本特征。期限性是指一般具有规定的偿还期限；流动性是指在必要时迅速转变为现金而不致遭受损失的能力；风险性是指购买的本金和预定收益遭受损失可能性的大小；收益性则是指能够带来价值增值的特性。具体到不同的金融工具，上述四个特征体现的程度也不相同。

在金融市场上，各种交易都是在一定的价格下实现的，但金融市场的交易价格不同于商品市场的商品交易价格，商品市场的商品交易价格反映交易对象的全部价值，而金融市场的交易价格有不同的表现形式。在借贷市场上，借贷资金的价格就是借贷利率；在专门的证券市场上，金融工具的价格通常表现为它的总值，即本金加收益；而在外汇市场则通常用汇率反映货币的价格。

组织形式即指金融市场的交易场所。金融市场的交易既可以在有形市场中进行，又可以在无形市场中进行。

三、金融市场的功能

金融市场对经济发展有着巨大的推动作用，这种推动作用具体地表现为金融市场的几大功能。

金融市场具有集中和分配资金的功能。金融市场能提供一个理想场所，利用自己的独特形式、多样化工具把居民个人、企业、政府部门、金融机构的闲置分散的、小额的资金聚集起来，并通过竞争机制使这些资金流向最需要的地方。这种将资金从低效率利用的部门转移到高效率利用的部门的功能，实现了资金的合理配置和有效利用。

经济生活中存在大量的不确定性，风险的存在是客观的，因此，完全消除风险是不可能的，但可以分散风险。由于金融工具的可分割性与流动性，金融市场可以为投资者分散风险提供一个合理的机制。投资者可采用各种证券组合方式来分散风险，提高资金的安全性与盈利性，也可利用对冲交易、套期保值交易来规避和分散风险。利用各种金融工具，还可以把风险从较厌恶风险的人转嫁给厌恶风险程度较低的人，从而实现风险的再分配。

金融市场的存在和发展则为国家调节、控制经济提供极好的场所和途径。一方面，金融市场是国家货币政策传导的必要的中间环节，当中央银行实施某项货币政策时，首先要影响到金融市场的各种变量，然后再影响到整个国民经济。另一方面，各国中央银行宏观调控经济的一个重要手段——公开市场业务，必然通过金融市场来开展。

金融市场历来被称为国民经济的“晴雨表”和“气象台”，是公认的国民经济信号系统。各种金融工具的交易价格灵敏地反映了经济运行的状况及态势，可以为金融决策、投资决策和政府宏观经济管理提供大量信息资料。投资者通常以股价变化趋势以及上市公司公告的各类信息作为金融决策的依据。企业可以根据证券行情涨落所反映的公众对各产业、各企业的心理预期，来调整经营战略并进行投资决策。中央银行依据金融市场的各类信息，通过公开市场业务、调整再贴现率等手段调节货币供应量，实现宏观、经济的基本平衡。这实际上就是金融市场反映功能的写照。

四、金融市场的分类

金融市场是一个复杂的有机整体，其中又包含着许多相互独立的子市场。按不同的划分标准，金融市场可分为如下不同类别。

按融资的期限长短不同，可分为货币市场和资本市场，这是金融市场最重要的分类方法。货币市场又称短期资金市场，是指融资期限在一年以内的金融市场，其中包括同业拆借市场、商业票据市场、回购协议市场以及短期证券市场等。资本市场又称长期资金市场，是指融资期限在一年以上或未规定期限的金融市场，主要有股票市场和债券市场。

按金融市场交易的性质不同，可分为发行市场和流通市场。发行市场，也称为初级市场或一级市场，是指新发行的金融工具第一次出售的金融市场。流通市场，也称为次级市场或二级市场，是指已发行的金融工具转手买卖的金融市场。各类市场参与主体因为各种交易对象的产生、流通和清算而进入金融市场。二级市场只改变证券的所有权(赋予证券的流动性)，并不增加社会资金量；二级市场的流动性激活一级市场，从而增加社会资金的资本化水平。二级市场的效率影响交易成本。

按金融交易的方式不同，可分为直接金融市场和间接金融市场。直接金融市场是指资金供给者和资金需求者不通过任何金融中介机构而直接进行融资的金融市场，如企业之间赊销商品、预付货款，企业直接发行股票、债券。间接金融市场是指资金供给者和资金需求者通过金融中介机构进行融资的金融市场，如银行信贷市场。

按金融交易的对象不同，可分为拆借市场、票据承兑与贴现市场、证券市场、外汇市场、黄金市场等，证券市场又可进一步分为债券市场、股票市场等。

按金融交易的交割期不同，可分为现货市场和期货市场。现货市场又称现金交易市场，是指买卖双方在成交后 1～3 日内进行清算交割的金融市场；期货市场是指买卖双方协定在未来某一规定时间进行清算交割的金融市场。

按交易的地域范围不同，可分为国内金融市场和国际金融市场。国内金融市场是在一国国境范围内进行的融资活动，参加者仅限于本国居民；国际金融市场是在国际范围内进行的融资活动，包括国际间资金的融通、外汇买卖和黄金交易等。

第二节/货币市场

货币市场是指以期限在一年以内的金融工具为媒介进行短期资金融通的市场。货币市场交易期限短，货币工具期限最长为一年，最短为一天甚至半天，以3～6个月者居多。交易的目的主要是满足短期资金周转的供求需要，一般的去向是弥补流动资金临时不足；货币市场交易具有流动性强、风险相对较低的特征。

货币市场无论是在市场参与者、市场交易对象方面，还是在市场的经济政策意义方面，都与资本市场有着明显的区别。

货币市场的参与者主要是机构和专门从事货币市场业务的专业人员。机构类参与者包括商业银行、中央银行、非银行金融机构、政府、非金融性企业；货币市场专业人员包括经纪人、交易商、承销商等。

货币市场的最基本功能就是媒介短期资金融通，促进资金流动，对社会资源进行再分配。货币市场的存在使得工商企业、银行和政府可以从那里借取短缺资金，也可将它们暂时多余的、闲置的资金投放在那里作短期投资，生息获利，从而促进资金合理流动，解决短期性资金融通问题。

货币市场协调资金的供需。各家银行和金融机构的资金，通过货币市场交易，从分散到集中，再从集中到分散，从而使整个金融机构体系的融资活动有机地联结起来。

货币市场有助于进行宏观调控。货币市场在一定时期的资金供求及其流动情况，是反映该时期金融市场银根松紧的指示器，它在很大程度上是金融监管当局进一步贯彻其货币政策、宏观调控货币供应量的帮手。

从交易对象的角度看，货币市场主要由同业拆借、票据、国库券以及回购协议等子市场组成。

一、同业拆借市场

我国的同业拆借是指经中国人民银行批准进入全国银行间同业拆借市场(以下简称“同业拆借市场”)的金融机构之间，通过全国统一的同业拆借网络进行的无担保资金融通行为。全国统一的同业拆借网络包括全国银行间同业拆借中心的电子交易系统、中国人民银行分支机构的拆借备案系统和中国人民银行认可的其他交易系统。

(一)同业拆借市场的含义

同业拆借市场，是指各类金融机构之间进行短期资金拆借活动所形成的市场。各银行在日常经营活动中经常会发生头寸不足或盈余的情况，银行同业间为了互相支持对方业务的正常开展，并使多余资金产生短期收益，就会自然产生银行同业之间的资金拆借交易。这种交易活动一般没有固定的场所，主要通过电讯手段成交。同业拆借每笔交易的数额较大，以适应银行经营活动的需要。隔夜拆借①一般无抵押品，单凭银行间的信誉。期限较长的拆借常以信用度较高的金融工具为抵押品。

同业拆借市场的形成动因是金融机构追求安全性、流动性、盈利性“三性”相统一的经营目标，形成的基础与条件则是金融机构的临时性资金余缺调剂。随着金融机构的发展和金融监管当局对金融机构流动性管理的加强，各国同业拆借市场都得到迅速发展。

（二）同业拆借市场的特点

同业拆借的交易期限较短，属临时性的资金融通。期限按日计算，有 1 天、2 天、5 天不等，一般不超过 1 个月，最长期限为 120 天，期限最短的甚至只有半天。拆借的利率由交易双方自定，通常高于银行的筹资成本。拆息变动频繁，灵敏地反映资金供求状况。我国目前同业拆借期限最长不超过 1 年，最集中的拆借交易是隔夜拆借和 7 天拆借。

同业拆借市场的市场参与者包括商业银行和非银行金融机构，市场交易对象主要有商业银行的存款准备金、银行间存款以及其他活期存款。通常，同业拆借利率是以中央银行再贷款利率和再贴现率为基准，再根据社会资金的松紧程度和供求关系由拆借双方自由议定的。由于拆借双方都是商业银行或其他金融机构，其信誉比一般工商企业要高，拆借风险较小，加之拆借期限较短，因而利率水平较低。

（三）同业拆借的市场利率

同业拆借利率是拆借市场的资金价格，是货币市场的核心利率，也是整个金融市场上具有代表性的利率，它是以中央银行再贷款利率和再贴现率为基准，拆借双方根据社会资金的松紧程度和供求关系而自由议定的。由于拆借双方都是商业银行或其他金融机构，其信誉比一般工商企业要高，拆借风险较小，加之拆借期限较短，因而利率水平较低。

目前，国际货币市场上较有代表性的同业拆借利率有美国联邦基金利率、伦敦同业拆借利率（LIBOR）。

美国联邦基金利率是指美国同业拆借市场的利率，其最主要的是隔夜拆借利率。因联邦资金贷款的风险低、期限短（通常是隔夜的），故联邦资金贷款收取的利率接近国库券收益率。近年来，越来越多的大银行，把联邦资金市场作为贷款和购买有价证券的资金来源，即筹集永久性资金或资金运行的场所。这使得联邦

---

① 银行间以一天为期限互相拆借资金。——作者注

资金从会员银行之间进行准备金交易发展为代表一种短期的、一般的信用贷款，这种市场功能的转变直接表现为联邦资金利率与国库券利率之间差额的增大。

国际金融市场上的关键利率是伦敦银行同业拆借利率(London Interbank Offered Rate—LIBOR)。由于伦敦金融市场是最重要的美元离岸中心，因此美元伦敦同业拆借利率被国际市场普遍视为是美元短期市场利率的主导指标。同时，因为美元伦敦同业拆借利率每天在各大信息机构被广泛公布，所以具有较强的公开性，它是制定国际贷款或发行债券的利率基准。LIBOR 的报价不是伦敦市场的每一家银行都可以进行的，通常只有 30 多家主要银行才能实行 LIBOR 报价，如伦敦的清算银行、英国的海外银行和较大的外国银行，尤其是美国银行。

中国银行间同业拆借利率 CHIBOR(China Interbank Offered Rate)于 1996 年由中央银行推出，以各银行同业拆借实际交易利率的加权平均值来确定。1996 年 1 月 3 日，在中国人民银行总行的领导下，依托中国外汇交易中心的网络，12 家商业银行总行和 15 家融资中心开始进行人民币联网拆借交易，全国性的同业拆借市场成立，并产生了 CHIBOR。上海银行间同业拆放利率(Shanghai Interbank Offered Rate，简称 Shibor)于 2007 年 1 月 4 日推出，但在推出的一开始，各大金融巨头就都纷纷开始基于 Shibor 的人民币利率掉期交易，因为 Shibor 的形成机制同国际最通行的 Libor 如出一辙，为各银行报价均值。

专栏 5-1 上海银行间同业拆放利率

上海银行间同业拆放利率自 2007 年 1 月 4 日起开始运行，其以位于上海的全国银行间同业拆借中心为技术平台进行计算、发布并命名，是由信用等级较高的银行组成报价团自主报出的人民币同业拆出利率计算确定的算术平均利率，是单利、无担保、批发性利率。目前，对社会公布的 Shibor 品种包括隔夜、1 周、2 周、1 个月、3 个月、6 个月、9 个月及 1 年。全国银行间同业拆借中心受权 Shibor 的报价计算和信息发布。每个交易日根据各报价行的报价，剔除最高、最低各两家报价，对其余报价进行算术平均计算后，得出每一期限品种的 Shibor，并于 11:30 对外发布。有关 Shibor 行情、《上海银行间同业拆放利率(Shibor)实施准则》和报价银行团名单等相关信息可登录上海银行间同业拆放利率网(www.shibor.org)查询，也可以通过中国货币网(www.chinamoney.com.cn)、中国票据网(www.chinacp.com.cn)查询与 Shibor 相关的行情数据。

资料来源 根据相关资料整理。

二、票据市场

(一) 票据市场的含义

票据市场是指各类票据发行、流通及转让的场所，主要包括商业票据的承兑市场和贴现市场，也包括其他融资性票据市场，如企业短期融资券票据市场和中央银行票据市场。票据市场按票据发行主体来划分，有银行票据市场、商业票据市场；按资金属性来划分，有商业票据市场和融资票据市场；按交易方式来划分，有票据发行市场、票据承兑市场和票据贴现市场。在这个市场中，资金融通的特点是：期限短、数额小、交易灵活、参与者众多、风险易于控制，可以说是一个古老的、大众化、基础性的市场。

票据市场上有各种投资者，其中商业银行是票据市场上的大买主。投资者可以通过不同渠道投资于票据。普通的商业票据与融资性票据的销售方式不同，后者有直接销售和间接销售两种。票据的信用评估一般由专门的评级机构进行，评级机构根据对各种项目的评价，把发行人分成若干等级。

票据市场是短期资金融通的主要场所，是直接联系产业资本和金融资本的枢纽。作为货币市场的一个子市场，在整个货币体系中票据市场是最基础、交易主体中最广泛的组成部分。票据市场可以把“无形”的信用变为“有形”的信用，把不能流动的挂账信用变为具有高度流动性的票据信用。票据市场的存在与发展不仅为票据的普及和推广提供了充分的流动性，还集中了交易信息，极大地降低了交易费用，使得票据更容易被接受。

专栏 5-2　我国的票据市场的发展

我国的票据市场与国外不同。国外从19世纪初期就已开始建立票据市场，最初企业用以筹集短期资金，后来消费信贷公司通过发行票据来筹集消费信贷资金。60年代以来，国外的票据市场迅猛发展，在规模、投资者结构、品种、业务以及国际化程度等方面均有长足的进步。我国的票据市场建立于20世纪初，发展历程较为曲折。解放初期，在商品交易过程中，仍然广泛使用票据，只是到了20世纪50年代初，在全国实行信用集中，取消商业信用，以银行结算划拨取代商业票据。从此，票据融资和票据市场的概念从社会经济生活中消失。1981年，我国试行商业票据承兑和贴现业务。1986年，中国人民银行开始从发展市场经济的需要出发，重新推行“三票一卡”，试图把银行结算转移到以商业票据融资为基础的轨道上来，但实施中阻力很大，一度不得不重新恢复“托收承付结算”。我国票据市场主要以商业汇票为主。1995年5月，《中华人民共和国票据法》在八届人大第十三次会议上获得通过，并于1996年1月正式生效。到1996年，中国人民银行再度倡导发展票据市场，经过几年的努力，票据融资逐步升温，各商业银行也争相开办票据贴现业务，不少大中型企业从中体验到了票据融资的长处，票据业务受到普遍欢迎，市场交易量有了明显的进展，票据市场崭露头角。

中国人民银行2005年5月24日对外发布并实施《短期融资券管理办法》，允许符合条件的企业在银行间债券市场向合格机构投资者发行短期融资券，这标志着银行间短期融资券市场的启动，成为票据市场又一新品种，目前我国票据市场的交易对象主要是期限在一年以下的货币市场品种，包括央行票据、部分政府债券、政策性金融债券和短期融资券。随着短期融资券的增多，货币市场一年期以下的短期交易品种将逐渐丰富起来，货币市场的产品价格将更趋合理化。

2003年以前，我国的票据融资主要是在金融机构与企业及金融机构之间分散进行的。2003年，中国外汇交易中心暨全国银行间同业拆借中心成立了"中国票据"网站，为网站成员提供了在线交流和报价的平台，这在一定程度上起到了整合全国票据市场的作用。到2007年末，在"中国票据"网站注册的金融机构会员达到1 254家，其中占主体的是商业银行授权分行(680家)和农村信用社(349家)。部分外资银行和企业财务公司也加入其中，进一步丰富了全国性票据市场的参与者结构。

自2000年以来，银行承兑汇票承兑额以年均40%的增幅呈现快速发展之势(见图5－1)，2011年上半年，银行承兑商业汇票总额已达7.6万亿元，同比增长38.3%；累计贴现13.2万亿元，同比增长9.0%。

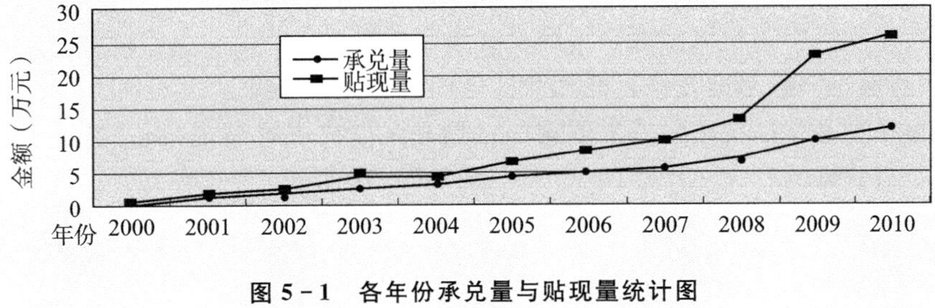

图5－1 各年份承兑量与贴现量统计图

资料来源 赵慈拉:《2011票据业务发展亟须制度性创新》，中国票据网(http://www.chinacp.com.cn/content/pxyd /201112/20111230RROMBM.htm)。

我国票据市场还需要进一步推进。西方国家美国银行业贷款占比为50%左右，商业票据占比则达30%，而我国央行《中国货币政策执行报告》公布的国内金融市场融资结构表显示，我国银行业贷款在全社会融资总量中的占比在75%～90%，短期融资券、中期票据、超短期融资券、企业债在内的商业票据仅占10%。如图5－2所示。

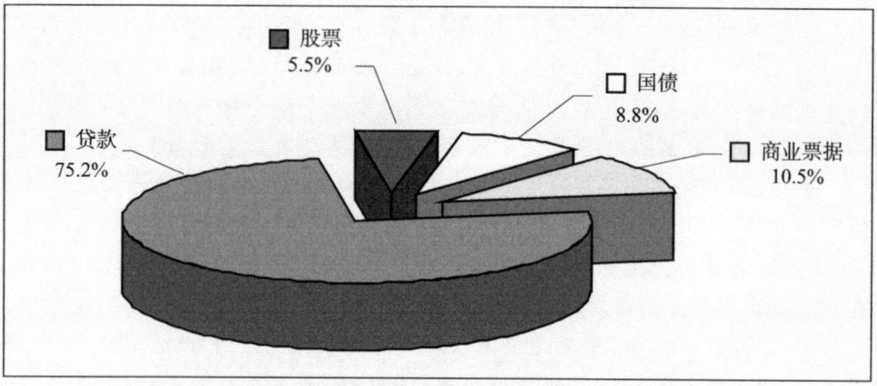

图 5-2 国内非金融机构部门融资结构图(2010 年 12 月)

资料来源 赵慈拉:《2011 票据业务发展亟须制度性创新》,中国票据网(http://www.chinacp.com.cn/content/pxyd /201112/20111230RROMBM.htm)。

(二)票据贴现

从广义上说,票据贴现可以分为三种,分别是贴现、转贴现和再贴现。而狭义上的票据贴现是指票据持有者将未到期的票据转让给银行,并向银行贴付一定的利息,以提前获取现款的一种票据转让行为。交易的对象主要有国库券、短期债券、银行承兑汇票及其他商业票据。一般工商企业向银行办理的票据贴现就属于这一种。贴现市场就是指通过票据贴现的方法融通短期资金的场所和机制。

转贴现是指银行以贴现购得的没有到期的票据向其他商业银行所作的票据转让,转贴现一般是商业银行间相互拆借资金的一种方式。

再贴现是指贴现银行持未到期的已贴现汇票向央行贴现,通过转让汇票取得央行再贷款的行为。再贴现是中央银行的一种信用业务,是中央银行为执行货币政策而运用的一种货币政策工具。

三、国库券市场

在国外,国库券是指国家为了解决急需的预算开支而由财政部发行的一种国家债券。中央政府发行国库券的主要目的是筹措短期资金,弥补财政收支短期不平衡。国库券由于期限短,因此流动性强;又由于是中央政府发行,故还本付息的可靠性高。有些国家还规定购买国库券的投资收益可免缴个人所得税,因此,国库券常常被人们称为"金边证券"。国库券现已发展成为重要的短期信用工具,在货币市场上占有重要地位。

国库券市场具有市场风险小、流动性强、税收优惠等特征。国库券市场的要素包括:发行人,一般为政府及政府授权部门;投资者,可分为金融机构和非金融机构两大类；发行方式与价格，一般有定期发行和不定期发行两种发行方式。国库券的发行通常采取招标投标制。财政部确定本次发行规模以后，向社会公告。各投标人在一定的约束条件下，报出自己拟购买的数量和价格。投标有两种形式：一种是竞争性投标，出价最高者首先中标，之后按出价顺序，由高到低依次配售，直至售完为止。另一种是非竞争性投标，适用于一些小规模的金融机构，它们无力或不愿意参与竞争性投标，便按照竞争性投标决出的最高价和最低价的平均数购买。国库券的发行价格一般采用贴现价格，即以低于票面金额的价格发行，国库券的票面金额减去贴现利息作为发行价格。到期再按票面金额足值偿付。发售价格与票面金额之差即为国库券的利息。

国库券市场对发行人来讲，有利于用经济方法弥补国家财政收支差额，发挥国家财政在国家经济建设中的主导作用。对投资者来讲，是短期资金投资的重要市场。国库券在市场上之所以受到欢迎，是由它本身的特征所决定的。对中央银行来讲，国库券市场是贯彻其货币政策的首要场所。

我国的国库券与发达国家有较大差别，主要是期限太长，实际上是中长期国债。因此，在我国目前的货币市场体系中，缺少真正的国库券市场。随着我国金融市场体系的不断完善以及财政政策、货币政策协调与配合关系的加强，政府债券期限结构的多样化成为发展的趋势，真正的国库券市场必将得到充分发展。

专栏 5-3　国债市场

世界上最早的国库券出现在 1877 年的英国。美国首次发行国库券是在 1929 年，在美国，期限为 3 个月到 1 年的短期国库券，由联邦储备银行在每周的拍卖市场上出售，方式按票面金额以折扣方式发行，利率被定在足以吸引大多数认购者的水平上。原则上任何人都可以参与认购，但大多数新债券都卖给了银行、政府债券商与其他金融机构。由于政府举债信誉很高，国库券又具有期限短、价格波动幅度与风险都比较小的特点，因而成为货币市场上重要的融资工具。

我国历史上第一次发行国债是在 1898 年发行的“昭信股票”。北洋政府时期，从 1912 年到 1936 年共发行国债 27 种。从 1927 年到 1936 年国民党政府共发行国债 45 亿元；抗日战争时期，国民党政府共发行国债 90 亿元。在新民主主义革命过程中，为了弥补财政收入的不足，各革命根据地人民政权发行过几十种国债。中华人民共和国成立后，发行国债分为两个时期：20 世纪 50 年代为一个时期，20 世纪 80 年代以后为一个时期。20 世纪 50 年代由国家统一发行的国债共有 6 次。第一次是 1950 年发行的“人民胜利折实公债”，发行的目的是为了平衡财政收支，制止通货膨胀，稳定市场物价。从1954年起，为了筹集国民经济建设资金，连续5年发行“国家经济建设公债”。1968年本息还清后，一直到1981年国家没有发行国内公债。1981年以后，我国每年都发行国债。从1988年4月起，沈阳等7个城市开始开展个人持有的国库券的转让业务，同年6月，这种转让市场扩大到全国28个省、市、自治区54个大中城市，1991年初国库券转让市场在全国范围内出现。这些采用柜台交易方式的国库券转让市场是债券二级市场的雏形。上海证券交易所成立后，国债开始在交易所挂牌交易，形成了场内场外交易并存的市场格局。1992年12月，上海证券交易所推出了国债期货和回购两个创新品种。1994年财政部第一次发行半年期、一年期和两年期国债，国债品种日益多样化，有重点建设债券、财政债券、国家建设债券、特种国债、保值公债、无记名式国库券、记账式国库券和凭证式国库券等。国债期限有3个月、6个月、1年、3年、5年、7年，最长的达到10年。短期国债的出现促进了货币市场的发展，同时也为中央银行的公开市场操作奠定了基础。1996年，我国国债市场的发展全面走向市场化，国债发行方式实现了由承购包销向公开招标过渡，初步建立了“基数承购、差额招标、竞争定价、余额分销”的市场化发行模式。1997年6月16日，全国银行间拆借中心开始办理银行间债券回购和现券交易，由此，全国银行间债券市场正式形成。2000年《全国银行间债券市场债券交易管理办法》(中国人民银行令[2000]第2号)中明确规定金融机构经中国人民银行批准可以成为双边报价商。2001年7月25日，中国人民银行正式批准9家机构为银行间债券市场首批双边报价商，双边报价商制度开始实施。2004年7月22日，中国人民银行发布《中国人民银行关于批准招商银行等6家金融机构成为银行间债券市场做市商有关事项的通知》，将双边报价商数量扩大为15家，同时将双边报价商正式更名为做市商。

我国国债现货品种比较单一。从品种来看，主要有固定利率、浮动利率和凭证式国债三种；从期限上来看，目前发行的主要是中期国债，长期国债刚刚起步，短期品种较少。品种单一制约了投资者进行跨市场或跨品种套利操作，导致国债的流动性先天不足。加上目前的国债期限系列尚无衔接，导致各利率期限之间经常断档，没有完整、合理的期限结构。从2006年起，我国国债发行采取国债余额管理的方式，打破原有国债年度额度管理模式。年度额度管理限制了国债管理期限选择，财政部倾向于选择发行长期国债(等于可变相增加资金的使用量)，少发和不发一年期的短期国债。自1981年恢复发行国债以来，我国一直采取逐年审批国债年度发行额的模式。这一做法造成的最大弊端就是国债规模无限膨胀，而期限结构却不合理，短期债一直是国债发行的“软肋”。国债余额管理制度能有效改善目前国债的流动性，丰富和完善国债的期限结构，有利于国债期限结构的优化和滚动发行形成规模。

资料来源　根据相关资料整理。

四、回购协议市场

回购协议市场是指通过回购协议进行短期资金融通交易的场所。所谓回购协议是指按照交易双方的协议,由卖方将一定数额的证券临时性地售予买方,并承诺在日后将该证券如数买回。买方也承诺在日后将买入的证券售回给卖方。回购协议从表面上看是一笔证券买卖业务,而实质是以证券为抵押品的短期资金融通,参与者主要有中央银行、金融机构、非金融机构等资金供给方或需求方以及中介服务机构。回购协议的标的物是有价证券。回购协议市场的交易流动性强,安全性高,收益稳定且超过银行存款收益。商业银行利用回购协议融入的资金不用缴纳存款准备金。

回购协议交易的特点是:金额大,期限短,风险小,但收益较低。回购协议的期限分隔夜、定期和连续性合约三种,其中以隔夜占多数。隔夜是指卖出和买回证券相隔一天,相当于日拆。定期是指卖出和买回的时间规定为若干天。

表 5-1 和 5-2 分别列示了上海证券交易所和深圳证券交易所的回购交易品种。

表 5-1 上海证券交易所回购交易品种一览表

回购品种	证券名称	证券代码
1 天国债回购	R001	201008
2 天国债回购	R002	201009
3 天国债回购	R003	201000
4 天国债回购	R004	201010
7 天国债回购	R007	201001
14 天国债回购	R014	201002
28 天国债回购	R028	201003
91 天国债回购	R091	201004
182 天国债回购	R182	201005

表 5-2 深圳证券交易所回购交易品种一览表

回购品种	证券名称	证券代码
3 天国债回购	R003	1800
7 天国债回购	R007	1801
14 天国债回购	R014	1802
28 天国债回购	R028	1803
63 天国债回购	R063	1804
91 天国债回购	R091	1805
182 天国债回购	R182	1806
273 天国债回购	R273	1807
4 天国债回购	R004	1809

回购协议是一种有效的、安全的短期融资工具，投资者和筹资者都愿意利用这一工具获取收益或筹措资金。

无论在一些西方国家还是在我国，国债都是主要的回购交易对象。国债回购交易的开展，增强了一些投资者购买长期国债的信心，当他们遇到临时性资金短缺时，可以通过国债回购交易解决资金头寸不足的问题。国债回购业务还增强了券商参与国债发行和国债流通的能力，通过国债回购交易，券商可以筹得大量的资金，一方面解决了国债认购中资金短缺的问题，另一方面使券商有能力进行一些基本活动。近年来，定期存单、商业票据等都有回购协议形式。由于我国货币市场的其他子市场的发展相对滞后，因此，政府的金融宏观调控主要在回购协议市场进行。

我国国债回购业务的运行试点始于1991年。我国的国债回购市场还很不成熟，中央银行的国债资产比重过小，商业银行参与回购交易的动力显得不足，回购市场的制度管理和运作技术都亟待完善。

五、大额可转让定期存单市场

大额可转让定期存单（Certificates of Deposit，简称CD）是由银行发行的、规定一定期限的、可在市场上流通转让的定期存款凭证。

CD与一般定期存款单的主要差别是：

(1) 不记名。可以自由转让，持有者需用现款时即可在市场上转让出售。

(2) 金额固定，面额大。美国的CD最低起价为10万美元。存单的期限通常不少于2周，大多为3～6个月，一般不超过1年。CD的利率略高于同等期限的定期存款利率，与当时的货币市场利率基本一致。

(3) 允许买卖、转让。这一金融产品集中了活期存款和定期存款的优点。

CD发行采取批发和零售两种形式。批发发行时，发行银行将发行CD的总额、利率、期限、面额等有关内容预先公布，等候认购。零售发行时，发行银行随时根据投资者的需要发行，利率可以双方议定。许多CD发行不通过经纪人和交易商，而由发行银行直接向大企业或自己的客户出售。因为这样做可以增加发行银行经营状况的透明度，保证发行银行始终如一的良好信誉和形象。

CD交易市场上的主要交易者是为数不多的专职交易商，他们一方面积极参与CD的发行，同时努力创造和维持良好的二级交易市场，保证CD发行市场的顺畅。交易商们主要是通过随时对零售商和其他投资人报出买卖价格，来不断地活跃市场的。

CD不仅面额较大，交易起点额也很高（如美国为100万美元），这在很大程度上限制了个人投资者进入市场，但却为机构投资者提供了大规模交易的条件。

CD于1961年被首创于美国花旗银行，实际上是20世纪60年代美国的银行界为逃避法律管制而推出的一项金融创新设施。

在我国,CD业务是从1986年开始的但发展非常缓慢。投资者主要是个人,面额为500元及其整数倍,期限有1个月、3个月、6个月、9个月和一年,不分段计息,逾期不计利息。利率水平通常是在同期定期储蓄存款的利率基础上再加上1～2个百分点。

第三节/资本市场

资本市场是相对于货币市场而言的,是指以期限一年以上的金融工具为媒介进行长期性资金交易活动的市场。就资本市场的构成来看,包括股票市场、中长期债券市场和中长期银行信贷市场。由于中长期银行信贷市场属于间接融资,我们将其放在银行体系业务部分来阐述,本节只讲述前两种情况。资本市场有四个特点:金融工具期限长、主要是为解决长期投资性资金的供求需要、资金借贷量大、市场交易工具特殊。资本市场的参与人主要有五大类:发行人、投资人、中介机构、自律性组织以及证券监管机构。

资本市场是筹集资金的重要渠道,是资源合理配置的有效场所。在资本市场,资产采取有价证券的形式自由买卖,从而具有最大的流动性,发挥了调整产业结构的作用;企业可通过股份转让实现重组,以调整经营和治理结构,有利于企业重组;通过资本市场的筛选竞争机制,产业结构得以优化,高成长性的企业还可得到资金支持,促进产业结构向高级化方向发展。

专栏5-4 中国股票市场的发展

纵观中国股票市场,其发展历程大致经过了下面几个阶段:

1. 1981至1984年,是内部集资冲动下的极不规范的阶段。这期间,我国的农村企业和城市的小企业有了股份制的雏形,其特征是从浅层次的集资入股型向深层次的合股经营、股份合作型发展。

2. 1985至1988年,这一阶段股票虽公开发行,强调了股票的不可偿还性,但对股票的其他规范要求尚没有满足。1984年8月,上海市政府批准发布《关于发行股票的暂行管理办法》。1984至1986年,北京、广州、上海等城市选择了少数大中型企业进行股份制试点。例如,1984年北京天桥百货股份制试点,1985年上海延中实业股份制试点,1985年广州市政府批准了广州绢麻厂、明兴制药厂、侨光制革厂三家国有中小型企业的股份制试点。1985年,我国企业横向联合迅速发展,从而强有力地促进了股份制的发展，而股份制的发展，也更有利于企业的横向联合趋于完善。这一年，股份制不仅在农村得到了发展，而且在商业、金融业、轻工业、水产业等各个方面，都得到了初步的发展。1986年后，随着国家政策的进一步放开，越来越多的企业，包括一些大型国有企业纷纷进行股份制试点，半公开或公开发行股票，股票的一级市场开始出现。

3. 1988至1989年，股票开始向规范化方向过渡，但股票公开交易过于冷淡，只有少量的黑市交易，真正的股票交易市场尚未形成。

4. 1989年以后，国务院确定深圳、上海作为我国股票市场的两个试点城市，开始了对股票市场发展的探索。1991年，上海证券交易所共有8只上市股票，25家会员；深圳证券交易所共有6只上市股票，15家会员。1992年，中国证监会的成立，标志着中国证券市场开始逐步纳入全国统一监管框架，全国性市场由此开始发展。1993年，股票发行试点正式在全国推广。1998年4月，国务院证券委撤销，其全部职能及中国人民银行对证券经营机构的监管职能同时划归中国证监会。中国证监会成为全国证券期货市场的监管部门，并在全国设立了36个派出机构，建立起了集中统一的证券期货市场监管体制。

5. 1999年7月1日，《证券法》正式出台，表明中国证券市场的建设进入一个崭新的阶段。在这期间，随着国企改革的深入，国有和非国有股份公司不断进入证券市场，成为证券市场新的组成部分，中国股票市场得到较快发展，上市公司数量快速增长。但是，证券市场发展过程中积累的遗留问题、制度性缺陷和结构性矛盾也逐步显现。从2001年开始，市场步入持续四年的调整阶段：股票指数大幅下挫；新股发行和上市公司再融资难度加大、周期变长；证券公司遇到了严重的经营困难，到2005年全行业连续四年总体亏损。2001年6月14日，上海证券综合指数创历史最高达2 245.44点，2005年6月6日，上海证券综合指数跌破1 000点，最低998.23点。

6. 国务院于2004年1月发布了《关于推进证券市场改革开放和稳定发展的若干意见》（以下简称《若干意见》），此后，中国证券市场推行了一系列的改革措施，主要包括实施股权分置改革、提高上市公司质量、对证券公司综合治理、改革发行制度、大力发展机构投资者等，大力完善证券市场基础性制度。

7. 2009年，虽然金融危机余威犹在，内、外部环境发生巨大变化，但我国资本市场改革依然有条不紊地进行。经过严格的筛选和审批，首批28家公司在2009年10月30日创业板上市，酝酿十年之久的创业板终于破茧而出，多层次资本市场体系逐步形成。新股发行制度改革有序推进，市场机制建设收效显著。

目前多层次资本市场体系已初步形成。从股票市场来看，根据彭博统计，目前中国股票总市值全球第三，仅次于美国和日本。截至 2011 年 12 月 31 日，深圳证券交易所主板、中小板、创业板公司的平均资产规模分别为 116.62 亿元、30.81 亿元、11.47 亿元。平均营业收入增速由高到低依次为创业板、中小板和主板，其中创业板收入增速为 26.27%，分别较中小板和主板高 3.44 个百分点和 10.51 个百分点。创业板平均净利润增速为 12.83%，较中小板高 3.94 个百分点，较主板高 7.85 个百分点，体现了资本市场发展的多层次特征。

资料来源 根据相关资料整理。

一、长期资本市场工具的发行：股票和债券

股票和债券的发行分为公开发行和非公开发行两种方式。公开发行，又称公募，指发行单位不是直接把所要发行的证券卖给一般投资者，而是间接地通过证券承销商面向广大投资者发行新证券的一种形式。非公开发行，又称私募，是指发行单位直接把证券推销给特定的投资者，而无需证券承销商介入其间。

大多数证券的发行都采用公开发行的方式，由证券公司充当中介人。证券承销商承销新证券的方法大致有如下三种：

(1) 代销。代销是指证券发行单位委托证券承销商作为代理人，证券承销商在一段时间内尽最大努力销售所要发行的证券，发行期满时，把实际销售证券的认缴款在缴纳日期内交付发行单位，同时将未销售出去的证券退回给发行单位。证券承销商从发行单位那里领取与销售额相应的手续费。发行不成功的风险完全由发行单位承担，其实例较少。

(2) 助销。采用这种方式发行证券，发行单位不仅把办理发行的活动委托给证券承销商，而且把发行不成功的风险也交给证券承销商。证券承销商与代销时从事同样的活动，尽最大努力销售证券，但是，在发行期满时，如有证券没有销售出去，承销商则成为认购人，必须在缴纳日期内把与发行总额相应的认缴款全部交付给发行单位。

(3) 包销。包销是证券承销商将发行单位所要发行的新证券按商定的价格全部购进，再以稍高于购进的价格转售给小型承销商，或通过交易商和经纪人推销，或直接向一般投资者推销。如遇发行单位的证券数额太大，承销商不愿意单独承担风险，或是单个承销商难以完成推销任务，这时可采取联销的方式。

二、股票与债券的二级市场交易

证券交易程序总的可分为五大环节，即委托、成交、清算、交割和过户，每个大环节又包含若干个小环节。

(1) 委托。所谓委托就是顾客向证券经纪商发出表达其愿以某种价格购买或出售一定数量的某种证券的指令或请求，有时这些指令或请求还附带其他条件。

(2) 成交。证券商在接受客户委托、填写委托书后，就迅速命令其在证券交易所内的代表或代理人到买卖这种证券的柜台执行委托。

(3) 清算。所谓清算就是将买卖同一证券的数量和金额相互抵消，然后通过证券交易所交割净差额的证券或价款的过程。

(4) 交割。所谓交割就是卖方向买方交付证券，买方向卖方支付价款的行为。根据交割的时限可分为以下几种：一是当日交割，即买卖双方同意成交后当日办完交割事宜；二是次日交割；三是例行交割，即在成交日起算，第五个营业日内办完交割事宜。

(5) 过户。所谓过户就是指证券所有权从原所有者转移到新的所有者所做记录的过程。

三、资本市场交易场所

金融市场的交易场所主要有两种形式：①有固定场所的交易，这是一种有组织、有制度、集中进行交易的方式，如证券交易所；②场外交易市场。

(一) 证券交易所

据考证，世界上最早正式印制的股票是由1602年成立的荷兰东印度公司发行的股票，世界上最早成立的证券交易所是1680年的荷兰阿姆斯特丹证券交易所。世界各国证券交易所的组织形式大致可分为公司制和会员制两类。公司制证券交易所是由银行、证券公司、投资信托机构及各类民营公司等共同投资入股建立起来的公司法人。公司制的证券交易所对在本所内的证券交易员有担保责任，因此通常设有赔偿基金，或向国库缴纳营业保证金，以赔偿因该所成员违约而遭受损失的投资者。会员制证券交易所是以会员协会形式成立的、不以盈利为目的的组织，主要由证券商组成。只有会员及享有特许权的经纪人才有资格在该类交易所中进行证券交易，会员对证券交易所的责任仅以其缴纳的会费为限。

对开设证券交易所的管理，国际上主要有三种做法：

(1) 注册制。注册制以美国为代表。美国证券交易法规定，除交易量过少、经证券交易委员会豁免的以外，有相当交易量的全国性证券交易所需向证券交易委员会注册，经批准后方能经营。

(2) 特许制或许可制。这种体制以日本为代表。日本的证券交易法规定，设立证券交易所需经大藏省特许，特许后经复查，不符合条件者可以根据一定理由撤销其特许。大藏省对证券交易所的规章制度有核批权，若认为不当有权责令其修改。

(3) 认可制。认可制的代表是英国。由于英国证券交易所成立于有关法律颁布之前，再加上英国对证券交易所的管理以“自律”为原则，因此对证券交易所的管理实行认可制，经认可的证券交易所在业务经营上较为自由。英国的认可制情况较特殊，属于事后追认性质，实行的国家也很少。

目前，几乎所有的市场经济国家都有自己的股票市场。最主要的国际性股票市场有：美国纽约股票交易所（NYSE）、美国证券交易所（AMEX）、伦敦证券交易所（LSE）、东京证券交易所（TSE）等。我国的股票交易所目前有上海证券交易所和深圳证券交易所。

专栏 5-5 我国证券交易所的发展

我国有深圳和上海两大证券交易所。深圳证券交易所于 1989 年 11 月 15 日开始筹建，经中国人民银行总行批准于 1991 年 7 月正式营业。深圳证券交易所按照国际惯例，以会员制方式组成。其宗旨是提供证券集中交易场所，创造公开、公平、公正的市场环境，保护投资者的合法权益，促进我国证券事业的发展。该所注册资金为 1 000 万元人民币，其业务范围为：提供证券集中交易的场所和设施；制定有关证券交易的规则；审核批准证券的上市申请；对证券交易市场进行监管；对上市公司及会员进行监管；办理或委托办理上市证券交易的清算交割、上市证券的过户及集中保管；提供证券市场的信息服务；国家证券管理部门许可或委托的其他业务。深圳证券交易所由会员、会员大会、理事会、总经理、上市委员会和监察委员会组成。

上海证券交易所于 1990 年 11 月 26 日经中国人民银行总行批准正式宣告成立，并在同年 12 月 19 日正式开张营业。上海证券交易所按照国际通行的会员制方式组成，不以盈利为目的。其宗旨是促进社会主义市场经济的发展，创建公平、稳定、高效的证券市场，维护投资者的合法权益。上海证券交易所的职能有：提供证券集中交易的场所和设施；组织、管理上市证券的交易活动；依法对上市公司和会员的业务经营活动进行监管；国家证券主管机关许可或委托的其他职能。目前上海证券交易所由会员、理事会、总经理、各职能部门和监事会组成。上海证券交易所下设办公室、人事（组织）部、党办纪检办、交易管理部、上市公司部、市场监察部、债券基金部、会员部、法律部、技术中心、信息中心、国际发展部、研究中心、财务部、稽核部、行政服务中心等十六个部门,两个子公司即上海证券通信有限责任公司、上海证券交易所信息网络有限公司,通过它们的合理分工和协调运作,有效地担当起证券市场组织者的角色。

凡经中国人民银行及其一级分行批准,在上海市内可经营证券业务的金融机构,承认《上海证券交易所章程》,资本金在100万元人民币以上,有连续两年以上的证券经营业绩,有符合中国人民银行规定的组织机构和业务人员,并按规定缴纳会员费用,经上海证券交易所批准并报中国人民银行和上海市人民银行核准,均可成为上海证券交易所的会员。上海证券交易所设理事会,为交易所日常事务决策机构,向会员大会负责。总经理为上海证券交易所的法定代表人,由理事会聘任,任期三年。上海证券交易所设监事会,为交易所的监察机构。

资料来源 根据上海证券交易所(http://www.sse.com.cn)和深圳证券交易所(http://www.szse.cn)相关资料整理。

(二)场外交易市场

场外交易市场是历史上最早出现的证券交易场所,场外交易曾经是证券交易的唯一方式。在该证券交易所产生以前,股票和债券就被当作特殊商品加以转让,并形成一个无形的证券交易市场。当时,由于没有证券交易所交易大厅内的证券交易,没有现代意义上的场内交易,相应地也就无所谓“场外交易”,整个交易活动都是在证券交易的无形市场中进行的。场外交易市场通常仅指“店头交易市场”。但有些国家则在店头交易市场以外,又形成了其他形式的场外交易市场,不同的场外交易市场具有不同的特点和功能。同时存在多种形式的场外交易市场在美国最为典型。

(1)店头交易市场(OTC市场)。又称证券商柜台市场,是指在金融机构开设的柜台上进行交易活动。

(2)第三市场。是指在证券商柜台上从事已在证券交易所上市证券的交易。

(3)第四市场。是通过电子计算机网络相联系的证券投资者直接接洽成交的场所。场外交易虽然是从证券交易市场的古老的形式流传下来的,但在证券交易日益完善的今天,它仍然是一种非常活跃的二级市场,并逐渐发展和完善。其原因在于:证券交易所的证券交易容量有限,而场外交易的程序简单、交易成本低、交易率很高。美国场外交易市场——纳斯达克市场成立于1971年,是世界上第一个电子化股票市场,也是美国成长最快的市场。2007年,纳斯达克所有美国证券的对应交易量达到了创纪录的4 420亿股,大大超出了2006年的3 310亿股。纳斯达克的所有美国股票交易量的对应市场份额为29.1%(2006

年为27.3%),领先于所有其他美国证券交易所,摘取2007年美国最大证券交易所桂冠。

专栏5-6 我国多层次资本市场

我国多层次资本市场包括主板、中小板、创业板、三板、新三板。

主板市场是指传统意义上的证券市场,是一个国家或地区证券发行、上市及交易的主要场所。

中国的主板市场包括深圳证券交易所和上海证券交易所。

中小板就是相对于主板市场而言的,是深圳证券交易所主板市场的组成部分之一,也是对主板市场的补充。有些企业的条件达不到主板市场的要求,只能在中小板市场上市。中小板市场主要是为计划发行上市企业中,流通股本规模相对较小的公司设立的,在主板市场原有的法律法规和发行上市标准的框架内运作,但同时又自成一个体系单独进行管理。2004年5月在深市设立中小企业板块后,在沪深两市上交易的其他股票就被称为主板上市股票了。中小板股票均以“002”开头,与深市主板绝大多数股票以“000”开头明显不同。

创业板GEM(Growth Enterprises Market)board是地位次于主板市场的二板证券市场,以NASDAQ市场为代表,在中国特指深圳创业板。在上市门槛、监管制度、信息披露、交易者条件、投资风险等方面和主板市场有较大区别。其目的主要是扶持中小企业,尤其是高成长性企业,为风险投资和创投企业建立正常的退出机制,为自主创新国家战略提供融资平台,为多层次的资本市场体系建设添砖加瓦。创业板最早出现于20世纪70年代的美国,兴起于90年代,曾孵化出微软等一批世界500强企业的美国纳斯达克市场就具有代表性。到目前为止,有6 000多家企业在纳斯达克上市,同时也有2 000多家企业先后退市。可以说,创业板是一个门槛低、风险大、监管严格的股票市场,也是一个孵化科技型、成长型企业的摇篮。2009年9月24日,深圳证券交易所公布首批创业板公司上市公告,特锐德等10家创业板公司于25日网上申购。从1998年官方最早提出创业板的设想,经历了十一年的时光,十年磨一剑,创业板终于破茧而出。创业板的推出为中国广大中小企业实现上市融资、改善治理结构提供了平台,促进中国建立一个富有弹性的、多层次的、强大的资本市场。

三板市场的全称是“代办股份转让系统”,于2001年7月16日正式开办。三板市场一方面为退市后的上市公司股份提供继续流通的场所,另一方面也解决了原STAQ、NET系统历史遗留的数家公司法人股流通问题。

2006年1月，中关村科技园区非上市股份有限公司股份报价转让系统(即“新三板”)正式推出，是国内证券交易所主板、中小板及创业板市场的补充。2006年10月25日，中科软和北京时代正式公告定向增资，这标志着新三板融资大门正式打开。根据现行规定，企业只要存续满两年、完成股改就可申请挂牌交易，没有明确的财务指标要求。由于“老三板”挂牌的股票品种少，且多数质量较低，再次转到主板上市难度也很大，长期被冷落。为了改变我国资本市场柜台交易落后的局面，同时为更多高科技成长型企业提供股份流动的机会，2006年初，北京中关村科技园区建立了新的股份转让系统，因与“老三板”标的明显不同，被形象地称为“新三板”。新三板与老三板最大的不同是配对成交，现在设置30%幅度，超过此幅度要公开买卖双方信息。目前的新三板市场格局是在2009年7月《证券公司代办股份转让系统中关村科技园区非上市股份有限公司报价转让试点办法》正式实施后形成的。

资料来源　根据相关资料整理。

四、股票市场的价格指数

由于经济、技术、市场、政治等各种因素的影响，股票价格经常处于变动之中。为了能够反映这种变化，世界各大金融市场都编制股票价格指数，将一定时点上成千上万种此起彼伏的股票价格表现为一个综合指标，以反映该股票市场的价格水平和变动情况。股票价格指数是指用以表示多种股票平均价格水平及其变动并衡量股市行情的指标。

股票价格指数是一个广义的概念，它除了包括“股价指数”指标外，还包括“股价平均指数”指标。股价指标用来反映不同时点上股价变动情况的相对指标。通常是报告期的股票价格与选定的基数价格相比，并将两者的比值再乘以基数的指数值，即为该报告期的股票价格指数。根据加权方式的不同，计算股票价格指数通常采用拉斯贝尔指数、派许指数和费雪指数三种方法。

(1) 拉斯贝尔指数(Laspeyre Index)

$$\text{股票价格指数} = \frac{\sum_{i=1}^{n} P_{1i}Q_{0i}}{\sum_{i=1}^{n} P_{0i}Q_{0i}} \times \text{基期指数}$$

(2) 派许指数(Paasche Index)

$$\text{股票价格指数} = \frac{\sum_{i=1}^{n} P_{1i}Q_{1i}}{\sum_{i=1}^{n} P_{0i}Q_{1i}} \times \text{基期指数}$$

(3) 费雪指数(Fisher Index)

$$股票价格指数=\sqrt{\frac{\sum_{i=1}^{n}P_{1i}Q_{0i}}{\sum_{i=1}^{n}P_{0i}Q_{0i}}\times\frac{\sum_{i=1}^{n}P_{1i}Q_{1i}}{\sum_{i=1}^{n}P_{0i}Q_{1i}}}\times 基期指数$$

以上各式中,P、Q 分别代表每种股票的价格和数量,下标“1”表示计算期,下标“0”表示基期,下标“i”表示不同的股票种类。

人们通过观察股票价格指数的变化,可以衡量出报告期股价与基期相比的变动方向及其幅度。股价平均数是用来反映一定时点上多种股票价格变动的一般水平,通常用算术平均数或修正平均数表示。人们通过对不同时期股价平均数进行比较,可以看出股票价格的变动情况及趋势。

根据所选取成分股的不同,目前各国股票价格指数分为综合指数和成分股指数两种。前者包括全部上市股票,后者则选择一些有代表性上市公司股票。上海证券综合指数和深圳证券综合指数都属于综合指数;而上海证券交易 30 指数、180 指数与深圳成分股指数、深圳 100 指数则为成分股指数。目前世界上著名的股票价格指数也都是成分股指数,主要包括:

(1) 道·琼斯股票价格平均指数。这是美国道·琼斯公司编制并公布的,用以反映美国纽约证券交易所行市变化的一种股票价格平均指数,在世界金融市场上久负盛名,影响最大。

(2) 标准·普尔指数(S&P500 指数)。这是标准·普尔公司编制并发布的股票价格指数,用以反映美国股票市场的行情变化。

(3) 英国的《金融时报》指数(FSTE100 指数)。用以反映英国伦敦证券交易所股票价格及其变化。

(4) 日经平均股价(Nikki 225 指数)。由日本经济新闻社编制并公布,用以反映日本股票市场的价格变动。

(5) 东证股票指数。由东京证券交易所编制并公布。

(6) 恒生指数。由香港恒生银行所属的恒生服务有限公司编制并公布,用以反映香港股票市场的价格水平及其变动。

第四节/外汇市场

一、外汇

外汇(Foreign Exchange)是“国际汇兑”的简称,具有动态和静态双重含义。其动态含义指国际汇兑行为,即人们用一种货币兑换另一种货币的过程。

静态含义则指以外币表示的在国际上可以自由兑换且能被各国普遍接受与使用的一系列金融资产。这些金融资产可用于充当国际支付手段、外汇市场干预手段和国际储备手段等，以充分发挥外汇的多功能作用。

国际货币基金组织对外汇所下的定义是："外汇是货币行政当局(中央银行、货币机构、外汇平准基金组织及财政部)以银行存款、财政部库券、长短期政府债券等形式所保有的、在国际收支出现逆差时可以使用的债权。"这个定义强调了外汇的储备资产职能。

根据 1997 年 1 月 14 日修正的《中华人民共和国外汇管理条例》第三条，外汇是指下列以外币表示的可以用作国际清偿的支付手段和资产：①外国货币，包括纸币、铸币；②外币支付凭证，包括票据、银行存款凭证、邮政储蓄凭证等；③外币有价证券，包括政府债券、公司债券、股票等；④特别提款权、欧洲货币单位；⑤其他外汇资产。其他外汇凭证包括记账外汇、租约、地契、房契等。

专栏 5-7　人民币汇率制度的历史演变

人民币汇率，是指人民币与外国货币之间的比价。人民币汇率制度是指人民币汇率制定的理论政策依据、确定的原则、采取的措施以及汇价制度的运作。

1949 年至 1952 年始制定人民币汇率，当时汇率的安排采取盯住美元的方法实行浮动，汇率的调整依照国内物价和国外物价相对水平的变动予以调整。

1953 年至 1973 年 2 月，这一阶段，我国进入社会主义建设时期，国民经济与对外贸易都取得了显著的发展，人民币汇价的制定则坚持稳定的方针，实行固定汇率。强调人民币汇率的稳定性，进行汇率"压制"，高估人民币汇率；汇价政策采取与国际上个别主要国家挂钩的办法，在某种外国货币贬值或升值时，相应调整人民币对该国货币的汇价；国家不以汇率作为调节对外经济关系的工具，外贸盈亏全部由国家财政负担与平衡。

1973 年 2 月至 1980 年这一阶段是世界经济与金融体系发生巨大变化的阶段，最典型的事件是布雷顿森林制度的崩溃。我国为了避免汇率变动带来的损失，维护人民币汇价的公平合理，人民币汇率的制定，也由原来以美元为基准货币更改为盯住"一篮子"货币的办法(即参照国际市场汇率变化的情况)改为选用同我国对外贸易有关的若干种重要货币，根据这些货币加权平均汇价的变动情况来制定汇率，并予以经常调整。

1981 年 1 月，我国开始着手进行人民币汇率的改革。1981 年 1 月 1 日起，正式实行以人民币对外贸易内部结算为中心的双重汇价制度。国内企业和单位的对外贸易收支，一律改为由中国银行统一按内部结算价结汇。出口外汇收入由中国银行收兑，进口所需外汇由中国银行供给。1985 年 1 月 1 日，我国取消了贸易外汇内部结算价，复汇价制又恢复为单一汇价制。1986 年，外汇调剂中心设立，外汇调剂汇率成为一种近似的市场汇率。1988 年 3 月以后，各地普遍设立外汇调剂中心，扩大外汇留成比例，放开外汇调剂市场汇率，外汇数量逐步增加，人民币官方汇率与外汇调剂价格并存，向复汇率回归。

为了深化金融体制改革，完善汇率制度，推进人民币自由兑换，我国在 1994 年出台了一系列改革措施，人民币汇率开始实行以市场供求关系为基础的、单一的、有管理的浮动汇率制度。自 1994 年 1 月 1 日，将官方汇率与调剂汇率合二为一，实现汇率并轨，实行以市场供求为基础的、单一的、有管理的浮动汇率制度，人民币一步并轨到 1 美元兑换 8.70 元人民币，国家外汇储备大幅度上升。中国人民银行根据前一日银行间外汇交易市场形成的价格，并参照国际外汇市场的变化，每日公布人民币汇率。国家主要运用经济政策（如货币政策）来调节外汇供求，保持汇率的相对稳定。实行新的银行结售汇制，把原来以中央银行为中心的结售汇制，改为以外汇指定银行为中心的结售汇制。国内企业出口创汇时，必须将外汇收入按当日牌价卖给外汇指定银行；进口需要外汇时，凭有效证件向外汇指定银行购买。我国取消了一切外汇收支指令性计划，取消外汇留成和上缴及额度管理制度。

自 2005 年 7 月 21 日起，我国开始实行以市场供求为基础、参考“一篮子”货币进行调节、有管理的浮动汇率制度。人民币汇率不再盯住美元，而是形成更富弹性的人民币汇率机制。每日银行间外汇市场美元兑人民币的交易价仍在中国人民银行公布的美元交易中间价上下千分之三的幅度内浮动，非美元货币兑中国人民币的交易价在人民银行公布的该货币交易的中间价上下一定幅度内浮动。

中国人民银行宣布，自 2007 年 5 月 21 日起，银行间即期外汇市场人民币兑美元交易价浮动幅度由千分之三扩大至千分之五，即每日银行间即期外汇市场人民币兑美元的交易价可在中国外汇交易中心对外公布的当日人民币兑美元中间价上下千分之五的幅度内浮动。2010 年 6 月 19 日，央行宣布进一步推进人民币汇率形成机制改革，双向波动已成为人民币汇率走势的显著特征。2012 年，央行宣布自 4 月 16 日起，银行间即期外汇市场人民币兑美元交易价浮动幅度由千分之五扩大至百分之一。这是自 2007 年以来人民币汇率波动幅度的再度扩大，进一步完善人民币汇率形成机制，增强人民币汇率双向浮动弹性。

资料来源　根据相关资料整理。

二、外汇交易

(一) 即期外汇交易与远期外汇交易

即期外汇业务(Spot Exchange Transaction)也称现汇业务,是指买卖双方在外汇买卖成交后,原则上在两个工作日以内办理交割(Delivery)的外汇业务。

即期外汇业务是外汇市场中业务量最大的外汇业务,特别是从 1973 年各国普遍实行浮动汇率以来,汇率波动极为频繁,进出口商为了加速资金周转和避免汇率波动的风险,经常选择即期外汇业务。经营外汇业务的银行,为了及时平衡外汇头寸,也大量采用即期业务,使即期外汇业务的规模迅速扩大。

远期外汇业务(Forward Exchange Transaction)又称期汇业务,是一种买卖双方先签订合同,规定买卖外汇的数量、汇率和将来交割外汇的时间,到了规定的交割日期买卖双方再按合同规定,卖方交付外汇,买方交付本币现款的外汇交易。通过远期外汇交易买卖的外汇称为远期外汇或期汇。远期外汇结算到期日以一星期、两星期、一个月、两个月、三个月、六个月居多,有的可达一年或一年以上。

从事国际贸易的进出口商以及从事外汇业务的银行都可以通过远期外汇业务避免外汇风险。对进出口商来说,选择远期外汇业务可以得到两方面的好处:①可以在将来某一特定时间以合约规定的汇率出售或购买合约中规定数量的外汇,而不管在支付或收到外汇货款时汇率发生了什么变化,从而避免了外汇风险;②虽然外汇货款的收付在将来才发生,但通过远期外汇业务,出口商或进口商在签订贸易合同时就可以精确地计算出贸易合同的本币价值,有利于成本核算。

也有一部分投机者利用远期外汇市场进行外汇投机。当投机者预测某种外汇在将来的市场价格将超过目前市场远期汇价时,则在远期外汇市场买进远期外汇进行投机;当投机者预测该货币在将来的市场价格将低于当前市场远期汇价,则在远期外汇市场卖出远期外汇。

(二) 套利与套汇

套汇(Arbitrage)又称地点套汇(Arbitrage in space),是指套汇者利用不同外汇市场之间出现的汇率差异,同时或者几乎同时在低价市场买进,在高价市场出售,从中套取差价利润的一种外汇业务。由于空间的分割,不同外汇市场对影响汇率诸因素的反应速度和反应程度不完全一样,因而在不同的外汇市场上,同一种货币的汇率有时可能出现较大差异,这就为异地套汇提供了条件。

套汇业务有两种形式,即直接套汇和间接套汇。直接套汇又称双边套汇(Bilateral Arbitrage)或两角套汇(Two—Point Arbitrage),这是指利用两个外汇市场之间出现的汇率差异而进行的套汇活动。间接套汇又称多边套汇(Multilateral Arbitrage)或三角套汇(Three—Point or Triangular Arbitrage),是指套汇者利用三个不同外汇市场中三种不同货币之间交叉汇率的差异,同时在这三个外汇市场贱买贵卖，从中赚取差额利润。

（三）套利业务

套利（Interest Arbitrage）又称利息套汇，是指套利者利用金融市场两种货币短期利率的差异与这两种货币远期升（贴）水率之间的不一致进行有利的资金转移，从中套取利率差或汇率差利润的一种外汇买卖。

由于金融市场自身调节机制和投机者行为的作用，国际金融市场上高利率的货币远期汇率一般表现为贴水，低利率的货币期汇汇率表现为升水，而且根据利率平价理论，从长期来看，两种货币的利率差异与这两种货币之间的远期升（贴）水趋于相等。但是，在任意给定的一个时点上，两种货币的利率差异往往不等于它们之间的远期升（贴）水水平，此时，投机者就可以利用这种“不一致”进行有利的资金转移，从中套取利润。我们把国际金融市场上两种货币的利率差异和远期升（贴）水不相等称为利率平价失衡，利率平价失衡是投机者从事套汇活动的基本条件，具体的套利途径要视情况的差异而定。

第五节/金融衍生品市场

一、金融衍生品市场的概述

金融衍生工具是指在货币利率或债务工具的价格、外汇汇率、股价或股票指数、商品期货价格等金融原生资产基础上进行设计而派生出新的金融工具。它是以支付少量保证金来签订远期合约或互换不同金融产品的交易合约。这些金融衍生工具是以某种金融原生工具的存在为前提，并以其为标的物进行交易的。因此，金融衍生工具与其原生工具之间存在密切的联系，特别是两者价格之间的相互影响极为密切。另外，金融衍生工具作为其原生资产的派生物，其功能并非其原生资产的简单重复，而是有许多新的扩展，从而使其具有许多新的特点，例如套期保值功能、高杠杆性和高风险性等。

（一）金融衍生工具的分类

1. 按原生产品不同划分

金融衍生工具按原生产品不同，分为远期合约、期货、期权、互换。其中，远期合约是其他三种衍生工具的始祖，期货、期权、互换可以看作远期合约的延伸或变形。

2. 按交易的场所不同划分

金融衍生工具按交易场所不同，分为场内交易衍生工具和场外交易衍生工具。场内交易是指在交易所的场内交易市场上进行集中竞价交易，场外交易是指在交易所的场内交易市场以外的市场（柜台市场）上分散地进行交易，两者主要区别如表 5-3 所示。

表 5-3　金融衍生工具场内交易和场外交易区别

项　目	场内交易	场外交易
交易场所	交易所场内	交易所以外
交易品种	期货、期权	远期、互换
交易规则	交易所统一制定规则	交易双方自定
交易方法	公开竞价	双方议价
交易合同	事先制定标准的统一格式	没有标准的统一格式
保证金	有	通常无，以信用为保证

3. 按交易双方的风险收益不同划分

金融衍生工具按交易双方的风险收益不同可分为两类：一类是交易双方的风险收益对称，即交易双方都负有在将来某一日期按照一定条件进行交易的义务，如远期合约、期货、互换等；另一类是交易双方风险收益不对称，合约购买方有权选择是否履行合同，包括期权及期权的变形，如认股权证、可转换债券等。

4. 按金融衍生工具的形式不同划分

金融衍生工具从形式上可分为两类：一类是普通型衍生工具，也称第一代衍生工具，即指远期合约、期货、期权、互换，这些衍生工具的结构与定价方式已基本标准化和市场化。另一类是复合型衍生工具，它是将各种普通型衍生工具组合在一起，形成一种特制的产品。复合型衍生工具大多是银行专门为满足客户的特殊需要或出于自身造市获利及推销包装的目的，根据银行对金融市场走势的判断，运用数学模型进行推算而制作的。由于复合型衍生工具的内部结构一般被看作一种“知识产权”而不向外界透露，因而其价格与风险都难以从外部加以判断、分析。

（二）金融衍生品市场的功能

金融衍生工具具有套期保值、价格发现和促进信息流动三大基本功能。

1. 套期保值

套期保值是指风险资产持有者为消除风险而利用一种或多种金融工具进行反向对冲交易。套期保值是金融衍生工具的最基本的功能，也是金融衍生工具赖以存在和发展的基础。当经济活动的范围越来越广、规模越来越大时，由于利率市场化和汇率波动等各种不确定因素所导致的价格波动就会加大经济活动的风险，而套期保值的目的就在于降低或规避已经面临的风险，以保证经营活动的正常进行。投机是旨在利用对市场变化方向的正确预期而获利的一种交易行为。由于金融衍生工具本身所具有的特征和金融衍生工具市场的交易机制十分适合投机活动，使得金融衍生工具的投机作用得以充分发挥。但利用市场向预期方向变化进行投机，也产生了本不存在的风险，有时会造成重大的金融衍生工具交易风险事故，给投资者带来重大损失。

2. 价格发现

价格发现是金融衍生工具的一个重要功能。价格发现是大量的购买者和出售者通过竞争性的公开竞价后形成的市场均衡价格。金融衍生工具之所以具有价格发现的作用，是因为这些金融衍生工具的交易集中了各行各业的市场参与者，带来了成千上万种关于衍生工具基础资产的供求信息和市场预期，所形成的金融衍生工具的价格反映了人们对利率、汇率、股指期货等价格走势变化和收益的预测及对目前供求状况的综合看法。在国际市场上，价格信息是不受国界限制的。例如，人们搜集、分析有关巴西大豆生长情况所得出的结果，几乎立刻会在大豆、豆粕和豆油期货价格上做出反应。再如，美国政府发表的关于联邦储备将松动银根的报告立刻被市场吸收，并对美国政府长期国库券价格产生影响。由于期货市场对各方面价格信息的反应最为敏捷，因此，期货价格也是国内及国际金融市场上最广泛的参考价格。

3. 促进信息流动

金融衍生工具的价格发现作用可以降低信息不对称性，有利于提高信息透明度。金融市场上的信息不对称，是指当事人双方都掌握一些只有自己知道的私人信息，这种私人信息仅指那些影响当事人双方交易利益的信息，并非所有信息。金融衍生工具的交易市场吸引了大量的市场参与者，他们根据原生工具市场的供求状况，对金融衍生工具的未来价格趋势做出判断和预期，从而确定自己的交易报价。金融衍生工具市场参与者尽可能地收集来自各方面的信息，使这些信息迅速地体现在金融衍生工具的价格波动上，因而金融衍生工具的价格形成也有利于提高信息透明度。

二、远期交易

远期合约是一项在确定的将来某个时间、按确定的价格购买或出售某项资产的协议。远期合约规定合约双方交易的资产、交换日期、交换价格等主要内容，具体条款可由交易双方协商确定。远期合约是20世纪80年代初兴起的一种保值工具，它不在规范的交易所内进行交易，从技术上说，它是其他各种金融衍生工具的基础。常见的金融远期合约包括四个大类：股权类资产的远期合约、债权类资产的远期合约、远期利率协议和远期汇率协议。从2007年11月1日起，我国的远期利率协议业务（Forward Rate Agreement）正式推出。

远期合约是必须履行的协议，不同于可选择不行使权利（即放弃交割）的期权。远期合约也与期货不同，其合约条件是为买卖双方量身定制的，通过场外交易（OTC）达成，而期货则是在交易所买卖的标准化合约。

三、期货

（一）期货和期货市场的含义

期货是一种买卖双方在交易时约定买卖条件，同意在将来某一时间按约定的条件进行买卖的交易方式。期货交易所为了方便人们的交易，事先制定了统一的、标准化的合同，这种合同称为期货合约，也是人们买卖的对象。期货合约是期货交易所为期货交易而制定发行的一种交易双方就在将来约定时间按当前确定的价格买卖一定数量的某种商品或指标的标准化的合同。

最早的有组织、规范化的期货交易是在 1848 年美国芝加哥期货交易所(CBOT)正式成立之后产生的。早期的期货交易主要是商品期货的交易。

期货交易的买卖过程与投资者委托证券商在证券交易所场内买卖证券的过程相似，只不过期货交易是在期货交易所的交易场所内进行的。投资者要买卖期货，也必须经过委托、竞价、清算、交割等环节。为了保证期货交易的安全性，期货交易所内的清算从交易中收取费用成立一笔基金，以担保每一笔期货的履约，这笔资金称为保证金。保证金分为：

(1) 初始保证金。初始保证金是期货交易双方在合约成交以后、第二天开市之前在各自经纪人处存入的保证金。

(2) 价格变动保证金。在每日结算的方式下，在期货交易中客户每日的损失都必须及时由客户追加保证金来补平，这种追加的保证金称为价格变动保证金。

(3) 维持保证金。维持保证金是指维持保证金账户的最低保证金，通常相当于初始保证金的 75%。

大多数期货合约都不会持有到期实际交割，合约持有者通常会以出售合约的方式关闭其头寸或终止其对市场所承担的交割义务。

(二) 期货合约的主要内容

期货交易的合约内容是经国家监管当局批准、由交易所统一制定的，内容中除价格外，其他因素都是固定的。期货合约中，与交易有关的一些主要内容如下：

(1) 交易单位。每次交易的最小单位是一手。目前国内的商品期货金属类每手数量是 5 吨，农产品期货类每手是 10 吨。

(2) 最小变动价位。期货行情中的反映价格是每吨多少钱。目前国内期货最小变动价位是：金属类是 10 元/吨，每手是 5 吨，一个点位变动价值就是 50 元；农产品类是 1 元/吨，每手是 10 吨，一个点位变动是 10 元。报价须是最小变动价位的整倍数。

(3) 每日价格最高波动幅度。自 1987 年 10 月股市崩盘以后，绝大多数交易所对其上市的股票指数期货合约规定了每日价格波动限制，类似于我们通常说的涨、跌停板制。每个交易所的规定各不相同，这种不同既表现在限制的幅度上，也表现在限制的方式上。同时，各交易所还经常根据具体情况对每日价格波动进行具体限制。在限制的方式上，有涨、跌停板制和熔断机制，有的交易所只采用一种方式，有的交易所两种限价方式同时存在。所谓熔断机制，是当行情波动幅度达到交易所所规定的幅度即熔断点时，交易所会暂停交易一定时间，一般是10分钟，而后再开始正常交易，这时，将在更大一点的熔断点内交易。一般只设两个不同幅度的熔断点。

(4) 期货的合约月份(即指期货到期的月份)。同一个品种期货是以不同的合约月份来区分不同合约的，例如我国金属类为1、2、3、4、5、6、7、8、9、10、11、12月合约，农产品类为1、3、5、7、9、11月合约。

(5) 标准交割时间。投资者具体买卖的期货合约是有期限的，一般为一年左右，到期限的那一天就是最后交易日。这时必须平仓，否则就交割。

(6) 合约乘数。在股指期货中，其指数值是货币化的，也就是说，期货的股票指数代表一定的货币金额，它等于指数值乘以一个固定金额，这个固定金额就是“合约乘数”。股指期货是用指数的点数来报出它的价格。例如，在香港上市的恒生指数期货合约规定，合约乘数为50港币，它与期货恒生指数的乘积即一个合约的总价值。若期货市场报出恒生指数为15 000点，则表示一张合约的价值为750 000港币。假若恒生指数上涨了100点，则表示一张合约的价值增加了5 000港币。

(7) 合约价值。合约乘数乘以股指期货点数，就得到合约价值。如果再乘以保证金比例，就得到做一手股指期货合约应占用的保证金数额。

(8) 期货保证金。在期货市场上，交易者只需按期货合约价格的一定比率缴纳少量资金作为履行期货合约的财力担保，便可参与期货合约的买卖，这种资金就是期货保证金。

在我国，期货保证金按性质与作用的不同，可分为结算准备金和交易保证金两大类。结算准备金一般由会员单位按固定标准向交易所缴纳，为交易结算预先准备的资金。交易保证金是会员单位或客户在期货交易中因持有期货合约而实际支付的保证金，它又分为初始保证金、价格变动保证金和维持保证金三类。

(1) 初始保证金。初始保证金是期货交易双方在合约成交以后、第二天开市之前在各自经纪人处存入的保证金。它根据交易额和保证金比率确定，即：初始保证金＝交易金额×保证金比率，保证金比率一般在3%～8%之间。例如，大连商品交易所的大豆保证金比率为5%，如果某客户以2 700元/吨的价格买入5张大豆期货合约(每张10吨)，那么，他必须向交易所支付6 750元(即2 700×5×10×5%)的初始保证金。

(2) 价格变动保证金。在每日结算的方式下，在期货交易中客户每日的损失都必须及时由客户追加保证金来补平，这种追加的保证金称为价格变动保证金。交易者在持仓过程中，会因市场行情的不断变化而产生浮动盈亏(结算价与成交价之差)，因而保证金账户中实际可用来弥补亏损和提供担保的资金就随时发生增减。浮动盈利将增加保证金账户余额，浮动亏损将减少保证金账户余额。

(3) 维持保证金。维持保证金是指维持保证金账户的最低保证金，通常相当于初始保证金的 75%。

(三) 金融期货的种类

金融期货的种类主要有外汇期货、利率期货和股票指数期货。

(1) 外汇期货。外汇期货是以某种外汇为标的物，在未来某个时间进行交割的标准化合约。它在期货市场进行交易，它的产生源于外汇市场巨大的汇率风险。

(2) 利率期货。利率期货是以与利率的变化密切相关的债券为标的物，在未来某个时间进行交割的标准化合约。它的产生源于债券市场巨大的利率风险，其主要代表是债券期货。表 5 - 4 为美国政府长期国债期货合约，该合约是流动性最强、交易最为活跃的一种交易品种。

表 5 - 4　美国政府长期国债期货合约

交易单位	票面值 10 万美元，名义利率 8% 的美国财政部债券
交割等级	从交割月第一天到第一次赎回有 15 年或到期日有最短时限的美国财政部债券
交割月份	3、6、9、12 月
交割日	交割月内的任一工作日
最后交易日	交易月份中最后一个营业日前的 7 个营业日
报价	用百分点数和点的 1/32 作为计价点数，如 80 - 16 表示 80 又 16/32 即 80.50%
最小价格变化	一个百分点的 1/32
差价限制	前一天标准价格的 ±3%
保证金	最初保证金 3500 美元(投机)、300 美元(套期保值)
交易所	芝加哥商品交易所

(3) 股票指数期货。股票指数期货是以股票指数为标的物，在未来某个时间进行交割的标准化合约。它在期货市场进行交易，它的产生源于股票市场巨大的价格风险。国际市场上具有典型代表的股票指数期货包括标准普尔 500 股票指数期货、HKPE 恒生指数和大阪日经 225 股票指数。标准普尔 500 股票指数在芝加哥商品交易所(简称 CME)交易，该指数是一个包括 500 种股票的组合，由 400 种工业股、40 种公用事业股、20 种交通事业股和 40 种金融机构股组成。HKPE 恒生指数在香港期货交易所交易，该指数是一个包括 33 种股票的组合，其中有工商业、金融、地产和公用事业四个分类，总市值占香港联交所资本总额的 70%左右。大阪日经 225 股票指数是一个在东京股票交易所交易的 225 家市值最大股票的组合。表 5 - 5 为沪深 300 指数期货合约。

表 5－5 沪深 300 指数期货合约

合约标的	沪深 300 指数
合约乘数	300 元
合约价值	成交指数×100 人民币
最小变动价位	0.1
合约月份	当月、下月及之后的两个季月
每日波动限制	6%熔断机制然后放大到 10%
交易时间	每周一至周五上午 9:15～11:30,下午 13:00～15:15
最后交易日	合约月份到期的最后第一个工作日
最后交割日	合约月份到期的最后第一个工作日
每日结算价	当日最后一小时的成交量加权平均价
交割结算日	到期日沪深 300 指数最后一小时所有指数点算术平均价
最低交易保证金	合约价值的 8%
交割方式	现金交割
交易代码	CN
上市交易所	中国金融期货交易所

四、期权

金融期权(Financial Options)是指在将来的一定时间之内以敲定价格买或不买,卖或不卖某种金融资产的选择权利。金融期权交易是通过在期货交易所或证券交易所买卖期权合约来进行的。期权合约是一种标准化的合约,它规定买卖的标的物的规格、品种、期限、买卖价格和买卖双方各自的权利和义务。它作为一种新的金融衍生工具,其标的物既包括作为原生资产的股票、债券、利率、汇率和股票指数等,也包括作为衍生工具的金融期货等。其标的物的交易价格称为敲定价格(strike price)或约定价格,期权交易价格称为期权价格(option price)。

根据期权买方权利的差异可以将金融期权分为买权(call)和卖权(pull)。买权又称为看涨期权(call option),卖权又称为看跌期权(pull option)。根据期权的买卖又可细分为买入买方(看涨)期权、卖出买方(看涨)期权、买入卖方(看跌)期权和卖出卖方(看跌)期权。看涨期权的买方具有在将来的一定时间之内以敲定价格买或不买某种金融资产的选择权利;而看涨期权的卖方则只有在对方选择买进时以敲定价格卖出相应金融资产给对方的义务,当对方不买时,他也就不能卖。看跌期权的买方具有在将来的一定时间之内以敲定价格卖或不卖某种金融资产的选择权利;而看跌期权的卖方则只有在对方选择卖出时以敲定价格从对方买进相应金融资产的义务，当对方不卖时，他也就不能买。金融期权交易对象为在某一特定时间以特定价格买或不买、卖或不卖一定数量的某种金融资产的选择权利，而非该种金融资产本身。

金融期权买卖双方权利和义务具有非对称性，具体表现为：合同签订后，买方有执行交割的权利，而无必须执行的义务，主动权在他手中；而卖方只有被动接受执行交割指令的义务，而无相应的权利，但有一定的经济补偿。

在买入看涨期权中，合同的买方有权在到期日或到期日之前按协议价买入合约规定的金融工具，为此付出的代价是交付一笔权利金给合同的卖方。在合同有效期内，当合约市价低于协议价时，买方将选择不执行合约，其损失是权利金；当合约市价高于协议价时，买方会选择执行合约。此时随着合同市价的上升，合同买方的损失逐渐减少；当市价超过盈亏平衡点后，执行合同就会给买方带来一定的收益，这种收益是随着市价的上升而增加的，理论上是可以达到无穷大的。如图 5－3 所示，期权买入方的最大损失不会超过期权费的 OC 水平，随着汇率上升，其收益也递增。如果市场价格升至 OB，买方期权的购买者就可获得 $O\pi$ 的收益，这里的 $O\pi$ 是市场价格 OB 高出协定价格 OX 的部分给期权的购买者带来的收益减去已付出的期权费 OC 后的净收益。如果价格升至 OA，期权的购买者履行权利的收益正好等于支出的期权费（C），此时称为盈亏平衡点（Break-Even Point）。

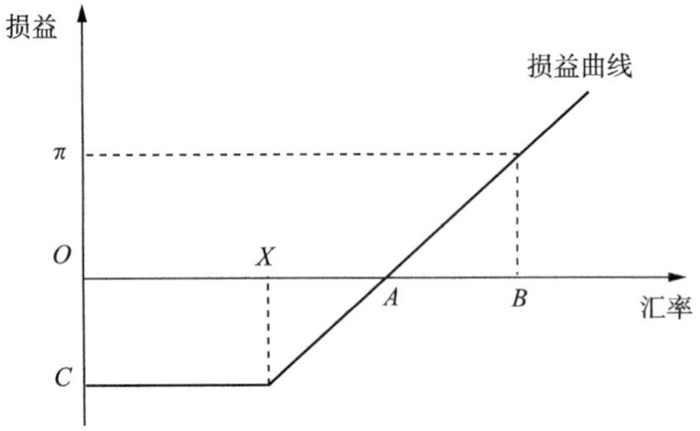

图 5－3　买入看涨期权损益曲线

在买入看跌期权中，买方是预期合约价格会下跌。如果合约市价真的下跌，并低于合约中的协议价格，那么买方可通过执行合约，即以协议价出售标的物，从而获取一定的利润；当市价高于协议价，则买方不会执行合约，只损失权利金；与买入看涨期权不同，买入看跌期权的收益有一个比较明确的上限。与买入期权相反，期权卖出方的损益状况是：有收益时，收益存在一个上限，即权利金；而发生损失时，其可能的损失却是无限的，一般来说要远大于权利金。也就是说，当期权买方要求执行期权合约时，对卖方来说就意味着收益小于权利金甚至亏损；当期权买方放弃执行合约时，就意味着卖方可获得权利金这笔收入。

从图 5-4 中看出，当标的资产价格朝着购买者预测方向变化即下跌时，其收益越来越大且不封顶；当市场价格没有按购买期权者预测的方向变化而是上升时，其损失是有限的，最大的损失就是先前曾支付的期权费(C)。

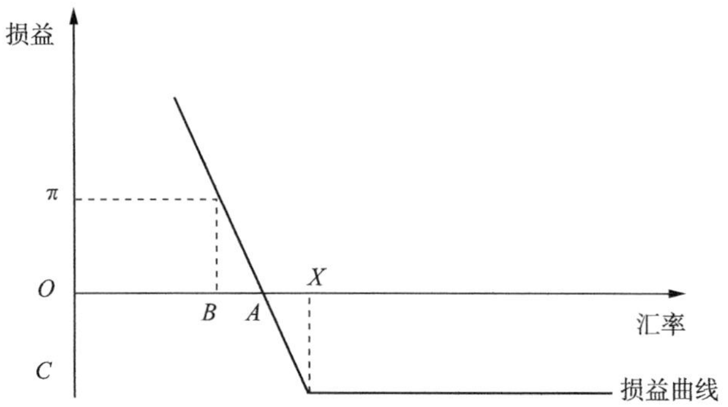

图 5-4 买入看跌期权损益曲线

从上述期权交易的损益曲线可看出：期权购买者和出售者的收益和亏损是不对称的，即不管是买方期权还是卖方期权，购买者的收益可能很大，而亏损却是有限的；出售者正好相反，亏损可能很大，而收益却是有限的。期权与期货风险、收益的特征的差异决定了期货可以用来防范对称性金融风险，而期权则可以用来防范非对称性金融风险。

五、互换业务

互换(Swap)是交易各方根据预先制定的原则，在一段时间内交换一系列款项的支付活动。该业务往往发生在信用等级不同，筹资成本和收益能力也不同的筹资者之间。互换业务能保持债权债务关系不变，并能较好地限制信用风险。商业银行可借助互换业务发挥其巨大的信息优势和活动能力，获取较大的收益，并丰富其风险管理手段，拓宽其业务范围。

互换的种类有利率互换、货币互换、货币利率互换、商品互换和股权互换等。最经常进行的互换交易主要是利率互换、货币互换和货币利率互换。

(一) 利率互换

利率互换(Interest Rate Swap)是指两笔债务以利率方式相互交换，一般在一笔象征性本金数额的基础上互相交换具有不同特点的一系列利息款项支付。在利率互换中，本金只是象征性地起计息作用，双方之间只有定期的利息支付流，并且这种利息支付流表现为净差额支付。利率互换是交易最大的一类互换，它的类型主要有三种：①息票利息互换(Coupon Swap)，即从固定利率到浮动利率的互换。②基础利率互换(Basis Swap)，即从以一种参考利率为基础的浮动利率到以另一种参考利率为基础的浮动利率的互换。③交叉货币利率互换

(Cross-Currency Interest Rate Swap),即从一种货币的固定利率到另一种货币浮动利率的互换。

(二) 货币互换

货币互换(Currency Swap)是指交易双方互相交换不同币种、相同期限、等值资金债务或资产的货币及利率的一种预约业务。也就是指双方按约定汇率在期初交换不同货币的本金,然后根据预先规定的日期,按即期汇率分期交换利息,到期再按原来的汇率交换回原来货币的本金,其中利息的互换可按即期汇率折算为一种货币,支付利息差额。

(三) 货币利率互换

货币利率互换(Currency Interest Rate Swap)是指互换双方将自己持有的以一种货币表示的、采用一种计息方式计息的资产或负债换成以另一种货币表示的、采用另一种计息方式计息的资产或负债的行为。它是货币互换和利率互换的综合。互换双方可同时达到改变资产或负债的货币种类和计息方式的目的。因此,它可以被用来规避汇率风险和利率风险。

第六节/黄金市场

一、黄金非货币化

1973 年 3 月,因美元贬值,再次引发了欧洲抛售美元、抢购黄金的风潮,至此布雷顿森林货币体系完全崩溃,从此也开始了黄金非货币化的改革进程。国际货币基金组织在 1978 年以多数票通过了修改后的《国际货币基金协定》。该协定删除了以前有关黄金的所有规定,宣布黄金不再作为货币定值标准,废除黄金官价,允许在市场上自由买卖黄金。

黄金非货币化的数十年也正是世界黄金市场得以发展的时期。可以说,黄金非货币化使各国逐步放开了黄金管制,这是当今黄金市场得以发展的政策条件。国际黄金非货币化的结果,使黄金成为可以自由拥有和自由买卖的商品,黄金从国家金库走向了寻常百姓家,其流动性大大增强,黄金交易规模加大,因此为黄金市场的发育、发展提供了现实的经济环境。需要指出的是,虽然国际货币体系中黄金非货币化的法律过程已经完成,但是黄金在实际的经济生活中并没有完全退出金融领域,当今黄金仍作为一种公认的金融资产活跃在投资领域,充当国家或个人的储备资产。

当今的黄金分为商品性黄金和金融性黄金。国家放开黄金管制不仅使商品黄金市场得以发展,同时也促使金融黄金市场迅速地发展起来,并且由于交易工具的不断创新,几十倍、上百倍地扩大了黄金市场的规模。现在,商品实物黄金交易额不足总交易额的 3%,90%以上的市场份额是黄金金融衍生物,而且世界各国央行仍保留了高达 3.4 万吨的黄金储备。在 1999 年 9 月 26 日欧洲 15 国央行的声明中,再次确认黄金仍是公认的金融资产。因此,我们不能单纯地将黄金市场的发展原因归结为黄金非货币化的结果,也不能把黄金市场视为单纯的商品市场。客观的评价是:在国际货币体制黄金非货币化的条件下,黄金开始由货币属性主导的阶段向商品属性回归的阶段发展,国家放开了黄金管制,使市场机制在黄金流通及黄金资源配置方面发挥出日益强大的作用,但目前黄金仍是一种具有金融属性的特殊商品。

二、黄金市场交易

(一) 世界主要黄金市场

不论是商品黄金市场还是金融性黄金市场,都得到了发展。商品黄金交易与金融黄金交易在不同地区、不同市场中的表现和活跃程度有所不同。

据不完全统计,现在世界上有 40 多个黄金市场,具体分布情况如表 5-6 所示。

表 5-6 世界各国黄金市场

洲别	国别	市场名称	洲别	国别	市场名称
欧洲	瑞士	苏黎世	亚洲	黎巴嫩	贝鲁特
	英国	伦敦		印度	孟买、新德里、加尔各答
	法国	巴黎		巴基斯坦	卡拉其
	比利时	布鲁塞尔		新加坡	新加坡
	德国	法兰克福		中国	香港、澳门
	意大利	米兰、罗马		日本	东京、横滨、神户
	葡萄牙	里斯本		泰国	曼谷
	荷兰	阿姆斯特丹		菲律宾	马尼拉
	土耳其	伊斯坦布尔		以色列	特拉维夫
	瑞典	斯德哥尔摩	美洲	加拿大	多伦多、温尼伯
	希腊	雅典		乌拉圭	蒙得维的亚
非洲	摩洛哥	卡萨布兰卡		委内瑞拉	加拉加斯
	塞内加耳	达喀耳		墨西哥	墨西哥
	利比亚	的黎波里		巴西	里约热内卢、圣保罗
	索马里	吉布提		阿根廷	布宜诺斯艾利
	埃及	开罗、亚历山大		巴拿马	巴拿马
	扎伊尔	金沙萨		美国	纽约、芝加哥、底特律、布法罗、旧金山

资料来源 上海黄金交易所网站《国际黄金市场的发展轨迹》(http://www.sge.sh)。

目前，世界上比较著名的、有影响的黄金市场主要集中在伦敦、苏黎世、纽约和香港等地。

国际上黄金市场的主要投资方式有金条(块)、金币、黄金企业股票、黄金期货、黄金期权、黄金管理账户等。所谓黄金管理账户，是指经纪人全权处理投资者的黄金账户。这是一种风险较大的投资方式，其关键在于经纪人的专业知识和操作水平，以及信誉程度。

(二) 国际黄金价格的决定因素

20 世纪 70 年代以前，黄金价格基本由各国政府或中央银行决定，国际上黄金价格比较稳定。70 年代初期，黄金价格不再与美元直接挂钩，而是逐渐市场化。影响黄金价格变动的因素日益增多，具体来说，供给方面因素主要有：

(1) 地上的黄金存量。全球目前大约存有 13.74 万吨黄金，而地上黄金的存量每年还在以大约 2%的速度增长。

(2) 年供求量。黄金的年供求量大约为 4 200 吨，每年新产出的黄金占年供应量的 62%。

(3) 新的金矿开采成本。黄金开采的平均总成本大约略低于 260 美元/盎司。由于开采技术的发展，黄金开发成本在过去 20 年持续下跌。

(4) 黄金生产国的政治、军事和经济的变动状况。

(5) 央行的黄金抛售。中央银行是世界上黄金的最大持有者，1998 年官方黄金储备大约为 34 000 吨，占已开采的全部黄金存量的 24.1%。

需求因素也影响着黄金的价格，黄金的需求与黄金的用途有直接的关系，主要有三个方面的因素。

(1) 黄金实际需求量(首饰业、工业等)的变化。

(2) 保值的需要。黄金储备一向被央行用作防范国内通货膨胀、调节市场的重要手段。而对于普通投资者来说，投资黄金主要是在通货膨胀情况下达到保值的目的。在经济不景气的态势下，由于黄金相对于货币资产更保险，导致对黄金的需求上升，金价上涨。例如，2008 年越南金融市场危机，老百姓大量抢购黄金。

(3) 投机性需求。投机者根据国际国内形势，利用黄金市场上的金价波动，加上黄金期货市场的交易体制，大量“沽空”或“补进”黄金。

还有其他一些因素也会影响着黄金价格走势。首先，美元汇率是影响金价波动的重要因素之一。一般在黄金市场上，有美元涨则金价跌、美元降则金价扬的规律。美元坚挺一般代表美国国内经济形势良好，美国国内股票和债券将得到投资人竞相追捧，黄金作为价值贮藏手段的功能受到削弱；而美元汇率下降则往往与通货膨胀、股市低迷等有关，黄金的保值功能又再次体现。这是因为黄金价值含量较高，美元贬值和通货膨胀加剧时往往会刺激对黄金保值和投机性需求的增加。其次，各国的货币政策与国际黄金价格也密切相关。通货膨胀对金价的影响要作长期和短期来分析，并要结合通货膨胀在短期内的程度而定。从长期来看，每年的通货膨胀率若是在正常范围内变化，那么其对金价的影响并不大；只有在短期内，物价大幅上升，引起人们恐慌，货币的单位购买力下降，金价才会明显上升。第三，国际上重大的政治、战争事件都将影响金价。政府为战争或为维持国内经济的平稳而支付费用、大量投资者转向黄金保值投资，这些都会扩大对黄金的需求，刺激金价上扬。如美国“9·11”恐怖事件曾使黄金价格大幅飙升。第四，股市行情对金价也有一定影响。一般来说股市下挫，金价上升。这主要体现了投资者对经济发展前景的预期，如果大家对经济前景看好，则资金大量流向股市，股市投资增长，金价下降。

除了上述影响金价的因素外，国际金融组织的干预活动、本国或地区中央金融机构的政策法规，也将对世界黄金价格的变动产生重大的影响。

三、我国黄金市场交易的发展

2002 年 2 月 6 日，上海黄金交易所在国家工商行政管理局正式注册成立。上海黄金交易所是经国务院批准，由中国人民银行组建，不以盈利为目的，实行自律性管理的法人。上海黄金交易所实行会员制组织形式，会员由在中华人民共和国境内注册登记，从事黄金业务的金融机构，从事黄金、白银、铂等贵金属及其制品的生产、冶炼、加工、批发、进出口贸易的企业法人，并具有良好资信的单位组成。标准黄金、铂金交易通过交易所的集中竞价方式进行，实行价格优先、时间优先撮合成交。非标准品种通过询价等方式进行，实行自主报价、协商成交。会员可自行选择通过现场或远程方式进行交易。

本章小结

金融市场是资金供求双方借助金融工具进行各种资金交易活动的场所。它包括多个子市场：按交易工具的不同期限，可分为货币市场和资本市场；按不同的交易标的物，可分为票据市场、证券市场、衍生工具市场、外汇市场、黄金市场；按不同的交割期限，可分为现货市场和期货市场；按不同的地域，可分为地方性、全国性、区域性以及国际性金融市场。

金融市场主要由四个基本要素构成：交易主体、交易客体、交易价格和组织形式。其中，交易主体包括政府、中央银行、商业性金融机构、企业以及居民；不同的参与者，其参与目的及方式不尽相同。交易客体即金融工具则是金融市场上资金交易的载体。在金融市场上，价格发挥着核心作用。金融交易有不同的组织形式。

货币市场是指以期限在一年以内的金融工具为媒介进行短期资金融通的市场。

货币市场无论是在市场参与者、市场交易对象方面还是在市场的经济政策意义方面，都与资本市场有着明显的区别。从交易对象的角度看，货币市场主要由同业拆借、商业票据、国库券、回购协议以及大额可转让定期存单等子市场组成。

货币市场具有交易期限短、流动性强、风险相对较低的特征。其功能与作用主要体现在三个方面：调剂资金余缺、满足短期融资需要、为政策调控提供条件和场所。

资本市场是指以期限一年以上的金融工具为媒介进行长期性资金交易活动的市场。资本市场金融工具期限长，主要是为解决长期投资性资金的供求需要。

金融衍生工具是在金融原生资产基础上设计而派生出新的金融工具。金融衍生工具具有价格发现、套期保值和促进信息流动三大基本功能。

重要概念

金融市场　货币市场　资本市场　第三市场　第四市场　一级市场　二级市场　期货市场　银行同业拆借市场　大额可转让定期存单　金融债券　公司债券　股票价格指数　期货　期权　互换业务

思考题

1. 试述金融市场在经济运行中的主要功能。
2. 试述一级市场与二级市场的区别及其相互关系。
3. 什么是货币市场？它包括哪些子市场？其主要功能有哪些？
4. 试述我国金融市场当前存在的一些问题及今后应该采取的发展策略。
5. 什么是金融衍生产品市场？你对我国金融衍生产品市场有什么思考？

第六章　商业银行业务与管理

12世纪起源于意大利的商业银行已发展成为现代金融中介机构中最重要的一个组成部分，在现代经济中发挥着重要作用。商业银行的传统业务包括资产业务、负债业务和资本业务三大表内业务。随着技术创新和金融自由化浪潮的推动，商业银行表外业务已成为许多银行获取利润、提升竞争力的重要手段。

第一节/商业银行概述

一、商业银行的起源和发展

商业银行是以追求最大利润为目标，能向客户提供多种金融服务的特殊的金融企业。盈利是商业银行产生和经营的基本前提，也是商业银行发展的内在动力。银行是由货币经营业演变而来的，而历史上的货币经营又是在货币兑换业的基础上逐渐形成的，可以说，货币经营业是银行的先驱。货币经营业与银行的主要区别在于有无信用活动，银行是专门经营货币信用业务的金融机构。

近代银行的出现是在中世纪的欧洲，意大利是银行最早产生的发源地，英文bank来自于意大利文banco一词，原意是指柜台、长凳。早在12世纪，意大利一些城市的货币经营业就相当发达，但货币经营商的工作条件却比较简陋，只凭借一条长凳和一个柜台便可营业。起初一部分商人从事货币的兑换业务，就是把不同国家、不同地区的铸币兑换成金块或银块，或兑换成本国铸币和本地区铸币。以后，又开始为各种商人办理货币保管业务，同时，受商人委托，办理货币收付、结算、汇兑等业务。这就是货币经营业的主要业务活动，也是早期银行产生的基础。随着货币经营业务的扩大，在货币经营者手中聚积起大量货币，其中有一部分并不需要立即支付，于是他们就将这部分货币贷出去赚取利息。同时，有一部分人将货币存放在货币经营者手中，以便带来利息收入。这样，在货币经营业务基础上发展起来的货币存贷业务，使货币经营业转变为早期的银行。于是，商业银行出现了。意大利于1171年设立的威尼斯银行、1407年设立的热那亚那银行以及此后相继成立的一些银行，主要从事存、放款业务，大多具有高利贷性质。从 17 世纪开始，银行这一新型行业的金融机构开始由意大利传播到欧洲其他国家，在英国出现了由金匠业等演变为银行业。1694 年成立的英格兰银行是英国历史上第一家股份制银行，该行一开始就把向工商企业的贷款利率定为 4.5%～6%，而当时的高利贷利率高达 20%～30%。英格兰银行成立后，很快动摇了高利贷银行在信用领域的地位，英格兰银行也因此成为现代银行业产生的标志。欧洲其他国家也先后按英格兰银行的组建模式建立了自己的现代商业银行。从此，商业银行逐渐在世界范围内得到普及。

尽管世界各国经济发展水平不同，其商业银行产生与发展的条件不同，但商业银行的发展基本上是遵循两种传统：

(1) 英国式融通短期资金传统。英美等国商业银行的贷款业务至今仍以短期自偿性商业贷款为主。这种传统的优点是能够较好地保持银行的安全性和清偿力，缺点是银行业务的发展受到了一定的限制。

(2) 德国式综合银行传统。这一传统的主要特点是：商业银行不仅提供短期商业性贷款，而且提供长期贷款，甚至可以投资于企业股票与债券，参与企业的决策与发展，为企业的兼并与重组提供财务咨询、财务支持等投资银行服务。至今，不但德国、瑞士、奥地利等少数欧洲国家坚持这一传统，而且美国、日本等国的商业银行也有向综合银行发展的趋势。这种传统的优点是利于银行开展全面的业务经营活动，为企业提供全方位的金融服务；缺点是会加大银行的经营风险，因而对银行的经营管理提出了更高的要求。

专栏 6-1　中国的商业银行体系

我国银行业的产生可追溯到 1 000 多年前的唐代，当时出现了一些兼营银钱的机构，如邸店、质库等。随后，宋代有钱馆、钱铺，明代有钱庄、钱肆，清代有票号、汇票庄等。这些机构虽还称不上是真正的银行，但已具备了银行的某些特征。鸦片战争后，一些外商银行纷纷进入我国开展金融业务，并凭借其特权攫取了巨额的利润。1845 年，在上海由英国人创办的丽如银行，是出现于我国的第一家银行；1897 年成立的中国通商银行，是我国自办的第一家银行。

20 世纪 30 年代，统治旧中国的国民党政权建立了以中央银行、中国银行、交通银行、中国农民银行、中央信托局、邮政储金汇业局、中央合作金库(简称“四行二局一库”)为主体，包括省、市、县银行及官商合办银行在内的金融体系。此外，还有一批民族资本家兴办的私营银行及钱庄，其中约三分之一集中在上海，但多半规模不大且投机性强，在经济运行中所起的作用十分有限。

随着中国人民解放战争的节节胜利，1948年12月1日，在石家庄成立了中国人民银行，并开始发行人民币。1949年2月，中国人民银行迁入北平。新中国成立前后，根据1948年4月在北平召开的中国人民政治协商会议第一届全体会议通过的《共同纲领》，对官僚资本银行进行了接管，并分不同情况进行停业清理或改组为专业银行；将官商合办的4家银行改组为公私合营银行；对私营银行则进行整顿和改造；还取消了在华外商银行的一切特权，并禁止外国货币在国内流通。

新中国成立后，我国在计划经济体制下形成了由中国人民银行"大一统"的银行体系，即银行不划分专业系统，各个银行都作为中国人民银行内部的一个组成部分，从而使中国人民银行成为既办理存款、贷款和汇兑业务的商业银行，又担负着国家宏观调控职能的中央银行。"文化大革命"期间，在"左"的思想指导下，银行的独立性日渐消失。1969年9月甚至将中国人民银行并入财政部，成为财政部所属的二级机构，使其基本上沦为政府的"大钱库"和"出纳员"。不少领导人不懂银行工作的重要性，把银行当作一个办理收付的"大钱库"，需要钱的时候才想到银行，有的甚至把财政资金和信贷资金混同起来，靠行政手段办事，做了许多违反经济规律的事。

"文化大革命"结束，我国银行业进入了改革开放的新时期。从1977年至今，我国商业银行的发展大体上可以分为以下几个阶段。

1. 体系重建阶段(1977—1986年)。尽管在1978年3月中国人民银行总行恢复了其独立的部级单位的地位，但其所担负的商业银行与中央银行的双重职能并未改变。从1979年初开始，在改革开放方针的指引下，相继恢复了主管农村金融业务的中国农业银行；从中国人民银行中分设出了主管外贸信贷和外汇业务的中国银行；从财政部中分设出了主管长期投资和贷款业务的中国人民建设银行；1981年底又成立了负责接受国际金融机构贷款及其他资金转贷给国内企业的中国投资银行。1983年9月17日，国务院发文明确规定中国人民银行专门行使中央银行的职能，同时决定成立中国工商银行，接办中国人民银行原有的信贷和储蓄等商业银行业务。

至此，我国基本形成了以中央银行为领导、以四大国家专业银行为骨干所组成的银行体系。1984年10月，中国共产党十二届三中全会通过了《中共中央关于经济体制改革的决定》。为了发展"有计划的商品经济"，我国银行体系迅速扩张。1985年，人民银行出台了"专业银行业务可以适当交叉"和"银行可以选择企业、企业可以选择银行"的政策措施，鼓励四家专业银行之间开展适度竞争，从而打破了银行资金"统收统支"的"供给制"，四家专业银行还开始将其触角伸向农村，为当时正在蓬勃发展的乡镇企业提供贷款。

2. 扩大发展阶段(1987—1994年)。改革开放为银行业的改革和发展提供了动力。1986年12月，邓小平要求"金融改革的步子要迈大一些。要把银行真正办成银行”。1987 年,中国人民银行提出要建立以中央银行为领导,各类银行为主体,多种金融机构并存和分工协作的社会主义金融体系。在 1987 年中共“十三”大和 1992 年中共“十四”大精神的指引下,我国银行业在改革中不断扩大发展。尽管在改革开放初期就已经提出国家专业银行要进行企业化改革,实行商业化经营,但由于这些专业银行既从事政策性信贷业务,又从事商业性信贷业务,既难以办成真正的商业银行,又不利于进行金融宏观调控。

与此同时,在改革开放的推动下,其他类型的银行也迅速发展。1986 年 7 月,交通银行重组成以公有制为主的股份制全国性综合银行,此后相继成立了中信实业银行、招商银行、深圳发展银行、烟台住房储蓄银行、蚌埠住房储蓄银行、福建兴业银行、广东发展银行、中国光大银行、华夏银行、上海浦东发展银行、海南发展银行、民生银行等 12 家股份制银行。

3. 深化改革阶段(1994—2003 年)。1993 年 11 月中共十四届三中全会提出“要建立政策性银行,实行政策性业务与商业性业务分离”之后,在 1994 年内相继成立了专门办理政策性信贷业务的国家开发银行、中国进出口银行及中国农业发展银行,从而为国家专业银行向国有独资商业银行的转变创造了有利的条件。1995 年 5 月 10 日,第八届全国人大常委会第 13 次会议通过了《中华人民共和国商业银行法》,明确了商业银行的性质、地位及与其他金融市场主体之间的关系,并为商业银行自主经营、提高资产质量提供了法律保障。最终建立了适应社会主义市场经济发展需要的以中央银行为领导、政策性金融和商业性金融相分离、以国有独资商业银行为主体、多种金融机构并存的现代金融体系。

4. 改革攻坚阶段(2003 年至今)。2002 年,第二次全国金融工作会议召开,明确了国有独资商业银行改革是中国金融改革的重中之重,改革的方向是按现代金融企业的属性进行股份制改造。这为国有独资商业银行的进一步改革指明了方向。2003 年底,党中央、国务院决定,选择中国银行、中国建设银行进行股份制改革试点,并于 12 月 30 日通过汇金公司注资 450 亿美元。这为两家试点银行股份制改革提供了可能性。2005 年,两家银行上市,银行业改革开始进入国家控股的股份制商业银行改革阶段。截至 2013 年 7 月,共有 16 家银行上市。

资料来源　根据相关资料整理。

二、商业银行的性质和职能

商业银行是以追求利润最大化为经营目标,以多种金融资产和金融负债为经营对象,为客户提供多功能、综合性服务的金融企业。商业银行具有一般企业的基本特征。与一般企业一样，按法定程序设立，拥有业务经营所需要的自有资本，依法经营，照章纳税，自负盈亏，以利润最大化为经营目标。所以，商业银行是企业群体中的一个重要组成部分，具有企业的基本特征。但商业银行又不同于一般的企业，是一种特殊的企业，即金融企业。一般企业经营的是具有一定使用价值的商品，而商业银行经营的是货币这种特殊的商品。正因为如此，各国对商业银行监管更为严厉。商业银行也不同于其他金融机构。中央银行是一国金融业的监管机构，所从事的金融业务与商业银行所从事的金融业务存在根本性的区别。专业银行、保险公司、证券公司、信托投资公司等金融机构，只能从事某些方面的金融服务，业务经营范围相对来说比较狭窄，而商业银行作为“金融百货公司”，提供的金融服务更全面、更广泛。

商业银行的职能是由商业银行的性质决定的。商业银行具有以下几方面的职能：

(1) 信用中介职能。信用中介职能是指商业银行通过办理负债业务，将社会上各种闲散的货币集中起来，又通过办理资产业务，将所集中的货币投放到国民经济各部门中。商业银行中介职能的发挥，克服了借贷双方之间直接融资的局限性，使货币资本得到充分利用，为社会再生产过程提供了金融支持。商业银行通过中介职能，提高了社会总资本的使用效率，加速了经济的发展。商业银行中介职能的发挥，实现了对经济过程的多层次调节，从而优化了经济结构。所以，信用中介职能成为商业银行最基本、最能反映其经营活动特征的职能。

(2) 支付中介职能。支付中介职能是指商业银行为客户办理各种货币结算、货币支付和转移存款等业务活动。商业银行通过办理这些业务，成为企业或存款户的出纳或支付代理人。商业银行的支付中介职能与信用中介职能是紧密联系的。从历史上看，支付中介职能的产生先于信用中介职能。商业银行的支付中介职能实际上是古代货币经营业从事货币保管和办理货币支付等业务的延续，而正是这些业务的发展，为信用中介职能的产生创造了条件。但支付中介职能也有赖于信用中介职能的发挥，因为只有在客户确有存款的前提下，商业银行才能为客户办理支付。所以，这两个职能的相互依赖和相互推进，促进了商业银行基本业务的发展。

(3) 信用创造职能。商业银行的信用创造职能，是在信用中介和支付中介职能的基础上产生的。信用创造职能是指商业银行吸收活期存款后，通过发放贷款和从事投资业务，又衍生出更多的存款，从而扩大货币供应量。信用创造包括信用工具和信用量的创造。必须指出的是，整个信用创造过程是商业银行和中央银行共同完成的。中央银行运用货币发行的权力调控货币供应量，而商业银行在自身体系内具体完成信用创造。

(4) 金融服务职能。现代化的经济生活，从各方面对商业银行提出了金融服务的新要求。而商业银行与社会的广泛联系及拥有的丰富信息资源，特别是计算机技术和网络技术的广泛应用，为商业银行提供了广阔的服务空间。现代工商企业将原本属于自己的货币业务交给商业银行代为办理，如代发工资，代理支付费用等。商业银行对个人消费的各种服务项目也日益增多。总之，金融服务已成为当代商业银行的重要职能。

三、商业银行的组织形式

按组织形式可以把商业银行分为单元制银行、分行制银行、持股公司制和连锁银行制。

单元制是指银行业务只有一个独立的银行机构经营而不设立分支机构的银行制度。目前只有美国还部分地存在这种银行制度。美国曾长期实行完全的单一银行制，不许银行跨州经营和设立分支机构，甚至在州内也不准设立分支机构。随着经济的发展，地区经济联系的加强以及金融业竞争的加剧，开设分支机构的限制近年来有所放松，美国部分州准许银行在本州范围内开设分支机构，部分州允许银行在同一城市开设分支机构，但还有一些州仍然实行严格的单一银行制度。

分行制是指在总行之下，可在本地或外地设有若干分支机构的银行制度。这种银行的总部一般都设在大城市，下属分支机构由总行领导。目前世界各国一般都采用这一银行制度，其中尤以英国、德国、日本等为典型。由于分行制更能适应现代市场经济发展的需要，因而成为当代商业银行的主要组织形式。我国银行也主要采取这种组织形式。

持股公司制又称集团银行制，是指由某一集团成立股权公司，再由该公司控制或收购若干银行而建立的一种银行制度。这些独立银行的业务和经营决策统属于股权公司控制。由于持股公司制可以回避开设分支机构的限制，因而在美国得到快速发展。持股公司制有两种类型，即非银行性持股公司和银行性持股公司。前者是非银行的大企业通过控制银行的大部分股权而组织起来的，后者是大银行通过控制小银行的大部分股权而组织起来的，花旗银行就是典型的银行性持股公司。

连锁银行制即联合制是指由一个人或一个集团控制两家或者两家以上的银行，但又不以股权公司的形式出现的一种银行制度。由受控于同一个企业家的银行组成一个集团，两家或者两家以上的银行都保持是独立的法人，但所有权却同为一个企业家所有。连锁银行制在美国的中西部较为发达，只是其重要性远远不如目前发展的集团银行制。

第二节/商业银行的资本

商业银行资本管理是资产负债管理的重要基础。银行必须在法律允许的范围内,综合考虑各种资本供给渠道的可能性及其成本,解决资本的供给问题。

一、国际资本监管及其资本充足性的标准

资本充足性是银行安全经营的要求。存款人、社会公众、银行自身均对此有要求。银行持有充分的资本是风险管理的要求,也是在安全经营基础上追求更多利润的保障。银行资本充足性测定是一项复杂的工作,常用的方法有最为直观的比率分析法以及综合诸多因素的综合分析法。

商业银行资本充足度包括数量充足与结构合理两个方面的内容。数量充足是指银行资本数量必须超过金融管理当局所规定的能够保障正常营业并足以维持充分信誉的最低限度。资本结构的合理性指各种资本在资本总额中占有合理的比重,以尽可能降低商业银行的经营成本与经营风险,增强经营管理与进一步筹资的灵活性。资本结构还受银行经营情况变动的影响。贷款需求和存款供给是否充足会大大影响资本结构。

1975 年,在瑞士巴塞尔,成立了国际银行监督委员会,即巴塞尔委员会。巴塞尔委员会先后颁布了多个重要的资本监管文件,其中最重要的三个资本监管文件,我们可以简称为三代巴塞尔协议。资本监管,可以说是三代巴塞尔协议始终如一的监管核心。不论是 1988 年第一代协议中的资本充足率规定,2001 年提出、2004 年正式发布的第二代协议中第一支柱下分母被风险敏感化了的资本充足率新规,还是次贷危机后 2010 年 9 月 12 日巴塞尔委员会通过、2013 年所有成员国将正式执行的第三代协议中对资本充足率的诸多修订,无不彰显了资本监管在银行风险监管中的核心地位。

(一) 1988 年巴塞尔协议 I 的主要内容

1988 年,12 个发达国家的中央银行在瑞士巴塞尔签署了《统一国际资本标准的协议》,简称“资本协议”或“巴塞尔协议”,该协议自 1992 年 1 月起生效,许多国家陆续接受该协议。1988 年巴塞尔协议对国际银行业的统一资本要求包括资本的构成和资本充足率的标准。

商业银行的资本金除了包括股本、资本盈余、留存收益在内的所有者权益外,还包括一定比例的债务资本,如资本票据、债券等。商业银行的资本具有双重特点,根据 1988 年的《巴塞尔协议》,常将所有者权益称为一级资本和核心资本,而将长期债务称为二级资本和附属资本。

核心资本包括股本和公开储备。股本包括已经发行并全额缴付的普通股和永久性非累积的优先股;公开储备指以公开的形式,通过保留盈余和其他盈余,例如股票发行溢价、保留利润(凭国家自行处理,包括在整个过程中用当年保持利润向储备分配或储备提取)、普通准备金和法定准备金的增值而创造和增加的反映在资产负债表上的储备。

附属资本包括非公开储备、资产重估储备、普通准备金、混合资本工具和长

期附属债务。

(1) 非公开储备。该储备不公开在资产负债表上标明,但却反映在损益表内,并为银行的监管机构所接受。

(2) 资产重估储备。包括物业重估储备和证券重估储备。

(3) 普通准备金。指用于防备目前尚不能确定的损失的准备金或呆账准备金。

(4) 混合资本工具。指既有股本性质又有债务性质的混合工具。

(5) 长期附属债务。包括普通的、无担保的、初次所定期限最少五年以上的次级债务资本工具和不许购回的优先股。另外,《巴塞尔协议》还规定,在核定银行资本实力时应从核心资本中扣除商誉,从核心资本与附属资本之和中扣除对不合并报表的附属银行和财务附属公司的投资,扣除对其他银行和金融机构资本部分的投资。

资本充足率的标准包括核心资本和总资本的充足率,其中核心资本(一级资本)与风险加权资产总额的比率不得低于4%,即:核心资本比率=核心资本/风险加权资产总额×100%≥4%,其中:风险加权资产总额=∑资产×风险权重。

总资本(一级资本与二级资本之和)与风险加权总资产的比率不得低于8%,其中,二级资本不得超过一级资本的100%,即:资本充足比率=总资本/(表内风险加权资产总额+表外风险加权资产总额)×100%≥8%。从测算公式可以看出,风险权重占了一个很重要的位置,不同的风险权重可能使银行在资本、资产总额相同的条件下,其比率不同。对此,《巴塞尔协议》对银行资产负债表内、表外的不同资产做了权重的规定,将银行面临的信用风险(包括国家风险)的风险权重分为五档:0、10%、20%、50%、100%;将表外业务的风险转换系数根据其业务类别分为四级:0、20%、50%、100%。

当要计算一家银行的资本充足率时,就要按照协议规定的资产风险加权系数乘以银行资产负债的表内项目和表外项目。对于表内项目,以其账面价值直接乘以对应的风险权数即可;对于表外项目,则要根据《巴塞尔协议》规定的信用转换系数,首先将其转换为对等数量的贷款额度,然后再乘以相应的风险权数。

(二) 2004年的巴塞尔协议Ⅱ

1998年巴塞尔委员会开始起草新资本协议。2004年6月26日,十国集团央行行长和银行监管当局负责人一致同意公布《资本计量和资本标准的国际协议:修订框架》,即"巴塞尔新资本协议"(New Basel Capital Accord)。

新协议保留了1988年《巴塞尔协议》中对资本的定义以及相对风险加权资产资本充足率为8%的要求,但风险范畴有所拓展,不仅包括信用风险,同时也覆盖市场风险和操作风险。在具体操作上与1988年协议相同,计算风险加权资产总额时,将市场风险和操作风险的资本乘以12.5(即最低资本比率8%的倒数),将其转化为信用风险加权资产总额。

$$银行资本充足率=\frac{总资本}{信用风险加权资产+(市场风险资本+操作风险资本)\times 12.5}$$

在具体风险的度量方法上,新资本协议也对旧资本协议的方法作了完善和发展。除了沿用区分不同类型资产风险权重的标准法(Standard Approach)外,还提出了两种基于银行内部自测的内部评级法(IRB法),包括基础内部评级法(Foundation Internal Rating Based Approach)和高级内部评级法(Advanced Internal Rating Based Approach)。

(三) 2010年巴塞尔协议Ⅲ

2010年12月16日,巴塞尔委员会公布了巴塞尔协议Ⅲ的最终版本,拟从2013年开始在银行业金融机构引入该协议,并计划于2019年完全生效。

按照巴塞尔协议Ⅲ要求,所有国内商业银行各层次资本充足率均做统一要求,即核心一级资本充足率、一级资本充足率和总的资本充足率分别要达到4.5%、6%和8%。其中,核心一级资本充足率将由原来1988年巴塞尔协议的2%提高至4.5%;核心资本充足率由4%提高至6%;资本充足率保持不变。除最低资本要求外,新规还要求银行建立新的普通股“资本留存缓冲”,这部分资本与风险加权资产的比例最终应达到2.5%,亦即普通股资本与加权风险资产比例最终将达到7%。“资本留存缓冲”的建立将从2016年1月1日开始,每年增加相当于风险加权资产0.625%的资本,一直到2019年1月1日达到2.5%。不过,各国可自行决定是否缩短这一过渡期。

巴塞尔资本协议往往反映了国际银行业监管理念的最新变化,巴塞尔协议Ⅲ的监管理念主要体现在以下几个方面。

(1) 巴塞尔协议Ⅲ强化了资本充足率在资本的质量和数量两方面的监管。就监管资本的质量而言,巴塞尔协议Ⅲ修改了资本的定义,通过强调普通股在监管资本中的主要地位,大幅度提高银行交易业务、资产证券化业务、交易对手信用风险的资本金要求等,扩大了资本监管对于银行各个业务领域的风险覆盖。就监管资本的数量而言,与业界预期的相符,巴塞尔协议Ⅲ将银行核心一级资本的最低要求从2%提高到7%,集中反映了国际社会对加强资本监管的共识和决心。

(2) 巴塞尔协议Ⅲ还要求商业银行建立逆周期超额资本,防范银行体系信用风险过大而引发的系统性风险,由此形成一种正式的缓解银行逆经济周期效应的制度安排。逆周期超额资本由普通股和其他高质量资本构成,监管标准为0~2.5%。监管部门可以根据经济的波动情况进行动态设置,用于吸收经济陷入衰退和系统性金融危机发生所导致的损失。为防止金融机构出现“大而不倒”的情况,巴塞尔协议Ⅲ还对系统重要性金融机构提出了额外的监管要求。具体表现在巴塞尔委员会对系统性重要金融机构实施了更为严格的监管指标和监管方式，如要求这些机构定期上报“生前遗嘱”(Living Wills)等。这一更为慎重的监管安排主要是保证一旦危机到来，金融机构可以按照此前的安排快速有序地退出市场体系。

(3) 巴塞尔协议Ⅲ引入杠杆率监管标准，避免银行受到内在脆弱性因素的影响。2008年金融危机期间商业银行的去杠杆化过程，放大了金融体系脆弱性的负面影响。危机也凸显了银行的杠杆率与资本充足率同等重要，仅仅强调资本充足率而忽视杠杆率将无法保证银行体系的稳健。吸取了有关教训，金融危机后的国际金融监管新规扩大了风险资产的覆盖面，即资本相对应的风险资产必须包括表内和表外，既包括银行账户，也包括交易账户。鉴于此，巴塞尔协议Ⅲ引入了杠杆率指标，杠杆率是核心资本与银行表内外总资产的比例。这一指标将作为最低风险资本比例监管指标的补充，以防范银行内部计量模型存在偏差而带来的风险。通过设置与具体资产风险无关的杠杆率监管指标，一定程度上可以防止银行从事大量表外产品交易引发的风险，特别是复杂衍生品投资所带来的风险。目前，巴塞尔委员会已经就杠杆率监管标准达成了共识。自2013年起按照3%的标准检测该指标的有效性，并从此进入该指标的过渡期；2018年起正式将杠杆率指标纳入巴塞尔协议第一支柱框架。杠杆率监管指标的提出，为银行体系的杠杆经营设置了风险底线，降低了去杠杆化行为可能对金融体系和金融稳定带来的负面冲击，有效避免了银行内在脆弱性的负面影响。

(4) 巴塞尔委员会建立了流动性风险监管标准，增强银行体系维护流动性的能力。巴塞尔委员会引入了两个流动性监管新指标，即流动性覆盖率(LCR)和净稳定融资比率(NSFR)。具体而言，流动性覆盖率指银行流动性资产储备与压力情景下30日内净现金流出量之比，用于度量短期(30日内)单个银行流动性状况，目的是提高商业银行短期应对流动性停滞的敏感性。净稳定融资比率指可用的稳定资金与业务发展所需资金之比，用于衡量银行在中长期内可供使用的稳定资金来源是否足以支持其资产业务发展，也可以反映中长期内银行所拥有的解决资产负债期限错配的资源和能力。这两个指标的提出，将能够进一步增加银行维护流动性的能力。

二、银行资本管理与对策

银行资产结构和资本结构的差异直接影响资产风险的大小及核心资本的数量。银行在满足资本要求时，必须充分考虑资产结构和资本结构，分别采取分母对策和分子对策。分母对策有压缩银行的资产规模、调整资产结构等，而分子对策有内源资本策略和外源资本策略。

(一) 分子对策

增加核心资本和附属资本以提高资本金总额。首先是增加核心资本，主要方法如下：

(1) 财政注资。财政注资是由国有商业银行其的国有独资性质决定的，即国家财政从每年的财政预算中切块或选择发行特别国债的方式向国有商业银行注资。

(2) 利润留成。即从利润中留存积累，通过法定程序转增资本金。但是这必须以商业银行拥有较高的利润为前提。

(3) 从股票市场募集资本金。在经济发达的国家和地区，上市融资是商业银行扩大资本规模的基本途径。

(4) 营业税返还。除了直接注资外，政府还有一种间接注资方式，即营业税返还。目前看来，我国商业银行承担着较高的税负，因此有必要降低商业银行的营业税及附加。

其次是增加附属资本。从我国商业银行的资本构成可以看出，国有商业银行的附属资本在银行资本金中的比重极低，因此通过增加附属资本来提高资本充足比率操作空间应该很大。

(1) 增提准备金。准备金分为普通准备金和特殊准备金，普通准备金是用于防备目前尚不能确定的损失的，特殊准备金是用于弥补某类特别资产或已知负债所遭受的确定损失的。

(2) 发行长期金融债券。从国际银行业的发展趋势和我国现实情况分析，目前通过发行长期次级金融债券补充国有商业银行附属资本是提高资本充足率的可行途径之一，它不仅可以增加商业银行的资本金、提高资本充足率，还能够促使其增强资本金管理的主动性和灵活性。

(二) 分母对策

分母对策即降低风险资产的规模。降低风险资产主要有两种途径：

(1) 调整资产的风险分布结构。由于目前国内银行业实行的是银行、保险、证券分业经营分业管理的架构，而且境内资本市场上可以运用的资本工具又非常有限，因此国内商业银行的资产投向比较单一。这首先表现在信贷资产占总资产的比重较高，另外，为提高资本充足率，许多银行采取了信贷资产证券化的形式，信贷资产从表内转到表外，以达到降低风险资产的目的。

(2) 降低资产的不良率。大量的不良贷款是导致国有商业银行风险资产较大的另一个重要因素。不良贷款不仅使风险资产增大，同时作为资本扣减项的呆账贷款，对资本充足率的影响更是举足轻重。大量呆账贷款的存在使种种增加资本的努力都显得苍白无力，可以说大量的不良贷款是影响我国商业银行资本充足率提高的根源。

资产内部风险结构的调整对资本充足率的影响只是一个渐进的过程，并且跟外部政策有很大的关系。如何处理好风险和盈利的关系，是衡量商业银行经营管理水平高低的标尺。

第三节/商业银行业务管理

一、银行负债的构成和重要性

银行负债有广义和狭义之分。广义的负债是指除银行自有资本以外的一切资金来源，包括资本期票和长期债务资本等二级资本的内容；狭义负债则指银行存款、借款等一切非资本性的债务，由存款负债、借入负债和结算中的负债构成。本节以狭义负债为研究对象。银行负债的规模和结构，决定了整个银行的经营规模和经营方向；而负债结构和成本的变化，则极大地影响着银行的盈利水平和风险状况。

负债业务是商业银行资产业务与中间业务开展的基础与前提，对商业银行的经营具有重要意义，这种重要性主要从以下几方面表现出来：①负债业务是商业银行吸收资金的主要来源，是银行经营的先决条件；②银行负债是保持银行流动性的手段；③银行负债构成社会流通中的货币量；④负债业务是商业银行同社会各界建立广泛联系的主要渠道；⑤负债业务是银行业竞争的焦点。

（一）商业银行的存款业务

在商业银行负债业务中，存款业务是其最基本、最主要的业务。在商业银行的全部资金来源中，90%以上来自负债。负债结构和成本的变化决定着银行资金转移价格的高低，从而极大地影响着银行的盈利水平和风险状况。存款始终是商业银行的主要负债和经常性的资金来源。

1. 传统的存款业务

活期存款、定期存款和储蓄存款，是各国商业银行的传统存款业务。

(1) 活期存款

活期存款是指客户不需预先通知，可随时提取或支付的存款。开立这种存款账户是为了通过银行进行各种支付结算，储户可以随时开出支票对第三者进行支付而不用事先通知银行，因此，活期存款又被称为支票存款。

长期以来，活期存款一直是商业银行的主要经营对象和主要负债，这是因为活期存款具有以下作用：①运用活期存款的稳定余额发放贷款，能有效提高银行的盈利水平；②通过活期存款的货币支付手段和流通手段职能，提高银行的信用创造能力；③活期存款还是商业银行扩大信用、联系客户的重要渠道。

(2) 定期存款

定期存款是相对于活期存款而言的，它是一种由储户预先约定存储期限的存款。存款期限在美国最短为 7 天，在我国通常为 3 个月、6 个月或一年不等，期限长的则可达五年和十年。定期存款一般要在到期日凭银行签发的定期存单来提取，银行根据到期的存单计算应付本息，如果持有到期存单的储户要求续存时，银行则另外签发新的存单。

定期存款对储户和商业银行都有好处。对储户而言，定期存款是储户到期提取存款的凭证，是存款所有权及获取利息的证明，虽然它不能像支票一样转让流通，但可以作为动产抵押品取得银行贷款。同时，储户可以获得稳定的利息收入而仅承担很小的风险。对商业银行而言，定期存款存期固定，且存期较长，从而为商业银行提供了稳定的资金来源，对商业银行长期放款和投资具有重要意义；而且，定期存款的营业成本低于活期存款，这也显然有利于提高银行的盈利水平。

(3) 储蓄存款

储蓄存款一般是个人为积蓄货币和获得利息收入而开立的存款账户。储蓄存款通常由银行发给储户存折，以此作为存款和提现的凭证(一般不能签发支票)。由于储蓄存款可以稳定运用，故其利率较高。储蓄存款按其支付方式可以分为活期储蓄和定期储蓄两种。关于储蓄存款的概念，国内外存在着明显的差异。在国外，储蓄存款的储户包括居民个人、政府和企业。我国的储蓄存款则专指居民个人在银行的存款，政府机关、企业单位的所有存款都不能称为储蓄存款。

2. 存款工具的创新

为了适应激烈的金融竞争，近些年来西方商业银行纷纷开发出一些新的账户存款形式。其特点是既能灵活方便地支取，又能给客户计付利息。这些新型的账户存款，为客户提供了更多的选择，充分满足了存款者对安全、流动和盈利的要求，从而吸引了更多的客户，为商业银行扩大了资金来源。

美国具有代表性的一些存款工具创新包括：

(1) 可转让支付命令账户(NOWs)。这是一种对个人和非盈利机构开立的、计算利息的支票账户，也称为付息的活期存款。它以支付命令书取代了支票，实际上是一种不使用支票的支票账户。开立这种账户的储户，可随时开出支付命令书，或直接提现，或直接向第三者支付，对其存款余额可取得利息收入。

(2) 可转让定期存单(CDs)。这是一种具有固定期限和固定利率的、可在市场上转让的银行存单，它是西方国家商业银行执行负债管理政策的主要金融中介工具。可转让定期存单面额较大，从10万美元至100万美元不等，利率一般高于同期储蓄存款，并且可随时在二级市场出售转让，因此对客户颇具吸引力。

(3) 货币市场存款账户(MMDA)。其性质介于储蓄存款和活期存款之间，主要特点是：①要有2500美元的最低限额；②没有利率上限，其存款利息是以公布的每日利率为基础随时计算的；③10万美元的存款额可得到联邦存款保险公司的保险；④存款者每月可办理6次自动转账或电话转账，其中3次以下可使用支票，但个人取款不受限制；⑤对存款不规定最低期限，但银行有权利要求客户在提款时应提前7天通知银行。

(4) 自动转账服务账户(ATS)。其主要内容是:储户同时在银行开立两个账户,即储蓄账户和活期存款账户。活期存款账户的余额始终保持1美元,其余额转入储蓄账户可获得利息收入。当银行收到储户开出的支票付款时,可将支付款项从储蓄账户转到活期存款账户上进行自动转账,及时支付支票上的款项。开立自动转账服务要求缴纳存款准备金,而储户对于银行提供的转账服务需要支付一定的服务费。

(5) 特种储蓄存款。这是商业银行针对客户某种特殊需求而设计的存款创新工具,该工具品种繁多,包括养老金储蓄、存贷结合储蓄、旅游账户、教育账户、假期账户、宠物账户,等等。特种储蓄存款充分满足了不同客户的个性化需要,深受客户欢迎,因此得到了快速发展。

(二) 短期借款的经营管理

短期借入负债对商业银行经营具有重要意义:为商业银行提供了非存款资金来源;是满足商业银行周转金需要的重要手段;同时提高了商业银行的资金管理效率,扩大了银行的经营规模,又加强了与外部的联系和往来。短期借入负债主要用于弥补短期头寸的不足,对时间和金额上的流动性需要非常明确,利率风险较高。

商业银行的短期借款有同业拆借、向中央银行借款、大面额存单以及欧洲货币市场借款等主要渠道。

同业借款是指金融机构之间的短期资金融通活动,主要有银行同业拆借、转贴现和转抵押。同业拆借,即银行相互之间的短期借款,主要满足临时性调剂资金头寸的需要,维持商业银行日常性的资金周转。转贴现借款是指商业银行在资金紧张、周转不畅的情况下,将已经贴现但仍未到期的票据,交给其他商业银行或贴现机构进行转贴现以取得借款的方法。它实际上是中央银行以外的投资人在二级市场上进行票据交易的行为。转抵押借款是商业银行在资金紧张、中央银行控制很严、资金周转不畅时,可以通过抵押的方式,向其他同业银行取得资金。作为抵押的资产,大部分是客户的抵押资产(包括动产和不动产),银行将其转抵押给其他银行。

当商业银行出现资金不足时,除了可以在金融市场上筹资外,还可以向中央银行借款。商业银行向中央银行借款主要有两种形式:一是再贷款,二是再贴现。再贷款是中央银行向商业银行的信用放款,也称直接贷款;再贴现指经营票据贴现业务的商业银行将其买入的未到期的贴现汇票向中央银行再次申请贴现,也称间接贷款。在市场经济发达的国家中,由于商业票据和贴现业务广泛流行,再贴现就成为其商业银行向中央银行借款的主要渠道;而在商业信用不太发达、商业票据不太普及的国家,则主要采取再贷款的形式。

商业银行可以通过在金融市场上发行短期金融债券来筹资,其中大面额定期存单是其主要形式。大面额存单兼有活期存款流动性和定期存款盈利性的优点，可以转让，具有较高的利率。

在欧洲货币市场上，可以不受利率管制，在税收及存款方面的要求也较宽松，还可以逃避一些国家金融法规的管制。西方国家的商业银行在欧洲货币市场上借入短期负债的方式，主要是通过吸引固定利率的定期存款；另外，商业银行还可以在欧洲货币市场上出售商业银行承兑汇票、银行承兑票据等来筹集短期资金，或者直接向其他银行借入短期款项。

（三）商业银行的长期借款

商业银行的长期借款主要指各种类型的中长期金融债券。

金融债券突破了银行原有存贷关系的束缚，它面向社会筹资，筹资范围广泛，既不受银行所在地区资金状况的限制，也不受银行自身网点和人员数量的束缚。债券的高利率和流动性相结合，对客户有较强的吸引力，有利于银行提高筹资的数量和速度；同时，发行债券所筹的资金不用缴纳法定准备金，这也有利于提高银行资金的利用率。发行金融债券作为商业银行筹集长期资金的主要途径，使银行能根据资金运用的项目需要，有针对性地筹集长期资金，使资金来源和资金运用在期限上保持对称，从而成为商业银行推行资产负债管理的重要工具。

金融债券的主要功能在于拓宽了商业银行的负债渠道，促进了银行负债来源的多样化，增加了负债的稳定性。但与存款相比，金融债券的局限性也相对比较明显：①金融债券发行的熟练利率、期限都受到管理当局有关规定的严格限制，银行筹资的自主性不强；②金融债券除利率较高外，还要承担相应的发行费用，筹资成本较高，受银行成本负担能力的制约；③债券的流动性受市场发达程度的制约，在金融市场不够发达和完善的发展中国家，金融债券种类少，发行数量也远远小于发达国家。

二、资产业务

（一）现金资产业务

现金资产是商业银行所有资产中最具流动性的资产。商业银行经营的对象是货币，其资金来源的性质和业务经营的特点，决定了商业银行必须保持合理的流动性，以应付存款提取及贷款需求。商业银行要维持资产的流动性，保持清偿力和获取更有利的投资机会，必须持有一定比例的现金资产，并对其进行科学管理。直接满足流动性需求的现金资产管理是商业银行资产管理最基本的组成部分。

现金资产是银行持有的库存现金以及与现金等同的可随时用于支付的银行资产。商业银行的现金资产一般包括以下几类：

(1) 库存现金。它是指商业银行保存在金库中的现钞和硬币。库存现金的主要作用是银行用来应付客户提取现金和银行本身的日常零星开支。从经营的角度讲，库存现金不宜太多。库存现金的经营原则就是保持适度的规模。

（2）在中央银行存款。这是指商业银行存放在中央银行的资金，即存款准备金。在中央银行存款由两部分构成：一是法定存款准备金，二是超额准备金。只有超额准备金才是商业银行的可用资金，法定存款准备金是按照法定准备金率向中央银行缴存的存款准备金。规定缴存存款准备金的最初目的，是为了银行备有足够的资金以应付存款人的提取，避免因流动性不足而产生流动性危机，导致银行破产。目前，存款准备金已经演变成为中央银行调节信用的一种政策手段。缴存法定比率的准备金具有强制性。

（3）存放同业存款。它是指商业银行存放在代理行和相关银行的存款。在其他银行保持存款的目的，是为了便于银行在同业之间开展代理业务和结算收付。由于存放同业的存款属于活期存款的性质，可以随时支用，因此可以视同银行的现金资产。

（4）在途资金。它也称托收未达款，是指在本行通过对方银行向外地付款单位或个人收取的票据。在途资金在收妥之前，是一笔占用的资金，又由于通常在途时间较短，收妥后即成为存放同业存款，所以将其视同现金资产。

（二）贷款业务

贷款是商业银行的传统核心业务，也是商业银行最主要的盈利资产，是商业银行实现利润最大化目标的主要手段，然而它也是一种风险较大的资产，是商业银行经营管理的重点。

银行贷款是商业银行作为贷款人按照一定的贷款原则和政策，以还本付息为条件，将一定数量的货币资金提供给借款人使用的一种借款行为。这种借款行为有贷款对象、条件、用途、期限、利率和方式等因素构成。而这些因素的不同组合，就形成了不同的贷款种类。

从银行经营管理的需要出发，可以对银行贷款按照不同的标准进行分类。

商业银行贷款按照偿还期限的长短，又可分为短期贷款、中期贷款和长期贷款。短期贷款是指期限在一年以内（含一年）的各项贷款，中期贷款是指期限在一年（不含一年）以上五年（含五年）以内的各项贷款，长期贷款指期限在五年（不含五年）以上的各项贷款。

按贷款的保障条件划分，银行贷款可以分为信用贷款、担保贷款和票据贴现。信用贷款是指银行完全凭借客户的信誉而无需提供抵押物或第三者保证而发放的贷款，这类贷款从理论上讲风险较大，因此，银行要收取较高的利息，一般只向银行熟悉的较大公司借款人提供，对借款人的条件要求较高。担保贷款是指具有一定的财产或信用作还款保证的贷款。根据还款保证的不同，具体可分为抵押贷款、质押贷款和保证贷款。抵押贷款是指按《中华人民共和国担保法》规定的抵押方式，以借款人或第三者的财产作为抵押发放的贷款；质押贷款是指按《中华人民共和国担保法》规定的质押方式，以借款人或第三者的动产或权利作为质物发放的贷款;保证贷款是指按《中华人民共和国担保法》规定的保证方式,以第三人承诺在借款人不能偿还贷款时,按约定承担一般保证责任或者连带责任而发放的贷款。票据贴现是贷款的一种特殊方式,它是指银行应客户的要求,以现款或活期存款买进客户持有的未到期的商业票据的方式发放的贷款。票据贴现实行预扣利息,票据到期后,银行可向票据载明的付款人收取票款。如果票据合格,且有信誉良好的承兑人承兑,这种贷款的安全性和流动性都比较好。

按贷款的质量和风险程度划分,银行贷款可以分为正常贷款、关注贷款、次级贷款、可疑贷款和损失贷款等五类,其中后三类即所谓的不良贷款。正常贷款是指借款人能够履行借款合同,有充分把握按时足额偿还本息的贷款;这类贷款的借款人财务状况无懈可击,没有任何理由怀疑贷款的本息偿还会发生任何问题。关注贷款是指贷款的本息偿还仍然正常,但是发生了一些可能会影响贷款偿还的不利因素。如果这些因素继续下去,则有可能影响贷款的偿还,因此,需要对其进行关注或监控。次级贷款是指借款人依靠其正常的经营收入已经无法偿还贷款的本息,而不得不通过重新融资或拆东墙补西墙的办法来归还贷款,表明借款人的还款能力出现了明显的问题。可疑贷款是指借款人无法足额偿还贷款本息,即使执行抵押或担保,也肯定要造成一部分损失。这类贷款具备了次级贷款的所有特征,但是程度更加严重。损失贷款是指在采取了所有可能的措施和一切必要的法律程序之后,本息仍无法收回,或只能收回极少部分。对这类贷款,银行已没有意义将其继续保留在资产账面上,应当在履行必要的内部程序之后,立即冲销。

(三)银行证券投资业务

证券投资已成为商业银行重要的资产业务,它不仅为银行带来丰厚的利润,还为银行在流动性管理、资产优化配置以及合理避税等方面起到了积极作用。

商业银行证券投资是指为了获取一定收益而承担一定风险,对有一定期限的资本证券的购买行为。它包含收益、风险和期限三个要素,其中收益与风险成正比,期限则影响着投资的收益率与风险的大小,因此也制约着商业银行对不同环境、不同收益率、不同风险的证券投资的选择。

商业银行作为经营货币资金的特殊企业,其经营的总目标是追求经济利益。与此相一致,银行证券投资的基本目的是在一定风险水平下使投资收入最大化。围绕这个基本目标,商业银行证券投资具有以下几个主要功能。

(1)获取收益。从证券投资中获取收益是商业银行投资业务的首要目标。商业银行证券投资的收益包括利息收益和资本收益。利息收益是指银行购买一定量的有价证券后,依证券发行时确定的利率从发行者那里取得的利益;资本收益是指银行购入证券后,在出售或偿还时收到的本金高于购进价格的余额。

(2)分散风险。降低风险的一个基本做法是实行资产分散化以分散风险。

银行证券投资在分散风险方面有特殊的功效或特殊的作用。第一,证券投资为银行资产分散提供了一种选择。第二,证券投资风险比贷款风险小,更有利于资金运用。另外,证券投资比较灵活,可以根据需要随时买进卖出。

(3) 保持流动性。商业银行保持一定比例的高流动性资产是保证其资产业务安全的重要前提。在现金作为第一准备使用后,银行仍然需要有二级准备(指银行的短期证券投资)作为补充。此外,银行购入的中长期证券也可在一定程度上满足流动性要求,只是相对短期证券其流动性要差一些。

商业银行证券投资的主要种类分为:①国库券。国库券是政府发行的短期债券,期限在一年以内,所筹资金主要用于弥补中央财政预算暂时性的收支不平衡。②中长期国家债券。中长期国家债券是政府发行的中长期债务凭证,2～10年为中期国家债券,10年以上为长期国家债券,所筹资金用于平衡中央财政预算长期缺口(即赤字)。③政府机构债券。政府机构债券是指除中央财政部门以外其他政府机构所发行的债券,如中央银行发行的融资债券、国家政策性银行发行的债券等。④市政债券或地方政府债券。市政债券是由地方政府发行的,所筹集的资金多用于地方基础设施建设和公益事业发展。

(四) 租赁与信托

租赁和信托是一项古老的传统业务,在当今世界已成为一种相对独立的现代化业务。商业银行具有开展租赁与信托业务的相应条件和独特优势,现代经济的发展客观上也要求银行将租赁和信托视为新的业务增长点。当代发达国家的大型商业银行无不十分重视租赁和信托业务的开拓和发展。

租赁是一项古老的传统业务,它是指收取租金为条件并出让物件使用权的经济行为。现代租赁也称金融租赁或融资租赁,是以融资为主要目的一种租赁活动。它的概念包括下面几项内容:①就租赁目的而言,承租人是为了进行设备投资而进行租赁的;②承租人在租赁期满后,对租赁设备有停租、续租的权利,也有留购的选择权,即可以按一定的名义价款取得设备的所有权;③在现代租赁中,出租人提供的租赁物一般不是通用设备,而是承租人根据自己的生产需要而选定的具有一定规格、性能和型号的生产设备;④从租赁期限上看,融资租赁的期限较长,并且是不中断的,承租人必须按合同定期交付租金,不得中途解除合同。

现代租赁是具有融资和融物双重性能的信用交易,它是企业进行长期资本融通的一种手段。由于现代租赁是以"融物"的形式进行"融资",采取的是金融和贸易相结合的方式,因此不同于银行借款、发行公司债券、分期付款等长期信贷方式,而成为一种独立的信用形式。

信托即信任委托,是指委托人为了自己或第三者的利益将自己的财产或有关事物委托别人管理、经营的一种经济行为。信托业务一般牵涉到三个方面的当事人,即授人信用的委托人、受信于人的受托人和受益于人的受益人。其运作的基本程序是：委托人依照契约的规定，为自己或第三者（受益人）的利益，将财产的权利转让给受托人，由受托人依据谨慎人原则（即像一个小心谨慎的人处理自己的财产那样）占有、管理和使用信托财产，并处分其收益。

信托业务基本是以接受委托者的货币资金作为信托财产的资金信托，主要有以下几种形式：

(1) 信托存款。是指银行信托机构根据客户的存款申请吸收存款并代为管理和运用的业务。按是否指定用途和收益方法，信托存款可分为特约信用存款和普通信用存款。

(2) 信托贷款。它是银行信托机构支用吸收的信托存款、自有资金和筹集的其他资金发放的贷款。

(3) 信托投资。它是银行信托机构运用信托存款、自有资金、发行债券所得资金，以投资者的身份为生产、经营企业进行投资。其主要方式有股份投资和合作投资。

(4) 委托存款。它是委托人按规定向银行信托机构交存的，由银行信托机构按委托人指定的对象、用途自由使用和管理的资金。

(5) 委托贷款。它是委托人按规定向银行信托机构接受委托人的委托，在委托人存入委托款额度内，按其指定的对象、用途、期限、利率和金额等发放贷款，并负责到期收回本息的一项金融信托业务。

(6) 委托投资。它是委托人将资金事先存入银行信托机构作为委托投资基金，委托银行信托机构向其他指定的联营或投资单位进行投资，并对投资的使用情况、投资单位的经营状况及利润分红等进行管理和监督的一种金融信托业务。

(7) 公益基金信托、劳保基金信托。公益基金是指由政府、社会团体、单位或个人资助、赞助、捐赠的，用于社会进步和社会福利等公益事业的基金；劳保基金是指由劳动部门或街道办事处组织，实行退休金、福利金统筹的国有企业或集体企业每月从公益金及职工工资中各提取一部分，用于职工退休金或其他福利劳保费用的基金。

(8) 个人特约信托。它是指银行信托机构接受个人委托，代为管理、经营或处理其财产，以实现其指定目的的信托业务。个人特约信托分为生前信托和遗嘱信托两种。

(9) 证券投资信托。它是由商业银行将个人、企业或团体的投资资金集中起来，代替投资者进行有价证券投资，最后将投资和本金偿还给受益人的信托业务。

(10) 动产或不动产信托。它是指银行信托机构接受大型设备或财产所有者的委托，以融通资金为目的的信托行为。

(11) 公司信托。它是由法人创立的信托。当一个法人发行股票或债券时，可以委托银行机构办理发行、登记、过户、还本付息、支付股利等工作。在发行抵押公司或设有偿债基金的公司债时，法律规定必须委托信托机构掌握抵押品或偿债基金。

三、中间业务和表外业务

为了规避资本管制、增加盈利来源、转移和分散风险，并适应客户对银行服务多样化的要求，商业银行利用其自身的优势和高新技术大力发展表外业务。这是在金融国际化、金融自由化和金融证券化条件下，商业银行追求发展的一种选择。二十多年来，西方国家商业银行的表外业务有了相当惊人的发展，这首先表现在商业银行表外业务金额上。随着表外业务的大量增加，商业银行的非利息收入也迅速增长。从表外业务的收入来看，在西方发达国家，最低的已达到银行业务总收入的25%以上，大银行甚至超过50%，由表外业务所提供的服务种类也在迅速增加。

广义的表外业务是指商业银行从事的，按通行的会计准则不列入资产负债表内，不影响其资产负债总额，但能影响银行当期损益、改变银行资产报酬率的经营活动。广义的表外业务除了包括狭义的表外业务，还包括传统的无风险的中间业务。

狭义的表外业务一般是指有风险的经营活动，应当在会计报表的附注中予以提示。包括担保类中间业务、承诺类中间业务和交易类中间业务。担保类中间业务是指商业银行为客户债务清偿能力提供担保，承担客户违约风险的业务，主要包括银行承兑汇票、备用信用证、各类保函等；承诺类中间业务是指商业银行在未来某一日期按照事先约定的条件向客户提供约定信用的业务，主要指贷款承诺，包括可撤销承诺和不可撤销承诺两种；交易类中间业务是指出于管理等方面的需要，利用各种金融工具进行的资金交易活动，主要包括金融衍生业务。

商业银行的中间业务是传统的无风险的表外业务，包括结算业务、租赁和信托业务、代理业务和信息咨询业务等。这些业务具有收入稳定、风险度较低的特点，它集中体现了商业银行的服务型功能。主要包括支付结算性中间业务、银行卡业务、代理类中间业务、基金托管业务和其他种类中间业务如保管箱业务等。支付结算类业务是指由商业银行为客户办理因债权债务关系引起的与货币支付、资金划拨有关的收费业务，如结算、进口押汇、信用卡业务等；银行卡是由经授权的金融机构（主要指商业银行）向社会发行的具有消费信用、转账结算、存取现金等全部或部分功能的信用支付工具；代理类中间业务是指商业银行接受客户委托、代为办理客户指定的经济事务、提供金融服务并收取一定费用的业务，包括代理政策性银行业务、代理中国人民银行业务、代理商业银行业务、代收代付业务、代理证券业务、代理保险业务、代理其他银行的银行卡收单业务等；基金托管业务是指有托管资格的商业银行接受基金管理公司委托，安全保管所托管的基金的全部资产，为所托管的基金办理资金清算款项划拨、会计核算、基金估值、监督管理人投资运作，包括封闭式证券投资基金托管业务、开放式证券投资基金托管业务和其他基金的托管业务。

第四节/商业银行经营管理

一、商业银行经营管理一般原则

商业银行经营管理是一个权衡利害、趋利避害的过程，在长期的经营实践中，形成了商业银行经营管理的三大原则，在保证资金安全、保持资产的流动性基础上争取最大的盈利，即通常所说的安全性原则、流动性原则和盈利性原则。

(1) 安全性原则。安全性原则即要求银行在经营活动中必须保持足够的清偿能力，经得起重大风险和损失，能够随时应付客户提存，使客户对银行保持坚定的信任。

(2) 流动性原则。流动性指商业银行随时应付客户提存以及银行支付需要的能力。商业银行的流动性包括资产的流动性和负债的流动性。资产的流动性是指资产的变现能力，衡量资产流动性的标准有两个：一是资产变现的成本，某项资产变现的成本越低，该项资产的流动性就越强；二是资产变现的速度，某项资产变现的速度越快，则该项资产的流动性就越强。负债的流动性是指银行以适当的价格取得可用资金的能力。衡量银行负债流动性的标准也有两个：一是取得可用资金的价格，取得可用资金的价格越低，该项负债的流动性就越强；二是取得可用资金的时效，取得可用资金的时效越短，则该项负债的流动性就越强。

(3) 盈利性原则。盈利性指商业银行在其经营活动中获取利润的能力，它是商业银行经营管理的基本动力。盈利性原则要求商业银行经营管理者尽可能地追求利润最大化。商业银行的盈利主要来自于业务收入与业务支出的差额。商业银行的业务收入包括贷款利息收入、投资收入与劳务收入等，其业务支出包括吸收存款的利息支出、借入资金的利息支出、贷款与投资的损失以及工资、办公费、设备维修费、税金支出等。

在决策时应该坚持盈利性和安全性权衡的原则。首先，安全性是商业银行经营的客观要求；其次，安全性与盈利性是一对矛盾。商业银行经营管理的原则是保证信贷资金流动性、安全性和盈利性的有效统一，这是银行管理者决策的依据。

二、资产负债管理理论和策略的发展

商业银行的资产负债管理有广义和狭义之分。广义的资产负债管理，指商业银行按一定的策略进行资金配置，来实现银行流动性、安全性和盈利性的目标组合。它既不单纯站在资金运用如信贷、证券投资等角度,也不单纯站在资金来源如资本金、存款、借款等角度,而是考虑银行整体资金的配置状态,以实现银行的经营目标。广义的资产负债管理按其经历的过程,可分为资产管理思想阶段、负债管理思想阶段和资产负债综合管理思想阶段。狭义的资产负债管理主要指在利率波动的环境中,通过策略性改变利率的敏感资金的配置状况,来实现银行的目标净利息差额,或者通过调整总体资产和负债的持续期,来维持银行正常的净值。

(一)资产管理理论

资产管理理论产生于商业银行建立初期,一直到20世纪60年代,它都在银行管理领域中占据着统治地位。这种理论认为,由于银行资金的来源大多是吸收活期存款,提存的主动权在客户手中,因此银行管理起不了决定作用。但是银行掌握着资金运用的主动权,于是银行侧重于资产管理,争取在资产上协调流动性、安全性与盈利性问题。随着经济环境的变化和银行业务的发展,资产管理理论的演进经历了三个阶段,即商业性贷款理论,转移理论和预期收入理论。

1. 商业性贷款理论

商业性贷款理论又称真实票据理论。这一理论认为,银行资金来源主要是吸收流动性很强的活期存款,银行经营的首要宗旨是满足客户兑现的要求,所以,商业银行必须保持资产的高流动性,才能确保不会因为流动性不足给银行带来经营风险。因此,商业银行的资产业务应主要集中于以真实票据为基础的短期自偿性贷款,以保持与资金来源高度流动性相适应的资产的高度流动性。短期自偿性贷款主要指的是短期的工商业流动资金贷款。

2. 转移理论

转移理论又称资产可转换理论。这一理论认为,银行保持资产流动性的关键在于资产的变现能力,因而不必将资产业务局限于短期自偿性贷款上,也可以将资金的一部分投资于具有转让条件的证券上,作为银行资产的二级准备,在满足存款支付时,把证券迅速而无损地转让出去,兑换成现金,保持银行资产的流动性。

3. 预期收入理论

预期收入理论是一种关于资产选择的理论,它在商业性贷款理论的基础上,进一步扩大了银行资产业务的选择范围。这一理论认为,贷款的偿还或证券的变现能力,取决于将来的收入即预期收入。如果将来收入没有保证,即使是短期贷款也可能发生坏账或到期不能收回的风险;如果将来的收入有保证,即便是长期放款,仍可以按期收回,保证其流动性。只要预期收入有保证,商业银行不仅可以发放短期商业性贷款,还可以发放中长期贷款和非生产性消费贷款。

(二)负债管理理论

负债管理理论盛行于20世纪五六十年代的西方商业银行。该理论在很大程度上缓解了商业银行流动性与盈利性的矛盾。负债管理理论认为，银行资金的流动性不仅可以通过强化资产管理获得，还可以通过灵活地调剂负债达到目的。商业银行保持资金的流动性无需经常保有大量的高流动性资产，通过发展主动型负债的形式，扩大筹集资金的渠道和途径，也能够满足多样化的资金需求，以向外借款的方式也能够保持银行资金的流动性。

负债管理理论意味着商业银行经营管理思想的创新，它变被动的存款观念为主动的借款观念，为银行找到了保持流动性的新方法。根据这一理论，商业银行的流动性不仅可以通过调整资产来保证，还可以通过调整负债来保证，变单一的资产调整为资产负债双向调整，从而减少银行持有的高流动性资产，最大限度地将资产投入到高盈利的贷款中去。而且，商业银行根据资产的需要调整和组织负债，让负债适应和支持资产，也为银行扩大业务范围和规模提供了条件。

（三）资产负债综合管理理论

资产负债综合管理理论总结了资产管理和负债管理的优缺点，通过对资产与负债结构的全面调整，实现商业银行流动性、安全性和盈利性管理目标的均衡发展。这一理论的产生是银行管理理论的一大突破，它为银行乃至整个金融业带来了稳定和发展，对完善和推动商业银行的现代化管理具有积极的意义。

资产负债管理理论的主要内容包括以下三点：

(1) 流动性问题。流动性问题是该理论首要解决的核心问题，它要求从资产和负债两个方面去预测流动性问题，同时又要从这两个方面去寻找满足流动性需要的途径。

(2) 风险控制问题。在控制经营风险方面，明确规定自有资本比例，根据不同的经营环境制定各类资产的风险度标准和控制风险的方法，以资产收益率和资本收益率作为考查银行收益性的主要评估标准。

(3) 资产与负债的对称。通过调整各类资产和负债的搭配，使资产规模与负债规模、资产结构与负债结构、资产与负债的偿还期限相互对称和统一平衡，保持一定的对称关系。这种对称是一种原则和方向上的对称，而不是要求银行资产与负债逐笔对应。

第五节/商业银行的金融创新

金融创新是半个世纪以来世界金融业迅速发展的一种趋势。金融创新是在货币经济走向金融经济、货币外延扩大以及金融功能扩张的背景下，金融业的现实反应。创新为金融发展提供了深厚而广泛的微观基础，是推动金融发展的最为直接的动力；金融创新浪潮的兴起和迅猛发展，给整个金融体制、金融宏观调控乃至整个经济都带来了深远的影响。

一、金融创新的含义

金融创新(Financial innovation)就是在金融领域内各种要素实行新的组合。具体来讲,就是指金融机构和金融管理当局出于对微观和宏观利益的考虑,而对金融机构、金融制度、金融业务、金融工具以及金融市场等方面所进行的创新性的变革和开发活动。

金融创新可以分为狭义的金融创新和广义的金融创新。

(一) 狭义的金融创新

狭义的金融创新,是指近52年的微观金融主体的金融创新,以1961年美国花旗银行首次推出的大额可转让定期存单(CD)为典型标志,特别是20世纪70年代西方发达国家在放松金融管制之后而引发的一系列金融业务的创新。放松金融管制的措施包括放宽设立银行的条件、放松或取消利率管制、放松对商业银行的资产负债管理、允许银行和非银行机构实行业务交叉等,这种制度上和观念上的创新直接导致了国际金融市场不断向深度和广度发展,也使高收益的流动性金融资产得以产生。同时,放松金融管制还增强了金融中介机构之间的竞争,使其负债对利率的弹性大大提高,负债管理的创新理论也由此而产生。

(二) 广义的金融创新

广义的金融创新不仅包括微观意义上的金融创新,还包括宏观意义上的金融创新;不仅包括近52年来的金融创新,还包括金融发展史上曾经发生的所有的金融创新。可以说,金融创新是一个历史范畴,自从现代银行业诞生那天起,无论是银行传统的三大业务、银行的支付和清算系统、银行的资产负债管理,还是金融机构、金融市场、乃至整个金融体系、国际货币制度,都经历了一轮又一轮的金融创新。从某种意义上讲,金融创新也是金融体系基本功能的建设,是一个不断创新的金融体系的成长过程。

二、金融创新的动因及类型

近年来,金融业发展的制度环境发生了很大的变化,金融自由化、科技创新、市场竞争加剧等因素促成了国际金融领域创新浪潮的涌起。

(一) 规避管制的金融创新

20世纪30年代,随着西方国家经济大危机的爆发,各国为了维护金融体系的稳定,相继通过了一系列管制性的金融法令。严格的管制虽然促进了金融体系的稳定,但也造成了严重的“脱媒”现象。于是,政府的严格管制的逆效应产生了——金融机构通过创新来规避管制,寻求管制以外的获利空间。波士顿大学的经济学家爱德华·凯恩(Edward Kane)曾经将规避管制的过程形容为“钻空子”,当约束性规章制度的压力增加,使得规避这些规章制度能够赚取巨额利润时,“钻空子”和创新就很可能产生。

美国《1933年银行法》里的Q条例(Regulation Q)对定期存款利率规定了

最高上限，活期存款不允许支付利息，从而对银行业实行了严格的利率管制，20世纪60年代～80年代通货膨胀和利率的上升加剧了这一管制带来的压力，导致大量金融创新出现。

（二）市场竞争的日益尖锐化

竞争是市场经济的重要规律之一，没有竞争就不是市场经济。随着现代经济一体化和市场的国际化，金融领域的发展极为迅速，金融机构的种类、数量急剧增加，金融资本高度集中，同时向国外市场发展。由此伴随而来的金融机构之间的竞争也日趋激烈，而且面临的风险更大，特别是当经济遇到危机时，市场经济优胜劣汰的本能机制，在金融领域里演绎得更加充分，金融机构倒闭、合并、重组的事件屡见不鲜。所以，为了在竞争中求生存、谋发展，在市场上立于不败之地，金融机构就需要不断地改革与创新。可以说，金融业的发展史，就是一部创新史。

（三）科学技术的进步

20世纪70年代以来，一场以计算机等为根本特征的新技术革命席卷全世界。90年代以后，以网络为核心的信息技术飞速发展，信息产业成为最新兴的产业。这些高新技术也被广泛应用到金融机构的业务处理过程之中，为金融创新提供了技术上的支持，成为技术型金融创新的原动力，促进了金融业的电子化发展。金融电子化给金融业的运作带来的变革主要体现在两方面：一是以自动化处理方式代替了人工化处理方式，从而降低了信息管理的费用，如信息的收集、贮存、处理和传递等一系列过程；二是以自动渠道（如远程、网络银行、电子银行、手机银行等）来改变客户享受金融服务和金融产品的方式。新技术革命提供的技术支持，为金融业务和金融工具的创新创造了必要的条件。

三、商业银行金融创新的主要内容

金融创新的内容十分广泛，各种创新又有着自己的目的与要求。这里，主要从金融制度的创新、金融业务的创新及金融工具的创新等方面进行分析论述。

（一）金融制度的创新

金融制度是金融体系中的一个非常重要的方面。在一系列的金融创新与金融自由化的过程中，金融制度的变化是不可避免的。在制度变革的基础上，金融自由化又会在一个更新层面上展开，进而推动金融创新的深入发展。

金融制度的创新最典型的是分业管理制度的改变。长期以来，在世界各国的银行体系中，历来有两种不同的银行制度，即以德国为代表的“全能银行制”和以美国为代表的“分业银行制”。两者主要是在商业银行业务与投资银行业务的合并与分离问题上的区别。但自20世纪80年代以来，随着金融自由化浪潮的不断升级，这一相互之间不越雷池半步的管理制度已经发生改变，美国于1999年底废除了对银行业经营严格限制六十多年的《斯蒂格尔法案》，允许商业银行合业经营。从目前来看,世界上大多数国家的商业银行的上述两个传统特征和分业界限已逐渐消失,商业银行的经营范围正不断扩大,世界上的著名大银行实际上已经成为“百货公司”式的全能银行,从其发展动向看,商业银行经营全能化、综合化已经成为一种必然的趋势。

金融监管制度也随着金融市场的发展变化而创新。金融市场准入制度趋向国民待遇,促使国际金融市场和跨国银行大发展。在20世纪80年代以前,许多国家均采取了对非国民进入本国金融市场以及本国国民进入外国金融市场以种种限制的各种措施,尤以日本为最甚,在金融自由化浪潮的冲击下,这些限制正逐渐被取消。由于金融创新,使各国之间的经济、金融联系更加紧密,经营的风险也在加大,从而使全球金融监管出现自由化、国际化倾向,各国政府在对国际金融中心、跨国银行的监管问题上更加注重国际间的协调与合作。

(二)金融业务的创新

业务创新是指商业银行利用新思维、新组织方式和新技术,构造新型的融资模式,通过其经营过程,取得并实现其经营成果的活动。

1. 负债业务的创新

商业银行负债业务的创新主要发生在20世纪60年代以后,主要表现在商业银行的存款业务上。

(1) 商业银行存款业务的创新是对传统业务的改造、新型存款方式的创设与拓展,其发展趋势表现在以下四方面:①存款工具功能的多样化,即存款工具由单一功能向多功能方向发展;②存款证券化,即改变存款过去那种固定的债权债务形式,取而代之的是可以在二级市场上流通转让的有价证券形式,如大额可转让存单等;③存款业务操作电算化,如开户、存取款、计息、转账等业务均由计算机操作;④存款结构发生变化,即活期存款比重下降,定期及储蓄存款比重上升。

(2) 商业银行的新型存款账户可谓是五花八门,各有特点,个性化、人性化突出,迎合了市场不同客户的不同需求。比如:可转让支付指令账户(NOW)、超级可转让支付指令账户(Super NOW)、电话转账服务和自动转账服务(ATS)、货币市场互助基金、协议账户、个人退休金账户、定活两便存款账户(TDA)等。

(3) 把存款账户与其他账户合并,为客户的一系列交易支付自动提供多种服务,在美国将这种账户称为现金管理账户。现金管理账户综合了证券信用交易账户、货币市场共同基金和信用卡等多项功能,是一种集多种金融功能于一身的金融新产品。客户开设了该账户并存入了一定数额的资金后,这笔资金立即成为货币市场共同基金账户的资金,用于投资高收益的货币市场工具,享受利息收入。如果该账户的持有者需要对第三者进行大额支付时,可以就货币市场共同基金账户签发支票。如果客户要买卖证券时,款项从货币市场基金中自动扣除或存入。当客户需要进行日常生活的小额支付时,可以用信用卡支付,每月结算时再从货币市场共同基金账户中扣除。

(4) 商业银行借入款的范围、用途扩大化。过去，商业银行的借入款项一般是用于临时、短期的资金调剂，而现在却日益成为弥补商业银行资产流动性、提高收益、降低风险的重要工具，筹资范围也从国内市场扩大到全球市场。

2. 资产业务的创新

商业银行的资产业务的创新主要表现在贷款业务上，最重要一项创新是贷款证券化。贷款证券化作为商业银行贷款业务与国债、证券市场紧密结合的产物，是商业银行贷款业务创新的一个重要表现，它极大地增强了商业银行资产的流动性和变现能力。

商业银行贷款业务的一项重要创新是设计贷款利率与市场利率紧密联系并随之变动的贷款形式，具体形式有：浮动利率贷款、可变利率抵押贷款、可调整抵押贷款等。这些贷款种类的出现，使贷款形式更加灵活，利率更能适应市场变化。

商业银行贷款业务"表外化"也是资产业务的重要创新。为了规避风险、逃避管制，或者为了迎合市场客户之需，商业银行的贷款业务有逐渐"表外化"的倾向。具体业务有回购协议、贷款额度、周转性贷款承诺、循环贷款协议、票据发行便利等。

3. 表外业务的创新

商业银行表外业务的创新，彻底改变了商业银行传统的业务结构，极大地增强了商业银行的竞争力，为商业银行的发展找到了巨大的、新的利润增长点，对商业银行的发展产生了极大的影响。商业银行表外业务创新的内容主要包括结算业务日益向电子转账发展，信托业务的创新与私人银行的兴起，商业银行信息咨询业的创新与发展，商业银行自动化服务的创新，现金管理、代理证券买卖业务，承诺类业务等创新发展。

表外业务虽然没有利息收入，但却有可观的手续费收入。从世界各国银行业的发展情况来看，表外业务发展迅猛，花样品种不断翻新，有些商业银行的表外业务收益已经超过传统的表内业务收益，成为商业银行的支柱业务。

(三) 金融工具的创新

金融工具的创新是金融创新的最主要的内容。近 52 年来出现的金融创新中，最显著、最重要的特征之一就是大量新型的金融工具以令人目不暇接的速度被创造出来。

1. 基本存款工具的创新

众所周知，基本的存款工具有活期存款、定期存款、储蓄存款等，但是，在金融工具的创新过程中，这些基本存款工具的界限早已被打破，形成了一些新的存款工具。它们主要包括可转让支付指令、自动转账服务账户、超级可转让支付指令、货币市场存款账户、个人退休金账户等。这些账户的特点是既能灵活方便地支取，又能给客户计付利息。这些新型存款账户的出现，为客户提供了更多的选择，充分满足了存款人对安全、流动和盈利的多重需求，从而吸引了更多的客户，扩大了商业银行的资金来源。

2. 大额可转让定期存单

商业银行的定期存款以其较高的利率而吸引资金，但其最大的弱点在于流动性差。1961 年由美国花旗银行发行的第一张大额可转让定期存单(CD)，则既可以使客户获得高于储蓄账户的利息，又可以在二级市场上流通、转让而变现，使客户原本闲置在账上的资金找到了短期高利投资的对象，所以一经面世就深受欢迎。

3. 衍生金融工具的创新

衍生金融工具是伴随着近二十年来新一轮金融创新而兴起和发展起来的。它的出现，可以说给当代金融市场带来了划时代的贡献。它除了使人们重新了解了金融资产保值和规避风险的方式、手段之外，还具有很强的杠杆作用，让人们充分体会到了“四两拨千斤”的快感。同时，人们还把衍生金融工具称之为“双刃剑”。如果运用得当，可给金融业带来许多好处，起到传统避险工具无法起到的保值、创收作用；但如果运用失当，也会使市场参与者遭受严重损失，甚至危及整个金融市场的稳定与安全。

四、基于金融创新银行业的重要演变

(一) 影子银行体系的出现与发展

影子银行是一个新概念，最早在 2007 年的美联储年度会议上被提出，又称“影子金融体系”或者“影子银行系统”(Shadow Banking system)，指那些有着部分银行功能却游离于监管体系之外的非银行金融机构及金融行为。在国外，尤其是美国，影子银行及其工具和产品构成了一个相对完整的体系，主要包括投资银行、对冲基金、私募股权基金、结构性投资载体、债券保险公司、货币市场基金以及担保债务凭证、信用违约互换、资产支持商业票据和再回购协议等。

影子银行可以分为三类：①影子银行本身，主要玩家有投资银行、对冲基金、私募股权基金，SIV 和货币市场基金等。②应用影子银行方法的传统银行。这些银行仍在监督管理下运行，同时可获得中央银行的支持，但它们也将影子银行的操作方法运用到了部分业务中。③涵盖了影子银行的工具，主要是一些能够让机构转移风险，提高杠杆率，并能逃脱监管的金融衍生品。

在影子银行这一概念被提出后不久便爆发了次贷危机，房地产按揭贷款的证券化被认为是美国影子银行的核心所在，本应由银行系统承担的房地产贷款被证券化之后，脱离了监管，引发了系统性风险。在 2007 开始的美国次贷危机中渐渐被人们重视，此前一直游离于市场和政府的监管之外，当前也无十分有效的监管方式。

在中国，虽然 2005 年就颁布了《信贷资产证券化试点管理办法》，但贷款证券化行为还没能开展起来，金融衍生品市场还不发达，并没有形成与西方类似的影子银行体系。但由于国内高度严格的金融监管，影子银行仍然以其他形式存在。在中国的市场现实中，影子银行主要涵盖了两块：一块是商业银行销售得如火如荼的理财产品，以及各类非银行金融机构销售的类信贷类产品，比如信托公司销售的信托产品，小额贷款公司、担保公司、信托公司、财务公司和金融租赁公司等进行的“储蓄转投资”业务等；另一块则是以民间高利贷为代表的民间金融体系。根据野村证券研报数据，截至 2010 年，中国“影子银行”放款规模达到 8.5 万亿元，是银行贷款总量的 18%。

银行通过融资类信托理财产品、委托贷款等方式“隐蔽”地为企业提供贷款。通过银信合作，银行可以不采用存款向外发放贷款，通过发行信托理财产品募集资金并向企业贷款。由于信托理财产品属于银行的表外资产而非表内资产，可以少受甚至不受银监部门的监管，银行通过这些方式将表内资产转向表外，从而规避监管牟取超额利益。

银行除了通过发行理财产品参与到影子银行里，委托贷款也是一种重要的方式。我国《贷款通则》明文规定，禁止企业间的直接借贷，但用银行作为中介实现借贷的委托贷款则不在禁止范围内，委托贷款是由委托人提供合法来源的资金，委托业务银行根据委托人确定的贷款对象、用途、金额、期限、利率等代为发放、监督使用并协助收回的贷款业务。委托贷款涉及的公司大多是国企和上市公司，贷款基本流向其控股子公司并且利率不高，大多是基准利率或者稍微上浮，上市公司的控股股东以及控股子公司借上市公司这块金字招牌获得银行低息贷款，上市公司相当于整个集团的资金中转站，将银行贷款以基准利率转贷给关联企业。而在非关联企业委托贷款中，绝大多数流向房地产行业，以追求高收益。

信托公司、小额贷款公司、担保公司、典当行、网贷公司以及各类投资公司等机构其实都在行使着准银行的职能，也被视作影子银行的组成部分。众多的非银行机构交织在一起，形成了一个巨大的民间借贷网络，吸收大量银行资金和民间资金投入到高风险高回报的行业，也催生出一定的风险。而这几类机构有一个共同特点就是监管缺位，导致这些机构有机可乘，为了追求高收益而参与到民间借贷市场，助长了高利贷热潮，加剧了金融风险的累积。

（二）分业经营和混业经营的演化

1. 分业经营

分业银行制度产生的直接原因是 1929 至 1933 年的大危机，这场危机范围广、破坏性大，对美国经济和金融的影响深远。1931 年，美国成立专门委员会研究大危机的原因，美国政府及许多经济界人士普遍认为，银行经营证券投资业务是导致数千家银行倒闭、证券市场暴涨、信用制度崩溃以及经济危机加剧的重要原因。在此背景下，美国国会于 1933 年通过了《格拉斯—斯蒂格尔法》(Class

Steagall Act)，将商业银行业务与投资业务严格分离，从此走上了金融、证券业“分业经营”的道路。接着，美国政府又先后颁布了《1934年证券交易法》《投资公司法》以及《1968年威廉斯法》等一系列法案，进一步加强了对银行业和证券业“分业经营”的管制。这一时期是美国金融史上风靡一时的分业经营时期。它被英国、日本、加拿大、澳大利亚等许多国家纷纷效仿，只有欧洲大陆如德国、法国等由于历史原因继续保持金融混业经营的格局。

2. 混业经营

20世纪80年代以来，西方各国的证券界滋生了一股强大的自由化浪潮，商业银行与证券业的传统区分逐渐消失，金融经营再次出现融合的趋势，这首先体现在英国的“金融大爆炸”(Big Bang)。1986年10月，伦敦证券交易所实行了重大的金融改革：①允许商业银行直接进入交易所从事证券交易；②取消交易最低佣金的规定，公司与客户可以直接谈判决定佣金数额；③准许非交易所成员收购交易所成员的股票；④取消经纪商和营业商的界限，允许二者的业务交叉和统一；⑤实行证券交易手段电子化和交易方式国际化。这一重大改革主要是允许银行兼并证券公司，从而拆除银证之间的防火墙。美国从20世纪80年代以后对银证分业制度逐步松动。1987年，美联储授权部分银行有限度地从事证券业务，并授权一些银行的子公司进行公司债券和股票的募集资金活动。

即使是在严格的“分业经营”时期，美国的证券和银行业也不是丝毫没有联系的。《格拉斯—斯蒂格尔法》在严格限制商业银行业务和投资银行业务的同时，允许商业银行对美国政府及其他联邦政府机构发行的债券进行投资或买卖，也可以动用一定比例的自有资金进行股票、证券的投资和买卖，还可以为客户的证券投资进行代理活动。随着金融国际化趋势的不断加强，外资银行大举进入美国的金融市场，一些发达国家的所谓“金融百货公司”以其先进的技术手段、良好的经营信誉、优质的金融服务以及种类繁多的金融产品对美国金融市场产生了前所未有的冲击。为了保护本国银行业的利益，确保金融市场不出现大的动荡，美国政府在1980年和1982年先后通过了《取消存款机构管制和货币控制法案》和《高恩—圣杰曼存款机构法案》等有关法律，放开了存款货币银行的利率上限，从法律上允许银行业和证券业的适当融合，这就是美国金融史上著名的“80年代金融改革”。

从20世纪90年代中后期开始，美国金融业开始进入完全意义上的“混业经营”时代。1998年4月6日，美国著名的花旗银行与保险公司——旅行者集团宣布合并成立“花旗集团”，从而成为资产近7 000亿美元的全球最大的金融企业集团，实现了跨行业的合并。20世纪90年代初兴起的银行业的并购浪潮大大改变了国际银行业的整体格局，跨行业合并成为新的热点，分业经营的制度不断被现实所突破。在这种国际金融环境下，美联储于1997年初修改了《银行持股公司法》中的个别条例，建立了更有效率的银行兼并和开展非银行业务的申请、审批程序，取消了许多对银行从事非银行业务的限制，商业银行能够更加自由地从事财务和投资顾问活动、证券经纪活动、证券私募发行以及一些其他非银行业务。更加重要的是，美联储扩大了银行持股公司附属机构可以承销和交易证券的范围，并大大减少了可能降低这些业务收益的限制。1999 年 11 月 12 日，时任美国总统的克林顿终于签署了《金融服务现代化方案》，正式宣告实行金融业的“混业经营”制度。

日本也在 1998 年提出金融改革方案，颁布了《金融体制改革一揽子法》。到目前为止，混业经营的趋势还在进一步加强，更多的国家对此给予了配合和响应。

一般而言，分业经营注重整个金融体系的安全与稳定，特别是在封闭条件下，实行分业经营很大程度上能够防范金融风险在银行业、证券业、保险业之间的传递。但分业经营会限制金融机构规模经济的发展道路，严重影响资金的运用效率，在银行和其他金融业务之间构筑起一道无形的藩篱，使这些具有天然联系的金融市场之间排除了有效竞争，促成行业垄断的形成，导致金融业缺乏活力、发展迟缓。相比之下，混业经营则更注重效率。同时，实行混业经营一方面可以吸引大量银行、保险资金进入，增加证券市场规模和经济效益，从而引发国际融资手段的进一步证券化；另一方面也将更有力地推动证券市场朝着国际化目标迅猛发展。这些都是金融业繁荣壮大的积极因素，也是提高本国金融业国际竞争力的重要方式。

金融业综合经营涉及银行、证券和保险行业的跨业经营，综合经营有不同的方式和模式。从西方发达国家的实践来看，综合化经营大体可分为两种类型：①以德国、瑞士、荷兰、奥地利等国为代表的全能银行制。在该模式下，银行可以全面经营存贷款、证券买卖、保险销售等业务。②以美国、日本为代表的金融控股公司模式。在该模式下，由金融机构组建金融控股公司，通过并购或投资控股独立的子公司分别从事银行、证券、保险等业务。

全能银行制允许在一个公司实体内从事所有的金融业务。这种制度具体而言就是“一个法人，多块执照，多种业务”，也叫一级法人模式。在这种制度下的金融公司可以依法从事包括投资企业在内，涉及投资、证券、保险、信托等各种金融业务，将金融业务完全整合，具有开放性和自由性。如图 6-1 所示。

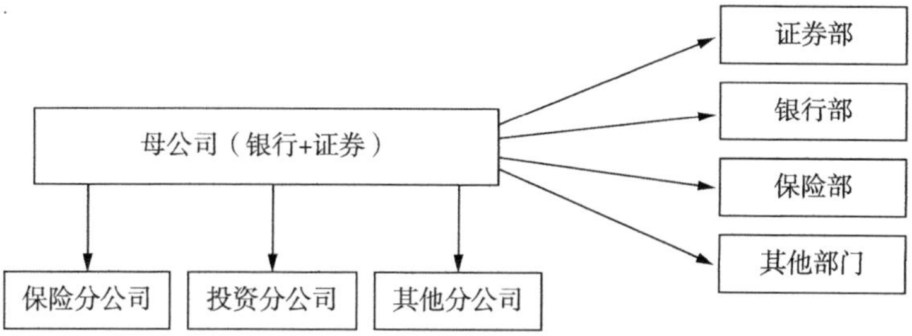

图 6-1 全能银行制模式

该模式的最大优势是管理方便，对银行证券、保险等部门易于调度和协调，公司内部各个部门可以共享资源，增加信息资源的流动性。全能银行则具备一定的信息优势，它可以通过提供广泛系列的金融产品，与企业建立起全面而持续的关系。银企关系的全面性提供能够为银行带来规模经济效益，通过观察企业在其他金融服务上的行为，能够更加了解企业。此外，通过提供大量的服务，全能银行在设计融资合约时有更多的选择工具，并且对企业的管理决策有更多的影响手段。这样就降低了它的代理成本，实现规模经济与范围经济。以银行业与证券业为例，证券业可以利用商业银行的资金优势和网络优势为自己的发展提供便利条件，而银行业也可以通过证券业务进一步密切同企业的关系，争取更多的客户，促进其自身的发展。全能银行制度可以促进银行业务的创新、提高银行业务的竞争力，有利于增加银行收益，并促进社会总效用的上升。例如通过银行业与证券业的全面合作，一方面可以使证券公司利用银行现有的业务渠道和客户资源，降低经营成本和信息成本，满足客户的服务需求；另一方面银行通过资本市场的工具创新，开拓资产业务的种类，增强银行长期资产业务的流动性，降低银行经营风险。

但是全能银行这种模式也存在不少弊端。这种模式不利于协调利益集团间的利益冲突，而且统一调度资金一旦出现问题，将具有传染效应。由于各部门之间没有明显的制度防火墙，也不利于加强金融安全网，当一种金融工具出现风险时，很容易在机构内部传播开来，出现“多米诺骨牌”现象。这就加大了全能银行的经营风险。当金融机构本身规模变得过于庞大时，内部协调成本开始上升，有可能会出现规模不经济的现象。

“金融控股公司”一词是 1999 年美国金融服务现代化法案中提出的新名词，是美国从法律上废止 1933 年银行法肇始的金融分业经营制度，促进银行、证券公司和保险公司之间公司联合经营的一种新的金融组织形式。按照美国《金融服务现代化法案》，金融控股公司可由符合一定条件的银行控股公司转换而来，上述银行控股公司在向美联储备案成为金融控股公司后，可以子公司形式从事证券经纪和承销、保险经纪和承销、商人银行等非银行业务。具体而言，就是“多个法人，多块执照，多种业务”，母公司是一级法人，被控股的子公司是二级法人。这种综合经营模式的特点是：在一个一级法人金融控股公司内有多个法人子公司，统一被控制在一个母公司之下，但子公司彼此之间实行“分业经营，分业管理”。如图 6－2 所示。

3. 我国商业银行分业经营和混业经营的发展演进

1995 年以前，我国金融业混业经营呈现出以下特点：银行兼营信托业和证券业；信托公司兼营银行业务；证券公司介入银行业参与短期融资；金融企业大量从事非金融业务；银行、证券、保险、信托等金融机构纷纷参与实业投资和房地产经营；非金融部门也通过各种方式介入金融业务。鉴于以上情况，1993 年 12

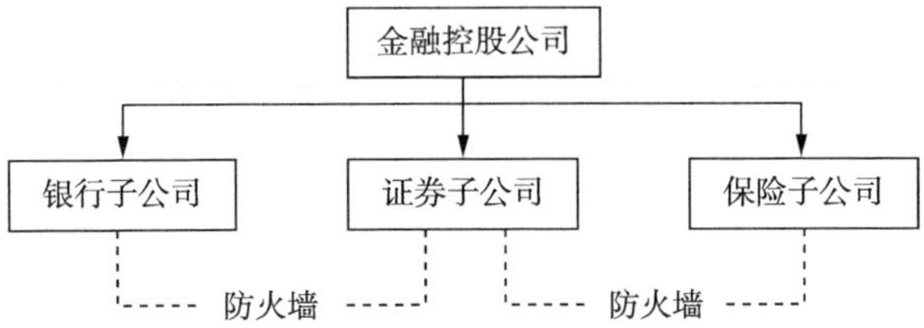

图 6-2 金融控股格式模式

月 25 日，国务院颁布了《关于金融体制改革的决定》，该《决定》规定，“国有商业银行不准对非金融企业投资”“对保险业、证券业、信托业、银行业实行分业经营”“国有商业银行在人、财、物方面要与保险业、证券业、信托业脱钩，实行分业经营”。1995 年，我国颁布了《中华人民共和国人民银行法》《商业银行法》《保险法》，这三部法律基本确定了我国金融体制分业经营的基本格局。1998 年底，我国颁布了《证券法》，其中第六条规定：证券业和银行业、信托业、保险业分业经营、分业管理。证券公司与银行信托保险业务机构分别设立。至此，中国分业经营体制正式确立。

在我国实行分业经营体制时，银行、证券、保险、信托混业经营已是世界金融业发展的主流趋势。为了应对国际竞争，随着金融市场的逐步规范，我国金融的分业限制也逐步放松。

最早的松动是在 1998 年 8 月，央行颁布了《基金管理公司进入银行同业拆借市场管理规定》和《证券公司进入银行同业拆借市场管理规定》，允许券商和基金公司进入银行间同业市场。国务院于 1999 年 10 月批准保险公司购买证券投资基金，这说明在我国虽然原则上采取分业经营和分业管理，但在某些方面已经逐渐松动了分业的限制，采纳适当的混业经营。之后再开始逐步地放松对分业的限制。如 2000 年 10 月的《开放式证券投资基金试点办法》，2001 年 7 月《商业银行中间业务暂行规定》等，开始允许商业银行接受基金管理人委托，办理开放式基金单位的认购、申购和赎回业务，允许商业银行可以进行代理证券业务。

2003 年 12 月，重新修改的《商业银行法》第四十三条规定：“商业银行在中华人民共和国境内不得从事信托投资和证券经营业务。不得向非自用不动产投资或者向非银行金融机构和企业投资。但国家另有规定的除外。”其中，“国家另有规定的除外”这有限的九个字意义却十分重大，为国家以后的政策变化留下了空间。

2005 年 2 月公布施行的《商业银行设立基金管理公司试点管理办法》鼓励商业银行采取股权多元化方式设立基金管理公司。自此，商业银行通过设立基金公司开始涉足证券行业，严格的分业经营的金融体制开始放松，混业趋势开始出现。

2006 年 2 月，银监会公布的中外资银行《行政许可事项实施办法》明确规定,“非银行金融机构可发起设立商业银行,商业银行可收购地方性信托投资公司”,为商业银行进入信托领域铺平了道路。2007年,银监会批准交通银行重整湖北国投,成立交银国际信托有限公司,这是商业银行投资入股信托公司试点的开始。2007年3月,银监会颁布了《金融租赁公司管理办法》,随后11月份,首家银行系金融租赁公司——工银租赁有限公司成立。银行系金融租赁公司和信托公司的出现,意味着商业银行又回到了阔别十余年的领域,分业进一步放松,混业趋势得到进一步加强。

2008年1月,银监会与保监会签署了《中国银监会与中国保监会关于加强银保深层次合作和跨业监管合作谅解备忘录》。随后,国务院发布第160号文件,同意备忘录的内容,准许商业银行投资入股保险公司。工商银行、建设银行、交通银行和北京银行已经提交投资保险公司股权的计划,银行涉足保险领域有望取得突破。

2008年,涉足综合经营的银行数量继续增加,综合经营范围进一步拓宽。2008年,农业银行与东方汇理资产管理公司等合资成立农银汇理基金公司,招商银行收购了西藏信托60.5%股权,力图打造信托平台。

通过参股控股信托、保险、金融租赁等金融机构,开展综合经营的银行努力构建综合经营架构,整合各类金融业务共享的后台支持系统,以商业银行为主体的金融控股集团如中信、光大、平安、招商、民生等金融集团已经初具雏形,通过建立跨文化的管理模式和运营机制,提升集团协同效应的发挥。金融控股公司模式已经成为中国金融业走向“综合经营”的现实选择。但是因为证券行业的高投机性和高风险性,对于商业银行参股证券公司的限制一直比较严格,银证的融合是分业经营的最重要的门槛了。不过,我国已出现的这些金融集团无论是在自身业务范围上,还是在经营机制上,离真正完整意义上的混业经营还有很大的差距,要实现完全意义上的混业经营还有待于分业经营管制的进一步放开。

本章小结

银行作为特殊的企业,它具有不同于一般工商企业的特殊利益和风险。商业银行是金融中介机构中最重要的一个组成部分,其作用主要在于充当信用中介、充当支付中介、提供金融服务、创造信用流通工具。商业银行的外部组织形式主要有总分行制、单一银行制、持股公司制、连锁银行制等。

商业银行的传统业务有三项:资产业务、负债业务、资本。新兴发展的有表外业务。负债包括存款负债和其他负债。资产包括现金资产、信贷资产和投资。狭义的表外业务指那些未列入资产负债表内,但同表内的资产或负债关系密切的业务;广义的表外业务还包括服务性的中间业务。近些年,发达国家商业银行的表外业务已成为商业银行获取利润的重要手段。

商业银行管理理论经历了由资产管理理论、负债管理理论到资产负债管理理论的发展过程。而且还在进一步的发展中。资产管理的重点是流动性管理,主要经历了商业贷款理论、可转换性理论、预期收入理论三个发展阶段。负债管理的核心思想是主张以借入资金的办法来保持银行的流动性。资产负债综合管理的基本思想是通过同时调整资产和负债,使其达到合理搭配,实现银行的经营目标。

引发金融创新的直接原因主要表现为市场竞争、技术进步推动、规避行政管理等。金融创新反映了经济发展的客观要求但同时也具有“双刃剑”的作用。

商业银行金融创新包括金融制度、金融工具、金融业务的创新。影子银行体系、商业银行经营模式及其演变正深刻地影响着银行业的发展。

重要概念

负债业务　资产业务　中间业务　表外业务　资本充足率　现金资产　不良贷款　资产管理理论　负债管理理论　资产负债综合管理理论　金融创新　商业银行经营管理原则

思考题

1. 商业银行的业务一般分为哪几类？包括哪些主要内容？
2. 分析商业银行经营管理原则。
3. 简述商业银行经营发展的趋势。
4. 试介绍几例商业银行的金融业务创新。
5. 试述商业银行资产负债管理理论的发展脉络。
6. 商业银行的资产业务主要分为哪几类？现金资产是收益率最低的资产,那么,现金资产占总资产比例越小越好吗？为什么？

第七章　非银行金融机构

一般来说，人们把商业银行和中央银行以外的金融机构都称为非银行金融机构，也就是说，它们属于金融机构，但又不是银行。非银行金融机构与银行类金融机构并无本质区别，都是以信用方式集聚资金，并投放出去，以达到盈利的目的。不过，非银行金融机构的业务面较为狭窄和专门化，主要是为满足社会多元化金融服务的需求而不断产生和发展的。非银行金融机构构成庞杂，包括政策性金融机构、资本市场金融机构、保险公司、财务公司、金融租赁机构、信用合作社等。

第一节/政策性金融机构

一、政策性金融机构的含义

政策性金融机构是指那些由政府创立、参股或保证的，不以盈利为目的，专门为贯彻、配合政府的社会经济政策与意图，在特定的业务领域内，从事政策性金融活动，支持政府发展经济，促进社会全面进步，配合宏观经济调控的金融机构。政策性金融机构主要包括经济开发政策性金融机构、农业政策性金融机构、进出口政策性金融机构和住房政策性金融机构等。

各国在经济发展过程中，都会有一些重点发展的项目和重点扶持的产业，这些项目或产业对国民经济长远发展和社会稳定具有重要意义，如农业开发项目、商品进出口贸易、基础设施建设等。这些项目或产业往往投资规模大、周期长、风险高，而经济效益低、资金回收慢，一般商业性金融机构不愿意或没有能力承担融资。为了扶持这些项目和产业的建设和发展，政府除了在产业政策上给予扶持外，通常都会成立政策性金融机构，专门为其提供融资服务。

二、政策性金融机构的特征

政策性金融机构与商业银行和其他非银行金融机构相比，有共性的一面，如要对贷款进行严格审查，贷款要还本付息、周转使用等。但是，政策性金融机构也有其独有的特征，主要表现在以下几个方面：

(一)有政府的财力支持和信用保证

政策性金融机构创建时的资金多来自政府拨款,还有一部分资金来源于政府的借款、向国内外发行由政府担保的债券、向国内其他金融机构借款和向国际金融机构借款等。政策性金融机构在经营过程中经常由政府提供信用保证。

(二)不以追求利润最大化为目标

政策性金融机构的经营活动,是专门为贯彻和配合政府的社会经济政策或意图的,业务经营或服务的内容多为商业性金融机构所不愿承担的,是无利可图或只有微薄收益的,这从根本上决定了政策性金融机构的非盈利特征。因此,在经营活动中,政策性金融机构是不以自身的利润最大化为发展目标,一旦因服从宏观整体利益而出现亏损,一般由国家财政予以弥补。但政策性金融机构又不同于纯粹的财政部门,其资金的使用也要遵循金融的有偿性原则及银行管理的基本原则,在经营中考虑盈亏问题,并力争保本微利。

(三)有特定的业务领域

政策性金融机构不与商业银行进行竞争,以经办政府的中长期项目贷款为主,这些贷款项目一般都是政府经济发展规划及产业政策中重点扶持的项目,投资规模大、周期长、资金回收慢,如基础设施建设贷款、重点发展的产业开发贷款、社会福利建设贷款、改善环境的建设贷款。同时政策性金融机构的贷款利率一般低于同期限的商业银行利率。

(四)不具备商业银行的信用创造功能

政策性金融机构一般不办理活期存款,不实行存款准备金制度,其运营资金主要来源于财政拨款、向国内外发行政府担保债券和借款等。政策性一般被限制在专门的用途上,专款专用,所以不具备创造派生存款和增加货币供给的功能。但在有些发展中国家,政策性金融机构也吸收活期存款,实行部分准备金制度,这样它们也会产生派生存款。如果政策性金融机构的资金来源直接靠中央银行贷款,也会增加基础货币供给。

(五)不普遍设立分支机构

由于政策性金融机构特殊的经营性质,同时要坚持保本微利的经营原则,因而不适合设置很多的分支机构,要尽量利用现有商业银行庞大的业务网点,委托其代理自己的政策性业务,尽量节约管理费用。

三、政策性金融机构的类型

(一)经济开发政策性金融机构

经济开发政策性金融机构是专门为经济开发提供长期投资或贷款的金融机构。这类机构多以促进工业化、配合国家经济发展振兴计划或产业振兴战略为目的设立,贷款和投资方向主要是基础设施、基础产业、支柱产业的大中型基本建设项目和重点企业,以配合国家一定时期特定的经济和社会发展政策，实现宏观管理的目的。其业务重点随政府产业政策的变化而不断调整。开发性金融机构名称各异，日本叫开发银行，德国叫复兴信贷银行，美国叫复兴金融公司等。

（二）农业政策性金融机构

农业政策性金融机构是指为贯彻配合政府农业政策，专门为农业发展提供中长期优惠贷款的金融机构。德国是世界上最早建立农业金融制度的国家，至今已有两百多年的历史。

农业受自然因素影响大，生产周期比较长，对资金的需求有强烈的季节性，经营风险比较大，行业利润相对比较低，所以经营农业信贷也就具有风险大、期限长、收益低等特点，商业银行和其他金融机构一般都不愿承揽这方面的业务。为了扶持农业的发展，许多国家专设了以支持农业发展为主要职责的政策性金融机构，如美国的联邦土地银行、合作银行，法国的土地信贷银行、农业信贷银行，德国的农业抵押银行，日本的农林渔业金融公库，我国的农业发展银行等。

近年来，不少农业银行的业务范围逐渐超出单纯农业信贷业务的界限，有些国家已准许农业银行办理商业银行业务。

（三）进出口政策性金融机构

进出口政策性金融机构是一国为促进国际贸易、改善国际收支，特别是鼓励本国商品出口、增强本国商品的出口竞争能力而设立的专门提供政策性金融服务的金融机构。最早出现的专门从事进出口融资的金融机构是1919年成立的英国出口信贷担保局。从所有权看，进出口政策性金融机构多为政府金融机构，如美国的进出口银行、日本的输出输入银行等，也有半官方性质的，如法国的对外贸易银行。

创建进出口政策性金融机构的目的是政府为促进商品输出而承担私人出口商和金融机构所不愿意或无力承担的风险，并通过优惠出口信贷，改善本国出口融资条件，增强本国商品出口竞争能力。同时，进出口银行往往也是执行本国政府对外援助的一个金融机构。所以，这类机构在经营原则、贷款利率等方面都带有浓厚的政策色彩。

（四）住房政策性金融机构

住房政策性金融机构是指专门扶持住房消费，尤其是扶持低收入者进入住房消费市场，发放长期优惠住房贷款，以配合和贯彻政府住房发展政策和房地产市场调控政策的政策性金融机构。

房地产融资在各国主要由各类储蓄机构来承担，由于储蓄机构短借长贷的经营特点，其应付经济金融环境变化的能力比较差，因此各国还成立住房政策性金融机构给予扶持。如美国的联邦住房贷款银行、联邦住房抵押贷款公司、联邦全国抵押协会、政府全国抵押协会，法国的土地信贷银行，日本的住宅金融公库，加拿大的抵押贷款和住房公司，德国的住房储蓄银行和韩国的住房银行等。

(五)中小企业政策性金融机构

中小企业政策性金融机构是专门向中小企业提供政策性优惠贷款与担保的金融机构。

中小企业在各国经济发展中发挥越来越重要的作用,但是,由于企业规模小、交易成本相对较高、信息透明度较差、自有资本低、发展带有一定的不确定性等原因,商业金融体系愿意提供的资金数额与中小企业在发展过程中对资金的需求始终存在着金融缺口,融资难成了制约中小企业发展的主要因素。为促进中小企业对现有金融体系的利用,解决融资难的问题,各国都成立了中小企业政策性金融机构,如美国的小企业管理局、小企业投资公司,日本的国民金融公库、商工组合金融公库、中小企业金融公库、小企业信用保证协会、中小企业信用保险公库,韩国的产业银行、信用担保基金,法国的中小企业设备信贷银行,泰国的产业金融公司等。

四、我国的政策性金融机构

1994 年,我国组建了三家政策性金融机构,即国家开发银行、中国进出口银行、中国农业发展银行,均直属国务院领导。

(一)国家开发银行

国家开发银行于 1994 年 3 月成立,总行设在北京,目前在全国设有 32 家分行和 4 家代表处。国家开发银行的注册资本金有 500 亿元人民币,由国家财政全额拨付。

国家开发银行的主要任务是:①贯彻国家宏观经济政策,筹集和引导社会资金,建立长期稳定的资金来源,向国家基础设施、基础产业和支柱产业的大中型基本建设和技术改造等政策项目及其配套工程发放贷款,缓解经济社会发展的瓶颈制约;②从资金来源上对固定资产投资总量进行控制和调节,优化投资结构,增强国家对固定资产投资的宏观调控能力。

国家开发银行的业务范围主要包括:①管理和运用国家核拨的预算内经营性建设基金和贴息资金;②向国内金融机构发行金融债券和向社会发行财政部担保建设债券;③办理有关的外国政策和国际金融机构贷款的转贷,经国家批准在国外发行债券,根据国家利用外资计划筹措国际商业贷款等;④向国家基础设施、基础产业和支持产业的大中型基建和技改等政策性项目及其配套工程发放政策性贷款;⑤办理建设项目贷款条件评审、咨询和担保等业务,为重点建设项目物色国内外合资伙伴,提供投资机会和投资信息。

(二)中国进出口银行

中国进出口银行成立于 1994 年 4 月,总行设在北京,目前在国内设有十余家营业性分支机构和代表处,在境外设有东南非代表处、巴黎代表处和圣彼得堡代表处,与三百多家银行建立了代理行关系。中国进出口银行的注册资本金为

33.8 亿元人民币，由国家财政全额拨付。

中国进出口银行的主要任务是：贯彻执行国家产业政策、外经贸政策、金融政策和外交政策，为扩大我国机电产品、成套设备和高新技术产品进出口，推动有比较优势的企业开展对外承包工程和境外投资，促进对外关系发展和国际经贸合作，提供政策性金融支持。

中国进出口银行的业务范围包括：①办理与机电产品和成套设备有关的出口信贷业务（卖方信贷和买方信贷）；②办理与机电产品和成套设备有关的政策贷款、混合贷款、出口信贷的转贷、国际银行间及银团贷款业务。③办理短期、中长期出口信用保险、进出口保险、出口信贷担保，国际保理等业务；④经国家批准，在境外发行金融债券；⑤办理本行承担的各类贷款、担保、对外经济技术合作等项目的评审，为境内外客户提供有关本行筹资、信贷、担保、保险、保理等业务的咨询服务。

（三）中国农业发展银行

中国农业发展银行于 1994 年成立，总行设在北京，其分支机构按照开展农业政策性金融业务的需要，并经银监会批准设置。中国农业发展银行全系统共有 31 个省级分行、300 多个二级分行和 1 800 多个营业机构，服务网络遍布中国大陆地区。中国农业发展银行注册资本为 200 亿元人民币，由国家财政全额拨付。

中国农业发展银行的主要任务是：按照国家的法律、法规和方针、政策，以国家信用为基础，筹集农业政策性信贷资金，承担国家规定的农业政策性和经批准开办的涉农商业性金融业务，代理财政性支农资金的拨付，为农业和农村经济发展服务。

中国农业发展银行的业务范围包括：①办理粮、棉、油等主要农副产品的国家专项储备贷款；②办理粮、棉、油等主要农副产品的收购、调销、加工贷款；③办理国务院确定的扶贫和农业综合开发贷款；④办理国家确定的小型农、林、牧、水利基本建设和技术改造贷款；⑤发行金融债券；⑥办理境外筹资。

五、政策性金融机构的发展趋势

政策性金融机构与一国的经济发展水平、经济管理模式、经济发展战略等有着密切的关系。随着经济的不断发展和市场机制的日臻完善，各国的政策性金融机构出现了新的发展趋势。

（一）运行模式日益商业化

政策性银行为适应社会经济环境的不断变化，积极调整运行模式，主要发展趋势是：①综合性运行模式开始盛行，逐步趋向机构商业化；②政策性运行模式走向高度专业化，政策业务日益规范透明。

从筹资渠道看，以往的国家全包模式开始向市场筹资模式转变。政策性银行开始运用市场手段进行融资，使资金来源的渠道和形式更加多样化。近年来，为了适应国内外经济和金融环境的变化与新的市场形势，越来越多的国家立足于市场融资模式。如美国联邦中期信贷银行、合作社银行等都于1968年将政府资本金全额归还；德国复兴开发银行（Kreditanstalt Fur Weideraufau，KFW）通过向国内、国际资本市场发行债券筹资的金额占整个资金来源的91%左右；韩国产业银行（Korea Development Bank，KDB）目前的主要资金来源则是依靠国家信用在国内外金融市场上融资，由财政提供担保和一定的支持。

从贷款利率看，贷款利率多已走向市场化。如日本政策投资银行（DBJ）只有不足5%的贷款为低息和无息贷款，KDB的贷款利率与商业银行没有差别。

从优惠政策看，政策性银行享受的优惠政策正逐渐减少或取消。例如，日本政策性金融机构原来在筹资方面享受的优惠利率正在逐步消除，政府对政策性金融机构的免税政策也受到广泛的批评。

从运作机制看，政策性银行的竞争意识日益增强，开始向稳健经营和提高效率的方向努力，借鉴商业银行模式，建立系统风险管理体系，力求有效控制经营风险，实现以收抵支。

（二）业务种类不断多样化

随着经营自主性的增强，政策性银行的业务种类不断增多，业务范围不断扩大，既从事政策性金融业务又兼营相关的商业性金融业务，既从事一般银行信贷业务又从事投资银行和证券业务。例如，KFW注意客户需求，参与一定比例的股本投资，为风险资本投资公司提供融资，并提供住宅贷款和中小企业风险资本等服务，同时在债券发行、基金发起等资本市场领域较为活跃；KDB不断扩大项目融资、企业并购、债务重组、承销债券等投资业务，目标是成为韩国领先的投资银行。最近数年间，KDB在企业外资融资中介、外汇交易等国际金融和期权、掉期等衍生金融工具领域成为韩国金融市场占有率第一的先导金融机构，大大巩固了企业重组、咨询领域独一无二的地位。

然而，值得提及的是，政策性银行无论怎样调整其发展战略，仍然都在或多或少地从事一定的政策性业务，形式上的商业化改造可能更增加了政策性金融的适应性。国外一些著名的政策性银行，如日本政策投资银行和国际协力银行、韩国产业银行、德国复兴信贷银行等，也仍然一如既往地声称并坚持其政策性金融的本质属性。

（三）业务总量发生结构性倾斜甚至逆转

按照政策性金融制度设计的一般原则性要求，在政策性银行的业务总量中，政策性业务应该占有绝对大的比重或向此倾斜，而其他辅助性或延伸的相关业务占比较小。然而，自20世纪70年代末、80年代初以来，随着市场经济金融体制的深入发展和资金供求关系的巨大变化，政策性业务总量开始下降。如日本的农业信贷总额中，政策性金融贷款份额在五六十年代为30%以上，到70年代降至15%左右；1991年，KDB以韩国产业证券公司（子公司）的设立为契机，通过证券、租赁、综合金融、风险资本等子公司和职能业务的完善联动，构筑了综合性金融服务体制。

值得注意的是，当今政策性业务规模的相对稳定或有所减少是就总体规模而言的，具体到个别行业、个别地区、个别时期和个别类型的政策性金融，其业务规模总量不仅不会下降，反而会稳步上升。例如，一些发达国家进出口政策性金融对本国对外经济活动的支持，不仅力度大而且呈现出上升趋势。如1945年《美国进出口银行法》颁布时，美国进出口银行的信贷规模为35亿美元，1951年10月扩大到45亿美元，1963年达到90亿美元，1968年贷款规模又提高到135亿美元，到1993年，美国进出口银行的贷款规模增至750亿美元。

（三）采取分账户经营或母子公司的方式经营

为了避免政策性银行借助政府资源从事不公平竞争，同时防止商业损失转嫁国家财政产生的道德风险，国外兼营商业性业务的一些政策性银行采取分账户管理和建立母子公司两种方式，实现政策性和商业性两类业务的综合经营。

一是实行分账户管理。国内外许多从事商业性业务的政策性金融机构普遍采用这种方式，即通过特别账户或信托基金，实行专项管理，隔离政策性业务和商业性业务。如日本国际协力银行设有海外经济合作账户和国际金融账户，泰国农业与农村合作银行(BAAC)、韩国产业银行、韩国输出入银行等的业务也分为两类管理，分别设置会计账户，分账核算。这些特别账户的设立，将政策层面的专项业务与其他一般性商业性业务加以隔离，保证资金成本较低的优惠基金不被用于商业盈利性业务。

二是建立母子公司。即政策性银行成立专门的子公司来提供商业性服务。这些子公司，有的被政策性银行全资拥有，有的与战略伙伴（民营资本）合资成立，专门从事商业性盈利业务。如德国复兴信贷银行(KFW)、巴西社会经济开发银行(BNDES)、世界银行和欧洲投资银行，都拥有具备独立的法人地位和财务管理权限的子公司。这些子公司在法律和财务方面拥有独立地位，受独立董事会管理。部分子公司还通过上市成为公众公司以优化治理结构和强化市场约束。如德国KFW拥有34.1%股份的德国产业投资银行，专门从事商业性的长期项目融资。

专栏7-1　国际上政策性银行的商业化改革路径

从当前国际上政策性银行发展趋势看，商业化改革取向成为主流。政策性银行在历经半个多世纪发展后，面临多方面的市场挑战，管理体制和经营机制上的弊端日益突显。一些国家的政策性银行纷纷走上改革之路，有的转变为开发性银行，有的直接改造为商业银行。具体改革路径有四种：一是整体转变成为市场化运作的开发性银行，不再承担政府指令性信贷，完全按市场规则开展业务，如新加坡发展银行；二是继续维持传统政策性银行定位，但重新核定业务范围，如1995年重新定位的加拿大商业发展银行，这家银行是该国专门为中小企业提供融资和服务的机构；三是正在酝酿实施市场化改革，如日本政策投资银行(DBJ)从2008年4月开始实行民营化；四是转型为业务主体市场化运作、政府指令性业务分账管理的综合类开发性银行。在这类开发性银行中，以市场化运作为基础的开发性业务成为主体，政府融资业务逐步减少；在继续从事政策性业务、按政府指令贷款的同时，大力开展市场化运作的开发性业务，实现自身可持续发展。例如法国国民储蓄银行、韩国产业银行和德国复兴开发银行等，都属于综合性开发银行。

资料来源 《上海金融》2007年第7期。作者：中国银行业监督管理委员会广西监管局 广西银监局课题组

专栏7-2 国家开发银行的商业化改革战略

1994年，国家开发银行成立时，中国经济和体制处在转型之中，重点建设及其项目是支持中国经济建设和发展的核心。国家开发银行支持了当时全国80%以上的重点建设项目和配套资金。截至1997年底，国家开发银行共向包括长江三峡在内的445个国有基本建设大中型项目发放贷款，占国家开发银行同期基建贷款总额的91.4%，有效缓解了经济发展中的“瓶颈”制约。

1997年爆发的亚洲金融危机，造成亚洲一些国家出现金融恐慌、经济萧条、政局动荡。中国政府开始注重自身经济金融体制的瓶颈和空白，并开始加强对金融风险的监管。此时的国家开发银行，一方面多年积累了大量不良资产，另一方面传统的管理体制和运行机制已经明显不适应市场变化。

2007年1月，第三次全国金融工作会议提出推进政策性银行改革，首先推进国家开发银行改革，按照建立现代金融企业制度的要求，全面推行商业化运作。2007年12月底，中央汇金公司向国家开发银行注资200亿美元。之后，国务院明确国家开发银行由政策性金融机构转型为商业银行，主要通过开展中长期信贷与投资等金融业务，服务国民经济

中长期重大发展战略。2008 年 12 月，由财政部、汇金公司作为发起人，国家开发银行整体改制为国家开发银行股份有限公司。

国家开发银行商业化转型中的战略举措包括：

(1) 围绕中长期投融资业务，开展综合经营。国家开发银行开展综合经营始于 1998 年，国家开发银行代表国家陆续出资共计 1.3 亿元，与瑞士联邦政府成立中瑞合作基金，这是中国第一支中外合作的产业基金。之后，国家开发银行重点在股权投资和债券承销两个领域进行了有益的尝试和探索。在股权投资领域，陆续对 11 支基金投资，形成了中外合作基金、产业基金及平台、创投基金等系列投资品牌，在业界处于领先地位。2007 年 6 月，国家开发银行独家出资 10 亿美元（首期）发起设立中非发展基金。在债券承销领域，国家开发银行自 2000 年取得企业债券承销资格以来，债券承销业务规模和数量一直居于业界领先地位，多年名列主承销企业债券市场首位。商业化转型改革后，国家开发银行设立子公司和控股公司，分别从事金融租赁、股权投资和证券业务。

(2) 开展规划业务。2003 年，国家开发银行就将"规划先行"写入开发性金融 20 字方针，把规划工作提升到全局高度。2006 年，国家开发银行即参与辽宁"五点一线"沿海经济带发展规划的编制工作，并配套制定 5 年 300 亿元的融资规划确保落实。辽宁沿海经济带规划最终获得国务院批准，上升为国家战略。2011 年，国家开发银行对辽宁沿海经济带提供 300 亿元总体授信。这一成功案例对国家开发银行规划工作具有重要推动作用和成功试点带动效应。2009 年，国内正值国际金融危机冲击后的经济下行期，国家开发银行也面临改制后的新挑战。国家开发银行加强规划工作力度，增强工作的主动性、前瞻性和全局性，设立规划局和规划院，各分行设规划发展处。随着"十二五"规划工作陆续启动，国家开发银行全面参与地方各级"十二五"规划编制，参与推动珠三角、长三角、关中—天水、武汉城市圈、长株谭城市群、图们江、江苏沿海、广西北部湾和浙江海洋经济发展示范区等 43 项重大区域规划，其中有很多上升为国家战略。同时，国家开发银行开展了 35 项地方融资规划编制，其中 18 项正式纳入当地政府规划体系，11 项由政府发文推行。

资料来源 《财经问题研究》2013 年第 5 期。作者：耿毅

第二节/保险公司

一、保险的含义

在日常生活和经济活动中，发生意外损失的风险是必然存在的，但这一风险

发生在哪个人身上，在什么地方发生以及什么时候发生，却带有很大的偶然性。正是因为风险发生存在的这种必然性和偶然性，人们才有被保险的需求，保险公司也才有经营和发展保险业务的积极性。

保险是分散风险的一种经济补偿制度，它通过对不确定事件发生的数理预测和收取保险费的方法，集合有同类性质危险的多数人的资金建立保险基金，由大多数人来分担少数人的损失，实现保险购买者风险转移和理财计划的目标。分散风险、补偿损失是保险的基本职能，投资和防灾防损是保险的派生职能。保险在宏观和微观经济活动中的作用有二：一是发挥社会稳定器作用，保障社会经济的安定；二是发挥社会助动器的作用，为资本投资、生产和流通保驾护航。这是保险的自然属性使然，无论是哪一种社会制度下的保险，概莫能外。

二、保险公司及其类型

保险公司是专门经营保险业务的专业性金融机构。保险公司通过合同形式与投保人建立权利义务关系，根据合同约定向投保人收取保险费，保险公司则对合同约定可能发生的灾害事故所造成的财产损失承担赔偿保险金责任，或者当被保险人死亡、伤残、患病或者达到合同约定的年龄、期限时，承担给付保险金责任。

保险公司像银行一样，经营的也是金融中介业务，其业务活动的实质是帮助公众将一种资产转化为另一种资产或保障，保险公司将收取的保险费投资于股票、债券及各类金融资产上，并运用这些金融资产所得的收益来支付保单所规定的权益。实际上，保险公司把诸如债券、股票和贷款之类的资产转换成了提供一系列服务(如权益的调整、储蓄计划、支善的保险代理人等)的保险单。如果保险公司在上述资产转换过程中能够有效地以较低的费用向客户提供适当的保险服务，且能在其投资方面获得回报，它就会盈利；否则，它就要承受损失。在世界各国特别是市场经济发达的国家，保险公司是除银行外最重要的金融机构，在国民经济中发挥着重要作用。

从组织形式看，保险公司主要采用股份有限公司和相互保险公司形式。股份有限公司是现代企业制度最典型的组织形式，以其严密而健全的组织形式被各国保险业广泛推崇，《中华人民共和国保险法》也将这一组织形式规定为我国保险公司设立的形式之一。相互保险公司是由所有参加保险的人自己设立的保险法人组织，是保险业特有的公司组织形式。与股份保险公司相比较，相互保险公司不以盈利为目标，其投保人具有双重身份，既是投保人或被保险人，同时又是保险人。由于社会经济制度、经济管理体制和历史传统等方面的差异，各个国家对保险机构的组织形式都有特别限定。例如，美国规定的保险组织形式是股份有限公司和相互保险公司两种；英国较为特殊，除股份有限公司和相互保险社以外，还允许个人保险组织形式经营保险，即允许"劳合社"采用个人保险组织形式;我国目前以保险股份有限公司为主。

从经营性质看,保险机构包括商业保险机构、社会保险机构和政策性保险机构。商业保险机构是以盈利为目的的保险机构,一般的保险公司、再保险公司、保险资产管理公司、保险中介机构都是以盈利为目的,并按照企业化要求进行运作。社会保险机构是国家为了劳动者在年老、生病、失业、工伤、生育时能够得到基本生活保障而设立的非盈利型保险机构。政策性保险机构是国家为了实施宏观经济政策对特殊行业进行扶持和保护而设立的事业性保险机构,包括出口信用保险公司、农业保险公司、存款保证保险机构等。

专栏 7-3 关于劳合社

劳合社是一个名叫爱德华·劳埃德(Edward Lloyd)的英国商人于 1688 年在泰晤士河畔塔街所开设的咖啡馆演变发展而来的。17 世纪的资产阶级革命为英国资本主义的发展扫清了道路,英国的航运业得到了迅速发展。当时,英国伦敦的商人经常聚集在咖啡馆里,边喝咖啡边交换有关航运和贸易的消息。由于劳埃德咖啡馆临近一些与航海有关的机构,如海关、海军部和港务局,因此这家咖啡馆就成为经营航运的船东、商人、经纪人、船长及银行高利贷者经常会晤交换信息的地方。保险商也常聚集于此,与投保人接洽保险业务。后来这些商人们联合起来,当某船出海时,投保人就在一张纸即承保条上注明投保的船舶或货物,以及投保金额,每个承保人都在承保条上注明自己承保的份额,并签上自己的名字,直至该承保条的金额被 100% 承保。

由于当时通讯十分落后,准确可靠的消息对于商人们来说是无价之宝。店主劳埃德先生为了招揽更多的客人到其咖啡馆来,于 1696 年出版了一张《劳埃德新闻》小报,每周出版三次,共发行了 76 期,使其成了航运消息的传播中心。约在 1734 年,劳埃德的女婿出版了《劳合社动态》,后易名为《劳合社日报》,至今该报仍在伦敦出版。后来,咖啡馆的 79 名商人每人出资 100 英镑,于 1774 年租赁皇家交易所的房屋,在劳埃德咖啡馆原业务的基础上成立了劳合社。英国议会于 1871 年专门通过了一个法案,批准劳合社成为一个保险社团组织,劳合社通过向政府注册取得了法人资格,但劳合社的成员只能限于经营海上保险业务。直至 1911 年,英国议会取消了这个限制,批准劳合社成员可以经营包括水险在内的一切保险业务。

资料来源 根据相关资料整理。

三、保险公司的主要业务

按照所承担的风险种类不同，保险公司的主要业务可以分为财产保险业务、人身保险业务；按照分散风险的方式不同，保险业务又可分为原保险业务和再保险业务。

（一）财产保险业务

财产保险是以物质财富及其有关利益作为保险标的的保险，保险人承保的是灾害事故中可能遭受的财产或利益损失。在财产保险发展初期，保险标的仅限于房屋、商品、交通工具等有形的物质财产。随着保险需求的增长，对与有形财产有关的各种无形的利益也提出了保障需求，于是财产保险发展成为了广义的财产保险。广义的财产保险承保的对象扩大到了与有形财产有关的各种无形的利益，如预期利益、运费、权益、责任、信用等。国际上许多国家将上述广义的财产保险称为损失保险或损害保险。

财产保险的主要业务险种可分为以下几类：火灾及其他灾害事故保险、货物运输保险、运输工具保险、工程保险、责任保险、保证保险和信用保险等。每一险种中又有不同的险别，每个险别又有各自的适用范围、承保责任和特约内容等。

（二）人身保险业务

人身保险是以人的生命和身体为保险标的的保险，即保险人通过订立保险合同，向投保人收取一定的保险费后，对被保险人在保险期间遭受人身伤亡时或在保险期满后根据保险合同的规定给付预定的保险金。与财产保险相比，人身保险具有如下基本特征：①人身保险的保险标的是人的生命或身体；②人身保险的保险责任是不幸事故或疾病、衰老等原因造成的生、老、病、死、伤残；③人身保险的给付条件是保险期内保险事故发生人的伤残、死亡等，或是保险期满被保险人生存；④人身保险金多是定额给付。

人身保险的主要业务险种可以划分为三大类：人寿保险、人身意外伤害保险和健康保险。人寿保险又包括死亡保险、生存保险和两全保险等。死亡保险进一步可分为定期死亡保险、终身死亡保险等，生存保险主要有年金保险形式，两全保险是死亡与生存保险的结合。人身意外伤害保险分为普通意外伤害保险和特种意外伤害保险。健康保险可进一步分为医疗费用保险、疾病停工收入补偿保险、特种疾病保险等。

（三）原保险与再保险

原保险是指投保人与保险人之间直接签订合同所形成的保险关系，保险人对所承保的保险事故在其发生时对被保险人或受益人进行赔偿或者给付的行为，它又称直接保险。再保险是与原保险相对应的概念。再保险又称分保，它是指原保险人为避免或减轻其在原保险中所承担的保险责任，将其所承保的风险的一部分再转移给其他保险人的一种行为，是保险人之间的业务关系。

专栏 7-4　AIG 多条业务线染指次级债券产品

AIG(美国国际集团)作为一个大型金融集团,业务涉及保险、银行、租赁等多个领域。从其他业务的收入来看,AIG 本身的盈利性较好,如寿险和退休金业务,海外业务和飞机租赁业务等,但 AIG 的多个业务线条、多家子公司都涉足次级信贷和次级债券,因此对次贷整体较高的风险敞口拖累了其财务状况。

一是债券担保业务。可以看到,AIG 提供担保的债券中接近 30%的信用评级在 AA 以下。这导致 AIG 在担保业务中的净利润从 2007 年 1 季度的 −7 800 万美元迅速增长到 2008 年年中的 −51 800 万美元。

二是抵押贷款保险。这项业务是由 AIG 旗下的 UGC 提供的,为具有不同顺序求偿权的贷款进行保险。

三是高级信用衍生品,主要是指 AIGFP 提供的 CDS 产品。截至 2008 年 6 月 30 日,AIGFP 的高级信用衍生品净敞口为 4 410 亿美元,共涉及 208 笔交易。其中以 CDO 为标的的信用衍生品共计 578 亿美元,这当中 65%,也即约 364 亿美元的 CDO 已经被降级,还有 339 亿美元的 CDO 处于降级的边缘,因此导致的盯市损失累计达 248 亿美元左右。

四是 AGF(American General Finance)提供的房地产贷款。

五是 AIG Investment 在保险投资组合中持有的次贷资产。截至 2008 年 6 月 30 日,AIG 的 2 618 亿美元保险投资组合中有 24%的 RMBS,1%的 CDO 以及 5%的 CMBS。前两者都与次级贷款有很大的关联。比如,AIG 投资的 RMBS 中,有接近 200 亿美元的是次级贷款的 RMBS。

多业务线通过不同方式涉足次贷,不仅使 AIG 面临高额的风险敞口,也给整个集团风险的计量和管理带来了很大的困难。此外,AIG 庞杂的组织架构也是导致其难以全面管理风险、反映滞后的重要原因。

资料来源　http://finance.people.com.cn。

四、我国保险业概况

1949 年 10 月 20 日,中国人民保险公司在北京成立,中国保险业进入了新的历史时期。由于受政治因素及其他条件的影响,中国大陆的保险业经历了整顿、调整、停办等阶段,1958 年以后,保险业陷入停顿状态,直到 1980 年才正式恢复。据中国保监会最新统计,改革开放以来,保险业保持年均 30%左右的增速,是国民经济中发展最快的行业之一。

(一) 行业规模迅速扩大

1980 年我国保险市场仅由一家公司经营，全部保费收入只有 4.6 亿元，到 2008 年底，全国保险公司达到 130 家，从业人员 320 多万人，实现保费收入 9 784.1 亿元，市场规模增长 2 000 多倍，保费收入国际排名第六，成为新兴保险大国。

(二) 保险市场体系逐步完善

改革开放初期，我国保险市场由中国人民保险公司独家经营。党的“十六大”以来，我国相继成立和引进了一批保险公司，数量从 2002 年的 42 家增加到 2009 年底的 127 家，保险市场已经形成多种组织形式、多种所有制并存，公平竞争、共同发展的市场格局。

(三) 保险改革深入推进

多家保险公司成功进行了改制上市。2003 年，中国人保、中国人寿相继实现海外上市。2004 年，中国平安成为我国第一家以集团形式境外上市的金融企业。目前，中国人保、中国人寿、平安集团、中国太平、太平洋保险集团等 5 家保险公司在境内外上市。保险公司资本实力大大增强，经营理念明显转变。

(四) 服务领域不断拓宽

1979 年恢复国内保险业务时，我国只有企财险、货运险、家财险、车险等几个财产保险种类。随着保险业的不断创新，服务领域不断拓宽，险种已扩展到人寿保险、责任保险、信用保证保险、意外伤害保险、健康保险等领域，基本形成涵盖所有可保风险领域的产品体系。

(五) 业务结构发生了改变

随着市场环境的变化，人寿保险与非寿险业务的比重发生了根本的改变。20 世纪 80 年代末期，财产保险占总保险业务的比例高达 80%。随着寿险业务的长足发展，财险比重大幅降低，目前财险业务约占 30%，而寿险业务增至 70%。

(六) 保险资金运用向多领域扩展

过去保险资金运用渠道比较狭窄，主要是存银行、买国债、买基金。近年来，在切实防范风险的前提下，稳健拓展保险资金运用渠道。保险资金投资已涉及银行存款、国债、金融债、企业债、股票、基金、公司股权以及境外投资等多个领域。到 2010 年 7 月，保险公司资金运用金额为 4.2 万亿元。

(七) 全社会的风险和保险意识不断增强

从社会公众看，越来越多的消费者主动运用保险管理生产和生活中的各种风险。从政府层面看，各级政府越来越重视发挥保险业的作用。很多地方政府专门下发了支持保险业改革发展的文件，并将保险业纳入地方经济社会发展的整体规划。越来越多的部委也更加重视发挥保险机制的作用，保监会已与 20 多个部委开展合作，共同促进相关领域保险业务的发展。

专栏 7-5　日本大地震与我国的巨灾保险

2011 年，日本东北大地震再次为我们敲响了巨灾的警钟。如果像日本这种对于应对巨灾特别有经验的国家都不能幸免于蒙受重大损失，中国这个新兴的世界大国更应该努力思考在防灾减灾方面还有哪些可以改进的地方。

日本地理位置特殊，地震海啸特别频繁，仅在过去 300 年间，日本岛及其浅海地区发生的 7 级以上地震就不下百余次，平均不到 7 年就有一次海啸。日本人也因此有着极高的灾难意识，在灾害监控预警、工程防范、国民教育、疏散体系等各方面的投入均不遗余力。但人类对于大自然的认识毕竟有限。日本人准备得再充分，自然灾害也总能以意想不到的方式，在意料不到的时间和地点爆发。比如，这次地震发生的日本东北方向，最近三百余年来没有发生过 8.4 级以上的地震；同时，由于日本东北地区地壳地质年龄相对古老，专家认为如发生地震，也不会超过 8.2 级。这些经验造成的错觉成了日本政府在当地制定安全规范的依据，同时也促使日本政府敢于下决心在这次重灾区的宫城县和福岛县连续修建了 3 个核电站，计 11 个核反应堆。结果地震海啸一来，一下子就造成了几千亿美元的损失，上万人的死亡。

日本大地震又一次充分说明了很多灾难躲不开防不住，它们带来的经济损失也不过是何时兑现的问题。但不管日本还是中国，任何国家都没条件搞无限设防，只能根据专家意见和历史经验抓查重点，设防标准也只能采用亡羊补牢的方式逐步提高。在这种情况下，人们就会感到防灾减灾工作如果仅着眼于“防”和“减”还不够，还要落实到“转”，也就是实现灾害风险的事先转移分散。

巨灾保险就是一种成熟的风险转移工具。这次日本地震，保险业可能要承担高达 200 亿美元的保险损失。仅慕尼黑再保险和瑞士再保险可能就要分别赔偿 21 亿美元和 12 亿美元。相比之下，美国“9·11”恐怖袭击造成了 220 亿美元保险损失；2005 年美国“卡特里娜”飓风造成了 175 万起理赔、累计 436 亿美元的保险损失（而我国汶川地震造成了 1 200 亿美元的经济损失，保险赔付仅约 3 亿美元）。这些例子说明，尽管人们对巨灾发生的时间、地点和程度没有把握，但巨灾保险作为一种金融工具，可以相对有效地把经济损失在时空上进行转移和分摊。

中国自然灾害频繁，同时又是世界上最大的经济体之一。在这点上，我们和日本、美国非常相似。尽管我国自然灾害监控预警水平有了一定的发展，但巨灾保险的发展却面临着一些瓶颈。首先，在国家立法层次上，尽管在十届人大二次会议上通过了宪法修正案，对重大自然灾害事件引起的紧急状态做了原则性规定，但仍然缺少巨灾保险的具体条款，这使得有关巨灾保险制度建立的具体实施缺少法律依据。其次，保险公司对于经营巨灾保险缺少信心，视其为“多保多赔，少保少赔，不保不赔”的畏途。同时，巨大的竞争压力也使得保险公司宁可牺牲经营质量，也要以维护市场份额为第一要务，缺乏开发巨灾险种的动力；另外，消费者普遍缺少风险意识，存在侥幸心理，同时对于巨灾保险或者没有消费习惯或者缺少购买能力，导致没有成熟强劲的市场需求。最后，在技术层面上，对巨灾科学概率模型的认识、开发和引进不足。因此，对所面临的风险缺少清晰的定量感觉。

从我国历史来看，巨大的自然灾害足以对正常的经济发展和生活秩序造成冲击，对人民心理造成刺激，因此不可小视。从国外经验来看，除了科学工程技术，只有加上合理的巨灾保险金融工具，才可能构成一个比较完善的风险防范体系，才有可能把巨灾风险尽量降低。在我国经济高速发展的今天，如果缺少巨灾保险这样一件利器，则防灾减灾工作，不免“备左则右寡，备右则左寡，无所不备则无所不寡”，不太容易争取主动、摆脱被动。期盼巨灾保险事业在“十二五”能够得到真正的突破。

资料来源 《中国保险报》2011 年 8 月 22 日。作者：高航，牛津大学气候学博士；阿姆斯(RMS)风险管理公司亚太经理

第三节/资本市场金融机构

资本市场金融机构是在直接金融领域内为投资活动提供中介服务或直接参与投资活动的金融机构，主要包括投资银行、证券公司、金融公司和投资基金等。这些机构虽然名称各异，但服务或经营的内容都是以证券投资活动为核心的。

一、投资银行

(一) 投资银行的定义

投资银行是当今发达国家金融体系和国际金融体系最重要的组成部分之一。可以说，如果没有投资银行，就不会有今天西方国家发达的金融市场、高效的资源配置体制、精巧而富有效率的企业组织结构，也就不会有高度发达的市场经济。由于投资银行自诞生之日起，其业务活动范围就在不断演变、扩张，而且不同国家、不同金融中心，其金融业务的领域、机构名称都有较大差异，因此，投资银行并没有一个严格的定义。美国著名金融专家罗伯特·库恩(Robert Kuhn)依照业务经营范围大小，对投资银行给出了四个不同层次的定义：

(1) 最广义的投资银行:从事任何华尔街金融业务的机构。业务范围不仅包括证券投资领域从国际承销到分支零售的全部,还包括房地产、保险等其他金融服务业务。

(2) 较广义的投资银行:从事部分或全部资本市场业务的金融机构。业务范围包括证券承销、公司理财、企业并购、基金管理、风险投资等,但不包括向客户零售证券、消费者房地产经纪业务、抵押银行业务、保险产品经销业务等。

(3) 较狭义的投资银行:只从事部分资本市场业务的金融机构。业务范围主要包括证券承销和企业并购,不包括基金管理和风险投资等内容。

(4) 最狭义的投资银行:只从事证券承销和交易活动的金融机构。业务范围限于在一级市场上承销证券和二级市场上交易证券。

美国一些金融专家和经济学家基本同意第二种定义,即认为投资银行经营除零售业务以外的所有资本市场业务。金融服务业中只为客户(零售客户或机构客户)买卖证券而没有融资功能的公司,只能称为证券公司或经纪公司,不能称为投资银行。

在现实经济生活中,投资银行的称谓各异,在美国称为投资银行,在英国则称为商人银行,在日本称证券公司,在法国称实业银行,在新加坡称商人银行或证券公司,在泰国称金融证券公司。目前投资银行发展迅猛,大有和商业银行一争高低之势。有的投资银行已把业务渗透到商业银行业务领域,例如,从事进出口贸易融资、交通运输工程和筹建大企业的筹资以及发放长期贷款等。世界最有名的投资银行有美林公司(在基础设施融资和证券管理领域享有盛誉)、高盛公司(以研究能力和承销著称)、所罗门兄弟公司(以商业票据发行和公司并购见长)和第一波士顿公司(组织辛迪加贷款和安排私募)等。它们的业务已遍及全球,并且都有各自的主营业务范围,形成一种垄断竞争的局面。

(二) 投资银行与商业银行的区别

首先,从资金来源上看,投资银行是以发行股票、债券为主,有时也从其他银行取得贷款;商业银行则以各种存款及其他借入资金为主。

其次,从主要业务上看,投资银行的本源业务是证券发行市场上的证券承销业务和证券流通市场上的证券经纪业务,以及衍生工具的创造、交易、收购、兼并及相关服务和融资等,不存在明显的资产负债管理特征;商业银行的主要业务是存、贷款,金融衍生产品及各类金融服务等。

第三,从市场定位及功能上看,投资银行是资本市场的核心,承担了直接融资的功能;商业银行是货币市场的核心,承担的是间接融资功能。

第四,从利润来源看,投资银行的利润主要来自证券包销业务中证券买卖差价、各种佣金收入及融资收益;商业银行的利润主要来源于存贷利差及服务收益。

第五,从经营管理上看,投资银行经营的业务风险性高,投资性强,因此其经营方针是稳健与开拓并重，既要最大限度地避免风险，又要积极进取、不断开拓；商业银行在经营管理方针上必须以稳健为主，保证客户可以到期提取存款。

专栏 7-6 世界一流投资银行——摩根士丹利

摩根士丹利(Morgan Stanley)是一家成立于美国纽约的国际金融服务公司，提供包括证券、资产管理、企业合并重组和信用卡等多种金融服务，目前在全球27个国家的600多个城市设有代表处，雇员总数达5万多人。

摩根士丹利原是JP摩根中的投资部门，1933年美国经历了经济大萧条，国会通过《格拉斯—斯蒂格尔法》(Glass-Steagall Act)，禁止公司同时提供商业银行与投资银行服务，摩根士丹利于是作为一家投资银行于1935年9月5日在纽约成立，而JP摩根则转为一家纯商业银行。1941年，摩根士丹利与纽约证券交易所合作，成为该证券交易所的合作伙伴。公司在20世纪70年代迅速扩张，雇员从250多人迅速增长到超过1 700人，并开始在全球范围内发展业务。1986年，摩根士丹利在纽约证券交易所挂牌交易。进入20世纪90年代，摩根士丹利进一步扩张，于1995年收购了一家资产管理公司，1997年又兼并了西尔斯公司下设的投资银行迪安·威特公司(Dean Witter)，并更名为“摩根士丹利迪安·威特公司”，2001年公司改回原先的名字“摩根士丹利”。

1997年的合并使得美国金融界两位最具个性的银行家走到了一起：摩根士丹利的约翰·麦克(John Mack)与迪安·威特的裴熙亮(Philip Purcell)，两人的冲突最终以2001年7月约翰·麦克的离职结束，从此裴熙亮就一直担任着摩根士丹利主席兼全球首席执行官的职务。在他的带领下摩根士丹利逐渐发展成为全方位的金融服务公司，提供一站式的多种金融产品。

在2001年的“9·11”事件中，摩根士丹利丧失了在世界贸易中心中120万平方英尺的办公空间。公司已经在曼哈顿附近新购置了75万平方英尺的办公大楼，目前是摩根士丹利的全球总部。

摩根士丹利总公司下设9个部门，包括股票研究部、投资银行部、私人财富管理部、外汇/债券部、商品交易部、固定收益研究部、投资管理部、直接投资部和机构股票部。涉足的金融领域包括股票、债券、外汇、基金、期货、投资银行、证券包销、企业金融咨询、机构性企业营销、房地产、私人财富管理、直接投资、机构投资管理等。

摩根士丹利在亚太区有雇员2 000余人，其中有约1 500人在中国大陆、港澳和台湾工作，在香港、北京、上海和台北设有办事处。1995年8月，摩根士丹利与中国建设银行合资组建中国国际金融有限公司，公司目前控股34.3%，摩根士丹利也因此成为首家在中国内地建立合资投资银行的国际金融公司。通过在中国的合资银行，摩根士丹利得以为许多中国公司提供在海外上市的服务，包括中国联通、中石化和中国电信等，筹得的总资金超过100亿美元。

1995年，摩根士丹利成为首家入股中国国内合资投资银行的跨国银行。中国国际金融有限公司（简称中金公司）为摩根士丹利与中国建银投资有限责任公司和几家国内外实体联合组成的合资公司，摩根士丹利是第二大股东，持有公司34.3%的权益。

资料来源 根据相关资料整理。

专栏7-7 国内第一家投资银行——中国国际金融有限公司

在我国，第一家真正具有现代投资银行意义的金融机构，是中国国际金融有限公司。中国建设银行和美国摩根士丹利公司为大股东，在1995年8月成立，注册资本为1.25亿美元。

中金公司总部设在北京，在香港设有子公司，在上海设有分公司，在北京、上海和深圳分别设有证券营业部。现有五个主要业务部门，包括投资银行部、资本市场部、销售交易部、研究部和资产管理部。中金公司的业务范围包括如下内容：①人民币普通股票、人民币特种股票、境外发行股票、境内外政府债券、公司债券和企业债券的经纪业务；②人民币特种股票、境外发行股票、境内外政府债券、公司债券和企业债券的自营业务；③人民币普通股票、人民币特种股票、境外发行股票、境内外政府债券、公司债券和企业债券的承销业务；④客户资产管理业务；⑤基金的发起和管理；⑥企业重组、收购与合并顾问；⑦项目融资顾问；⑧投资顾问及其他顾问业务；⑨外汇买卖；⑩境外企业、境内外商投资企业的外汇资产管理；⑪同业拆借；⑫网上交易；⑬经中国证券监督管理委员会批推的其他业务。

此外，中信金融控股公司和工商东亚金融控股有限公司也属于投资银行性质的金融机构。其他众多的证券公司，如华夏证券、君安证券等，均是从事某一方面投资银行业务的投资性金融机构，其业务范围主要限于证券承销和交易业务。

资料来源 根据相关资料整理。

（三）投资银行的主要业务

投资银行的业务主要包括证券公开承销、证券交易、证券私募、兼并与收购、基金管理、风险资本、风险控制工具的创造与交易、咨询服务等。

1. 证券承销

证券承销是指在公募发行条件下，投资银行以承销商身份依照协议包销或分销发行人的股票、债券等有价证券的业务活动。所谓公募发行，是指在证券市场，由发行者向非指定的广大投资者公开销售证券。对公募证券办理承销，是投资银行的基本业务。投资银行承销的证券范围很广，包括本国中央政府、地方政府、政府机构发行的债券，企业发行的股票和债券，外国政府及公司在本国和世界发行的证券，国际金融机构发行的证券等。

标准的证券承销过程分为三步：首先，拟发行证券的企业就发行事宜向投资银行咨询，投资银行利用其各方面的人才和信息库，通过调查研究，就证券发行的种类、时间、条件和适宜性对发行公司提出具体意见。其次，发行公司就其准备发行证券的种类、时间、数量、发行条件、承销商等报请证券管理机关批准。最后，投资银行在与证券发行者签订协议后，便按协议承销方式积极组织分销。投资银行一般会组成一个包括主副承销商、非承销辛迪加成员在内的规模庞大的销售集团，以便利用各投资银行的销售网确保销售快速、方便地完成。

证券承销的方式有三种：①全额包销，即由投资银行按议定价格购入全部拟发行的证券，而后转售给投资者。发行者可迅速获得预定筹资款，投资银行则可以获取进出差价，但同时也要承担证券销售和价格变动的全部风险。②代理推销，即投资银行只作为发行人的销售代理人，而不承担按规定价格购进证券的义务。投资银行尽力推销证券，从中收取手续费，但最终不能出手的证券将返还给发行者，因此，它并不承担市场风险。③余额包销或助销，即投资银行在发行人的实际发行额达不到预定发行额时，对不足部分承担包销责任。

通过承销证券，投资银行可以很好地帮助企业解决资金困难。据美国证券数据公司提供的资料显示，仅 1994 年投资银行通过承销业务就为企业融资 7 100 亿美元，其中股票融资 770 亿美元，债券融资 6 330 亿美元。一批极大型投资银行涌现，如美林公司、莱曼兄弟公司、第一波士顿、哥德曼·沙赫（高盛）公司、摩根士丹利等，其承销金额少则几百亿美元，多则上千亿美元。

2. 证券交易

在完成证券承销后，投资银行有义务为该证券创造一个流动性较强的二级市场，并维持市场价格稳定至少一个月左右的时间，以避免发行者、投资者、投资银行因证券价格下挫而在经济上、信誉上蒙受损失。

证券交易业务是指投资银行在证券交易市场上作为经纪商从事代理证券买卖业务，以获得佣金收入，或作为自营商运用自有资本自行买卖证券，从中赚取买卖差价的经营活动。

投资银行在以经纪商身份服务于证券交易时，是充当证券买方或卖方的委托代理人，接受客户指令，代理客户买入或卖出证券，自身的资本不投入证券交易，经营收入来自客户交纳的佣金，因此，不承担价格和利率变动的风险。但在信用交易或保证金交易方式下，客户仅以交付部分现金或证券作为担保，通过得到经纪商为其垫付的其余现金或证券进行证券买卖交易，作为为客户提供了信用的经纪商自然要承担一定的信用风险。

投资银行在以自营商身份从事证券交易活动时，自身拥有证券，参与证券投资。

投资银行在二级市场中交易证券，通过买卖差价和库存证券价格的升值得到收益。交易者使用一个和多个证券、采取两种不同的交易策略以获取收益。一种是无风险套利。无风险套利要求交易者寻找两个或两个以上价格不同的市场，在价格高的市场中出售证券。在价格低的市场购买证券，去掉交易成本从中获利。但是，这种获利的机会很少并且稍纵即逝。另一种是投机。投机交易是交易者利用对价格的特殊预期波动或两个价格间的价差，用投资银行的资本牟利，如果预期不正确，也可能蒙受很大损失。

3. 证券私募

证券发行分为私募发行和公募发行，前面所述证券承销实际上就是公募发行。私募发行是指发行者不把证券售给社会公众，而是售给特定的机构投资者，如保险公司、共同基金、保险基金等。

与公募发行相比，私募发行的优点在于：对发行者来说，发行要求比较低，易为主管部门批准；所需文件、资料较少，节约了发行时间和发行成本；支付给投资银行的承销费用较低；另外，由于私募发行的证券流动性比较差，会给投资银行和投资者带来较高的收益率。但是，私募发行也有缺点，比如：由于不能向公众出售，证券仅能在少数投资者之间交易，流动性因而比较差；发行面的狭窄使得私募发行无法获得公募发行在扩大企业知名度、提高信誉、便于日后进一步发行证券等方面的好处；如果想公开上市，还要向管理部门报批。

投资银行在私募发行过程中起着很重要的作用。首先，投资银行是私募证券的设计者，它必须考虑证券种类、定价、条件等方面的内容，在发行者和机构投资者之间设计出一个双方都满意的产品，因此成为金融创新的发源地之一。其次，投资银行为发行者寻找合适的机构投资者，并按优劣列示，供发行者选择。再次，投资银行在发行者自己找到了投资者时，可以充当发行者的顾问，提供咨询服务。

4. 公司并购

公司并购业务，是指投资银行在公司收购兼并活动中，作为中介人或代理人为客户公司提供决策和财务服务，或作为产权投资商直接投资于并购公司产权，获取产权交易差价的业务活动。

在现代经济中，随着竞争的加剧，以公司或企业作为买卖对象，实现资产结构或产业结构的优化重组，已成为公司经营和发展过程中的一种普遍的战略追求。自20世纪60年代起，世界范围的企业并购一浪高过一浪，其规模、范围和影响也越来越大。投资银行以其在资本市场上的特殊地位和融资优势，发挥着主导作用。企业并购已成为现代投资银行的主要业务，并给投资银行带来了丰厚的收益。

投资银行可以用几种方式参与企业并购：寻找兼并与收购的对象；向猎手公司和猎物公司提供有关买卖价格或非价格条款的咨询，或者帮助猎物公司采取行动，抵御恶意吞并企图；帮助猎手公司筹措资金，以实现购买计划。并购还包括下列几种活动；大量涌现的杠杆收购；公司改组和企业资本结构的改变；破产和处境困难公司的改组等。

5. 项目融资

项目融资业务，是指投资银行在项目融资过程中所提供的各种服务性业务。项目融资是一种以项目未来的现金流量和项目本身的资产价值为偿还债务的担保条件，以银行贷款为主要资金来源，以对项目发起人无追索权或只有有限追索权为特征的特殊融资方式。

项目融资与传统的企业筹资方式的最大不同在于，项目融资中归还贷款的资金来自项目本身的收益和资产价值，而不是项目发起人与项目无关的其他资产，项目发起人的责任仅限于其在项目中的投资额。

项目融资的关键是项目，而不是项目发起人，项目未来价值的实现是项目融资成功的关键。因此，投资银行在项目融资中所关心的也主要是项目的未来价值。

6. 风险资本投资

风险资本投资业务，是指投资银行为风险资本投资者在募集资金、风险公司上市、投资变现等方面提供代理和财务技术服务，以获取佣金，或自己发起并运作和管理风险资本基金，以获取风险回报的业务活动。

所谓风险资本，通常多指专门用于支持处于创业期或快速成长期的未上市新兴中小型企业，尤其是高新技术企业的发起和成长的资本。因此，风险资本又称为“创业资本”。新兴公司在新技术和新发明的带动下，市场发展潜力很大，成功经营的利润回报率很高，但在实际经营中，不确定性、破产、倒闭的风险也很大。由于规模小，资信差，风险大，它们很难从商业银行和其他金融机构获得债务融资。投资银行的风险资本业务正是在这种情况下为其提供帮助。

风险资本投资的全过程一般表现为：投资人对新成立或具有快速成长潜力的未上市高新技术企业提供股权投资和资产经营服务，对企业进行培育，当企业发育成长到一定程度之后，再通过上市、兼并或其他股权方式撤出投资，以获取高额的资本收益。风险资本投资主要通过风险投资机构对风险投资基金的组织、运作和管理来实现。

投资银行的风险资本业务与私募证券业务和证券管理业务有密切关系。投资银行可以利用私募发行为新兴公司融资，对潜力巨大的公司，还可直接投资，成为其股东。由于风险很大，投资银行的私募发行回报要求很高，并常常要求发行公司提供认股权证，规定在私募后5年内，投资银行有权按私募发行价的120%购买认股权证所代表的股票。一旦新兴公司的股票上市后，通常市价会十倍甚至百倍地高于其私募价格，因而投资银行可以获得巨额利润。

7. 风险控制工具的创造与交易

投资银行是创造和交易新金融工具的重要金融机构，风险控制工具就是其中最重要的一种，常见的有期货、期权、利率和货币互换等。

投资银行代理客户买卖风险控制工具，收取一定佣金，并可以在买卖的同时，寻找另一客户作相反的抵补交易，从中获取差价收入。风险控制工具还可以保护投资银行免受损失。例如，在债券承销过程中，如果市场利率突然上升，会造成投资银行不得不下调卖出债券的价格，造成损失。因此，投资银行常常利用利率期货或期权来规避这一风险。

8. 咨询业务

投资银行作为业务广泛的综合金融服务机构，还为客户提供有关资产管理、负债管理、风险管理、流动性管理、投资组合设计、估价等多种咨询服务。这些服务有时包括在承销证券、私募发行、基金管理等之中。

除了上述主要业务活动以外，投资银行还进行投资基金的发起和管理、资产证券化、信托业务、企业扩张、企业收缩、研究分析、提供信息、帮助企业内部筹资、票据交换等业务。

专栏7-8　美国投资银行危机

众所周知，美国投资银行危机始于贝尔斯登公司的倒闭。贝尔斯登公司成立于1923年，是美国第五大投资银行，2008年3月13日，因无法满足投资者的流动性需求，而向美联储提出申请破产保护。在美联储的撮合下，3月24日，摩根大通银行宣布以每股10美元收购贝尔斯登公司。投资银行业的大规模危机则爆发于半年之后。9月15日，美国第四大投资银行雷曼兄弟公司申请破产保护，同日，美国银行发表声明以每股29美元的价格收购第三大投资银行美林公司。9月21日，美国联邦储备委员会批准第一和第二大投资银行高盛公司和摩根士丹利公司从投资银行转为传统的银行控股公司。至此，占美国投资银行市场份额60%的前五大独立投资银行全部消失。

分析五大投资银行在破产或被收购或转型之前的经营状况，不难发现，它们有着共同的特点，即高风险经营。首先，从收入结构看，五大投资银行收入中占比最大的两项分别是利息和股利收入以及交易性损益，这就决定了投资银行的收入将随其持有证券价值的变化而剧烈波动，其经营面临着巨大的风险。2000 年以来，除了贝尔斯登公司在个别年份之外，其他四家主要投资银行的利息和股息收入都占总收入的 50%以上，交易性损益基本上都占总收入的 10%以上，而且这两个比例还呈逐年增加的趋势（马红霞、孙国华，2009）。其次，五大投资银行大多使用大量借贷的方法来维持业务运营的资金需求，杠杆率（总负债/净资产）很高，增加了经营风险。2007 年，四大投资银行的杠杆率都达到了其历年最高值，高盛公司的杠杆率为 26.2 比 1，雷曼兄弟、美林和摩根士丹利公司的杠杆率则均超过 30 倍，分别为 30.7 比 1、131.9 比 1 和 33.6 比 1。最后，投资银行高风险性还体现在其对与次级贷款相关的高风险金融衍生品债务担保工具（CDO）和信用违约互换（CDS）等的持有上。比如，雷曼兄弟公司是 2006 年次级贷款证券产品最大的认购商，占该市场份额的 11%（马红霞、孙国华，2009）。摩根士丹利公司持有的与次级贷款相关的资产头寸 2007 年第四季度为 61 亿美元，约占其所属的金融资产项目的 40%，2008 年 8 月底增加为 103 亿美元（李风云，2009）。

资料来源 《金融教学与研究》2010 年第 1 期。作者：北京信息科技大学经济管理学院 王立荣

专栏 7-9 高盛和摩根士丹利转型后使投行业务获得更广阔的空间

面对危机，高盛和摩根士丹利于 2008 年 9 月 21 日迅速转为银行控股公司，接受美联储的监管，并获得与花旗、摩根大通等相同的待遇。这看似“独立大投行”的彻底消失，但仔细分析后我们可以发现，高盛和摩根士丹利不过是将衣服里层的“棉毛背心”变成“防弹背心”，并名正言顺地穿在了最外面。

首先，高盛和摩根士丹利本来就已经开展了一些商业银行的业务，也早就有了“棉毛背心”。业务的“趋同性”已经成为美国大型金融机构近年来发展的一个明显趋势。商业银行不断拓展其业务领域，开展投资银行、保险等各类业务；而投资银行也不断涉足贷款、信用卡等业务。对于自身业务与花旗开展业务的区别，高盛的某高级经理在 2006 年就曾说过：“没有什么不同，其实他们在做的业务，我们也都在做。只不过开

展的方式、所占比例有所不同而已。”事实上，高盛在2005年就已经有并购贷款以及专门的William Street贷款计划，并在当年持有138亿美元的贷款。Discover信用卡在前几年也曾是给摩根士丹利带来丰厚盈利的业务线。美林也开展了类似的商业银行业务。应该说，这些业务的开展对于扩大投资银行的收入来源，提高盈利水平起到了很重要的作用。

其次，这次危机的到来，使得高盛和摩根士丹利有了很好的理由申请获批转型为银行控股公司。据美国媒体报道，高盛董事长在美联储批准其转型之前曾经打电话给花旗CEO，询问是否愿意收购高盛。不过考虑到业务重叠和整合的困难，花旗拒绝了这个要求。但这也充分反映了高盛希望得到批准但又没有把握的心态。获批对身陷危机之中的高盛和摩根士丹利确实是很大的好消息。

转型为银行控股公司，使得高盛和摩根士丹利可以获取“防弹背心”并将其外穿。一方面可以申请美联储的各种贷款和资金支持，另一方面也可以更加名正言顺地开展各项商业银行业务。通过转型，他们可以将投资银行可用的3条融资渠道(商业票据、长期债务、担保融资)拓宽到包括吸收存款、美联储贷款工具、美联储贴现窗口在内的9种渠道，从而大大提高了在危机时紧急获取资金的能力。此外，高盛近期宣称已经对下属的商业银行业务相关机构进行整合，并计划择机收购银行业资产。摩根士丹利也发布公告表示，其全球的分支机构已经通过财富管理机构和专业人士开展高端的存款和其他商业银行业务。

可以预见，融资渠道的拓宽和商业银行业务的强化，将使得高盛和摩根士丹利获取新的竞争优势。高盛和摩根士丹利后续的发展还将是首先发挥其投资银行领域的核心竞争力，走以投行为主、商业银行为辅的“投商”模式。

资料来源 《金融论坛》2011年第4期。作者：李勇 陈耀刚

二、证券公司

(一) 证券公司的定义

证券公司是主要从事各种有价证券经营及相关业务的金融机构，它受托办理股票、债券的发行业务，受托代理单位及个人的证券买卖，也可以自己从事有价证券的买卖活动。按照我国《证券法》的规定，国家对证券公司实行分类管理，分为综合类证券公司和经纪类证券公司，《证券法》同时规定，综合类证券公司经营的业务范围包括证券经纪业务、证券自营业务、证券承销和经国务院证券监督管理委员会规定的其他证券业务、经纪类证券公司只允许专门从事证券经纪业务。

(二)证券公司的主要职能

(1) 充当证券市场的中介人。在初级市场上,证券公司首先是作为证券发行的中介,通过承购包销或代销有价证券,保证发行者顺利出售所发行的股票和债券,并方便投资者认购,促进发行市场高效运行。在二级市场上,证券公司主要也表现为证券流通转让交易的媒介。证券公司通常派代表进驻证券交易所,通过证券公司专设的电脑联网系统,在场外接受委托,在场内代理广大机构投资者和散户投资者进行股票、债券的买卖,将委托交易信息传递到证券交易所内的电脑主机,由电脑主机配对成交。

(2) 充当证券市场重要的投资者。证券公司可以通过发行本公司股票、债券及依法拆借融资,聚集资金,按照法律规定范围从事自营证券买卖业务,从而使自己成为证券市场的一个重要投资者。

(3) 提高证券市场运行效率。证券公司通过自己充当证券市场中介人、投资人的角色,使千百万散户投资者和机构投资者的庞大证券交易活动处于一种有序运行状态,从而克服了证券买卖过程中的各种时空限制,提高了证券市场的效率。

(三)证券公司的主要业务

1. 承销证券业务

承销业务又称代理证券发行业务,即证券公司代理销售发行人所发行的有价证券(具体内容参见“投资银行的业务”部分)。

我国证券公司从事股票的代理发行,需要以诚信负责的态度进行工作。首次发行股票的上市公司,在向证监会申请前,先要选择一家证券公司作为辅导人,对公司申请上市的运作是否符合《中华人民共和国公司法》、《中华人民共和国证券法》进行监督辅导,辅导期为一年。辅导期满,公司上市已符合法律要求后,方可制作申请文件,经省级以上政府同意后,由券商推荐并向证监会申报。券商对于上市公司的有关申请文件和信息资料的真实性负有一定连带法律责任。如有关信息资料失实,保荐人将受到证监会相应的处罚。证监会批准该公司发行证券以后,还要视市场情况,按计划依次进入发行承销阶段的运作。

2. 代理证券买卖业务

代理证券买卖业务是指证券公司作为客户的代理人,或受客户的委托,代为买卖有价证券并收取佣金的业务,它是证券公司最重要的日常业务。

证券公司要办理代理买卖证券,首先必须取得进入交易所从事交易的资格。由于证券公司还有自营证券买卖业务,因而必须遵守既定的规则,首先要优先办理代理买卖业务,然后才能从事自营业务。证券公司在交易所交易,必须承诺负有一定的稳定市场的责任。

3. 自营买卖业务

自营买卖业务指证券公司为了谋取利润,作为投资者自己买卖有价证券,自担风险的业务。作为一种投资活动，证券公司必须从收益风险及流动性两方面对自营买卖进行通盘考虑，从中做出最佳选择。

4. 投资咨询业务

投资咨询业务是指证券公司充当客户的投资顾问，并向客户提供各种证券交易的情况、市场信息、其他有关资料等方面的服务业务。

我国证券公司的业务范围一般有以下几方面：代理证券发行业务；自营、代理证券买卖业务；代理证券还本付息和红利的支付；证券的代保管和签证；接受委托代收证券本息和红利；接受委托办理证券的登记和过户；证券抵押贷款；证券投资咨询业务和中国人民银行批准的其他业务等。另外需要指出的是，由于我国没有专业的投资银行，一些大型证券公司除了从事有价证券的自营和代客买卖这些传统业务外，也从事投资银行业务，包括承销有价证券、参与企业收购与兼并、充当企业财务顾问等。

三、投资基金

（一）投资基金的含义

投资基金是一种以追求投资收益回报为目标，以利益共享、风险共担为原则，由发起人以发行基金单位方式将众多投资者的资金汇集起来，由基金托管人托管，由基金管理人以组合投资方式将资金运用于各种金融资产投资的投资组织形式或集合投资制度。

投资基金的主要功能和意义在于：它将分散于个人和机构的小额资金汇集成庞大的基金，集中投资于证券市场和实际产业部门，促进了金融市场和经济的规模升级和结构优化，也促进了投融资组织制度的优化和金融创新。对投资者来说，由于投资基金是凭借专家力量进行组合投资，因而分散了投资风险，保障了投资者的利益。

投资基金起源于19世纪中期的英国。当时英国人对海外投资非常向往，为了规避国际投资风险，1868年，英国的一些投资者共同出资成立“海外和殖民地政府信托”，委托熟悉海外经济的专家进行投资管理，把资金投入欧洲和美洲大陆，这是世界上最早出现的投资基金。从1870年到1930年的60年间，有二百多家基金公司在英国各地成立。1934年，英国成立了“海外政府信托契约”组织，该基金除规定基金公司以净资产价值赎回基金单位外，还在信托契约中明确了灵活的投资组合方式，标志着英国现代证券投资基金的开始。

美国首创的投资基金是1921年4月设立的美国国际证券信托基金。20世纪40年代以后，投资基金在美国得到空前发展。20世纪90年代以来，世界经济一体化的迅速发展，使得投资全球化的概念主导了美国投资基金的发展，股票基金得以迅速膨胀。据统计，目前美国的投资基金资产总量已高达7万亿美元，有大约4 000万持有者，有50%的家庭投资于基金，基金资产占所有家庭资产的

40%左右。

美国对投资基金的改革与完善，使得一些欧洲国家、日本和一批新兴工业化国家纷纷效尤，引入投资基金体制。投资基金在全世界范围内兴起并蓬勃发展起来。

（二）投资基金的种类

投资基金的种类繁多，按不同的标志可以划分为不同的类别。

1. 按照投资基金的法律地位或不同的组织形态，可以分为契约型基金和公司型基金。

契约型基金又称信托型基金，是由基金管理人作为委托人与基金托管人（受托人）之间签订信托契约，向投资者（受益人）发行受益凭证聚集资金，而后依照契约有关条款执行投资操作的投资基金。在这种契约型基金中，代表基金单位的受益凭证的发行人不是以独立法人身份存在的投资基金公司，而是由作为委托人的基金管理人充当发行人，只要投资者认购了受益凭证，就等于接受了基金管理人和基金托管人之间签订的契约，投资者本身也自然成为契约的一方，即受益人。

公司型基金是由众多具有共同投资目标的投资者通过认购基金股份组成以盈利为目的的股份制投资基金公司，再由基金公司委托基金托管人保管基金财产，并聘用基金管理人执行投资操作的投资基金。在这种类型基金中，由投资基金公司发行的代表基金单位或基金股份的证券，实际上就是基金公司的股票，证券持有人就是基金公司的股东，基金公司内部治理机构与一般股份公司相同。

可见，在基金的组织形式上，公司型基金是一个具有独立法人资格的投资基金公司，而契约型基金是一个由委托人、受托人和受益人构成的法律约束体。在经营活动中，公司型基金依据公司章程来经营，契约型基金则依据基金契约条款来经营。前者除破产结算外一般具有永久性，后者则随契约的有效期满而自动终结；前者的投资者作为基金公司股东，可参与基金经营决策，后者的投资者则是单纯的受益人，不参与基金的经营决策。美国的投资基金多为公司型基金，英国、日本以及中国的投资基金多为契约型基金。

2. 按照投资基金的受益凭证可否赎回及买卖方式的不同，可以分为封闭型基金和开放型基金。

封闭型基金是基金单位的发行和赎回受到时间与额度方面限制的基金。当初次发行达到了预定的发行计划后，基金就宣告成立，不再追加发行，也不允许投资者赎回基金单位。基金一经封闭，就以固定的基金单位数或股份数投入运作。封闭型基金类似于普通股票，可在二级市场进行竞价交易。它的主要特点是基金数量固定，具有长期稳定性，管理容易，有利于基金经理进行长期投资获取较高回报。

开放型基金是基金单位的发行和赎回不受限制的基金。这种基金的单位数或股份数是不固定的，发行者可根据市场的变化、资本价值的变化、投资要求等因素，随时发行新的基金单位或股份，使基金规模扩大，或以净资产值向投资者出售而赎回基金单位，使基金规模缩小；基金持有人也可根据市场变化、投资取向转移等需要，随时在基金经理人处购买或售出基金单位或股份，导致基金规模的增大或缩小。由于基金规模是不固定的，且需保留一部分现金，以备投资者随时赎回，因此，所筹资金不能全部用于长期性投资，基金运作的难度比较大。

开放型基金在全球基金市场上发展较快，如美国90%以上的投资基金均属于开放型，日本、新加坡及中国的投资基金中开放型基金也占有相当大的比例。另外，封闭型基金在某些条件下亦可转变为开放型基金。

3. 按照投资基金的投资目标不同，可以分为成长型基金、收入型基金和平衡型基金。

成长型基金是以资本长期增值作为投资目标的基金，投资对象主要是那些具有高增长潜力的上市公司，收益主要来自股票的价值增长。成长型基金获得的股票红利收入较少，投资目标是业绩增幅要比大盘指数的同期增幅高。相对其他类型基金，成长型基金的净值波动较大，风险较高，但收益也较大，适合愿意并有能力承担高风险的激进型投资者。

收入型基金是以能为投资者带来高水平的当期收入为投资目标的基金，投资对象主要是那些绩优股、债券、可转让大额定期存单等收入比较稳定的有价证券。收入型基金一般把所得的利息、红利都分配给投资者，目标在于获取最大的当期现金收入。收入型基金适合较为保守的中小投资者和退休人员。

平衡型基金是以追求资本成长和当期收入的综合平衡为目标的基金，通常将资金分散投资于股票和债券，并在两者之间进行平衡。平衡型基金是一种比较中庸的基金，其风险和收益介于成长型基金和收入型基金之间，受到很多投资者的青睐。

4. 按照投资基金的投资对象不同，可以分为股票型基金、债券型基金、货币型基金、指数型基金。

股票型基金是指以上市公司股票作为主要投资对象的基金，主要收益来源于股票上涨的资本利得，是目前流行最广的基金品种。按照中国证监会的标准，60%以上的基金资产投资于股票的基金为股票型基金。由于股票在基金资产中所占的比例大，基金净值受其所投资的股票价格波动影响较为明显，因此其风险通常高于债券型基金和货币型基金，但相对可期望的报酬也较高，适合于愿意承担较高风险、希望获得高收益的人。

债券型基金是指以债券为主要投资对象的基金，主要收益来源为债券的利息收入。按照中国证监会的标准，80%以上的基金资产投资于债券的为债券型基金。债券是一种固定利息的投资工具，风险比较低，因此债券型基金的风险也相对比较低；同时债券型基金的收益也不会太高，一般介于股票型基金和货币型基金之间，适合于对资金安全性要求较高、希望收益比较稳定的人。

货币型基金是指仅投资于货币市场工具的基金，其资产配置主要是国库券、大额银行可转让存单、商业票据、企业债券等货币市场短期有价证券。投资目标是保持资产净值稳定，具有资本安全性高、流动性强、管理费用少、复利计息、收益免税等优点，被视为无风险或低风险投资工具；但其相应的投资收益也较低，一般以一年期定期存款利率作为比较基准，适合于对风险特别害怕，资金闲置的时间无法长期确定，希望保持资金的高流动性，并获得稳定收益的人。

指数型基金是指按照某种指数构成的采样成分股及比重为标准，决定基金投资组合中个股的成分和比重，其目标是基金净值紧贴指数表现，达到与该指数同样的收益水平。目前指数化投资是美国基金体系中最常采用的投资方式。2006 年以来我国指数型基金异军突起，发展非常迅速。对于指数型基金，基金经理人完全不必考虑投资策略，操作简单，属于被动型投资。另外由于指数基金采取持有策略，不用经常换股，因此各种费用远远低于主动管理型的基金。

5. 特殊类型基金：LOF 基金、ETF 基金、伞形基金

LOF(Listed Open-Ended Fund)的中文名称为“上市型开放式基金”，是一种可以在交易所挂牌交易的开放式基金，也就是上市型开放式基金发行结束后，投资者既可以在指定网点申购与赎回基金份额，也可以在交易所买卖该基金。从本质上讲，LOF 是一种交易方式的创新，同时具备了封闭式基金交易方便、交易成本较低和开放式基金价格贴近净值的优点。

ETF(Exchange Traded Fund)的中文名称为“交易型开放式指数基金”，是一种跟踪“标的指数”变化，且在交易所上市的开放式基金，投资者可以像买卖股票那样，通过买卖 ETF，从而实现对指数的买卖。因此，从本质上讲，ETF 是一种产品创新，是一种“股票化的指数投资产品”。

伞形基金(Umbrella Fund)也称“系列基金”，是基金的一种经营方式(或说组织结构)，它是在开放式基金的组织结构下，基金发起人根据一份总的基金招募书发起设立多只子基金，各子基金独立进行投资决策，其主要特点在于在基金内部就可以为投资者提供多种投资选择，并且子基金之间可以相互转换。伞形基金是与目前中国流行的单一结构的基金相对应的一种基金模式。

分级基金是通过对基金收益分配的安排，将基金份额分成预期收益与风险不同的两类份额，并将其中一类份额或两类份额上市进行交易的结构化证券投资基金。一般情况下，由基金基础份额所分成的两类份额中，一类是预期风险和收益均较低且优先享受收益分配的部分，一类是预期风险和收益均较高且次优先享受收益的部分。

此外，根据募集方式的不同，投资基金可以分为公募基金、私募基金；根据资本来源和运用地域的不同，可以分为国际基金、国家基金、海外基金、国内基金和区域基金等；根据投资对象货币种类的不同可分为美元基金、日元基金和欧元基金等。

（三）投资基金的筹资与投资管理

1. 投资基金的筹资管理

由于各国的投资基金管理法规对投资基金的信用交易和借贷活动都做了严格的限制，因此投资基金的负债筹资相对较少，而主要通过股权筹资的方式筹集资金。对于投资基金的筹资管理，很大程度上就是在设立开放型基金与封闭型基金间做出选择。

设立投资基金通常是由申请设立基金的发起人提交设立基金所需的各项文件，向主管机关提出申请，经批准设立的基金便可开始募集资金。投资基金通过发行基金券（受益凭证）的方式募集资金。

2. 投资基金的投资管理

投资基金作为一种金融资产，与金融市场上的其他金融资产一样，其管理和运营需要遵循收益性、安全性和流动性三原则。但是投资基金的种类繁多，不同的基金在三原则的权衡问题上做出的选择不同，因此其投资目标、策略和对象都不尽相同。加上每个国家对投资基金的管理和限制的不同，造成投资基金的投资管理也存在不少差异。

首先，在投资政策上，要实现一定的投资目标，就要制定相应的投资政策，其内容包括保持何种资产组合类型、基金资产实际的分散程度、基金资产组合质量的高低、基金充分投资的程度等。

其次，在投资范围上，根据世界各国的基金管理办法及信托契约的规定，基金的主要投资对象是证券市场上的各种有价证券。主要包括上市和未上市的股票、股权凭证、新股认购权证、国家公债、地方公债、政府担保债券、公司债券、可转换公司债券、金融债券等。同时，基金还可将信托资金投放于金融机构，或在短期资金市场上购买银行存款单和商业票据，以保持基金资产的流动性，应付投资者赎现的需要。

最后，在投资限制上，为了保护基金投资者的合法权益，有利于基金投资者监督基金经理公司的运营，各国和各地区对投资基金都有一些限制性措施。虽然具体规定不尽相同，但下面几条是约定俗成的：①不得以基金资产提供任何担保义务；②不得从事证券信用交易；③不得在同一基金经理（公司）下的基金间做证券交易；④不得从事证券承销业务；⑤不得投资于其他的信托基金的受益凭证；⑥不得投资于与基金经理公司或基金保管公司有利害关系的公司所发行的证券；⑦不得从事承担无限责任的投资；⑧投资于某一上市公司的股票不得超过基金净资产价值的10%；⑨投资于某一家公司的证券不得超过该公司总股份的10%；⑩投资基金所持有的商品总值、期货合约总值、认股权证总值均不得超过基金净资产价值的10%～20%，等等。

（四）投资基金发展的趋势

近20年来，全世界投资基金明显呈三大发展趋势。

1. 构成开放式化

20 世纪 30 年代以前，世界上的投资基金基本都属于封闭型。由于开放式基金具备种种优点，使得封闭式基金占主导地位的形势在第二次世界大战后发生巨大变化。以我国为例，1998 年底，我国仅有 5 只封闭式基金，基金净值为 107.4 亿元；2006 年底，我国共有证券投资基金 307 只，净值总额合计约为 8 565 亿元。在 307 只基金中，有 53 只封闭式基金，基金净值总额约 1 624 亿元；有 201 只开放式基金，净值总额合计约 6 941 亿元，占全部基金净值总额的 81.04%。

2. 业务银行化

投资基金逐渐采取资产管理和负债管理并重的策略，以达到方便投资者并与银行业展开有效竞争的目的。例如，基金管理公司根据不同市场、不同投资者和不同时期投资者的不同偏好，推出不同价值取向的基金——“市场取向基金”“投资者取向基金”等；推出雨伞基金、换股计划、定期储蓄计划与人寿保险挂钩计划、子女信托基金、免税基金等，以方便和吸引投资者；推出免佣金基金，即投资者不需缴纳任何认购费和佣金；另外，美国投资基金还为众多的消费者提供消费抵押贷款等。

3. 投资工具多样化

投资基金的投资对象逐渐涵盖了金融市场的所有产品，并以此组合出风险最小、收益最高的投资组合。也只有投资基金投资工具的全面化，才能充分体现投资基金的优越性和蓬勃的生命力。

专栏 7-10 我国基金业发展概况

我国基金发展的历史起源于 1992 年，规范的基金起源于 1998 年。尽管我国规范基金历史并不长，但是基金业也经历了多次的起伏跌宕，既经历了 1999 年的“5·19”行情，也经历过 2001 年 6 月上证指数 2245 的高点，更经历了 2005 年 7 月上证指数 998 的低点，同时也迎来了股权分置改革带来的喜悦。可以说，基金业的发展，正是中国证券市场一步步走向成熟的标志。

我国基金业的发展可以分为三个历史阶段：

第一个阶段是早期探索阶段。1992 年 11 月，我国国内第一家比较规范的投资基金——淄博乡镇企业投资基金(简称“淄博基金”)正式设立。该基金为公司型封闭式基金，募集资金 1 亿元人民币，并于 1993 年 8 月在上海证券交易所最早挂牌上市。淄博基金的设立揭开了投资基金业发展的序幕，并在 1993 年上半年引发了短暂的中国投资基金发展的热潮。但基金发展过程中的不规范性和积累的其他问题逐步暴露出来，多数基金的资产状况趋于恶化。从1993年下半年起，中国基金业的发展因此陷于停滞状态。

第二个阶段是封闭式基金发展阶段。1997年11月14日，国务院证券管理委员会颁布了《证券投资基金管理暂行办法》，为我国基金业的规范发展奠定了法律基础。1998年3月27日，新成立的南方基金管理公司和国泰基金管理公司，分别发起设立了规模均为20亿元的两只封闭式基金——“基金开元”和“基金金泰”，由此拉开了中国证券投资基金试点的序幕。

第三个阶段是开放式基金发展阶段。2000年10月8日，中国证监会发布了《开放式证券投资基金试点办法》。2001年9月，我国第一只开放式基金——“华安创新”诞生，使我国基金业发展实现了从封闭式基金到开放式基金的历史性跨越。

截至2010年9月底，国内公募基金行业管理的资产净值达到2.17万亿元，基金份额合计2.47万亿份，各类基金总数合计652只，其中开放式基金615只、封闭式基金41只，约占到股票市场流通市值的三成多。基金公司从最初的老10家发展到61家，其中中资基金和合资基金各为32家和29家，各自约占半壁江山。

从近年来我国开放式基金的发展看，我国基金业在发展中表现出以下特点：一是基金品种日益丰富，基本涵盖了国际上主要的基金品种，但开放式基金占绝对优势；二是个人投资需求旺盛，是基金投资的主力人群；三是营销和服务创新活跃。四是法律规范进一步完善。

资料来源 根据相关资料整理。

第四节/其他金融机构

一、信托公司

（一）信托公司的含义

信托公司是以资金或其他财产为信托标的，根据委托人的意愿，以受托人的身份管理及运用信托财产的金融机构。由于信托投资公司受托代为管理和运用的信托财产一般期限都比较长，对委托人来说，只有长期进行管理和运用财产时，才有必要采用信托这种方式。受托人在管理运用信托财产时可为委托人做长期安排，进行长期投资，所以往往把信托公司称为信托投资公司。

信托业务源于英国中世纪的“尤斯”制度。尤斯（USE）意为“代之”或“为之”,原意是“对委托他人管理的不动产的收益权”或“为第三者拥有财产权”。1886年,第一家专门办理信托业务的机构——“伦敦信托安全保险有限公司”创立。英国的信托业务由于受传统习惯等因素的制约一直停留在民事信托阶段。信托业务从民事信托发展到信托投资,则是在美国完成的。

(二)信托公司的业务种类

不同国家投资信托公司的业务都各有特点,分类也不相同。例如,信托公司业务在英国分为个人信托和法人信托,在美国分为个人信托、法人信托、个人和法人混合信托,在日本分为金钱的信托、非金钱的信托、金钱和非金钱相兼的信托以及其他信托四大类。下面简要介绍美国投资信托公司的主要业务。

1. 个人信托

个人信托指信托机构承办为个人管理和监护财产、执行遗嘱、管理遗产及代理账户等信托业务。个人信托业务有受托业务和代理业务之分。

受托业务即信托机构接受个人委托,以受托身份为委托人生前或身后管理、运用或处理财产,可分为生前信托和身后信托(遗嘱信托)两种。生前信托是委托人生前与受托人订立契约,并在委托人生存期间发生效力而成立的信托;身后信托是在委托人死后而成立(生效)的信托,多以遗嘱的形式出现,主要包括遗嘱执行信托或遗产管理信托、未成年人或禁治成人财产监护信托,以及人寿保险信托等。

代理业务即信托机构接受个人委托,为其设立代理账户,并提供投资、保管和管理方面的种种服务。但信托投资对这种账户的资产不拥有所有权,一旦客户死亡,代理账户即终止。个人代理账户的主要形式有两种:一是有管理权的代理账户,二是仅供咨询的账户。

2. 法人信托

法人信托是指信托机构接受法人团体的委托,以法人团体的受托人或代理人身份为其提供服务。法人信托也包括受托业务和代理业务。最主要的受托业务是发行公司债信托和商务管理信托,最主要的代理业务有代理股票过户登记和代理支付股息。

发行公司债券信托是指信托机构接受发券公司(委托人)的委托,代为各持券人(受益人)行使抵押权或其他权利的信托业务。信托机构在该业务中不仅可以证明债券的合法性,而且可以帮助发行债券、保管抵押品、监督发券公司履约及偿还债券本息。

商务管理信托是指信托公司接受股东的委托表决权的信托业务。

代理股票过户登记,即信托机构作为某家公司的股票登记人或股票经理人,代为办理股票的登记、转让过户手续。

代理支付股息,即信托机构作为一个公司股息的支付人向已登记的股东开立支票、支付股息,并将支票寄给他们。

3. 个人和法人混合信托

个人和法人混合信托主要包括公益信托、年金信托及职工持股信托等。

公益信托是指以办理祭祀、宗教、慈善、学术、技艺和其他公益事业为目的的信托业务。公益信托在美国很普遍，其公益款项除富户捐巨款外，多为劝募所得。

年金信托是指信托银行受托从事对年金制度的管理、年金基金的运用和职工退休后的年金支付的一种信托形式。

职工持股信托是指委托者(职工)将金钱(本公司股票)作为信托财产进行信托，在信托终了时依照运用中的信托财产现状，原封不动地交还给受益者的信托。

美国的信托投资业务在其发展过程中形成了自己的特点：一是美国法律允许信托公司兼营银行业务，银行兼营信托业务，信托业务大多集中在美国商业银行的信托部。二是由于美国证券交易所发达，因而有价证券业务开展得很普遍。三是个人信托与法人信托并驾齐驱。四是美国十分重视信托从业人员的管理。

专栏 7-11 我国信托公司业务模式的二次转型

2010 年以来，根据国际惯例和我国信托业当前发展阶段的现实情况，中国银监会制定了一系列监管制度和业务规范，特别是 2011 年正式实施的《信托公司净资本管理办法》对我国信托业的发展产生重大影响，并开启了我国信托公司新形势下业务模式二次转型的帷幕。

1. 传统业务模式亟待调整

近年来，随着信托业的快速发展，信托资产规模不断扩大，信托公司创新业务频繁开展。2007 年《信托公司管理办法》和《信托公司集合资金信托计划管理办法》实施以来，信托资产规模快速扩张。截至 2010 年末，信托行业管理的信托资产规模已经突破 3 万亿元，4 年的时间增长了 9 倍。目前，信托公司平均管理资产规模约为 400 亿元，个别信托公司管理的信托资产规模已经达到净资产的 50 倍以上，最高达 182 倍。信托资产规模快速扩张的同时，多数信托公司的内部控制和风险管理能力并没有及时跟上，单体信托业务风险时有发生。为此，银监会曾就银信合作、信政合作和房地产信托业务下发风险提示，但银信合作业务在 2010 年末仍然达到 1.32 万亿元，创出历史新高，其中被动管理型的通道类信贷业务占了相当大的比重。这一格局充分反映出我国信托公司的经营思路和业务模式还存在较大的问题，亟待调整和完善。

2. 新形势下信托公司面临的挑战与约束

在当前信托公司风险控制意识普遍不足、风险管理能力有限的情况下，信托公司的扩张冲动只能通过实施净资本监管进行约束。监管部门在推动信托公司建立并完善内部风险预警和控制机制，通过对净资本等风险控制指标动态监控、定期敏感性分析和压力测试等手段，逐步实现信托风险的计量和监控的同时，应有效引导公司根据自身特点进行差异化选择与发展，鼓励信托公司积极创新，最终实现信托公司业务模式二次转型。

3. 业务模式二次转型方向

2011 年，信托公司在新的政策环境之下，净资本和风险资本成为信托公司业务模式构建的核心，信托公司管理的信托资产规模与其净资本直接挂钩，这标志着信托公司可以无限做大信托资产规模时代的终结。今后，信托公司在开展信托业务时必须权衡不同风险系数信托业务的净资本收益率。其业务模式必然与监管部门的指向趋同，由被动管理型向主动管理型业务转变。业务模式的转变是"一法三规"新政策环境对信托公司的核心影响，由此还会引发一些例如人才流动、公司组织架构变动、发展战略转变等影响。未来几年中，信托公司的业务模式将主要在以下几个方面发生重大转变：由粗放型转变为深耕型；由外延式发展转变为内涵式发展；由资金推动型转变为制度服务型；由通道型转变为主动管理型；由量产型转变为定制型；由资金密集型转变为智力密集型；由以小博大型转变为量力而行型；由项目融资型转变为产业基金型。最终形成以内涵型深耕式发展为指导思想，以主动管理信托资产为基本原则，以净资本管理风险指数为发展导向，以投融资等多种手段组合为竞争优势，以基金化、高附加值、智力密集信托产品线为支撑的全新业务模式。

资料来源 《中国金融》2011 年 9 月 1 日。作者：邢　成

二、财务公司

财务公司也称为金融公司，是面向个人或厂商，专门办理耐用消费品、机器、设备等贷款或分期付款销货业务的公司。1716 年，法国创设的通用银行可以算是最早的财务公司，19 世纪以后，英、美等西方国家也相继设立财务公司。目前，包括我国在内的世界许多国家均设有此类机构。

一般来说，财务公司可分为三种：消费型财务公司、销售型财务公司和商业财务公司。

消费型财务公司主要经营个人或家庭小额贷款，贷款以分期付款方式偿还，期限由几个月到一两年不等，用途主要是购买耐用消费品。一般来说，对个人或

家庭的贷款，风险比较高，所以，财务公司分期付款、贷款的利率也较高。

销售型财务公司是由一些大型零售商或制造商建立的，旨在以提供消费信贷的方式来促进企业产品销售的公司。美国许多大公司都设有此类金融公司，以便推销商品。著名的通用汽车公司为了对推销其产品的汽车签售商提供融资，专门成立了通用汽车承兑公司，所有经销通用汽车的零售商在出售汽车后，即可将分期付款的合同卖给通用汽车承兑公司，所得款项可再购买通用公司的汽车以供零售。

商业财务公司是对需要流动资本或长期资本的企业提供融资的财务公司。流动资本一般用于购买商业中的存货、工业或制造业原材料，同时，工商业也经常需要长期资本以添置机器、厂房、运输工具及办公设备。

专栏 7-12　我国的企业集团财务公司

与发达国家在跨国集团发展到一定规模时自发设立财务公司不同，我国企业集团财务公司是经济体制和金融体制改革的产物，它的产生既是企业集团发展的客观要求，更是我国国有体制改革的必然选择。从经济层面上看，财务公司的出现是为了推动经济体制改革并为之提供金融服务的政策需要。从金融层面上看，财务公司的出现是金融市场发展的一种必然结果，是一种金融机构的创新。从 1987 年成立第一家财务公司至今，财务公司已走过了 25 年的发展历程，财务公司本身作为一种制度设计，在银行体系改革滞后、效率低下的情况下，展现出强大的活力和旺盛的发展势头。截至 2011 年底，我国财务公司已发展为 122 家，资产总额 1.83 万亿元，已涉及包括石油、化工、钢铁、电力、煤炭等国民经济多个行业。大型企业集团，如中石油、中石化、五矿集团等大都设立了财务公司并不断发展壮大，成为我国金融市场上不可忽视的发展力量。

但与发达国家比较，我国的金融市场还在不断发展成熟，金融创新总体上落后于实体经济发展的需要，金融制度和组织结构创新力度不足，金融体系、信用体系、法律体系仍不健全，这些都是我国企业集团财务公司发展过程中的不利环境因素。在尚未成熟的金融环境下，我国财务公司行政上受所在企业集团管理，业务经营上受中国人民银行统一监管，财务公司作为金融机构，从领取执照、业务范围到经营管理受到的严格监管制约了其长足发展，逐渐形成了以下特点：一是服务对象被严格限定在集团内部或其他成员单位，业务范围并不能超越企业集团之外；二是业务范围明确规定，以传统业务，如内部结算、资金管理、内部存贷为主；三是与银行专业服务直接竞争，结算依托银行，效率较低。因此，财务公司在我国虽然已经取得了长足的发展，但受各方面环境因素影响其职能发挥仍受一定程度限制。我国如何进一步深化财务公司功能，提升企业集团核心竞争力，对促进我国金融体系的完善和金融体制改革的深化，以及国有大企业改革的深化具有重要意义。

资料来源 《银行家》2012年第6期。作者：邓群伟

三、金融租赁公司

金融租赁公司是专门经营租赁业务的公司，是租赁设备的物主，通过提供租赁设备而定期向承租人收取租金。金融租赁公司开展业务的过程是：租赁公司根据企业的要求，筹措资金，提供以“融物”代替“融资”的设备租赁；在租期内，作为承租人的企业只有使用租赁物件的权利，没有所有权，并要按租赁合同规定，定期向租赁公司交付租金。租期届满时，承租人向租赁公司交付少量的租赁物件的名义贷价（即象征性的租赁物件残值），双方即可办理租赁物件的产权转移手续。金融租赁公司的组织形式不一，它既可以独立存在，也可依附于银行等金融机构。

金融租赁公司的业务范围相当广泛，几乎涉及从单机设备到成套工程设备、从生产资料到工业产权、从工商业设施到办公设备各个领域。而许多公司不仅经营国内租赁业务，还大量经营国际租赁业务。

我国的金融租赁业起始于20世纪80年代初期。金融租赁公司创建时大都是由银行、其他金融机构以及一些行业主管部门合资设立。1981年4月，中国第一家租赁公司——东方租赁有限公司正式成立，该公司为中国国际信托投资公司、北京市机电设备公司和日本东方租赁有限公司合资创办。1981年8月，中国第一家国营现代租赁公司——中国租赁有限公司正式成立。投资者为中国国际信托投资公司、国家物资总局、中国工商银行、中国农业银行、中国人民建设银行、中国人民保险公司、水电部、轻工部、电子工业部、化工部等。近年来，我国金融租赁公司规模逐步扩大。截至2011年3月末，我国共有17家金融租赁公司，包括工银金融租赁公司、交银金融租赁公司、建信金融租赁公司等银行系统金融租赁公司，以及华融金融租赁有限公司、江苏金融租赁有限公司、深圳金融租赁有限公司等其他金融租赁公司。

2007年3月，新修订的《金融租赁公司管理办法》正式施行，新办法主要对股东资格、最低注册资本金、业务范围、监管规则等方面进行了修订。在股东资格方面，提出了主要出资人的概念，规定只有商业银行、租赁公司、主营业务为制

造适合融资租赁交易产品的大型企业及其他银监会认可的金融机构才可以成为主要出资人。在最低注册资本金要求方面，新办法将最低注册资本金降为1亿元人民币或等值的自由兑换货币，并提出必须满足8%的资本充足率要求。在业务范围方面，为了适应金融租赁公司专业化经营的要求，适当拓宽金融租赁公司融资渠道，新办法取消了原办法中“向承租人提供租赁项下的流动资金贷款，有价证券投资、金融机构股权投资，担保”等业务，增加了“吸收股东一年期(含)以上定期存款，向商业银行转让应收租赁款”的业务，并对其他业务进行了整合。在监管规则方面，新办法对一些监管指标进行了调整，重点就关联交易和售后回租交易提出了明确的监管要求。

专栏7-13　工银金融租赁有限公司

工银金融租赁有限公司是由中国工商银行股份有限公司全资设立，注册资本50亿元人民币，它是国务院确定试点并首家获中国银监会批准开业的由商业银行设立的金融租赁公司，也是国家确定滨海新区发展战略后落户新区的最大法人金融机构之一。

工银金融租赁有限公司依托中国工商银行的强大实力，以国际化的视野、市场化的机制、专业化的品质，提供各类租赁产品以及租金转让与证券化、资产管理、产业投资顾问等金融产业服务，致力于打造国内一流、国际知名的金融租赁公司。

工银金融租赁公司定位为大型、专业化的飞机、船舶和设备租赁公司，秉承工行在机、船、设备租赁融资方面的专业基础和优良的企业文化，建立了完备的公司治理结构和内部管理体制。

资料来源　http://www.icbcleasing.com/about_01.asp。

经过近几年的发展，国内金融租赁公司的资产规模和业务领域逐步扩大，经营管理和风险控制能力也得到较大提升，金融租赁公司的经营特色越来越鲜明，专业化程度也在不断提高，部分公司在飞机、船舶、工程机械等金融租赁的传统目标行业发展较快，逐步形成了一定的业务基础和核心竞争力。可以说，随着银行系金融租赁公司的设立和发展，我国融资租赁行业的市场格局和业务模式都发生了较大变化，行业优势和社会价值初步显现，主要表现在以下四个方面。

1. 资产规模快速增长，经营实力和盈利水平有了较大提升

截至2011年3月末，17家金融租赁公司的资产总额达到3 640亿元，实现营业收入 33.45 亿元，净利润 13.24 亿元，资产利润率、资本利润率分别达到 1.56%、10.07%。整体来看，金融租赁公司在资产规模快速增长的基础上保持了资产质量和盈利水平的稳步提升，并且随着经营实力的不增增强，金融租赁行业的社会认知度和关注度也得到了较大提高。

2. 租赁资产行业分布广泛，租赁服务领域不断扩大

截至 2011 年 3 月末，金融租赁公司在飞机、船舶、专用设备领域的投资余额分别达到 381 亿元、337 亿元和 1 924 亿元，并在航空、航运、电力、机械、医疗、印刷等领域形成了特色鲜明的产品线，有效地扩大了相关行业的投资、生产和消费，在促进我国经济结构调整的同时，带动了租赁行业的快速发展。与前两年相比，租赁资产的分布领域不断扩大，行业配比更加均衡，金融服务能力有所提升。

3. 业务创新取得进展，发展方式有所转变

近两年来，金融租赁公司立足于深入发掘租赁业务的本质特色，加大了产品创新力度，推出了多样化的业务品种。部分金融租赁公司设计开发了专业化的中小企业融资租赁产品，增强了对中小企业的扶持力度。通过开办厂商租赁、保税租赁、联合租赁等业务品种，将企业生产、销售和用户需求有机结合起来，尝试帮助企业打通国内外市场，有效地增加了企业的融资渠道，满足了多样化的融资需求，同时降低了金融租赁公司的经营成本和经营风险。通过在保税区设立项目公司开展融资租赁业务，按照国际上通行的运作模式，成功开展了飞机、船舶等融资租赁业务，成为国内公司进入世界高端市场的成功典范。此外，银行系统租赁公司还加强了与母行之间的协同效应，充分利用母行的客户资源、营销网络和管理机制，在不断优化自身发展模式的同时，融入母行整体发展战略，为提高商业银行的整体金融服务水平和综合化经营做出了独特的贡献和有益的探索。

4. 公司治理不断完善，风险管理能力不断增强

新设和重组的金融租赁公司都能够按照监管要求，借鉴银行的内部控制和风险管理体系，结合租赁业务特色，建立了较为健全的公司治理架构。基本能够做到“三会一层”各司其职，前中后台职责分离和相互制约，为公司健康发展打下了良好的基础。同时与股东方建立了风险隔离机制，较好地防范了租赁业务与银行业务之间风险的相互传导。截至 2011 年 3 月末，全行业不良资产率为 0.49%，拨备覆盖率为 322%，表现出良好的资产质量状况、稳健的财务管理能力和较强的抗风险能力。

四、信用合作社

信用合作社是由社员集资联合组成、以互助为主要宗旨的合作金融组织。它的基本经营目标是以简便的手续和较低的利率，向社员提供信贷服务，帮助经济力量薄弱的个人解决资金困难。信用合作社的资金来源主要是社员缴纳的股金、吸收的存款以及借入资金，资金运用主要是为社员提供短期生产贷款及消费贷款。此外，部分资金还用于购买政府债券进行投资，也有提供以有价证券和不动产为抵押的中长期贷款。

最早的信用合作社创建于德国。1848年，莱茵河畔出现了世界上第一个农村信用合作社。此后，信用合作社经历了自由发展、国家干预、调整变革三个阶段。目前，这类机构的规模仍不大，但数量众多、分布广泛、种类多样。综合世界各国情况来看，信用合作社的种类主要有农村信用合作社、土地信用合作社、小工商业信用合作社、住宅信用合作社、储蓄信用合作社、劳动者信用合作社、城市信用合作社等。各国信用合作社的名称有所不同，美国称为“信用社”，日本称为“信用协同组合”，德国称为“信用合作银行”。

世界各国现行信用合作社的信用合作准则是从国际合作联盟1966年第23届大会制定的合作原则中引申而来的。主要内容是：自愿入社与退社；每个社员都应提供一定限额的股金并承担相应的责任；实行民主管理，权利平等，一人一票；信用合作社股票不上市；信用合作社盈利主要用于增进社员福利。以上准则，使信用社与股份制银行区别开来，也有效地避免了信用社成为少数人控制、谋利的企业。

中国现行的信用合作社有两大类，即农村信用合作社和城市信用合作社。前者主要为农村广大农民、专业户、个体户及乡镇企业的生活、生产提供金融服务；后者则主要为城市集体企业、个体工商户、城镇居民提供相关的金融服务。两类信用社均属于我国互助合作性质的金融机构，实行自主经营、独立核算、自负盈亏的经营原则。在经营管理上的主要特征是组织上的群众性、管理上的民主性和业务经营上的灵活性。

现代信用合作社的原则是：入社和退社实行自愿原则；每个社员都应提供一定限额的股金并承担相应的责任；实行民主管理。社员具有平等的权利，每位社员只有一票投票权；信用合作社的盈利主要用来增进社员福利。制定这些原则的意义在于保证了信用合作社不会成为被少数人所控制、为少数人谋取利益的企业，并使其与股份银行区别开来。

专栏7-14　农村信用合作社

农村信用合作社是指经中国人民银行批准设立，由农民入股组成，实行入股社员民主管理，主要为入股社员服务的合作金融组织，是经中国人民银行依法批准设立的合法金融机构。农村信用社是中国金融体系的重要组成部分，其主要任务是筹集农村闲散资金，为农业、农民和农村经济发展提供金融服务。同时，依照国家法律和金融政策的规定，组织和调节农村基金，支持农业生产和农村综合发展，支持各种形式的合作经济和社员家庭经济，限制和打击高利贷。

农村信用合作社作为银行类金融机构有其自身的特点，主要表现在以下三个方面：

(1) 农民和农村的其他个人集资联合组成，以互助为主要宗旨的合作金融组织，其业务经营是在民主选举基础上由社员指定人员管理经营，并对社员负责。其最高权力机构是社员代表大会，负责具体事务的管理和业务经营的执行机构是理事会。

(2) 主要资金来源是合作社成员缴纳的股金、留存的公积金和吸收的存款；贷款主要用于解决其成员的资金需求。起初主要发放短期生产生活贷款和消费贷款，随着经济发展，渐渐拓宽放款渠道，现在和商业银行贷款没有区别。

(3) 由于业务对象是合作社成员，因此业务手续简便灵活。

资料来源　根据相关资料整理。

五、邮政储蓄银行

邮政储蓄银行是利用邮政部门的网点办理储蓄业务的机构，主要经营小额存款业务，其吸收的存款一般不用提缴准备金，其资金运用一般是存入中央银行，或购买政府债券。邮政储蓄机构于1861年首创于英国，目前已经在国际上形成了体系，邮政储蓄业务也在世界各国的金融机构中占有一定的储蓄比重。

在国外，邮政储蓄业务主要由两种机构办理，一是设立专门的邮政银行，独立核算，办理全面的银行业务，如英国邮政局的国家划拨银行、瑞典邮政总局的划拨银行等；二是邮政金融业务局，办理多种金融业务，具有部分银行职能，如法国国家邮政总局的国家储蓄银行等。

这种金融机构的设立最初是为了利用邮政部门广泛的分支机构，提供廉价有效的邮政汇款服务，提高结算速度，加速资金周转，因此在各国发展比较普遍。近年来，邮政储蓄机构正朝着两个方向发展：一是逐步回归到商业银行性质；二是在政府支持下，变成一种公共事业，为社会提供各种服务，便利人们生活。

我国于1986年4月恢复办理此业务。邮政储蓄实行“存款自愿、取款自由、存款有息、为储户保密”的原则，执行国家统一利率。由于邮政网点多，营业时间长，节假日照常营业，并且服务周到，手续简便，所以深受城乡人民的欢迎。

邮政储蓄银行的业务有储蓄业务、汇兑业务、代理业务及其他业务。

(1) 邮政储蓄的种类，除了与其他银行相同的定期储蓄和活期储蓄两大类储种外，还出现了活期储蓄异地存取、礼仪储蓄等新储种。

(2) 汇兑业务，分为普通汇款和电报汇款两类。

(3) 代理业务包括代理和代收代付业务。代理业务主要包括代理保险、代理国债、代理彩票等业务;代收代付业务主要包括代发工资、收发养老金、代收电信资费、代收公益事业费等业务。

(4) 其他业务,包括演算业务、国际业务和稽查业务等。

专栏 7-15　中国邮政储蓄银行

中国邮政储蓄银行于 2007 年 3 月 6 日正式成立,是在改革邮政储蓄管理体制的基础上组建的商业银行。中国邮政储蓄银行承继原国家邮政局、中国邮政集团公司经营的邮政金融业务及因此而形成的资产和负债,并将继续从事原经营范围和业务许可文件批准、核准的业务。

邮政储蓄自 1986 年恢复开办以来,截至 2008 年,已建成覆盖全国城乡网点面最广、交易额最多的个人金融服务网络,拥有储邮储信用卡金卡蓄营业网点 3.6 万个。邮政储蓄银行已在全国 31 个省(市、自治区)全部设立了省级分行,并且在大连、宁波、厦门、深圳、青岛设有 5 个计划单列市分行。

经过 20 多年的发展,中国邮政储蓄银行已形成了以本外币储蓄存款为主体的负债业务;以国内、国际汇兑、转账业务、银行卡业务、代理保险及证券业务、代收代付、代理承销发行、兑付政府债券、代销开放式基金、提供个人存款证明服务及保管箱服务等多种形式的中间业务;以债券投资、大额协议存款、银团贷款、小额信贷等为主渠道的资产业务。2008—2010 年,中国邮政储蓄银行对公存款和对公结算业务在全国 36 家分行全面铺开,信用卡成功发行。

中国邮政储蓄银行依托邮政网络优势,按照公司治理架构和商业银行管理要求,不断丰富业务品种,不断拓宽营销渠道,不断完善服务功能,为广大群众提供更全面、更便捷的基础金融服务。2007 年 6 月 22 日,中国邮政储蓄银行"好借好还"小额贷款业务在河南新乡长垣县启动试点,2007 年末共有 7 省试点开办。2008 年初,开始全国推广。至 2008 年 6 月 24 日西藏分行开办业务,全国 31 个省(区、市)分行和 5 个计划单列市分行已全部开办小额贷款业务。截至 2010 年 10 月 16 日,小额贷款业务已覆盖全国所有地市和 2 100 个县市及主要的乡镇,4 500 多个网点已开办这项业务。2010 年,小额贷款发放量突破 1 000 亿元,从业务开办至 2010 年 10 月,全国累计发放贷款近 400 万户、金额 2 300 多亿元,平均每笔贷款约 5.9 万元。邮储银行在县及县以下农村地区累计发放 1 500 多亿元,占全部小额贷款累计发放金额的 70%。邮储银行发放的近 2 300 亿元小额贷款,解决了全国 400 万户农户及小商户的生产经营资金需求问题,1 600 多万人从中受益。邮储银行实行的小额贷款将为中低收入人群、农村地区、个体商户、微型企业提供更好的持续的融资服务,进一步改善农村金融服务环境。

资料来源　根据相关资料整理。

本章小结

本章介绍了各类非银行金融机构，包括政策性金融机构、保险公司、资本市场金融机构以及其他非银行金融机构。

政策性金融机构是配合政府的社会经济政策与意图、服务于特定的业务领域的金融机构，通常包括经济开发政策性金融机构、农业政策性金融机构、进出口政策性金融机构、住房政策性金融机构、中小企业政策性金融机构。政策性金融机构有其独特的特征：有政府的财力支持和信用保证、不以追求利润最大化为目标、有特定的业务领域、一般不普遍设立分支机构。我国于 1994 年成立了三家政策性金融机构，即国家开发银行、中国进出口银行、中国农业发展银行，它们均直属国务院领导。

保险公司是专门经营保险业务的专业性金融机构。从保险发展的历史来看，财产保险先于人身保险，海上保险早于陆上保险。按照所承担风险的类型不同，保险公司的业务分为财产保险业务与人身保险业务；根据风险转移方式的不同，可以分为原保险与再保险。保险公司的组织形式主要包括股份有限公司、相互保险公司，我国目前主要采用股份有限公司形式。根据保险经营目标不同，保险机构还可分为商业保险机构、政策性保险机构、社会保险机构。

资本市场金融机构是在直接金融领域内为投资活动提供中介服务或直接参与投资活动的金融机构，主要包括投资银行、证券公司、金融公司和投资基金等。投资银行是从事部分或全部资本市场业务的金融机构，其业务主要包括证券承销、证券交易、兼并与收购等；证券公司是从事各种有价证券经营及相关业务的金融机构；投资基金是一种以追求投资收益回报为目标，以利益共享、风险共担为原则，以组合投资方式将众多投资者的资金运用于各种金融资产投资的投资组织形式；信托公司是以资金或其他财产为信托标的，根据委托人的意愿，以受托人的身份管理及运用信托财产的金融机构。

其他非银行金融机构主要包括财务公司、金融租赁公司、信用合作社以及邮政储蓄银行。财务公司也称为金融公司，是面向个人或厂商，专门办理耐用消费品、机器、设备等贷款或分期付款销货业务的公司。金融租赁公司指需要添置某些技术设备而又缺乏资金的企业，由出租人代其购进或租进所需设备，然后再出租给其使用的一种租赁方式。信用合作社是由社员集资联合组成、以互助为主要宗旨的合作金融组织。邮政储蓄银行是利用邮政部门的网点办理储蓄业务的机构，主要经营小额存款。

重要概念

政策性金融机构　投资银行　证券承销　私募发行　证券公司　信用合作社　保

险公司　公司型基金　契约型基金　封闭型基金　开放型基金　财务公司　金融租赁公司　信托投资公司

思考题

1. 什么是政策性金融机构？它有哪些主要类型？
2. 试析政策性金融机构的特点及职能。
3. 投资银行与商业银行有何区别？联系中国实际分析投资银行在现代经济中的作用。
4. 保险公司的种类和主要业务有哪些？保险公司在经济与生活中发挥什么样的作用？
5. 信托投资公司的主要业务有哪些？
6. 试述投资银行的主要业务活动。
7. 了解中国非银行金融机构当前的发展状况。

第八章 中央银行

中央银行是一国实行货币政策和对金融业实施监督管理的特殊金融机构，是国家的货币当局和金融体系的核心。中央银行的形成经历了一个发展的过程，中央银行的职能不断被丰富和拓展，随着金融业的蓬勃发展和金融在经济生活中作用的增强，中央银行正发挥着越来越大的作用。

第一节/中央银行的起源与发展

中央银行的产生有两条途径。其一，早期的中央银行是从商业银行中分离出来或由商业银行演变而成的；其二，第一次世界大战后的中央银行是直接由政府出资建立的。中央银行的产生和发展是信用制度和银行体系不断健全和完善的结果。

一、中央银行产生的历史背景和客观原因

（一）中央银行产生的历史背景

中央银行产生的历史背景，大致可以从下面三方面来阐述。

1. 商品经济快速发展

欧洲资本主义制度形成于15至16世纪，一些手工业开始从农业中分离出来，形成独立的生产部门，农业生产也从传统的自给型生产转向商品型生产。到了17世纪，科学技术创新不断地推动生产力的快速发展，商品经济较为发达的一些欧洲国家的工商企业在社会生产中占据的地位越来越重要，为18至19世纪的欧洲工业革命打下了良好的基础。欧洲商品经济的快速发展，需要充足的资金规模和良好的金融秩序做支持和保证。

2. 商业银行普遍设立

银行业的最初形成是在13至14世纪，最先出现在经济贸易比较发达的欧洲。到了14世纪末，一些以“银行”命名的信用机构开始出现。伴随着商品经济的快速发展和资本主义生产方式的兴起，15至16世纪银行的设立和发展在欧洲出现了一个高潮，如1587年成立的威尼斯银行(BANK OF VENICE)、1593年成立的米兰银行(BANK OF MILAN)等。17至18世纪，欧洲社会生产力飞

速发展，银行业务活动不断创新，发行银行券、为企业办理转账、为企业融资等，银行的服务具有了现代银行的性质。一些银行业务创新的成功引来了又一次银行设立的高潮。银行的普遍设立促进了商品经济的进一步快速发展。1656年设立的瑞典银行和1694年设立的英格兰银行开始了中央银行的部分业务，这在后面内容中将有进一步分析。

3. 社会经济活动中的货币信用关系越来越广泛

银行的业务创新使货币和信用活动越来越多地与商品生产、商品贸易有机结合，银行把吸收的存款作为资本投入到经济活动中，集中零散的资金满足规模化生产的需要。与此同时，银行还为企业的资本联合和筹资活动提供服务和便利，如为股份公司代理发行股票、为企业代理发行债券等。银行通过票据贴现、抵押贷款等方式，逐渐把商业信用转变为银行信用，使信用范围和规模得以大幅度扩展，为社会化大生产和商品经济的繁荣创造了条件。商品经济的快速发展和银行业务的不断创新，促进了社会经济活动中的货币信用关系不断深入。

（二）中央银行产生的客观原因

18世纪后半叶到19世纪中期，随着资本主义生产力水平的提高、商品流通规模和范围的扩大，以及与此相促进的货币信用业务的扩展、股份制银行的增多，原有的自由银行制度越来越不适应，由此产生的一系列问题客观上要求建立有良好信用的统一的中央银行。具体原因有以下几个方面：

(1) 银行券发行过于分散。在银行业发展初期，许多商业银行除了办理存放和汇兑等业务以外，还从事银行券的发行。银行券分散发行，存在许多弊端：一是无法保证银行券的信誉和流通的稳定。当一些银行特别是小的商业银行，无法保证其所发行的银行券的兑现，就会引起社会的混乱；二是银行信用活动的范围有限，许多银行发行的银行券只能在有限的地区流通，无法满足更大规模的生产和流通需要。伴随着社会生产的发展，需要有一个实力雄厚、有权威的银行来统一发行银行券。

(2) 票据交换矛盾突出。随着业务的发展，银行每天收支票据的数量逐渐增多，各银行之间的债权债务关系越来越复杂，由各个银行自行轧差进行当日清算也越来越困难。这种状况不仅表现为异地结算矛盾突出，即使同城结算也成问题。因此，客观上要求建立一个全国统一的、有权威的、公正的清算中心，而这个中心只能由中央银行承担。

(3) 银行发生挤兑或破产。随着商品生产和流通的扩大，对银行贷款的需求量不断增加。商业银行如果将吸收的存款过多地提供贷款，会出现因支付能力不足而发生挤兑或破产的可能。这就要求有一个信用卓著、实力强大并具有提供有效支付手段能力的机构，集中各家商业银行的一部分现金准备，充当商业银行的最后支持者。

(4) 解决政府融资问题。国家机器的强化、自然灾害的发生和战争的频繁爆发，使得国家收入减少的同时又需要增加开支。为弥补财政亏空，一些国家政府逐渐向银行要求融资。17 世纪末，英国国王威廉三世执政时，国家财政陷于困境，需要大量举债，由英格兰银行向政府贷款 120 万英镑。从此，英格兰银行成为政府的融资者和国库代理人，也成为历史上第一家具有“政府的银行”职能的银行。

（5）金融业协调、监督等管理问题。银行业经营同其他行业一样，竞争非常激烈，而银行破产、倒闭给社会经济生活带来很大的动荡。因此，客观上需要有一个权威机构加强金融业管理、监督和协调工作。

二、中央银行的形成和发展

从 1656 年瑞典银行设立到 1913 年美国联邦储备体系建立，中央银行基本形成，经历了近 260 年的时间。

1656 年成立的瑞典银行最初是一家私人银行，但该行是最早发行银行券和办理证券抵押贷款业务的银行之一，1666 年陷入困境，1668 年政府将其收归国有。1697 年瑞典通过法案，将货币发行权集中到瑞典银行，从而使瑞典银行具有中央银行的某些特性。成立于 1694 年的英格兰银行原为商业银行，但从其诞生起就与政府有着密切的关系，为政府筹资、接受政府存款和向政府提供贷款是该行成立之初最主要的业务之一。该银行成立时的股本为 120 万英镑，全部贷给当时的英国政府，并管理国库的收支。同时该银行得到了银行券发行额不超过资本总额的权限。1833 年，英国议会通过一个新法案，规定只有英格兰银行发行的银行券才具有无限清偿资格。这是英格兰银行成为中央银行决定性的一步。1844 年，由英国当时的首相皮尔主持拟定，英国议会通过了《英格兰银行条例》，又称《皮尔条例》。该条例增加了英格兰银行没有金银准备做保证发行银行券的限额，同时又限制或减少了其他银行的发行量。到 1928 年英格兰银行成为英国唯一的发行银行。1854 年，该银行又成为英国银行业的票据交换和清算中心。英格兰银行随着英国金融业的发展而逐渐成为英国的中央银行，它是最早全面发挥中央银行功能的银行。

19 世纪至 20 世纪初，在一些经济和金融较为发达的国家和地区，相继建立了中央银行，大约有 29 个国家建立中央银行。1791 年，由美国政府出资 20%成立的美国第一联邦银行具有中央银行的职能，发行货币、接受政府存款和向政府提供贷款，该行经营期 20 年，期满后没有通过展期申请。面对银行数量大幅增加和金融秩序的混乱状况，1816 年经国会批准建立了第二联邦银行，20 年经营期结束后也没有延期。1913 年 12 月 23 日国会通过了《联邦储备条例》；1914 年 11 月，美国建立了联邦储备体系，这标志着中央银行制度在世界范围内基本确立。

第一次世界大战期间，各国政府为了保障战时的财政需要，大量向中央银行借款，并且纷纷强迫中央银行停止或限制银行券兑现，导致战后经济金融混乱、通货膨胀严重。1920 年，布鲁塞尔国际货币金融会议通过了关于各国应平衡财政收支、割断政府对发行银行的控制，以稳定货币的重要决议。1922 年的日内瓦会议除了重申这些主张外，还进一步建议未设立中央银行的国家应尽快设立。20 世纪 30 年代大危机使得金本位制崩溃，管理货币供应、控制货币数量成为各国中央银行的重要职责。从 1921 年至 1942 年，世界各国改组或者新设立的中央银行有 40 多家，其中，德国国家银行、奥地利国家银行、匈牙利国家银行、苏联国家银行、智利中央银行、厄瓜多尔中央银行是典型代表。

第二次世界大战结束后，许多国家为了恢复经济、稳定金融、满足币制重建和货币发行的制度化的需要，通过采取对中央银行国有化措施加强对中央银行的控制。一些新成立的国家，由政府出资纷纷设立中央银行，使中央银行成为国家机器的重要组成部分，制定和实施货币政策成为中央银行的主要职责。从 1945 至 1971 年，改组、重建和新设的中央银行共有 50 多家。至此中央银行普遍在世界各国建立。

三、中央银行制度的类型

虽然目前世界各国基本上都采取中央银行制度，但并没有一个统一模式。就目前各国采取的中央银行制度来看，大致可归纳为单一型中央银行制度、复合型中央银行制度、准中央银行制度和跨国中央银行制度等四种类型。

（一）单一型中央银行制度

单一型中央银行制度是指国家建立单独的中央银行机构，使之全面行使中央银行职能的中央银行制度。这种类型又分为两种情况。

1. 一元式中央银行制度

一元式中央银行制度指一国只设立一家统一的中央银行行使中央银行的权力并履行中央银行的全部职责，中央银行机构设置一般采取总分行制，逐级垂直隶属。目前世界上绝大多数国家的中央银行都实行这种体制，如英国、法国、日本等。一元式中央银行制度的特点是权力集中统一、职能完善、有较多的分支机构。中国的中央银行——中国人民银行亦采用一元式组织形式。

2. 二元式中央银行制度

二元式中央银行制度是指中央银行体系由中央和地方两级相对独立的中央银行机构共同组成。中央级中央银行和地方级中央银行在货币政策方面是统一的，中央级中央银行是最高金融决策机构，地方级中央银行要接受中央级中央银行的监督和指导，但在货币政策的具体实施、金融监管和中央银行有关业务的具体操作方面，地方级中央银行在其辖区内有一定的独立性。这种制度一般与联邦制的国家体制相适应，如目前的美国实行此种中央银行制度，德国曾经也采取过二元式中央银行制度。

美国的中央银行称为联邦储备体系（The Federal Reserve System，简称 FED）。在中央一级设立联邦储备理事会（Board Of Governors Of the Federal

Reserve System)、联邦公开市场委员会(Federal Open Market Committee,简称FOMC);在地方一级设立12家联邦储备银行及其分支结构。

德国中央银行在中央一级设立中央银行理事会以及为其服务的若干业务职能机构,在地方一级设立了9个州中央银行。

(二) 复合式中央银行制度

复合式中央银行制度是指国家不单独设立专司中央银行职能的中央银行机构,而是由一家集中央银行与商业银行职能于一身的国家大银行兼行中央银行职能的中央银行制度。这种中央银行制度往往与中央银行初级发展阶段和国家实行计划经济体制相对应,苏联和以前多数东欧国家即实行这种制度,中国在1983年前也实行这种制度。

(三) 准中央银行制度

准中央银行制度,是由政府授权专门机构行使对金融业的监督和管理职能,如金融管理局和货币局等,同时政府又授权大商业银行行使货币发行、准备金保管等其他中央银行业务的中央银行制度。目前采取这种中央银行组织形式的国家和地区有新加坡、马尔代夫、斐济、沙特阿拉伯、阿拉伯联合酋长国、塞舌尔、中国香港等。

新加坡设立金融管理局,除货币发行权授予大商业银行之外,金融管理局全面行使中央银行的其他各项职能,包括制定和实施货币政策、监督管理金融业、为金融机构和政府提供各项金融服务等;马尔代夫设立货币总局,负责货币发行和管理,制定和实施货币政策,同时授权商业银行行使某些中央银行职能。

中国香港在很长的时期内,并无一个统一的金融管理机构,长期实行英镑汇兑本位,1972年改行港币与美元挂钩,1983年10月开始实行与美元挂钩的联系汇率制度。1993年4月1日香港成立了金融管理局(HK Monetary Authority),集中行使货币政策、金融监管和支付体系管理职能,但货币发行由渣打银行、汇丰银行和中国银行香港分行负责,票据结算则由汇丰银行负责。

(四) 跨国中央银行制度

跨国中央银行型,即由多个国家联合组织一家中央银行,在成员国范围内发行共同货币,制定和执行统一的货币政策,办理成员国共同商定和授权的金融事项。这种体制早期存在于一些经济欠发达、地域相邻的经济联合体或货币联盟的国家,主要有:1960年3月由喀麦隆、乍得、刚果、加蓬和中非共和国等五国联合组成的"中非国家银行",并发行共同货币;1962年5月由贝宁、科特迪瓦(象牙海岸)、毛里塔尼亚、尼日尔、塞内加尔和布基纳法索(上沃尔特)等六国联合组成的"西非国家中央银行",发行共同货币;1965年1月由安提瓜、多米尼加、格林纳达、蒙德塞拉特、圣卢西亚和圣文森特等六国组成的"东加勒比海货币管理局",该货币管理局只对成员国发放贷款,不负责对成员银行进行监督,也不行使最后贷款人义务。跨国中央银行制度最具代表性和具有划时代意义的当属"欧洲中央银行"(European Centre Bank,简称ECB)。

根据欧共体12国在1991年12月达成的《马斯特里赫特条约》(简称《马约》)的协议内容,1998年7月1日,欧洲中央银行正式成立。从1999年1月1日起,欧洲中央银行逐步从欧元区国家接收直接管理货币的权力。欧洲中央银行的储备金由各成员国按其在欧元区内的人口比例和国内生产总值所占比重来提供。各欧元区国家的中央银行仍保留自己的外汇储备。欧洲中央银行是欧元区内最高的决策机构,负责发行欧元(EURO),制定欧元区内各国共同遵循的货币政策,而各成员国的中央银行则是该体系中的执行机构,具体实施和执行欧洲中央银行制定的政策。

四、中央银行的资本类型

中央银行的资本有以下几种类型。

(一)资本全部为国家所有

目前大多数国家中央银行的资本金是国家所有的。一部分国家通过购买中央银行资本中原来属于私人的股份而对中央银行拥有了全部股权,另一部分中央银行成立时,全部资本金来源于国家。一般说来,历史比较久远的中央银行大多为私营银行或股份制银行演变而来,国家通过购买私人股份的办法逐渐实行了中央银行的国有化,如加拿大银行(1938)、法兰西银行(1945)、英格兰银行(1946)、荷兰银行(1948)等。1920年,布鲁塞尔国际经济会议要求各国普遍建立中央银行制度以后,原来未建立中央银行制度的国家纷纷设立了自己的中央银行。第二次世界大战之后,一批新独立的国家由政府拨款直接建立了自己的中央银行。目前,中央银行资本为国家所有的国家有英国、法国、德国、加拿大、澳大利亚、荷兰、挪威、西班牙、瑞典、丹麦、俄罗斯等。中国人民银行的资本组成也属于国家所有的类型,《中华人民共和国中国人民银行法》第8条规定:"中国人民银行的全部资本由国家出资,属于国家所有。"

(二)资本部分为国家所有

这类资本组成,通常国家资本在50%以上,非国家资本即民间资本包括企业法人和自然人的股份在50%以下。如日本银行,政府拥有55%的股份,民间持股为45%;墨西哥的中央银行,国家资本占53%,民间资本占47%;巴基斯坦中央银行,政府占51%,民间资本占49%,等等。也有些国家,如比利时、厄瓜多尔、委内瑞拉、卡塔尔等国中央银行的资本中政府和民间股份各占50%。在国家不拥有全部股份的中央银行中,法律一般都对非国家股份持有者的权利做了限定,如只允许有分取红利的权利而无经营决策权,其股权转让也必须经中央银行同意后方可进行等。由于非国家股份持有者不能参与经营决策,所以对中央银行的政策基本上没有影响。

(三)资本全部为民间所有

这类资本组成,国家通常不持有股份,全部资本由其他股东投入,由法律规定执行中央银行职能，主要有美国、意大利和瑞士等少数国家的中央银行属于此类型。美国联邦储备银行的股本全部由参加联邦储备体系的会员银行所拥有；意大利银行为公法银行，其股份由储蓄银行、公营信贷银行、保险公司、社会保障机构等所持有，股份转让也只能在上述机构之间进行，并须得到意大利银行董事会的许可；瑞士国家银行多数股份由州政府银行持有，少数股份由私人持有，瑞士政府并不持有该银行的股份，但掌握其人事权，国家银行的董事大部分由政府指派。

(四) 无资本金的中央银行

韩国的中央银行是目前唯一没有资本金的中央银行。1950 年韩国银行成立时，注册资本为 15 亿韩元，全部由政府出资。1962 年《韩国银行法》的修改，使韩国银行成为“无资本的特殊法人”。该行每年的净利润按规定留存准备之后，全部汇入政府的“总收入账户”。会计年度中如发生亏损，首先用提存的准备弥补，不足部分由政府的支出账户划拨。

(五) 资本为多国共有

跨国中央银行的资本金是由各成员国按商定比例认缴的，各成员国以此认缴比例作为其在跨国中央银行所有权的标准。

中央银行的资本组成虽然有不同类型，但无论是哪种类型的中央银行，都是由国家通过法律或条约赋予其执行中央银行的职能，资本所有权的归属并不对中央银行的性质、职能、地位、作用等发生实质性影响。

第二节/中央银行的职能

一、中央银行的性质

中央银行的性质是指中央银行自身所具有的特有属性。从中央银行业务活动的特点和发挥的作用看，中央银行既是为金融机构和政府提供金融服务的特殊金融机构，又是制定和实施货币政策、进行金融监管的管理机构。

从业务特性来看，中央银行掌管商业银行的法定准备金存款，对商业银行提供再贴现和再贷款，并提供结算服务，与金融机构有相似之处。但是它与商业银行等金融机构具有根本性差别：

(1) 其经营不以盈利为目的。中央银行是非盈利性机构，它的存贷、结算业务不是为了谋求利润，而是为了维护货币流通和金融制度的稳定。它制定并组织执行货币政策、实施金融监管的出发点是社会公众利益和经济发展。

(2) 其经营对象主要是商业银行等金融机构。中央银行办理各种特定的金融业务，但其业务对象不是企业和个人。

(3) 其经营业务不同于一般商业银行的业务。中央银行通过其存贷款业务监测国内货币状况，及时调控货币规模，通过资金转移，引导资金流向，实现宏观经济政策目标。

中央银行是制定并组织执行货币政策、实施金融监管的专门管理机构，是代表国家管理金融活动的政府管理机关。中央银行虽然经过一国的政府授权，享有各种金融管辖权，但与一般政府行政管理机构存在区别：

（1）中央银行在履行各项管理职能时，都是以“银行”的身份出现，而且管理手段也更多地具有银行业务操作的特征。

（2）中央银行通常凭借经济和法律的手段分层次来实施监督管理职能，行政手段居于次要地位。

（3）中央银行在行使管理职能时，具备较大的独立性。

二、中央银行的基本职能

中央银行的基本职能是发行的银行、银行的银行和政府的银行。

（一）发行的银行

中央银行是发行的银行，是指中央银行垄断货币发行权，中央银行是一国唯一的货币发行机构。货币发行具有双重含义：一是指货币从中央银行发行库，通过各家银行业务库流向社会；二是指货币从中央银行流出的数量大于流入的数量。中央银行资产负债表中的货币发行是第二层含义。

中央银行拥有垄断发行货币的权力是中央银行履行其他职能的基础条件和重要保证。中央银行发行货币的信用基础，在金本位制下，是其集中的黄金储备，在信用货币制度下，是以国家信用为担保，中央银行所发行的货币是法定通货。各国货币发行制度的共同特性是：采取经济发行，反对财政发行；规定要有十足的资产作保证；一般都规定发行的最高限额。

中央银行根据货币政策目标要求以及经济运行对货币的客观要求，在其与商业银行等金融机构的业务往来过程中，具体行使货币发行职能。

专栏 8-1　我国货币发行

货币发行是中国人民银行向流通领域投入人民币现金的行为。确切地说，货币发行是中国人民银行通过发行库把发行基金投入业务库，使一部分货币进入流通领域。

所谓发行库，是指人民银行为国家保管发行基金的金库。发行库的设置由中国人民银行根据经济发展和业务需要决定，分为总库、分库、中心支库、支库四级。发行库实行“双人管库，同进同出制度”。发行基金是人民银行代国家保管的、准备向市场发行的货币，是货币发行的准备基金。发行基金的动用权属于总库。

资料来源　根据相关资料整理。

中央银行是发行的银行，这一职能是指中央银行服务于社会和经济发展，供应货币、调节货币量、管理货币流通的职能。中央银行发行货币的渠道，是通过再贴现、贷款、购买证券、收购金银和外汇等渠道，将纸币注入流通领域，并通过反向操作，组织货币回笼。首先，中央银行必须根据经济发展和商品流通扩大的需要，保证及时供应货币。由中央银行垄断发行货币有利于货币流通的集中统一，有利于节约货币成本，符合商品货币经济发展要求。其次，中央银行必须根据经济运行状况，适时适量发行货币。保持货币供给与流通中货币需求的基本一致有两方面的作用：一方面为经济发展创造良好的货币环境，促进经济和社会稳定；另一方面，处理好货币稳定与经济增长的关系，有效调节货币供给量，推动经济持续协调增长。最后，中央银行要加强货币流通管理，做好货币印制、清点、保管、运输、收兑等方面工作，保证货币流通的正常秩序，为此，中央银行要依法管理货币发行基金，严格控制货币投放量，加强现金管理。

（二）银行的银行

中央银行是银行的银行，这一职能是指中央银行服务于商业银行和整个金融机构体系，履行维持金融稳定、促进金融业发展的职责。这一职能具体体现在以下方面：

1. 集中商业银行的存款准备

存款准备金是商业银行为应付客户提取存款和划拨清算的需要而设置的专项资金。存款准备金分两部分：一部分是支付准备金，即库存现金，是为保证存款支付和票据清算而保留的货币资金；另一部分是法定存款准备金，依照法律的规定，商业银行必须将其存款的一部分上缴中央银行。商业银行吸收的存款不能全部用于贷款业务，必须保留一部分现金作为准备，以备存款人提取。各行除了在本行保留一部分外，必须把其余部分存入中央银行的活期存款账户上。商业银行向中央银行缴纳存款准备金的多少用法定准备金率来表示。法定准备金率高，商业银行的贷款能力降低；反之，贷款能力增强。

这种存款准备金制度的意义在于：一方面保证商业银行的清偿能力，应付客户提存需要，从而保护存款人利益和保障商业银行自身安全；另一方面，相对节约整个社会存款准备金数量，同时为中央银行调节信用规模、控制货币供应量创造条件。中央银行集中存款准备金业务，主要确定法定存款准备金比例、存款准备金计提基础、规定存款准备金的构成等。

2. 充当最后贷款人

最终贷款人（Lender of Last Resort）是指在危急时刻中央银行应尽的融通责任，它应满足对高能货币的需求，以防止由恐慌引起的货币存量的收缩（《新帕尔格雷夫货币金融大辞典》）。在商品经济发展过程中，不可避免地会由于经济波动引发金融危机。这不但会影响经济的健康发展，还会对经济造成破坏。当一些金融机构出现暂时流动性不足时，中央银行可以通过贴现窗口或公开市场购买等方式向这些银行发放紧急贷款。最后贷款人若宣布将对流动性暂不足的金融机构进行融通，就可以在一定程度上缓解公众对现金短缺的恐惧和恐慌。

专栏 8-2　中国人民银行充当最后贷款人

由于金融机构经营的特殊性，其风险具有外部效应，如果让它像一般工商企业那样直接破产，就将损害广大存款人和其他金融消费者的利益，并威胁经济和社会的稳定。这些贷款绝大部分都是在金融机构破产清盘过程中，央行为保护债权人利益而被迫投放的。下面是中国人民银行 1998 年以来充当最后贷款人的不完全统计。1998 年 6 月，海南发展银行关闭，此前的一年间，中国人民银行共向其贷款 40 亿元。同年，中国新技术创业投资公司被清盘，央行提供再贷款 26 亿元。1998 年底，广东国投破产，其间从中国人民银行获贷款 380 亿元。

从 2002 年起，中国人民银行为配合证券公司的行政撤销或破产重组，先后向鞍山证券、新华证券、南方证券提供 15 亿元、14.5 亿元及 80 亿元再贷款。从 2003—2006 年中国人民银行在清理整顿信托投资公司、城市信用社、农村基金会等工作中，发放了 1 400 多亿元的再贷款。

资料来源　根据相关资料整理。

3. 成为资金清算中心

所谓清算，即商业银行之间债权债务关系的计算和结清。作为银行的银行，各商业银行等其他金融机构都在中央银行开立账户，商业银行之间的清算都通过各自在中央银行账户上存款的相互划转来完成。中央银行支付清算系统，对商业银行各应收应付款项进行清算，同时对商业银行调拨资金提供划转服务。在中央银行制度下，各商业银行须在中央银行开立清算账户。对商业银行来讲，集中办理清算，成本低，效率高，安全可靠。对中央银行来讲，在发挥服务功能的同时，可以加强对资金流量和流向的监测。

各国中央银行对本国支付体系的运行，可以采取授权经营的方式，即支付清单系统完全授权给私营机构经营与管理，如加拿大、英国等；也可以采取由中央银行自己来运作，支付清算系统在中央银行的统一领导下建立，从支付活动规则的制定到直接提供支付服务等一系列支付系统的工作都由中央银行来承担，如法国和美国等。

（三）政府的银行

中央银行是政府的银行，是指中央银行为政府提供金融服务，同时又是政府管理金融的专门机构。主要包括代理国库和政府债券发行、对政府融通资金、代表政府参加国际金融活动、为国家持有和经营管理国际储备、制定实施货币政策、对金融业实施监管、为政府提供经济和金融情报以及决策建议等业务。

1. 中央银行代理国库收支

国库是“国家金库”的简称，是专门负责办理国家预算资金的收纳和支出的机关。国家的全部预算收入都由国库收纳入库，一切预算支出都由国库拨付。国家财政预算收支保管一般有两种形式：一是国库制，又分为独立国库制和委托国库制。独立国库制是指国家专门设立相应的机构办理国家财政预算收支的保管、出纳工作；委托国库制是指国家不单独设立机构，而是委托银行代理国库业务。二是银行制，是指国家不专门设立金库机构，由财政部门在银行开户，将国家预算收入作为存款存入银行的管理体制。世界上经济发达的国家多采用委托国库制。

从世界范围来看，大多数国家中央银行都负有代理国库的职责。中央银行经理国库业务是其履行政府银行职能的具体体现。各级财政部门在中央银行开立账户，国库资金的收缴、支出、拨付、转账、结算等均委托中央银行无偿办理。中央银行经理国库收缴方便、调拨灵活、资金安全、数字准确，有利于中央银行的宏观调控及发挥银行的监督作用。

此外，中央银行还代替国库办理公债券、国库券的发行和兑付国债业务。国债按偿还期限划分，可分为短期国债、中期国债和长期国债；按发行募集形式划分，可分为强制国债和自愿国债；按计息方式划分，可分为付息国债和贴现国债；按用途划分，可分为建设国债、赤字国债和替换国债。中央银行代理国债发行和兑付，其作用有：①可以弥补财政赤字，促进财政收支的平衡；②聚集社会闲散资金，加强经济建设；③提供国家信用保证，为居民提供可靠的投资对象；④调整投资结构，加强重点建设，有利于实现金融宏观调控。

2. 中央银行向政府融资

在国家财政状况稳定的情况下，中央银行以国库券贴现或国家债券抵押的形式向政府提供贷款。这通常是为了解决财政年度内的收支不平衡。当国家财政状况出现经常性赤字时，中央银行贷款就会成为国家财政弥补财政赤字、平衡财政收支的手段。在现代经济社会中，中央银行向政府提供信贷的主要形式，是中央银行利用自己的资金购买国家公债，或以公债为抵押提供贷款，特殊情况下也直接向政府提供信用放款和透支。

3. 中央银行保管黄金外汇储备

一国黄金外汇储备数量的多少是一国国力强弱的标志，也是一国正常对外经济交往的基础。中央银行负有持有和管理国家黄金外汇储备的责任。为此，中央银行应随时研究国际收支及外汇市场动态，保持适当的国际储备，及时调整储备结构，避免外汇风险。

4. 中央银行代表政府参与国际金融活动

在国际金融交往中，代表政府与有关方面建立业务联系，出席各种国际金融会议，处理各种国际金融事务。

5. 中央银行代表政府公开发表相关信息

中央银行加强调查统计，代表政府向国内外公布相关权威数据和信息，并分析宏观经济状况、发表对未来经济发展走势的基本判断。

中央银行的基本职能由其本质特征所决定。发行的银行、银行的银行和政府的银行这三个基本职能，既反映了中央银行的性质，又概括地指出了中央银行的重要职责。作为发行的银行和银行的银行，反映了中央银行控制和管理货币流通、制定和执行货币政策的职能，也反映了中央银行为商业银行等金融机构提供信贷和结算服务，并实施对金融业进行调控、监督和管理的职能；作为政府的银行，反映了中央银行代表政府从事金融活动并为政府提供服务的职能。

三、中央银行职能的发展

随着世界各国经济的发展、金融制度的变更和中央银行地位的日益突出，中央银行的三大基本职能的内容不断得到丰富和发展。

就发行的银行这一职能而言，由于国际金融市场一体化进程加快，金融市场产品和交易的不断拓展，影响货币需求的因素越来越多，货币层次不断被扩展，在货币发行上要实现货币供给结构的变化适应货币需求的不断变化、经济和社会结构发展的变化，与此同时，货币发行还需进一步发挥优化经济结构的作用。

从银行的银行这一职能看，集中存款准备金，调整存款准备金率已不仅仅是应对商业银行挤提风险的预防手段，更重要的是已成为中央银行发挥调控货币供给量的重要工具。中央银行作为清算中心，其支付体系和网络的安全高速运行已成为社会经济稳定运行的重要基础。与此同时，更是中央银行实现对资金运行状况监控的重要窗口和平台，中央银行能快速了解和掌握金融运行稳定状况，便于采取相应的对策。

就政府的银行这一职能而言，金融监管、金融协调和金融服务的内涵进一步扩大。金融业快速发展，金融机构和金融产品多元化，金融监管的重点从金融机构转向了金融行业，以确保金融体系的安全和金融秩序的稳定。在国际经济一体化不断加强的今天，中央银行须强化金融管理的手段和方式，完善国内协调机制的同时积极参与国际协调，金融协调职责被大大加强。中央银行的金融服务体现在向公众提供权威的金融信息，经济状况的判断和政策倾向，保护公众利益和维护金融业公平有效竞争，保证货币政策的顺利实施。

四、中央银行资产负债表

中央银行资产负债表是中央银行全部业务活动的综合会计记录。由于各国在金融体制和信用方式方面存在差异，不同国家的中央银行资产负债表在项目的多寡、内容及各项目在总资产或总负债中所占的比重各不相同。中央银行资产负债表的内容都可划分为两类：资产和负债，如表 8－1 所示。中央银行的资产主要包括贴现与放款、各种证券、黄金外汇储备和其他资产，中央银行的负债主要包括流通中的货币、各项存款和其他负债。中央银行资产负债表中的资产负债具有恒等的关系，即“资产＝负债＋资本项目”。中央银行可以通过调整自身的资产负债结构进行宏观金融调控。

表 8－1 中央银行资产负债简表

资　　产	负　　债
贴现与放款 政府债券和财政借款 外汇、黄金储备及其他资产	流通中通货 国库及公共机构存款 商业银行等金融机构存款 其他负债和资本项目
合　　计	合　　计

（一）中央银行的资产业务

（1）中央银行的贷款和再贴现业务。中央银行的贷款业务对于维护金融体系安全、抑制通货膨胀、调节经济具有非常重要的作用。该业务的对象主要是商业银行和国家财政，在特殊的情况下，也对一些非银行金融机构发放小额贷款。中央银行主要审查商业银行的贷款数额、期限和用途，并确定利率。这类贷款通常是短期的，以政府债券和商业票据为担保。对财政的贷款有与商业银行贷款相同的一类，即正常贷款，还有财政部的透支，以及财政性国库券和国债的证券投资。这类贷款以短期贷款为主，不以盈利为目的，控制对财政的放款，不直接对工商企业和个人发放贷款。

再贴现是指商业银行为弥补营运资金的不足，将由贴现取得的商业银行票据提交中央银行，请求中央银行以一定的贴现率对商业票据进行二次买进的经济行为。中央银行通过调整再贴现率提高或者降低再贴现额度，从而调节信用规模。

（2）中央银行证券买卖业务。中央银行在公开市场上买卖的证券主要是政府债券、国库券以及其他市场性非常高的有价证券。由于各国的国情不同，因此，各国法律规定中央银行可以买卖的证券种类也不同。中央银行不能在一级市场上购买有价证券，而只能在二级市场上购买；不能购买市场流动性差的有价证券。

(3) 中央银行金银外汇储备业务。中央银行保管经营外汇业务，促进币值稳定，汇价稳定，有利于调节国际收支。金银外汇储备的特点：黄金的安全性强，但兑换性和盈利性不及外汇，保管成本也很高；而外汇的持有风险较高，所以适当确定黄金与外汇之间一定的比例非常重要。外汇储备管理的原则是：安全性第一，流动性第二，盈利性第三。

(二) 中央银行的负债业务

中央银行的负债业务是指社会集团和个人持有对中央银行的债权，其业务主要包括货币发行、存款性金融机构和其他金融机构的存款、政府国库资金等。

(1) 货币发行。中央银行是发行银行，代表国家统一发行货币，因而货币发行成为中央银行独有的一项负债。这项负债实际上是长期的、无需清偿的负债，已成为一种净收益。发行货币是生产和流通扩大的正常需要，流通中的货币量应同商品流通量相适应。货币发行是中央银行主要的负债业务，通过这项业务，中央银行既为商品流通和交换提供流通手段和支付手段，也相应筹集了社会资金，满足中央银行履行其各项职能的需要。

(2) 存款性金融机构与其他金融机构的存款。这项负债主要是金融机构的准备金存款。

(3) 政府国库资金。主要是指政府财政盈余的存款部分。

专栏 8-3　特种存款：中国人民银行强制性主动负债

特种存款是一种存款形式，是指金融机构将资金存放在央行，由央行支付利息，是中央银行强制性主动负债。特种存款除了有效缓解金融机构流动性过剩，还将起到引导信贷资金合理增长的作用。

1987 年和 1988 年，中国人民银行曾两次向农村信用社和央行广东分行等机构开办各 50 亿元的特种存款，均有调整信贷结构的目的。

2007 年 10 月 23 日中国人民银行吸收部分非公开市场一级交易商，主要是城商行及信用联社的资金，以吸收银行体系的过多的流动性资金。这种特种存款的利率分别为 2.91% 和 3.44%，存款期限为三个月和一年期，规模大约在千亿元人民币左右。

资料来源　根据相关资料整理。

专栏 8-4 我国货币当局的资产负债表

我国货币当局 2011 年资产负债表(人民币:亿)

总资产	280 977.60	总负债	280 977.60
国外资产	237 898.06	储备货币	224 641.76
外汇	232 388.73	货币发行	55 850.07
货币黄金	669.84	其他存款性公司存款	168 791.68
其他国外资产	4 839.49	不计入储备货币的金融性公司存款	908.37
对政府债权	15 399.73	发行债券	23 336.66
其中:中央政府	15 399.73	国外负债	2 699.44
对其他存款性公司债权	10 247.54	政府存款	22 733.66
对其他金融性公司债权	10 643.97	自有资金	219.75
对非金融性部门债权	24.99	其他负债	6 437.97
其他资产	6 763.31		

我国中央银行的资产业务主要有:

(1) 国外资产业务:主要是外汇资产业务。我国中央银行资产业务绝大部分以外汇资产形式持有。

(2) 对政府债权:是指中央银行持有的政府债券。

(3) 对金融性和非金融性公司的债权:主要是中央银行通过再贷款和再贴现发放的各项贷款。

我国中央银行的负债业务主要有:

(1) 货币发行:是指国家发行的流通中的货币,也是我国历年来发行的人民币现金之和。

(2) 其他存款性公司存款:是指商业银行和其他金融机构在中央银行的存款。除了金融机构上缴给中央银行的法定存款准备金外,各金融机构还保持在中央银行账户上存有清算资金。中央银行是全国的结算中心,为各商业银行及其他金融机构办理相互清算业务,这样就形成了商业银行和其他金融机构在中央银行的活期存款账户。各商业银行及其他金融机构的资金清算,均通过该账户办理。因此各商业银行及其他金融机构须经常在账户上保留一定数额的资金,由此形成了中央银行一项比较稳定的负债。这是我国中央银行负债业务中的主要部分。

(3) 不计入储备货币的金融性公司:自 2011 年 1 月起,人民银行采用国际货币基金组织关于储备货币的定义，不再将其他金融性公司在货币当局的存款计入储备货币。

(4) 发行债券：是指中央银行发行的各类债券，短期债券又称为中央银行票据。这是我国中央银行的主动负债。

(5) 国外负债：主要是国际金融机构负债。我国是国际货币基金组织和世界银行的会员国。按规定，要上缴一定数量的外币和本国货币，作为会员国的基本份额。上缴的本国货币，一般又转存在我国银行的账户上，构成中央银行对国际金融机构的负债，形成其一项资金来源。境外金融机构在人民银行存款数额计入国外负债项目。

(6) 政府存款：是指我国财政盈余存款部分。

资料来源　中国人民银行网站(http://www.pbc.gov.cn)。

第三节/中央银行的独立性

一、中央银行独立性的内容

中央银行的独立性就是指中央银行在法律授权范围内履行制定与实施货币政策职能时的自主程度。自中央银行成立以来，独立性一直是争论的热点。对此大致有三种观点：①完全的独立性。此观点认为货币政策及相应的货币稳定是一个复杂的问题，应由独立的权威机构来掌管，以免受政治利益集团或私利的支配。②完全没有独立性。此观点认为政府是民选的，既然政府管理这个国家，也应该管理货币问题。而且中央银行与政府的目标基本一致，财政政策和货币政策必须相互协调。③相对独立性。此观点认为，中央银行与政府保持相对独立性，中央银行的独立性应随不同的制度安排和不同时期的政治经济状况而变化，大多数人持此种观点。

中央银行的独立性问题，实质上是中央银行与政府的关系问题。中央银行独立性的衡量标准包括以下三个方面：①组织上的独立性，即中央银行是否属于政府，其领导人的任免程序与任期是否受到政府的影响；②职能上的独立性，即中央银行能否独立制定和实施货币政策，能否抵制财政透支及其他不合理的融资要求；③经济上的独立性，即中央银行是否依赖于财政拨款，有无可供独立支配的财源。

二、中央银行独立性具有相对性

法律赋予中央银行的职责、中央银行领导人的任命、中央银行与财政部关系、中央银行资本所有权等，大多数国家的中央银行对于政府的独立性不是绝对的，而是相对的。所谓相对独立性就是有限制的独立性、在一定范围内的独立性。央行与政府的使命是共同的，都承担了经济增长、稳定物价与增加就业等义务。因此，中央银行政策目标不能背离国家总体经济发展目标。央行必须与政府密切配合，并受政府的监督和指导，而不是凌驾于政府之上，或者独立于政府体制之外自行其是。一方面，随着垄断资本对于国家干预的加强，政府对经济和金融领域的干预也不断加深，加上中央银行公开市场业务的不断扩大，央行必须在政府制定总的经济政策目标下制定自己的政策；另一方面，央行有其特殊性，它不同于一般的行政管理部门，它有权独立制定货币政策，在管理金融调节经济方面必须具有相对的独立性。

中央银行的独立性问题不仅涉及是否赋予中央银行以更高的自主权，更需要明确中央银行的职责。在这种制度安排下，中央银行的首要职责是通过独立的货币政策操作来维护物价稳定——既要对通货膨胀承担责任，也要对通货紧缩承担责任，从而彻底改变了有关官员在履行制定与实施货币政策方面的随意性。在货币政策操作方面，这种制度安排具有其他制度不具有的高透明度性——中央银行不仅要明确宣布具体货币政策目标，还要对货币政策选择做出详细说明。这样，就能够使社会公众清楚地了解货币政策的走向。一般的社会公众是合理政策选择的最好监督人，一旦中央银行与政府明确宣布了具体的货币政策目标，任何没有正当理由而未实现调控目标的现象都意味着中央银行存在着失职行为，并将因此受到惩罚。为了避免这种现象的发生，中央银行有关官员必然要竭尽全力地履行其职责。另外，由于社会公众对货币政策目标以及各种政策调整的依据都有一个清楚的理解，这样就提高了人们对政策效果的信任程度（政策的可信度）。历史经验表明，保证货币政策的独立性有利于中央银行实现保持货币币值稳定的基本目标。

目前世界各国都在逐渐赋予中央银行越来越高的独立性。20 世纪后期，尤其是 90 年代以来，全球性金融创新与深化浪潮风起云涌，促使西方各国更加重视金融的作用，纷纷加速金融改革，用立法形式提高中央银行的独立地位，其根本目的在于缓解通货膨胀，使国民经济在良好而稳定的环境中健康发展。为此，各国为增强中央银行独立性普遍修改中央银行法。美国和德国通过修改银行法，进一步强化中央银行的独立性；而日本和英国通过修改银行法，向独立性较强的美、德中央银行模式靠拢；《马斯特里赫特条约》赋予欧洲中央银行极强的独立性，各国中央银行独立性模式趋于同化的倾向日益明显。

三、中央银行独立性模式

（一）三种独立性模式介绍

中央银行是“政府的银行”，要代理国库管理资金和为政府提供信用。任何一个国家的中央银行，无一不与政府（财政）有着千丝万缕的联系。虽然各国中央银行与政府（财政）关系的紧密程度有别，但纵观世界各国，体现中央银行相对独立性的模式不外乎以下三种：

(1) 中央银行独立性较大。这种模式的典型代表是美国联邦储备系统和德意志联邦银行。中央银行直接对国会负责，政府不得对它发布命令指示；它独立地制定货币政策，如与政府发生矛盾，要协商解决。

(2) 中央银行与政府（财政）处于平行关系。英格兰银行和日本大藏省（相当于财政部）大臣拥有对日本银行的一般业务命令权、监督命令权、官员解雇命令权等；日本银行的总裁和副总裁由内阁任命；货币政策委员会作为日本银行最高决策机构，在存款准备金的设定、变更和废止上，要取得大藏大臣的认可。改革前的英格兰银行也是如此。这种模式的特点是名义上政府（财政）与中央银行关系平行，但在重大问题决策权上中央银行往往要听命于政府。

(3) 独立性较小。在这种模式下，中央银行接受政府的指令，货币政策的制定与实施要经政府批准，政府有权停止、推迟中央银行决议的执行。这种模式的典型代表是意大利银行。

（二）美联储体系和欧洲中央银行的独立性机制分析

1. 美国联邦储备体系

美联储是公认的世界上独立性最强的中央银行之一，其成功经验为各国所效仿。美国联邦储备体系是一个分权的中央银行制度，是由理事会所控制的统一的中央银行，具有行政管理和监督的职能。该理事会由 7 名成员组成(其中主席和副主席各 1 名，委员 5 名)，须由美国总统提名，经美国国会上院之参议院批准方可上任，任期为十四年。理事会主席由总统在理事会成员中遴选任命，任期只有四年，但是可以连任。在影响美国经济方面，委员会主席被视作仅次于总统的实权人物。理事会主席通过制定理事会和联邦公开市场委员会的议事日程、代表联邦储备体系对外发言。联邦储备理事会是美国货币政策的制定者，它控制贴现率，并可以在规定范围内改变银行的法定存款准备金率。它和联邦公开市场委员会的其他成员一道，控制着重要的货币政策工具——公开市场业务。

联邦公开市场委员会是成为联邦储备系统内一个重要的决策中心。该委员会由 12 名委员组成，其中包括 7 名联邦储备理事会理事、5 名联邦储备银行行长(其中纽约联邦储备银行行长为委员会的必然成员、其余 11 家联邦储备银行的行长则轮流占据其余的 4 个席位)。联邦储备理事会主席同时兼任联邦公开市场委员会主席。联邦公开市场委员会每年召开 8 次会议，讨论决定联邦储备系统的公开市场业务，即在公开市场上买卖证券的活动。

美国联邦储备体系将 50 个州和哥伦比亚特区划分为 12 个联邦储备区，每一个区设立一家联邦储备银行。联邦储备银行在各自的辖区内履行中央银行职责。12 家联邦储备银行分别位于纽约、波士顿、费城、克利夫兰、里士满、亚特兰大、芝加哥、圣路易斯、明尼阿波利斯、堪萨斯城、达拉斯和旧金山。每家联邦储备银行都由9名兼职董事组成的董事会来管理。董事会的重要职责之一是选举产生各联邦储备银行的行长,但行长的正式任命必须经过联邦储备理事会的同意。除了负责检查会员银行、审批某些银行合并的申请、支票清算,收回被损坏的旧钞、发行新钞等日常的职能外,各联邦储备银行还具有一定的政府职能。例如,它可以管理自己的贴现窗口,决定是否向辖区内的某一商业银行或其他存款机构提供贷款;它还可以在征得联邦储备理事会批准的情况下设定自己的贴现利率。

联邦储备体系相对于政府的独立性很强,支撑其独立性的最重要的原因在于联邦储备系统的人事独立与预算独立,联储理事会中7名理事全部由总统提名,并须经参议院同意。对于货币政策的决议,如调高或调低再贴现率,采用合议兼表决制,一人一票,并且为“记名投票”,联储主席的一票通常投给原本已居多数的一方。联邦储备体系不受国会控制的拨款程序的支配,经费自理且有大量结余,能够拒绝联邦政府审计机构的审计,因此这一特点比其他任何因素都有助于维护它的独立性。但由于国会的立法权,有时联邦储备体系在一些问题上不得不屈服让步,以免国会取消它某些方面的独立性,故仍然受到一定政治压力的影响。

2. 欧洲中央银行

根据《欧洲联盟条约》及其附件《欧洲中央银行体系章程》的规定,欧洲中央银行体系由欧洲中央银行的决策机构来管理。欧洲中央银行的组织机构主要包括执行董事会、欧洲央行理事会和扩大委员会。执行董事会由行长、副行长和4名董事组成,负责欧洲央行的日常工作;由执行董事会和12个欧元国的央行行长共同组成的欧洲央行理事会,是负责确定货币政策和保持欧元区内货币稳定的决定性机构,欧洲央行理事会的决策采取简单多数表决制,每个委员只有一票,当表决中出现赞成票与反对票相当时,理事会主席即欧洲中央银行行长可以投出关键一票;欧洲央行扩大委员会由央行行长、副行长及欧盟所有15国的央行行长组成,其任务是保持欧盟中欧元国家与非欧元国家接触。

欧洲中央银行是以世界上独立性最强的中央银行——德意志银行为模式创建的,成立以来便拥有了组织、职能和经济三方面的独立性。

组织独立性体现在结构定位和人事安排上:①从结构上独立于欧盟其他机构和成员国政府是确保欧洲中央银行体系组织独立性得以实现的首要方面。根据《阿姆斯特丹条约》(1997年)的规定,欧洲中央银行是独立于各成员国的欧共体自主机构,与欧洲议会、部长理事会以及欧洲法院等并列于欧盟各机构之列,不受成员国政府监督;各成员国央行是欧洲中央银行体系的不可分割的组成部分,在履行法律赋予的职责时,仅服从于欧洲中央银行的指导。②人事安排方面的自主程度是衡量中央银行组织独立性的另一重要指标。欧洲中央银行的官员不由某个欧盟机构或成员国政府单独决定；欧洲中央银行体系的官员们的任期比欧盟其他机构或成员国政府官员们的任期要长，执行董事会的主席、副主席和其他成员的任期为8年，不得连任，而且只有各成员国的公民才可能成为执行董事会的成员；执行董事会成员不再具备履行职务所要求的条件或有严重过错行为的，须由欧洲法院应决策理事会或执行董事会的申请强行将其辞退。人事任命程序的严肃性、任期设计的特殊性、罢免程序的复杂性等都避免了成员国政府或欧盟其他机构借助人事安排对欧洲中央银行体系可能产生的影响，从而在一定程度上维护了欧洲中央银行体系的组织独立性。

职能的独立性是指欧洲中央银行体系可以不受约束地追求货币政策的实现，包括可以自主地选择货币政策中介目标和货币政策工具，并拥有足够的权力来排除公共融资压力和汇率政策的影响，以有效贯彻其货币政策。货币政策的权力虽然集中了，但是具体执行仍由各欧元国央行负责。

经济上的独立性对于中央银行至关重要，它的丧失往往意味着来自政府的某种程度的控制。欧洲中央银行体系在经济上的独立性主要表现为其拥有独立的资金来源，而不依赖于成员国政府或欧盟其他机构的拨款。各欧元国央行仍保留自己的外汇储备。欧洲中央银行只拥有500亿欧元的储备金，由各成员国央行根据本国在欧元区内的人口比例和国内生产总值的比例来提供。

除此之外，欧洲中央银行可以自主选择货币政策中间目标和工具，而且它们都是有《欧洲联盟条约》和《欧洲中央银行体系和欧洲中央银行银行法令》作为保障的。也就是说，欧洲中央银行不仅拥有法律上的独立性，而且拥有实质独立性。

欧洲中央银行体系与美国联邦储备体系在制度设计和运作模式上似乎相同，但其本质还是有区别的。欧洲中央银行体系中各成员国中央银行是各主权国家的中央银行，所以在货币政策的决策和执行过程中发挥的作用要大得多。各成员国中央银行行长都是欧洲中央银行理事会成员，都有投票权；而美国联邦储备体系中，12家联储银行中只有5位行长参加联邦公开市场委员会。另外，欧洲中央银行是一个超国家的决策机构，它不可能直接进入各国的金融市场，所以欧洲中央银行货币政策和汇率政策的执行必须依靠各成员国中央银行的操作来配合与支持。而美国联邦储备体系操作只在纽约联储银行的公开市场操作室就可以完成，政策执行简单得多。

四、中央银行独立性的理论论述和实证分析

(一) 有关中央银行独立性的理论论述

人们普遍认为，中央银行独立性较高的国家，其通货膨胀水平比中央银行直接受政府控制的国家低一些。为什么央行的独立性会带来较低的通胀率？对于这一问题，理论界从不同角度进行了不同解释，包括公共选择理论、萨金特

(Sargent)和华莱士(Wallace)的分析及货币政策动态不一致问题的分析等。

(1) 公共选择理论认为，货币当局由于受到强大政治压力，在政策选择时容易根据政府的偏好来做决定。货币紧缩会给政府的预算状况带来负面的影响，如暂时的经济降温带来的税收减少，铸币税收可能的减少，公债利率的短期上升都会使财政赤字增加。因此政府偏好松的货币政策。

(2) 萨金特和华莱士首先提出中央银行独立性有助于降低通货膨胀的理论，他们将政策当局和货币当局进行了区分。如果财政当局居主导地位，也就是说，货币当局无法影响政府财政赤字的大小，则货币供应量就成内生变量。当公众无法或不愿意再吸收新增的政府赤字时，由于政府预算约束的限制，货币当局将被迫通过增发货币来融通政府赤字。反之，如果货币当局居主导地位，财政当局就会被削减赤字(或拒付部分债务)。中央银行越独立，被迫增发货币融通赤字的可能性就越小，这一理论与央行的信用独立性有关。

(3) 货币政策动态不一致问题。为将来某个时期所制定的计划，在目前看来可能是最好的，但当该时期真正到来时，可能就不是最佳选择，这时，货币政策动态不一致问题就产生了。由经济学家基德兰德和普雷斯科特(Finn Kydland and Edward Prescott，1977)首先提出，经巴罗和戈登(Robert J. Barro and David D. Gordon，1983)进一步论述而发展。模型认为，政策制定者的目标是选择能实现最小损失的通货膨胀率。当公众预期一个低的通货膨胀率时，政策当局会选择高于公众预期的通货膨胀率，积极的相机抉择的货币政策会抵挡不住诱惑，从而偏离预期通货膨胀率。模型分析的结论是，相机抉择政策产生的政策是次优的，而货币政策规则可以使货币政策当局受到约束，所以政府决策者应该让中央银行保持更加独立的地位。如果这样，央行独立性可以带来更稳定的货币增长，并减少通货膨胀的变动。

另外，还有其他理论也解释了为什么中央银行独立性可以减少通货膨胀的波动。执政党不仅要尽可能长期执政，同时当选的党派还要为他们的选民谋取利益。有证据表明，失业率和通货膨胀的情况与政府的政治倾向呈系统相关，而相对独立的央行则不会因新政府的上台改变其政策，从而降低通货膨胀的变化。

(二) 有关中央银行独立性的实证分析

(1) 1990 年，美国哈佛大学学者对 17 个工业化国家的 1951 至 1988 年的经济统计资料进行分析，根据政策独立性和经济独立性两个准则，就一国中央银行独立性对该国通货膨胀与经济增长率影响进行了对照分析，认为只有中央银行保持高度的独立性，才能在低通货膨胀率条件下实现适度的经济增长和低失业率(参见表 8－2)。

(2) 弗里德曼对中央银行独立性影响通货膨胀变化率给出了自己的解释。弗里德曼认为，之所以在不同国家之间，或某段时间的某个国家，通货膨胀水平和通货膨胀变化之间存在着正的相关性，是因为政府可能会在短期内追求实现高就业和高产出目标，从而引发高通货膨胀，然而这样又会使政府面临避免货币贬值的巨大压力。有关学者考察了 66 个国家在 1955 至 1985 年间通货膨胀率和通货膨胀变化的数据，结果证明，通货膨胀水平和通货膨胀变化之间确实显著正相关。

表 8－2　中央银行独立性与主要经济指标变化的关系

央行独立性	指数	代表国家	通胀指数	经济增长率
非常高	4	德国、瑞士	3.1%	3.1%
较高	3	美国、荷兰、加拿大	4.4%	4.3%
较低	2	英国、法国、比利时、瑞典	6.0%	3.4%
非常低	1	澳大利亚、新西兰、爱尔兰	7.5%	3.8%

(3) 中国人民银行相对独立性与其他国家央行独立性进行量化比较。国内学者蔡志刚利用 Loungani and Sheets(1997)的观点和分析方法，将中央银行独立性划分为三个方面，即目标独立性、经济独立性和政治独立性。研究者对中央银行独立性的评估是通过针对这三个方面的一组问题来实现的。对不同答案设置不同得分，全部答案的得分进行累加，所得的分值越高则意味着中央银行的独立性越高。研究者通过对 14 个转型经济国家中央银行独立性的得分情况来验证，我国得分为 4.5 分，处于较低水平。具体见表 8－3。

表 8－3　部分国家中央银行独立性状况

国家	总分	国家	总分
乌克兰	9.5	立陶宛	6
德国	9	波兰	8.5
捷克	9	罗马尼亚	8
匈牙利	6.5	俄罗斯	6.5
哈萨克斯坦	5.5	中国	4.5

第四节/中国人民银行体系

中国人民银行是国务院领导和管理全国金融事业的国家机关，不对企业和个人办理信贷业务，集中力量研究和做好全国金融的宏观决策，加强信贷资金管理，保持货币稳定。中国人民银行成立于 1948 年 12 月，是在原解放区的华北银行、北海银行和西北农民银行基础上合并而成的。1984 年 1 月 1 日起，从中国人民银行中分离出中国工商银行，单一职能的中央银行开始正式运转。1995 年 3 月 18 日，《中华人民共和国中国人民银行法》颁布，进一步规范和完善了中国的中央银行制度。从1993—2003年“一行三会”(中国人民银行、证监会、保监会和银监会)的相继成立和职责的明确,标志着中国人民银行体系的建成。

一、中国历史上的中央银行

(1) 清康熙末年到乾隆初年归化城(呼和浩特)的宝丰社已经具有类似“银行的银行”和管理金融行政的职能,是中国早期中央银行制度的雏形。

(2) 清政府垮台后,北洋政府控制的中国银行和交通银行都部分地承担了中央银行的职责。北洋政府时期,中国中央银行制度只是处于萌芽阶段。

(3) 孙中山在广州领导成立的中央银行也没有真正全部行使中央银行的职能。

(4) 蒋介石领导的国民党政府时期,中央银行职能主要由在上海新设立的中央银行行使,但同时中国银行、交通银行和中国农业银行也享有发钞权,1937年成立的四联总处也拥有部分中央银行的职能。

(5) 1932年,在江西瑞金成立的中华苏维埃共和国国家银行是革命根据地的“发行的银行”和“政府的银行”。1931年11月7日,在江西瑞金召开的“全国苏维埃第一次代表大会”上,通过决议成立“中共苏维埃共和国国家银行”(简称苏维埃国家银行),并发行货币。从土地革命到抗日战争时期一直到中华人民共和国诞生前夕,人民政权被分割成彼此不能连接的区域。各根据地建立了相对独立、分散管理的根据地银行,并各自发行在本根据地内流通的货币。

二、新中国的中央银行

(一) 1948至1978年的中国人民银行

1948年12月1日,在合并解放区华北银行、北海银行和西北农民银行的基础上,在石家庄成立了中国人民银行。华北人民政府当天发出布告,由中国人民银行发行的人民币在华北、华东、西北三区统一流通,所有公私款项收付及一切交易,均以人民币为本位货币。1949年,中国人民银行迁入北京(当时称北平)。同年9月,中国人民政治协商会议通过《中华人民共和国中央人民政府组织法》,把中国人民银行纳入政务院的直属单位,接受财政经济委员会指导,与财政部保持密切联系,赋予其国家银行职能,承担发行国家货币、经理国家金库、管理国家金融、稳定金融市场、支持经济恢复和国家重建的任务。

到1952年国民经济恢复时期结束时,中国人民银行作为国家银行,建立了全国垂直领导的组织机构体系;统一了人民币发行,逐步收兑了解放区发行的货币,使人民币成为全国统一的货币;对各类金融机构实行了统一管理。中国人民银行通过一系列的政策措施,扭转了新中国成立初期金融市场混乱的状况,制止了国民党政府遗留下来的长达二十年之久的恶性通货膨胀。从1953年开始,建立了集中统一的综合信贷计划管理体制,不论是资金来源还是资金运用,都由中国人民银行总行统一掌握，中国人民银行成为国家管理经济的重要手段，在国家计划实施中具有综合反映和货币监督功能。

（二）1979至1983年的中国人民银行

中共十一届三中全会后，我国先后恢复设立了中国农业银行、中国银行和中国人民保险公司，同时全国广泛设立了信托投资公司，多元金融机构体系基本建立。在这种情况下，中国人民银行"一身二任"的弊病日渐暴露出来，金融业"群龙无首"的问题亟待解决。

（三）1983至1992年的中国人民银行

1983年9月17日，国务院发布了《关于中国人民银行专门行使中央银行职能的决定》。1984年1月1日，中国工商银行设立，承担了原来由中国人民银行经办的城镇居民储蓄存款和城市工商信贷业务，中国人民银行成为了我国专门的中央银行。中国人民银行开始集中力量研究和实施全国金融的宏观决策，加强信贷总量的控制和金融机构的资金调节，以保持货币稳定。中国人民银行不断探索和改进宏观调控的手段和方式，在改进计划调控手段的基础上，逐步运用利率、存款准备金率、中央银行贷款等手段来控制信贷和货币的供给，以求达到"宏观管住、微观搞活、稳中求活"的效果，在制止"信贷膨胀""经济过热"、促进经济结构调整的过程中，初步培育了运用货币政策调节经济的能力。

（四）1993至2002年的中国人民银行

1993年12月，国务院发布了《关于金融体制改革的决定》，确立了我国金融体制改革的目标，其中明确提出要"建立在国务院领导下独立执行货币政策的中央银行宏观调控体系"、要"把中国人民银行办成真正的中央银行"。中国人民银行进一步强化金融调控、金融监管和金融服务职责，划转政策性业务和商业银行业务。1995年3月18日，全国人民代表大会通过了《中华人民共和国中国人民银行法》，首次以国家立法形式确立了中国人民银行作为中央银行的地位，标志着中央银行体制走上了法制化、规范化的轨道。中国人民银行成立理事会，作为决策机构。理事会由下列人员组成：人民银行行长、副行长和少数顾问、专家，财政部一位副部长，国家计委和国家经委各一位副主任，专业银行行长，保险公司总经理。理事长由人民银行行长担任，副理事长从理事中选任；理事会设秘书长，由理事兼任。理事会在意见不能取得一致时，理事长有权裁决，重大问题请示国务院决定。

1998年，根据国务院关于机构改革的决定，中国人民银行的分支机构管理体制进行了重大改革——撤销了原来的31家省级分行，跨省区设立了9家分行，对其他各级分支机构及其职能也做了调整，中国人民银行的分支机构原则上按经济区划，兼顾行政区划综合设置。同时，成立人民银行系统党委，对党的关系实行垂直领导，干部垂直管理。地方各级政府要保证和监督人民银行贯彻执行国家的方针、政策，但不得干预银行的正常业务活动。

（五）我国中央银行体系的建立和完善（2003 年至今）

1. “一行三会”的中国监管格局的建立

1984 年以前，中国人民银行一方面经营普通银行业务，另一方面全面行使金融监管职责。1984 年 1 月 1 日开始，中国人民银行专门行使中央银行职能，成为我国的货币当局和全面承担对金融各业监管职能的金融监管当局。一直到 1992 年底，我国的金融监管体制基本上属于集中单一型监管体制。从 1993 年到 2003 年逐步构建“一行三会”监管格局。

2. 中国人民银行职责的延伸

2003 年 12 月 27 日，十届全国人民代表大会常务委员会第六次会议审议通过了《中华人民共和国中国人民银行法（修正案）》。根据 2003 年新修订的《中华人民共和国中国人民银行法》，央行作为国家的宏观调控部门，肩负“制定和执行货币政策，维护金融稳定，提供金融服务”三大支柱职能，担负 14 项主要职责。①起草有关法律和行政法规；完善有关金融机构运行规则；发布与履行职责有关的命令和规章。②依法制定和执行货币政策。③监督管理银行间同业拆借市场和银行间债券市场、外汇市场、黄金市场。④防范和化解系统性金融风险，维护国家金融稳定。⑤确定人民币汇率政策；维护合理的人民币汇率水平；实施外汇管理；持有、管理和经营国家外汇储备和黄金储备。⑥发行人民币，管理人民币流通。⑦经理国库。⑧会同有关部门制定支付结算规则，维护支付、清算系统的正常运行。⑨制定和组织实施金融业综合统计制度，负责数据汇总和宏观经济分析与预测。⑩组织协调国家反洗钱工作，指导、部署金融业反洗钱工作，承担反洗钱的资金监测职责。⑪管理信贷征信业，推动建立社会信用体系。⑫作为国家的中央银行，从事有关国际金融活动。⑬按照有关规定从事金融业务活动。⑭承办国务院交办的其他事项。

央行职能由原来的 11 项扩展到 14 项，央行职能的内涵和外延都发生了新的变化，具有如下特点：

（1）职能强化与制定和执行货币政策有关的职能。之前，中国人民银行似乎从来不声称自己制定货币政策，每年的银行货币政策报告也是《货币政策执行报告》。但从 2003 年《货币政策执行报告》起，把证券市场、保险市场纳入货币政策的范围，对于关系国计民生的几个突出问题，如增加就业、提高农民收入等，表现出前所未有的关注，并开诚布公地提出自己的意见。十六届三中全会《决定》指出“货币政策要在保持币值稳定和总量平衡方面发挥重要作用”。

（2）职能强化央行维护金融稳定、全面主导金融风险调控的重任。这是我国改革开放以来第一次明确将“维护金融稳定”的责任交由一个部门承担，维护币值稳定、维护金融稳定，既是央行的重要职责，也是央行的目标。成立金融稳定局，负责银行、证券、保险业的协调发展及交叉性金融工具的监测，并会同有关部门拟订金融业发展规划。评估我国金融系统风险，研究实施防范和化解系统性金融风险的政策措施；负责金融控股公司和交叉性金融工具的监测；承办涉及运用中央银行最终支付手段的金融业重组方案的论证和审查工作；管理金融风险处置或金融重组中以中央银行最终支付手段所置换的资产等。

(3) 职能增加反洗钱和信贷征信业务管理，使中央银行更注重社会性职能。组建征信管理局和反洗钱局(保卫局)，加强相关业务。中央银行承担信贷征信管理工作，拟订信贷征信业发展规则、管理办法和有关风险评价准则，并加强有关金融知识的宣传和普及。在目前国内、国际新形势下，央行加强协调国家反洗钱工作意义重大。“洗钱”这一黑色的产业，正以极快的速度滋长，已经对国际金融体系的稳健和安全构成威胁，所以近年来国际社会反洗钱的呼声日益高涨。反洗钱原本是我国公安部承担的一项职能，但随着经济全球化、资本国际化，央行可以利用得天独厚的现代化支付系统网络优势，建立起由央行组织协调的国家反洗钱工作机制。

专栏 8-5　中国人民银行 9 大分行

1998 年 11 月，中国人民银行进行了一项重大改革：撤销人民银行省级分行，跨行政区设置了 9 家分行。这次改革意义重大，有利于保证中央银行依法独立、公正地履行其金融监管的职责。

资料来源　中国人民银行网站(http://www.pbc.gov.cn)。

本章小结

中央银行的产生有两条途径，一是由大的商业银行逐步演变而来，二是由政府出面直接组建中央银行。目前，世界上中央银行制度大体可以分成单一式中央银行制度、复合式中央银行制度、准中央银行制度和跨国式中央银行制度四种类型。

中央银行具有三大基本职能，分别是发行的银行、银行的银行和政府的银行。中央银行是在金融体系中居于主导地位，负责制定和执行国家的货币政策，实行金融管理和监督，是控制货币流通和信用活动的中心机构。中央银行这种职能，决定了中央银行应对政府保持一定的独立性，这是由中央银行在现代经济体系中所处的重要地位和所担负的重要职责所决定的。

中央人民银行体系历经发展和完善，强化了制定和执行货币政策、主导金融风险调控、反洗钱和征信管理职能。

重要概念

中央银行　一元制中央银行　二元制中央银行　准中央银行制　发行的银行　银行的银行　最后贷款人　政府的银行　清算　中央银行独立性　中央人民银行

思考题

1. 简述中央银行制度发展的主要阶段。
2. 请介绍中央银行制度的主要类型。
3. 中央银行的性质和基本职能是什么？
4. 试比较美国联邦储备体系和欧洲中央银行体系的差别。
5. 运用案例说明中央银行保持独立性的重要意义。

6. 利用专栏8-4我国货币当局资产负债表的相关数据，分析各项资产和负债业务的占比情况。

7. 试述我国中央银行职能是如何不断加强与完善的。

第三篇 金融调控

第九章 货币供给

货币供给或货币供应要回答的是一国的货币如何供应，货币总量如何形成、如何控制等问题。概括地说，货币供给是一国货币量的形成机制和控制机制的总合。货币供给又可分为名义货币供给和实际货币供给，前者是指一定时点上不考虑物价因素影响的货币存量，记作 M_s；后者是指剔除物价因素之后的一定时点上的货币存量，用 M_s/P 表示。人们日常使用的货币供给概念，一般都是名义货币供给，例如，讲某年度或某季度货币量增长多少、增长率多高等。

货币供给层次的划分有利于货币当局对不同口径货币的监测和控制，有利于中央银行进行宏观经济运行监测和货币政策操作。在现代经济中，货币供给的主体是中央银行和商业银行。货币供应量及其变动主要取决于两大因素：一是基础货币量及其变动，二是货币乘数的大小及其变化。

第一节/基础货币

一、基础货币的含义和公式

基础货币，也称“货币基数(Monetary Base)”“强力货币”“初始货币”，因其具有使货币供应总量成倍放大或收缩的能力，又被称为“高能货币(High-powered Money)”。根据国际货币基金组织《货币与金融统计手册》(2000 年版)的定义，基础货币包括中央银行为广义货币和信贷扩张提供支持的各种负债，主要指银行持有的货币(库存现金)和银行外的货币(流通中的现金)，以及银行与非银行在货币当局的存款。

基础货币通常是指流通中的现金和商业银行在中央银行的准备金存款之和，可用公式表示为

$$B=C+R$$

式中，B 代表基础货币，C 代表流通中的现金，R 代表商业银行在中央银行的准备金存款。

从基础货币的构成看，C 和 R 都是中央银行的负债，中央银行对这两部分都具有直接的控制能力。

现金的发行权由中央银行垄断，其发行程序、管理技术等均由中央银行掌握。商业银行的准备金存款，中央银行对其有较强的控制力。中央银行可以通过调整法定存款准备率，强制改变商业银行的准备金结构，影响其信贷能力；也可以通过改变再贴现率、再贷款条件等来改变商业银行的准备金数量；还可以通过公开市场业务操作、买进或卖出有价证券和外汇来改变商业银行的准备金量。

中央银行能够直接控制的现金发行和商业银行的准备金存款，之所以被称为基础货币，是因为如果没有现金的发行和中央银行对商业银行的信贷供应，商业银行的准备金存款便难以形成，或者说，它用以创造派生存款的原始存款的来源就不存在。从这个意义上说，中央银行控制的基础货币是商业银行借以创造存款货币的源泉。

中央银行供应基础货币，是整个货币供应过程中的最初环节，它首先影响的是商业银行的准备金存款。只有通过商业银行运用准备金存款进行存款创造活动后，才能完成最终的货币供应。货币供应的全过程，就是由中央银行供应基础货币，基础货币形成商业银行的原始存款，商业银行在原始存款基础上创造派生存款（现金漏损的部分形成流通中现金），最终形成货币供应总量的过程。

在中央银行的资产负债表上，基础货币等于中央银行的货币性负债总额。基础货币是社会各金融机构创造信用的基础，是现代货币理论分析中央银行各项政策措施与最终经济目标之间关系的重要媒介因素。

二、影响基础货币变化的主要因素

（一）中央银行对商业银行和其他金融机构的资产和负债

中央银行对金融部门的债权债务变动，是影响基础货币量变动的主要因素。中央银行采取货币政策调控，会引起商业银行等金融机构债权的变动。中央银行对金融部门的债权增加，则基础货币量增加；相反，基础货币量减少。一般来说，中央银行的债权增加，意味着中央银行对商业银行再贴现或再贷款资产增加，同时也说明通过商业银行注入流通的基础货币增加，这必然引起商业银行超额准备金增加，使货币供给量得以多倍增加。反之，如果中央银行对金融机构的债权减少，就会使货币供应量大幅收缩。中央银行调控基础货币的主要方式有如下两种：

（1）公开市场业务：指中央银行在公开市场上买卖国债或其他证券的业务。例如：假定中央银行从公开市场上购入 1000 元的证券，基础货币也会增加相同的数额；反之同样成立。如表 9－1 和表 9－2 所示。

表 9-1 中央银行

资产		负债	
证券	+1 000	银行存款	+1 000

表 9-2 银行

资产		负债	
证券	−1 000	在中央银行存款	+1 000

(2) 贴现贷款:贴现贷款增加 1 000 元时,基础货币也同样增加 1 000 元。反之,中央银行若收回先前发放的贴现贷款,也会引起基础货币的减少。如表 9-3 和表 9-4 所示。

表 9-3 中央银行

资产		负债	
贴现贷款	+1 000	银行存款	+1 000

表 9-4 银行

资产		负债	
在中央银行存款	+1 000	贴现贷款	+1 000

(二) 中央银行对政府的资产和负债

财政是政府部门对国民收入进行再分配的重要工具,其收支活动与货币供应之间有着密切联系。财政的各项收入和支出都是以货币形式进行的,而且都是与银行存款账户直接关联,由此决定了财政收支与货币供给之间的必然联系。因为财政金库是由中央银行代理的,中央银行按规定的程序办理财政收入的上缴和支出的下拨、代理税款入库、代办财政债券的发行和收兑等,所以,财政收支的变动,首先就会引起中央银行负债和资产的变动。又因为上缴财政收入的企业和接受财政拨款的机关、团体、部队、学校等都是在商业银行开户的,因此,财政收入的变化和支出的变化必然会引起商业银行负债和资产的变化。其基本变化关系是:财政收入增加时,货币由商业银行账户流入中央银行账户;财政支出增加时,货币由中央银行账户流入商业银行账户。在货币供给机制中,货币由商业银行账户流入中央银行账户,意味着货币供给的收缩;货币由中央银行账户流入商业银行账户,意味着货币供给的扩张。因此,财政收入增加,表明货币供给收缩;财政支出增加,表明货币供给扩张。一般来说,中央银行对财政的资产增加而负债减少,意味着基础货币的增加;相反,中央银行对财政的资产减少而负债增加,则基础货币量减少。

财政收支对货币供给总量的影响,一般是在财政出现赤字后发生的。财政赤字的弥补,除了采取增收节支的根本措施外,其途径主要有三条:①向社会公众借款;②向商业银行借款;③向中央银行借款。当财政出现赤字而向社会公众以发行国库券或公债券的方式借款时,无论公众用现金购买还是用银行存款购买,都会引起市场货币供应量的减少。假定不考虑时滞因素,这种减少的货币供给正好与财政赤字引起的货币供给增加部分相等,因此,货币供应总量不变。当财政赤字通过向商业银行借款弥补时,商业银行因购买政府债券而使其准备金存款减少,并进而减少贷款的发放,其结果也是市场货币供应量的减少。假定同样不考虑时滞问题,减少的货币量正好就是财政支出扩大而增加的那部分货币量,货币供应总量也没有改变。除非是在商业银行准备金存款已经处于最低限,又不能够收回已发放的贷款的情况下,政府强迫商业银行认购债券或者国债,具有丰厚的利息收入,商业银行不得不向中央银行借入资金来购买,才引起中央银行基础货币供应的变化,从而使货币供应总量扩大。当财政出现赤字而向中央银行借款或透支时,如果中央银行在不减少对商业银行的贷款、不减少国际储备和国外资产占用、也不提高法定存款准备率、不增加对金融机构的负债的情况下,直接购买国债或允许财政透支存款,其结果就必然是中央银行以基础货币供应的增加来支持财政开支的扩大,从而导致货币供应量增加。

(三)中央银行对国外的资产和负债

国外净资产规模的大小会直接影响基础货币。国外净资产由外汇、黄金占款和中央银行在国际金融机构的净资产构成。其中,外汇、黄金占款是中央银行用基础货币来收购的。从表 9-1 中央银行资产负债表可见,基础货币是中央银行的负债,国外净资产是中央银行的资产。一般说来,中央银行资产增加越多,负债方基础货币的增加就越多。换句话说,中央银行的国外净资产的增加,意味着中央银行投放的基础货币增加,从而使货币供应量增加。一般情况下,若中央银行不把稳定汇率作为政策目标的话,则对通过该项资产业务投放的基础货币有较大的主动权;否则,中央银行就会因为要维持汇率的稳定而被动进入外汇市场进行干预,以平抑汇率。这样,外汇市场的供求状况对中央银行的外汇占款有很大影响,造成通过该渠道投放的基础货币具有相当的波动性。当中央银行对国外的资产增加时,基础货币量增加;反之,基础货币量减少。

(四)其他因素

例如,因恶劣气候影响中央银行的支票清算,导致了在途资金暂时增加,由于在途资金实际上是中央银行对支票开户行的一种贷款,所以它的增加将使基础货币暂时增加。另外,财政部动用它在中央银行的存款时,也会引起基础货币的增加。但是这些影响都是暂时的,可以由中央银行通过公开市场业务进行抵消,所以对中央银行控制基础货币的能力不会产生太大的影响。

中央银行对上述各类因素的控制能力是不同的,在中央银行对国外的资产负债方面,基础货币量是被动变化的,中央银行很难直接加以控制;中央银行对财政资产负债的变动也没有完全的支配能力。因此,对这部分基础货币量的增减变化，中央银行只能借助其他的政策措施进行间接控制；而中央银行对商业银行的资产和负债及由此决定的基础货币具有更强、更直接的控制力。

三、与基础货币相关的几个概念

（一）借入准备金和非借入准备金

商业银行及存款性金融机构在法定准备金数量不足时向拥有超额准备金的银行借入的货币资金称为借入准备金；按其自身存款总额的一定比例提取的用作准备金的部分称为非借入准备金，又称自有准备金。

区分借入准备金和非借入准备金的意义在于：

(1) 中央银行可以通过存款准备金账户的变动来考核一个金融机构的资金运营状况，如果一家金融机构的借入准备金期限过长，比例过大，其资金运营则有可能存在着一定的风险。

(2) 商业银行等存款性金融机构一般不愿对其他银行负债，在它们出现超额准备金时，大都先偿还借款，然后再进行贷款或投资。存款派生或扩张，更多地依赖于非借入准备。

因此，中央银行在控制基础货币和派生存款时，通常更多地考察商业银行的非借入准备金的变动。但也有一些经济学家认为，虽然借入准备金与非借入准备金有一定的差别，但从整个金融体系来看，派生存款还是依赖于由法定准备金率决定的总准备金和基础货币。因为从整体来看，法定准备金率是一个稳定的比例，如果非借入准备金比例增大，相应地借入准备借入准备金比例就应有所减小，而不仅仅是某一部分增大或减小，因此，不应分割考虑借入准备借入准备金与非借入准备借入准备金。

（二）超额准备金率

超过法定准备金的准备金叫做超额准备金；超额准备金与存款总额的比例是超额准备金率(Excess reserve ratio)，也称备付金率(Cash reserves rate)。超额准备金和超额准备金率的高低由商业银行根据具体情况自行掌握。

金融机构为满足资金运营的需要，保证存款支付和资金清算时有随时可调用的资金，按规定在中央银行开设存款账户，存入一定数量的准备金用于支付款项。由于这个存款账户和法定存款准备金使用同一个存款账户，因此，超额准备金就是超过法定存款准备金要求数量以外保留的准备金，其应达到的数额用占其存款总额的比率来衡量。其表达式为

$$\begin{aligned}\text{超额准备金率}&=\frac{\text{超额准备金总额}}{\text{存款总额}}\times 100\%\\&=\frac{(\text{库存现金}+\text{在中央银行存款})-\text{法定准备金}}{\text{存款总额}}\times 100\%\end{aligned}$$

保持适度超额准备金率，能保证银行体系的正常支付能力，商业银行在经营

中必须随时保持一定比例的现金和流动性强的资产以应付客户提款。如果中央银行规定超额准备金率的限额，可以起到限制贷款过度扩张的作用。

合理的超额准备金率规模的确定，通常受制于下面一些因素：保证存款的正常支付和资金清算的需要，基层银行与上级行的地理距离、通信和交通状况，商业银行在货币市场的融资能力和其他非信贷资产的流动性便利等。

专栏 9-1　我国金融机构的超额存款准备金率变化

1998 年以前，我国金融机构超额存款准备金率要求保持在 5%～7%。1998 年以后，中国人民银行不再规定超额存款准备金率要求，金融机构可根据支付清算、头寸调拨需要等因素自行决定在中央银行的超额存款准备金存款数量。

我国金融机构超额存款准备金率逐步下降，近几年超额存款准备金率见表 9-5。主要原因包括：①1998 年 3 月，中国人民银行改革存款准备金制度后，法定存款准备金可用于营业日中支付清算；②伴随商业银行股份制改革不断推进，金融机构更加注重提高资金使用收益，降低超额存款准备金率水平；③金融市场的深度和宽度不断拓展，货币市场短期融资工具增加，为金融机构提高流动性管理水平创造了有利条件；④随着中国人民银行支付清算系统的发展，支付清算效率大大提高，为金融机构降低超额存款准备金率提供了技术支持(见表 9-5)。

表 9-5　近几年超额存款准备金率

时间	第一季度	第二季度	第三季度	第四季度
2009	2.28	1.55	2.06	3.13
2010	1.96	1.82	1.70	2.00
2011	1.50	0.80	1.40	2.30

资料来源　中国人民银行货币政策执行报告。

第二节/派生存款

一、派生存款的含义及条件

银行存款的来源可分为两种，一是原始存款，即以现金方式存入银行的直接存款；二是派生存款(Derivative Deposit)，即从银行的放款、贴现和投资行为中派生出来的存款，又称衍生存款。

原始存款的增加能引起多倍的存款创造，这需要两个条件，它们分别是部分准备金制度和非现金结算制度。

（一）部分准备金制度

准备金的多少与派生存款量直接相关。商业银行以准备金形式持有的资产包括两部分，一是商业银行持有的应付日常业务需要的库存现金；二是商业银行在中央银行的存款，即商业银行遵照法律规定不能用于放款盈利的法定准备金和超额准备金。

银行提取的准备金占全部存款的比例称为存款准备金率。存款准备金率越高，提取的准备金越多，银行可用的资金就越少，派生存款量也相应减少；反之，存款准备金率越低，提取的准备金越少，银行可用资金就越多，派生存款量也相应增加。

（二）非现金结算制度

在现代信用制度下，银行向客户贷款是通过增加客户在银行存款账户的余额进行的，客户则是通过签发支票来完成他的支付行为。在原始存款和派生存款的相互转化中，必须以贷款作为条件。正是由于这种相互之间的转化，使现代银行获得了在存款不断派生的基础上扩大信贷规模的能力。因此，银行在增加贷款或投资的同时，也增加了存款额，即创造出了派生存款。如果客户以提取现金方式向银行取得贷款，就不会形成派生存款。

二、派生存款的创造

存款货币的创造过程：甲银行吸收客户 A 存款——→提取部分比例准备金后向客户 B 发放贷款——→形成客户 B 在甲银行的存款——→客户 B 用存款进行转账支付——→形成乙银行客户 C 的存款增加——→乙银行提取部分准备金后继续放款……如果资金不流出银行体系，银行体系就可以派生出数倍的存款货币。存款派生过程如表 9－6 至表 9－10 所示。

表 9－6　甲银行资产负债表

资　产		负　债	
法定准备金	20	存款	100
现金	80		

表 9－7　甲银行资产负债表

资　产		负　债	
法定准备金	20	存款	100
贷款	80		

表 9-8 乙银行资产负债表

资产		负债	
法定准备金	16	存款	80
现金	64		

表 9-9 丙银行资产负债表

资产		负债	
法定准备金	12.8	存款	64
现金	51.2		

表 9-10 存款创造过程表

银行	新增存款	新增存款准备金	新增银行贷款
甲	100	20	80
乙	80	16	64
丙	64	12.8	51.2
丁	51.2	10.24	40.9
⋮	⋮	⋮	⋮
总计	500	100	400

假设为了增加货币供给量，中央银行在公开市场上从 A 手中购进国库券 100 元，A 将这 100 元现金(或支票)存入甲银行，银行存款准备金率均为 20%，存款创造过程为：

(1) 甲银行收到 100 元现金，存入客户 A 在甲银行的银行账户，甲银行按 20%比例缴存法定准备金。

(2) 甲银行对客户 B 放贷款 80 元，客户 B 拟购买在乙银行开户的客户 C 的商品，存款被划入乙银行.

(3) 乙银行对客户 D 发放贷款 64 元，客户 D 因转账支付活动，存款划入丙银行。

这样的经营活动不断继续，在最初存进银行的 100 元"原始存款"全部变成准备金后停止。最后银行总体的账户上负债有 500 元存款，资产有 400 元贷款和 100 元准备金。

如以 ΔD_d 表示经过派生的存款总额的增额，以 ΔR 代表原始存款的增额，r_d 代表法定存款准备率，则

$$\Delta D_d = \Delta R \times [1 + (1 - r_d) + (1 - r_d)^2 + \cdots + (1 - r_d)^{n-1}]$$
$$= \Delta R \times \frac{1}{1 - (1 - r_d)} = \Delta R \times \frac{1}{r_d}$$

即
$$\Delta D_d = \Delta R \times \frac{1}{r_d}$$

银行存款货币创造机制所决定的存款总额，其最大扩张倍数称为派生倍数，也即乘数。一般说来，它是法定准备率的倒数。若以 k 表示存款总额变动对原始存款的倍数，则可得：$k=\frac{\Delta D}{\Delta R}=\frac{1}{r_d}$，被称为简单存款乘数。

存款创造机制是指银行体系新增一笔原始存款（准备金），经过银行体系一系列的“存款→贷款→再存款→再贷款”的程序，引致新增加的存款总额，是新增存款准备金的若干倍。法定存款准备金率是影响商业银行派生存款的创造能力的最主要因素。如果法定存款准备金率上调，商业银行用于存款准备增加，存款的创造能力减少；相反，存款的创造能力就会增强。如上例中，如果法定存款准备金率上调到 25%，存款创造的倍数为 4，那么，存款总额就从原来的 500 元下降到 400 元；若法定存款准备金率下调到 10%，存款创造的倍数增加到 10，那么，商业银行的存款总额则增加到 1 000 元。

在分析商业银行信用创造功能时，我们已经知道，商业银行作为一种主要经营存款货币的企业，不断地将流通中现金吸收为存款，不断地通过发放贷款来创造出新的存款，使整个银行系统形成数倍于原始存款的存款货币总量。同样，当商业银行信用业务由于贷款市场需求减弱、客户提现量增加、银行经营管理水平下降等原因出现下滑时，也会使存款货币总量成倍减少。商业银行的信用业务能够形成并创造存款货币，使其在全社会货币供给中显示出极其重要的作用，法定存款准备金率也由此成为金融当局调节和控制货币供给量，进而管理社会总需求的重要工具。

第三节/货币乘数

一、货币乘数含义和公式

一定的货币供应总量必然是一定的基础货币按照一定倍数或乘数扩张后的结果。或者说，货币供应量总是表现为基础货币的一定倍数。货币乘数也称为货币扩张倍数或货币扩张系数，是指中央银行投放或收回一单位基础货币，通过商业银行的存款创造机制，使货币供应量增加或减少的倍数。这个倍数用货币供应量与基础货币的比值来表示。如果以 M 表示货币供应量，以 B 表示基础货币，以 K 表示货币乘数，则有如下货币供应量的理论公式：

$$M = B \cdot K$$

该公式表明，由于货币乘数的作用，使中央银行的基础货币扩张为货币供应总量，因此，货币乘数是货币供应机制中的一个至关重要的因素。那么，货币乘数的大小取决于什么呢?

从公式 $M=B\cdot K$ 可知

$$K=\frac{M}{B}$$

假定我们要确定 M_1 口径的货币供应量形成中的货币乘数值,可作如下推导

$$M_1=C+D$$

其中,C 代表流通中现金,D 代表商业银行的活期存款。

$$B=C+R$$

其中,R 代表商业银行在中央银行的准备金存款,可以进一步分解为活期存款法定准备金 R_d、超额准备金 E 和定期存款法定准备金 $r_t\cdot T$(T 表示定期存款,r_t 表示定期存款法定准备金率),则

$$K=\frac{M}{B}=\frac{C+D}{C+R}=\frac{C+D}{C+R_d+r_t\cdot T}$$

将各项同除以 D,则有

$$K=\frac{\frac{C}{D}+\frac{D}{D}}{\frac{C}{D}+\frac{R_d}{D}+\frac{E}{D}+\frac{r_t\cdot T}{D}}=\frac{c+1}{c+r_d+e+r_t t}$$

这就是在一定的基础货币下形成 M_1 口径的货币供应量的货币乘数公式,其中,c 为现金漏损率,r_d 为活期存款法定准备金率,e 为超额准备金率,t 为定期存款占活期存款的比例。将货币乘数公式代入货币供应量 M_1 公式中,就得到

$$M_1=B\cdot\frac{c+1}{c+r_d+e+r_t t}$$

由此可见,货币供给是由各种因素共同决定的。如果商业银行增加原始存款 10 000 元,其法定存款准备金率为 20%,超额准备金率为 2%,现金漏损率为 8%,转化为定期存款占活期存款的比重为 20%,定期存款准备金率为 5%,根据上面的公式,$M=\frac{0.08+1}{0.08+0.2+0.02+0.05\times 0.2}\times 10\ 000=34\ 838$,计算出货币乘数大于 3.48,银行体系所能创造的最大存款总额是 34 838 元。

二、影响货币乘数的因素

从 M_1 货币乘数的公式可以看出,决定货币乘数的因素主要有以下几种。

(一) 现金漏损率 c

现金漏损率是指流通中现金与活期存款的比率。在现实经济生活中,活期存款总会有一部分以现金形式被提走,流出银行体系,因此银行就不能利用它们

来进一步扩张贷款，则活期存款的扩张倍数会受到制约。现金漏损率 c 的提高会使货币乘数下降，派生存款的数量也随之下降。在前面的例子中，如果其他因素都不变，c 从 8%提高到 10%，则货币乘数就从 3.48 下降为 3.33。反之，c 从 8%下降为 5%，货币乘数就上升到 3.75。

一般来说，影响 c 值的因素有：①社会大众可支配收入水平的高低。可支配的收入越高，需要持有的现金就越多，从而使 c 趋于上升；②用现金购买或用支票购买的商品和劳务的相对价格的变化。比如，食品的价格相对于耐用消费品价格上升，会增加现金需求，则 c 值提高。③大众对通货膨胀的预期。预期的通货膨胀率高，则 c 值高；相反，c 值就低。④地下经济规模的大小。地下经济多以现金交易为主，其规模越大，c 值也越大。⑤社会的支付习惯。信用工具的发达程度、社会及政治的稳定性、利率水平等都会影响 c 值的变化。

（二）定期存款比率 t

活期存款向定期存款的转化（t）对存款创造的也会产生制约。在其他条件不变情况下，t 值增加，货币乘数就会下降；t 值减少，货币乘数就会上升。前面举例中，在其他因素相同的情况下，如果 t 值从原来的 20%提高到 30%，则货币乘数从原来的 3.48 下降为 3.43。

影响 t 的主要因素：①银行的存款利率。一般来说，如果定期存款的利率上升，则会导致活期存款向定期存款转化，从而使 t 值增大；反之 t 值减小。②通货膨胀预期。t 值的大小同人们的通货膨胀预期有较密切的关系，预期通货膨胀率高时，t 值降低。

（三）超额准备金率 e

一般来讲，银行并不会将其全部超额准备金用来发放贷款或购买证券。为了保持资金的流动性，银行经常会持有一定的超额准备金。而且，银行所保持的超额准备金总额与活期存款有一个稳定的比率，称为超额准备金率，它的变化与派生存款能力成反比，即超额准备率 e 上升，货币乘数变小；反之，货币乘数则变大。在前面的例子中，在其他条件不变的情况下，如果超额准备金率上升一倍，则货币乘数从原来的 3.48 下降为 3.27。

商业银行愿意持有多少超额准备金，主要取决于以下因素：①持有超额准备金的机会成本的高低，即生息资产收益率的高低。如果利率低，e 就高。反之亦然；②借入准备金的成本高低，主要是中央银行再贴现率的高低。再贴现率高，意味着借入准备金的成本增高，商业银行就会保留较多的超额准备金，以备不测之需；反之，如果借入准备金的成本较低，就没有必要保留较多的超额准备金，e 就低；③银行拆入资金的能力。银行获取短期负债的能力越强，e 就越低；反之亦然。

（四）法定准备金率 r_d 和 r_t

法定准备金率 r_d 和 r_t 的大小是由中央银行决定的。准备金率上升，货币乘数变小;反之,货币乘数则变大。

中央银行主要通过控制基础货币 B 和调整法定存款准备金率 r_d 和 r_t 来影响货币供给。而现金漏损率 c 和超额准备金率 e 及定期存款与活期存款的比率 t 等,则主要由商业银行和社会公众的行为所决定。当基础货币不变时,货币乘数与货币供应量成同方向正比例变化的关系。因此,只有中央银行、商业银行和其他金融机构、财政、企业、家庭、个人等各自的经济行为维持较为稳定的趋势,货币乘数值的变动幅度和变动方向才能保持一致。

第四节/我国货币供给机制

我国从 1990 年起开始编制货币供应量统计口径,从 1994 年 10 月开始由中国人民银行向社会定期公布货币供应量统计数据。

中国的货币供应量层次为:

第一层次 M_0:流通中现金

第二层次即狭义货币 M_1:M_0+可开支票进行支付的单位活期存款

第三层次即广义货币 M_2:M_1+居民储蓄存款+单位定期存款+单位其他存款+证券公司客户保证金。

自 2011 年 10 月起,货币供应量 M_2 包括住房公积金中心存款和非存款类金融机构在存款类金融机构的存款。

一、我国不同管理机制下的货币供给

(一)"统存统贷"信贷管理体制下的货币供给(1955 至 1979 年)

信贷计划指标额度决定着基层银行机构的贷款规模,从而决定货币供给的渠道和总量。银行信贷规模只受计划制约,不存在存款制约贷款的机制。

(二)"存贷差额控制"信贷管理体制下的货币供给(1980 至 1984 年)

$$贷款-存款=现金$$

从全国来看,存贷差额实际上就是现金发行量,故控制存贷差额就是控制现金发行与回笼。实行差额控制体制是期望通过控制住差额,达到控制货币供给量的目的。但控制住差额,并不能完全控制住银行的信贷规模,容易导致信贷规模失控。

(三)"实贷实存"信贷管理体制下的货币供给(1985 至 20 世纪 90 年代中期)

这一时期采取"统一计划、划分资金、实贷实存、相互融通"的信贷管理体制,这一体制是建立在以人民银行单独行使中央银行职能、各专业银行独立核算的基础上的。新的信贷管理体制的实行使基础货币的供给独立出来，中国人民银行运用再贷款方式提供基础货币。这一体制保留了专业银行存贷挂钩的做法，并建立了存款准备金缴存制度，有利于使专业银行的存款派生机制置于中央银行的调控之下。

存款准备金制度的建立，标志着由货币乘数和基础货币共同决定货币供给的机制开始形成。当时的财政性存款与活期存款的比率是货币乘数的一个重要决定因素。财政性存款所起的作用与现金、准备金存款所起的作用类似，其增加将使各专业银行的信用创造能力受到抑制；反之，财政性存款减少，则意味着专业银行的存款增加，使专业银行的信用扩张能力得以增强，但各种信贷计划指标管理导致派生货币多倍扩张机制受到限制。

（四）“比例管理”信贷管理体制下的货币供给（20世纪90年代中期至今）

20世纪90年代中期，在全国范围内全面推行限额管理下的资产负债比例管理制度。各商业银行在限度内可多存多贷，有利于提高各银行吸收存款的积极性、提高信贷资产质量和银行经营的安全性。

自1998年起，中央银行取消对商业银行的指令性计划，实行完全的资产负债比例管理。1998年以后，随着信贷规模控制的放开，货币供应量开始成为中央银行货币政策的中介目标。

二、我国货币供给数量变化

根据一些学者的估算，考虑到通货膨胀因素，我国的国内生产总值（GDP）与货币供应量（M_2）的比例应为1∶1.5左右，即如果GDP上升10%，需要增加15%的货币供应量。表9－11中揭示的我国货币供应量在许多年份都是超过这一比例的。从2001至2003年连续三年货币供应量的增幅一直很高。2004至2007年，中国人民银行加大信贷和法定准备金调控力度，使货币供应量增幅下降。2008年金融危机后货币政策的放松，导致了货币供应量的增幅过大。

表9－11　我国2001至2010年的货币供给状况

年度	2001	2002	2003	2004	2005	2006	2007	2008	2009	2010
GDP增长率%	8.3	9.1	10	10.1	10.4	10.7	11.7	9	8.7	10.3
M_2增长率%	17.6	16.8	19.6	14.6	17.6	16.9	16.7	17.8	27.7	19.7
GDP∶M_2	1∶2.1	1∶1.8	1∶1.9	1∶1.4	1∶1.6	1∶1.6	1∶1.4	1∶1.9	1∶3.1	1∶1.9

数据来源　国家统计局网站、中国人民银行各年度第四季度货币政策执行报告。

三、金融创新对货币供应量统计的影响

金融工具不断创新，各种金融资产的流动性都发生了很大的变化，金融资产之间的替代空前加大，企业与居民投资渠道日渐丰富，分流了企业与居民存款，

使货币供应量统计越来越困难。根据中国人民银行2011第三季度货币政策执行报告，有下列几种现象导致货币供应量低估。

(1) 非存款类金融机构在存款类金融机构的存款，包括信托公司、租赁公司、证券机构、保险机构在存款类金融机构的活期和定期存款。其与整个金融市场运行联系紧密，与 M_2 的流动性水平基本一致。2011年9月末，非存款类金融机构在存款类金融机构的存款为2.8万亿元，比年初增加5 499亿元，同比增长31.9%。

(2) 住房公积金中心存款，是指住房公积金中心通过受托银行归集的、沉淀在受托银行的公积金存款。这部分存款能够在支取时或以住房公积金贷款的形式构成对实体经济的货币供应。2011年9月末，住房公积金中心存款余额为6 992亿元，比年初增加了1 130亿元，同比增长39.0%。

(3) 银行表外理财资金，是指商业银行发行且在其资产负债表外核算的理财产品吸收的资金。这类理财产品银行不承担信用风险，投资风险由客户自行承担。2011年9月末，商业银行表外理财产品余额为3.3万亿元，比年初增加了9 275亿元，同比增长45.7%。表外理财产品具有一定的存款替代特征，已经成为商业银行竞争客户资金资源的重要方式。

(4) 境外金融机构在境内的存款，主要是指近年来通过贸易结算等渠道分流为境外金融机构在境内的人民币存款。这部分存款支付清算功能特征明显，可在一定程度上影响国内的流动性和总需求。

上述项目近来增长较快，此外还有大量其他创新型金融机构、金融工具如货币市场基金、资金信托投资计划、银行承兑汇票也分流了存款，致使货币供应量增速对实际货币条件的衡量出现了一定程度的低估，因此，应全面认识与看待当前货币供应量的变化。

第五节/货币供给模型

一、弗里德曼—施瓦茨模型

弗里德曼和施瓦茨（Friedman - Schwartz）在他们合著的《1867—1960年美国货币史》中使用的货币供给方程，不仅考虑了银行准备金/存款比率，还考虑了公众希望的通货与存款比率。公式推导如下：

$$M=C+D$$

$$H=R+C$$

$$M=C+D=\frac{C+D}{H}\cdot H=\frac{C+D}{C+R}\cdot H=\frac{\frac{C+D}{C\cdot R}}{\frac{C+R}{C\cdot R}}\cdot H=\frac{\frac{1}{R}+\frac{D}{R}\cdot\frac{1}{C}}{\frac{1}{R}+\frac{1}{C}}\cdot H$$

$$=\frac{\frac{D}{R}+\frac{D}{R}\cdot\frac{D}{C}}{\frac{D}{R}+\frac{D}{C}}\cdot H=\frac{\frac{D}{R}\left(1+\frac{D}{C}\right)}{\frac{D}{R}+\frac{D}{C}}\cdot H$$

$$M_s=\frac{\frac{R}{D}\left(1+\frac{D}{C}\right)}{\frac{D}{R}+\frac{D}{C}}H$$

式中，C 为非银行部门所持有的中央银行负债，D 为非银行部门所持有的商业银行的存款负债总额，R 为商业银行的存款准备金，H 为强力货币(基础货币)。

从这一理论模型出发，弗里德曼和施瓦茨认为，如果假定存款—准备金比率(D/R)和存款—通货比率(D/C)为一常数，或它们的变动较为稳定，则货币供应量的变动将完全取决于强力货币；如果强力货币完全处在货币当局的控制之下，那么，货币当局就可以控制货币供应量的变动，货币供应量就成为货币当局决定的外生变量。

二、卡甘模型

为了弥补弗里德曼和施瓦兹的货币供应方程式的缺陷，美国著名经济学家卡甘(P. Cagan)提出了他的货币供应方程式：

$$M=\frac{H}{\frac{H}{M}}=\frac{H}{\frac{H\cdot D}{M\cdot D}}=\frac{H}{\frac{(C+R)D}{M\cdot D}}=\frac{H}{\frac{C\cdot D+R\cdot D}{M\cdot D}}$$

$$=\frac{H}{\frac{C\cdot D+R(M-C)}{M\cdot D}}=\frac{H}{\frac{C}{M}+\frac{R}{D}-\frac{C}{M}\cdot\frac{R}{D}}$$

$$m=\frac{1}{\frac{C}{M}+\frac{R}{D}-\frac{C}{M}\cdot\frac{R}{D}}$$

在卡甘的方程式中，货币供应量 M 由高能货币 H 和货币乘数 m 的乘积所决定。卡甘以准备金—存款比率 R/D 代替弗里德曼和施瓦兹方程式中的存款—准备金比率 D/R；以通货比率 C/M(即通货占货币存量的比率)代替存款—通货比率 D/C。卡甘变动这两个因素的理由是可以更好地反映真实情况，并使方程式更具稳定关系。卡甘认为，他的方程式中货币乘数具有比较稳定的规则可循。因为在货币乘数的分母中，根据定义，C/M、R/D 都小于 1，因而($C/M\cdot R/D$)必然总是小于 C/M 与 R/D 的任何一项。因此，假定通货比率与准备金—存款比率不变，则高能货币 H 的增减变化会直接影响货币供应量的增减变化；反之，若高能货币 H 不变，则通货比率和准备金—存款比率的提高或降低必然造成货币紧缩或扩张的结果。因此，卡甘的方程式明确表明：货币供应量的变动与高能货币成正比，与通货比率和准备金—存款比率成反比。

根据卡甘的统计，美国从 1875 至 1955 年广义的货币量平均每年增长 5.7%，从统计分析的结果看，货币存量的长期增长主要依靠追加的高能货币。高能货币的长期变动主要归因于黄金存量的增加，而在 1914 年以后又可以归因于联邦储备制的作用。高能货币的增长是十分之九的货币存量增长的原因，只有十分之一的货币存量增长是由通货比率和准备金—存款比率的下降(即货币乘数的扩大)引起的。而通货比率在长期中下降的趋势主要是由于收入和财富的增长以及城市化引起的，准备金—存款比率的变动则主要由法定准备金率的调整所造成的。根据上述的统计分析，卡甘也认为货币供应量是一个外生变量，因为中央银行操纵高能货币的行为对货币供应量的决定具有支配性的作用，同时由于货币乘数中的各行为参数在短期内变化不大，由此可以推断货币乘数关系明确，性质稳定，因此货币供应量是中央银行可以绝对控制的外生变量。

卡甘模型与弗里德曼—施瓦茨模型都是对美国货币史实证分析的结果，货币的定义都是 M_2，两个模型形式不同，但实质相同(因为 R/D 只是 D/R 的倒数，而 C/M 也与 D/C 一样地反映着 C 和 D 的相对变动对货币乘数的影响)。但卡甘模型比弗里德曼—施瓦茨模型更能直观地反映存款准备金比率和通货比率对货币乘数的影响。

三、乔顿模型

弗里德曼—施瓦茨模型和卡甘模型是较早提出、也是较有代表性的货币供给模型，但这两个模型有着许多缺陷。1969 年，美国经济学家乔顿(Jerry L. Jordan)对这两个模型进行了改进和补充，导出了一个比较简洁明了的货币乘数模型。

(一) M_1 货币乘数模型

模型采用狭义的货币定义 M_1，即 $M_1=D+C$。其中，D 表示商业银行活期存款，C 表示通货。

根据现代货币供给理论，货币供给乃是基础货币与货币乘数之积。如以 B 表示基础货币，以 R 表示商业银行的准备金，则

$$B=R+C$$

设 m 为货币乘数，r_d 为活期存款的法定准备金比率，r_t 为定期存款的法定准备金比率，T 为定期存款，E 为超额准备金，则

$$M_1=B\cdot m$$

$$m=\frac{M_1}{B}=\frac{D+C}{R+C}=\frac{D+C}{r_d\cdot D+r_t\cdot T+E+C}$$

为了简化分析，设 k 为通货比率，t 为定期存款比率，e 为超额准备金比率，即

$$k=\frac{C}{D}\rightarrow C=k\cdot D$$

$$t=\frac{T}{D}\rightarrow T=t\cdot D$$

$$e=\frac{E}{D}\rightarrow E=e\cdot D$$

以 $k\cdot D$、$t\cdot D$、$e\cdot D$ 分别代替 C、T、E，则得到作为货币供给决定机制的一般模型——乔顿模型

$$m=\frac{D+k\cdot D}{r_d\cdot D+r_t\cdot t\cdot D+e\cdot D+k\cdot D}=\frac{1+k}{r_d+r_t\cdot t+e+k}$$

$$M_1=B\cdot\frac{1+k}{r_d+r_t\cdot t+e+k}$$

由上述乔顿模型可知，决定货币供给的因素共有六个，其中，B、r_d、r_t 由货币当局或中央银行所决定，e 由商业银行所决定，而 k 和 t 则由社会公众的资产选择行为所决定。由此可见，货币当局或中央银行实际上只能对决定货币供给的部分因素而不是全部因素具有直接的控制能力。

根据该模型，货币供给决定于基础货币、活期存款的法定准备金比率、定期存款的法定准备金比率（这一因素现已取消）、超额准备金比率、定期存款比率及通货比率。其中，前三个因素由中央银行决定，超额准备金比率由商业银行决定，最后两个因素则由社会公众决定。这就说明，货币供给并不完全是一个外生变量。

（二）货币定义扩展为 M_2 的乔顿模型

$$m_2=\frac{D+C+T}{r_d\cdot D+r_t\cdot T+E+C}=\frac{D+k\cdot D+t\cdot D}{r_d\cdot D+r_t\cdot t\cdot D+e\cdot D+k\cdot D}$$
$$=\frac{1+k+t}{r_d+r_t\cdot t+e+k}$$

$$M_2=B\cdot\frac{1+k+t}{r_d+r_t\cdot t+e+k}$$

定期存款取消法定准备金要求后的乔顿模型

$$M_1=B\cdot\frac{1+k}{r+e+k}$$

$$M_2=B\cdot\frac{1+k+t}{r+e+k}$$

央行紧缩银根，提高存款准备金率，货币供应量就会减少；或者商业银行感觉到央行的政策指向提高了超额准备金率，货币供应量也会减少。

专栏 9-2 货币供给理论中的“新观点”

货币供给理论中简单乘数模型，即货币供给乃是基础货币与货币乘数之积，是由菲利普斯(C. A. Phillips)在1921年提出的。该模型被称为货币供给理论中的“旧观点”(the Old View)。20世纪50年代中期至60年代中期货币供给理论的发展，被认为是“新观点”(the New View)。其倡导者主要是英国《拉德克利夫报告》、美国经济学家格利和肖等人。

1.《拉德克利夫报告》中的“新观点”

1959年英国拉德克利夫(Radcliffe)领导的“货币系统运行研究委员会”，经过两年的广泛调查和深入研究，提交了长达350万字的《拉德克利夫报告》。该报告中与货币供给有关的主要内容有：

(1) 对经济真正具有重大影响的不仅是传统意义上的货币供给(即狭义的货币供给)，而且是包括这一货币供给在内的整个社会的流动性。

(2) 决定货币供给的不仅是商业银行，而且是包括商业银行和非银行金融机构在内的整个金融系统。

(3) 货币当局所应控制的不仅是传统意义上的货币供给，而且是整个社会的流动性。

2. 格利与肖的“新观点”

(1) 货币与各种非货币的金融资产之间具有一定程度的类同性与替代性。同样，银行与各种非银行的金融中介机构之间也具有一定程度的类同性与替代性。

(2) 货币的基本特性是具有高度的流动性。从流动性这一基本特性而言，货币与各种非货币的金融资产之间，实际上只有程度的不同，而没有本质的区别。

(3) 从货币供给的角度而言，货币不仅包括通货与商业银行的活期存款，而且还应该包括商业银行的定期存款及各种非银行金融中介机构所发行的负债。

(4) 从金融控制的角度而言，中央银行不仅应该控制商业银行，而且也应该控制各种非银行的金融中介机构。

3. 货币供给“旧观点”与“新观点”的区别

(1)“旧观点”建立在货币的交易职能基础之上，认为通货和商业银行的存款才是货币；“新观点”建立在货币的价值贮藏职能之上，认为通货和商业银行存款与其他金融资产的职能相互替代，其他金融资产以及非银行金融机构对货币供应量的决定也有影响。

(2)“旧观点”始终隐含着一个假定前提：商业银行有能力供给

多少存款;"新观点"则认为,商业银行的存款是由商业银行与非银行部门共同决定的,非银行部门的资产选择行为起着重要的作用。

(3)"旧观点"假定基础货币或强力货币是由中央银行在商业银行和非银行部门以外独立决定的,是一个单纯由中央银行控制的外生变量;"新观点"则认为基础货币难以由中央银行单独决定,它与其他变量有关联,难以单纯由中央银行控制。

资料来源 盛松成:《现代货币供给理论与实践》,中国金融出版社1993年版。

本章小结

基础货币从来源上看,它是金融当局的货币供应量;从运用上看,它由商业银行的准备金和流通中的通货组成。引起基础货币变化的主要因素是中央银行的货币政策、政府的财政收支状况和国际收支状况等。

在部分准备金制度和非现金结算制度下,一笔原始存款通过银行的贴现和贷款等行为会产生出数倍于原始存款的派生存款;存款创造过程主要与存款准备金率、现金漏损率、超额储备金率和活期存款向定期存款的转化率等因素有关。

货币乘数是货币供应量的变化量与基础货币变化量之比,根据乘数模型可以分析出影响货币乘数的主要因素。

弗里德曼—施瓦茨模型和卡甘模型得出了货币供给的外生性的结论,乔顿模型和货币供给理论讨论货币供给的内生性问题。货币乘数是基础货币和货币供应量之间存在的倍数关系,它在货币供应量增长和紧缩时,分别起扩大和衰减作用。理论上认为,货币乘数主要受四个因素的影响,即现金比率、法定存款准备金率、超额准备金率和非金融机构在中央银行的存款与中央银行全部存款的比率。其中,法定存款准备金率、超额准备金率和非金融机构在中央银行的存款与中央银行全部存款的比率对货币乘数的影响是反方向的。现金比率对货币乘数的影响方向还不能完全确定。

重要概念

基础货币　货币供应量　借入准备金　非借入准备金　超额准备金　派生存款　货币乘数

思考题

1. 什么是基础货币？它对货币供给量有什么重要影响？
2. 影响基础货币的因素有哪些？
3. 什么是货币乘数？简要分析货币乘数的决定因素。
4. 简要分析货币乘数对货币供给的影响。
5. 弗里德曼—施瓦茨模型的主要内容是什么？
6. 简述商业银行存款货币的创造过程及影响派生规模的因素。
7. 假设某一商业银行的资产负债表如下：

某商业银行的资产负债表 单位:元

资产		负债	
准备金	10 000	存款	50 000
贷款	40 000		

（假定存款客户不提现，不转存定期存款）

（1）此时存款货币扩张倍数是多少？存款货币总量又是多少？

（2）如果中央银行将法定存款准备金率确定为 10%，该银行拥有的超额准备金是多少？

（3）在法定存款准备金率为 10%情况下，如果该银行把 10%的存款作为超额准备金，存款货币和存款乘数会怎样变化？

（4）在法定存款准备金率为 10%情况下，该银行不保留超额准备金，存款货币和存款乘数会怎样变化？

（5）在法定存款准备金率为 10%情况下，该银行不保留超额准备金，中央银行向该银行出售 20 000 元政府债券并长期持有，请问存款货币和存款乘数会怎样变化？

8. 假设银行体系准备金为 750 亿元，公众持有现金为 500 亿元。中央银行法定活期存款准备金率为 10%，法定定期存款准备金率为 5%，现金漏损率为 20%，定期存款比率为 40%，商业银行的超额准备率为 18%。

（1）狭义和广义货币乘数各是多少？

（2）狭义和广义货币供应量各是多少？

第十章 货币需求

货币需求就是指在一定时间内社会各经济主体为满足正常的生产、经营和各种经济活动需要而应该保留或占有一定货币的动机或行为。为满足各种经济活动需要而必须保存的货币量，就是货币需求量。因此，这里所说的货币需求是一种由各种客观经济变量所决定的对货币的持有动机或要求，是人们在其所拥有的全部资产中根据客观需要认为应该以货币形式持有的数量或份额。对于货币需求含义的理解，还应把握以下几点：①货币需求是一个存量的概念；②货币需求量是有条件限制的，是一种能力与愿望的统一；③现实中的货币需求不仅包括对现金的需求，而且包括对存款货币的需求；④人们对货币的需求既包括执行流通手段和支付手段职能的货币需求，也包括执行价值贮藏手段职能的货币需求。货币需求理论是研究货币需求的动机、构成和数量的理论，由于分析的角度、方法不同，存在着多种货币需求理论，主要包括马克思货币需求理论、传统货币数量论、凯恩斯的货币需求理论和弗里德曼现代货币数量论等。

第一节/马克思货币需求理论

早在17世纪，许多古典经济学家就讨论了货币流通数量的问题，并进行了多方面的理论分析。古典学派的创始人威廉·配第在他的《赋税论》中就模糊地提到了货币需要量的问题。英国哲学家和古典经济学家约翰·洛克(John Looke，1632—1704)就提出了商品价格决定于货币数量的学说；18世纪货币数量论的最重要代表人物大卫·休谟(David Hume，1711—1776)认为"一切东西的价格取决于商品与货币之间比例，商品增加，价格下降，货币增加，商品涨价"。商品的价格决定于流通中的货币数量，一国流通中的货币代表着国内现有的所有商品价格；货币的价值决定于货币数量与商品量的对比。法国重农学派的创始人和古典经济学的奠基人魁奈(Francois Quesnay，1694至1774)在其名著《经济表》中则明确指出了商品流通决定货币流通的观点。货币金属论者亚当·斯密也指出：一国流通所必需的货币量，取决于该国每年所流通的商品的价值。同时他还发现了货币流通速度的快慢可以使流通中所需货币量减少或增加的问题。货币数量论的杰出代表大卫·李嘉图依据他的劳动决定价值论提出:“一国所运用的货币量,必然取决于其价值,如果只用黄金来流通商品,其所需的数量将只等于用白银流通商品时所需白银数量的十五分之一。”

马克思在《资本论》第一卷中指出:“商品世界流通过程所需求的流通手段量,已经由商品的价格总额决定了。”在《资本论》第三卷中他又写道:“现实流通的货币量是由商品的价格和交易量决定的。银行券的流通也受这个规律的支配。”所以,无论是在金属货币流通的情况下,还是在纸币流通的情况下,都是物价和交易量决定现实流通的货币量。

马克思在研究金属货币流通时指出:“就一定时间的流通过程来说是:商品的价格总额/同名货币的流通次数=执行流通手段职能的货币量”这个规律是普遍适用的。按照马克思的原意,这一规律可用符号表示为

$$M=\frac{PQ}{V}$$

式中,P 代表商品价格,Q 代表商品交易量,V 代表货币流通速度,M 代表货币必要量。

这个公式表明,一定时期内商品流通所需求的货币量取决于三个因素:商品数量、价格水平和货币流通速度。货币流通速度是指同一单位的货币在一定时期内平均周转的次数。商品数量与商品价格的乘积就是商品价格总额。假定货币流通速度为 2,商品价格总额为 1 000 亿元,则货币必要量为 500 亿元。如果货币流通速度增加到 4,在相同的价格总额下,货币量减少为 250 亿元;当商品价格总额增加到 1 400 亿元,而货币流通速度保持不变时,货币需要量就增加到 700 亿元。所以当商品价格总额不变时,流通市场货币需求量与货币流通速度成反比;当货币流通速度不变时,流通市场货币需求量与商品价格总额成正比。

纸币流通规律是在金属货币流通规律基础上产生的,并受金属货币流通规律的制约,即流通中原来需求多少金属货币量,就应该发行多少同等价值量的纸币。只要这些纸币确实是代替相应金属货币流通的数量来流通,那么纸币流通也反映货币流通规律的要求。

马克思的货币需求分析从总量上考察货币需求,从宏观经济背景出发揭示了商品流通决定货币流通这一基本原理。马克思的货币必要量公式具有重要理论意义,但应该看到,马克思在分析货币本质时是以研究金属货币为对象来揭示这一货币需要量的公式,所以在现代经济的具体应用中还应考虑新的变化了的情况。马克思的货币需要量计算公式,只是通过理论的概括来揭示事物的本质特征,它不是一个简单而纯粹的算术公式,如果我们将复杂的问题套上这一公式来确定货币需要量,就会因为过于简单而不能得出符合实际的结论。

专栏 10-1 我国货币流通速度变化

货币流通速度(GDP/M_2)是在一定程度上反映全体经济社会对央行提供的货币供应量的使用效率，是内含了社会各经济主体运用各种金融资产后的状况。如果用名义 GDP 代表商品价格总额，M_1 代表交易性货币需要量，则货币流通速度的计算公式由 $V=\frac{PT}{M}$ 调整为 $V=\frac{GDP}{M_1}$。根据中国人民银行公布的 2007 年初步计算的 GDP 为 249 530 亿元、M_1 为 152 519 亿元，计算出 2007 年我国交易性货币流通速度为 1.636。

2002 至 2010 年我国货币流通速度的变化

（GDP、M_1 单位：亿元人民币）

年	2002	2003	2004	2005	2006	2007	2008	2009	2010
GDP	120333	135823	159878	183868	210871	249530	314045	340902	401512
M_1	70882	84119	95971	107279	126028	152519	166217	221445	266621
V_1	1.698	1.615	1.666	1.714	1.673	1.636	1.889	1.539	1.506

数据显示，2002 至 2007 年的货币流通速度均为 1.6～1.7 之间，货币流通速度基本稳定。但 2008 年金融危机之后，货币流通速度继续放缓。

资料来源　根据相关资料整理。

第二节/传统货币数量论

货币数量论是关于名义总收入只决定于货币数量变动的理论，是一种历史悠久的货币理论。本书主要介绍现金交易说和现金余额数量说这两大理论。

一、现金交易说及交易方程式

现金交易说由美国经济学家欧文・费雪(Irving Fisher)于 1911 年在其《货币购买力》一书中提出，对古典货币数量论观点做了最清晰的表述。费雪认为，人们需要货币，并不在货币本身，而是因为货币可以用来交换商品和劳务，以满足人们的欲望，人们手中的货币，最终都将用于购买。因此，在一定时期内，社会的货币支出量与商品、劳务的交易量的货币总值一定相等。

费雪着眼于货币的流通手段功能，认为货币旨在用以交易。因此，他是从有多少货币服务于商品交易的角度来说明货币数量与物价的关系的。他的货币定义是:包括金银货币、银行券、政府纸币、辅币、存款通货等凡具有“货币的购买力”的货币。他认为,如果不考虑存款通货,物价水平的决定因素包括:①流通的货币数量;②流通货币的效率,即货币流通速度;③商品交易数量。据此,费雪提出了著名的交易方程式。

假定以 M 表示流通的货币数量,V 表示货币的流通速度,MV 即为用以购买商品的货币总量。再假定一年内所交易的各种商品的加权平均价格为 P,用 T 表示社会商品总交易量,因而公式可写成

$$MV=PT$$

等式的右方为交易总值,左方为货币总值。公式可以调整为 $M=PT/V$ 或 $V=PT/M$。这一方程式反映了如下的关系:若 V 与 T 不变,P 随 M 正比例变动;若 M 与 T 不变,P 随 V 正比例变动;若 M 与 V 不变,P 随 T 反比例变动。

假定流通速度由社会惯例、技术发展、工业结构等长期因素决定,变动很慢,在短期内可视为不变的常数。另外,实际交易量在充分就业状况下变动极小,也可视为常数。

因为 T 和 V 都是常数,所以货币量的任何变动,必然正比例反映在物价上,如果货币量增加一倍,物价也会相应地增加一倍。货币量变动是因,物价变动是果。

费雪现金交易说的论述建立在所有市场出清的经济条件下,货币供给的增加会导致价格水平按比例上升,而货币流通速度保持不变。

二、现金余额说及“剑桥方程式”

英国经济学家马歇尔(Alfred Marshall)和 A·C·庇古(A. C. Pigou)等人从货币供求的角度研究价格的决定,提出了现金余额说。因这些经济学家都在剑桥大学任教,所以这一学说被称为剑桥学派。剑桥学派用下面的方程式予以表述

$$M=KPY \quad (0<K<1)$$

在这一方程式中,M 代表一国的货币供应总量;Y 代表实际国民收入或国民总产值即总产量;P 代表平均物价水平或货币价值的倒数;K 代表人们手中经常持有的货币量(现金余额)与以货币计算的国民收入(或国民总产值)之间的比例。

这一方程式反映了如下的关系:当 K 与 P 一定时,总收入越多,M 越大;当 K 与 Y 一定时,价格水平越高,M 越大;当 P 与 Y 一定时,系数 K 越大,M 越大。

根据剑桥学派的观点,在充分就业状态下,各经济体所持有现金余额和国民所得保持一个固定或稳定的关系,即 Y 为一常数,K 也为常数。那么 M 的增加必然引起 P 的上升。这一结论,与费雪方程式相同。

这一方程式强调了货币需求的因素，注重分析人们持有货币的动机，认为 K 会随人们对财富的处置不同而变动，财富的处理可以有下面三种形式：①投资于生产，以获取利润或利息；②用以直接消费，即时享受；③保持货币形态，构成现金余额，便利又安全。这三种形式互相排斥，必须权衡后做出最佳选择。当人们感到保持现金余额的所得大于因放弃投资和消费而受的损失时，则必然增加现金余额；相反，则要减少现金余额。

三、现金交易说和现金余额说的区别

费雪的现金交易说和剑桥学派的现金余额说，从方程形式上没有很大区别，并都得出了货币数量的增加会引起商品价格的上升的结论，但两种货币需求理论在关于交易数量影响货币数量的分析方法上存在显著差别。

(1) 交易方程式强调货币作为商品交换媒介的作用，其中心思想说明，物价水平 P 变化是因为流通中货币量 M 的变化(M 是自变量，P 是因变量)引起的；而剑桥方程式则强调货币的资产功能，强调人们保有货币的动机和数量。如果 $M=KPY$，则整个社会的货币供求处于均衡状态；否则，则处于不均衡状态。

(2) 交易方程式从全社会角度，讨论满足社会商品交易的货币量状况，并分析对商品价格的影响；而剑桥方程式，从持有货币的机会成本的角度研究货币需求，把货币作为一种财富或资产进行研究，具有动态研究的特性。

(3) 交易方程式重视影响交易的货币流通速度的金融及经济制度等因素，从宏观角度分析货币需求状况，却忽视了经济主体在金融市场中的主观意志因素。而剑桥方程式重视资产的选择，即持有货币的成本与满足程度之间的比较，强调人的意志及预期等心理因素的作用，开始了从微观角度来分析货币需求的探索，这是学术思想的重大突破。所谓货币需求分析的微观角度，就是从微观主体的持币动机、持币行为考察货币需求变动的规律性。后来的凯恩斯货币需求理论、费里德曼的货币需求论，都是这一分析思想的延续。

第三节/凯恩斯主义的货币需求理论

一、凯恩斯货币需求理论

凯恩斯(John Maynard Keynes)在 1936 年出版的《就业、利息和货币通论》一书中从资产选择的角度对货币需求的各种动机做了分析，认为人们持有货币存在流动性偏好，因此产生对货币的需求，这就是凯恩斯流动性偏好理论(liquidity preference theory)。

流动性偏好就是公众愿意以货币形式持有财富和收入的欲望和心理。需求货币便是偏好流动性或灵活性，因此，货币需求的实质就是流动偏好或灵活偏

好。流动性偏好理论认为，流动性偏好与利率成反方向变动，在利率高时，流动性偏好即货币需求降低；反之，在利率低时，流动性偏好增加，人们总在持有货币得到的效用和放弃货币得到的收益之间进行权衡。

是什么原因影响货币的流动性偏好呢？凯恩斯从货币需求的三种动机出发，分析人们持有货币的心理倾向。

(1) 交易动机，即经济单位、个人及家庭为应付商品与劳务支出，在收入与支出的一段时间内，必须持有一定数量的货币。影响交易需求的因素包括收入规模、收入与支出的间隔时距、支出习惯、金融制度等。这些影响因素中，除了收入因素外，其他因素可视为在短期内不变的常量，因此，凯恩斯将交易需求看作是收入的函数。

(2) 预防动机或谨慎动机，即为防备意外或不时之需，必须持有一定数量的货币。它的产生主要因为未来收入和支出的不确定性，为了防止未来收入减少或支出增加这种意外变化而保留一部分货币以备不测。凯恩斯把预防动机和交易动机归入一个范围之内，两者所引起的货币需求都是收入的函数。

(3) 投机动机，即为了随时根据市场行情变化购买债券进行投机谋利，必须保持一定数量的货币。投机动机的货币需求取决于三个因素：当前市场利率、投机者投资收益水平的确定以及投机者对未来利率变化的预期。其中第三个因素依赖于前两个因素，所以投机动机的货币需求实际上取决于当前市场利率水平与投机者对正常利率目标的取值之差。

货币交易动机和预防动机形成的货币需求称为货币的交易需求，货币的交易需求取决于收入的多少，收入越多，需求量越大。因为收入增加，必然会使开支增加，交易数量增多，人们的预防要求也会更多。因此，货币的交易需求与收入变化成相同方向变动。若以 M_1 表示满足交易需求的货币需要量，L_1 表示决定于收入水平的货币需求函数，Y 表示国民收入，则

$$M_1 = L_1(Y)$$

投机性动机又称为资产动机，资产动机形成的货币需求被称为资产性货币需求。在货币需求只考虑货币和债券（公债）的情况下，资产性货币需求取决于市场利率的高低，市场利率越高，货币需求量越小。因为债券预期收益率是随市场利率呈反方向变化的。市场利率越高，未来下降的可能性越大，那么债券的预期收益率就会上升，因此，人们宁愿购入债券而不愿手持货币，使货币需求量减少。同时市场利率越高，持有货币的机会成本就越高，会促使人们尽量减少手持货币量。可见，货币资产需求与利率呈相反方向变化。若以 M_2 表示满足资产需求的货币需要量，L_2 表示决定于利率水平的货币需求函数，R 表示利率，则：$M_2 = L_2(i)$，见图 10－1。

这样，货币的总需求量就是：$M = M_1 + M_2 = L_1(Y) + L_2(i)$，见图 10－2。

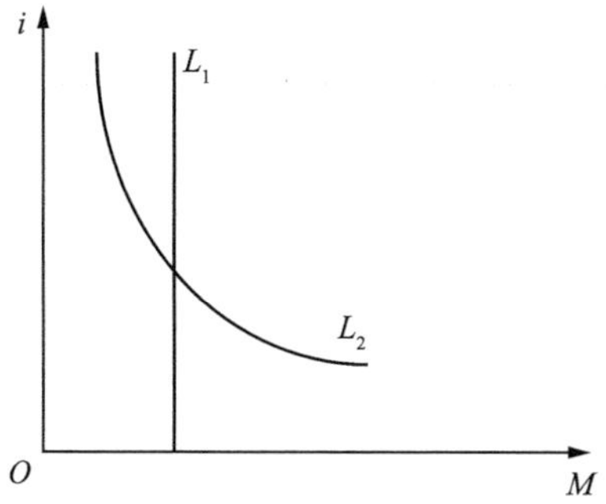

图 10－1　货币资产需求与利率呈相反方向变化(L_2)

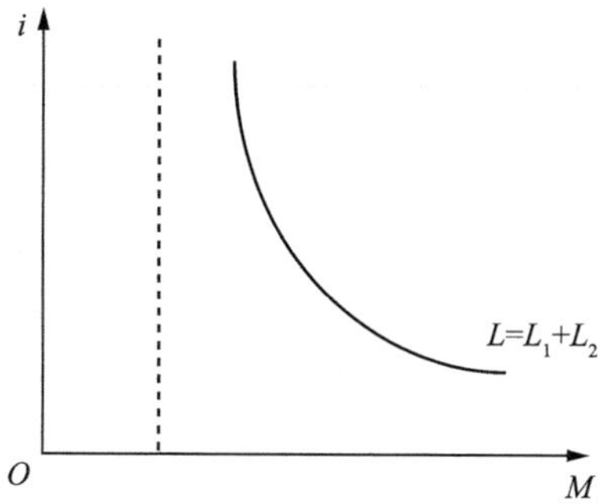

图 10－2　货币总需求量

L 代表“流动性偏好”函数，货币最具有流动性，所以流动性偏好函数也就相当于货币需求函数。凯恩斯函数式与以往货币需求函数式的区别在于：以往只考虑收入，函数式可概括为 $M=f(y)$；而凯恩斯货币需求分析中增加了利率因素，函数式可表示为 $M=f(y,i)$。

凯恩斯不认同传统货币数量论中 V 和 K 是稳定的这种说法，他认为这两个变量是不稳定的。在交易方程式 $MV=PT$ 中，如果货币量 M 增加，货币流通速度 V 放缓，等式的右边可能不变，商品的价格 P 可能就不变：在剑桥方程式 $M=KPY$ 中，如果货币量 M 增加，引起持有货币倾向 K 增加的，商品价格 P 可能也不会发生变化。

凯恩斯认为，一般情况下，由流动偏好决定的货币需求在数量上主要受收入和利率的影响。其中交易性货币需求是收入的递增函数，投机性货币需求是利率的递减函数，所以货币需求是有限的。但是，当利率降到一定低点之后，由于利息率太低，人们不再愿意持有没有什么收益的生息资产，而宁愿以持有货币的形式来持有其全部财富。这时，货币需求便不再是有限的，而是无限大了。如果利率稍微下降，不论中央银行增加多少货币供应量，都将被货币需求所吸收。也就是说，利率在一定低点以下对货币需求是不起任何作用的。这就好比存在着一个大陷阱，中央银行的货币供给都落入其中，增加的货币供给则完全被货币需求所吸收，导致货币政策失效，中央银行试图通过增加货币供应量来降低利率的意图就会落空，货币需求曲线 L 就会变成与横轴平行的直线，人们把这一直线部分称作“流动性陷阱”。

凯恩斯货币需求理论揭示了货币并不仅仅是一种交易手段，更是一种具有储藏功能的有价值的资产。凯恩斯注重对各种货币需求动机的分析，尤其是对投机性货币需求动机的分析，将资产性货币需求和利率引入货币需求的分析中，并强调了利率在货币需求中的重要作用。其政策意义在于：在社会有效需求不足情况下，可通过扩大货币供应量来降低利率，通过利率降低诱使投资扩大，进而增加就业，增加产出。主要缺陷在于：忽视了利率对交易和预防动机的影响；假定资产选择在货币与债券两者之间，分析较为简单。

二、凯恩斯货币需求理论的发展

凯恩斯的货币需求理论在20世纪50年代后得到了进一步的深入研究和扩展。主要包括:鲍莫尔(W. Baumol)在交易性货币需求分析中考虑了利率因素,得出"平方根定律";惠伦在预防性货币需求分析中加入利率因素,得出"立方根定律";托宾在投机性货币需求分析中考虑了预期的不确定性,得出"托宾资产组合理论"。这些理论都在凯恩斯流动偏好的理论基础上,从不同角度对凯恩斯理论进行发展,得出新的结论和模型。下面分别进行介绍。

(一)鲍莫尔平方根定律

在凯恩斯的货币需求分析中,交易性货币需求是收入的函数,与利率无关。1952年,美国经济学家鲍莫尔运用管理学中有关最优存货控制的理论,对交易性货币需求与利率的关系进行了深入研究,提出了与利率相关的交易性货币需求模型,即平方根定律或鲍莫尔模型。

人们为满足交易需求而持有一定的货币余额,正像企业为满足生产和交易活动需要而保持一定存货一样,是为了应付不时之需。存货能方便生产和交易,但都要耗费成本,因此,最佳存货量是在成本最低时能够满足生产和交易活动正常进行的存货量。货币余额的持有也有一个最佳量的问题。任何一个以收益最大化为目标的经济体,在货币收入取得和尚未用于支出的一段时间里,没有必要让所有准备用于交易的货币都以现金形式存在,而可以将暂时不用的现金转换为生息资产,等需要时再将生息资产变现,这样就可减少机会成本。利率越高,生息资产的收益越多,持有现金的机会成本就越大,人们也就会尽可能将现金余额压到最低限度;相反,利率越低,持有现金的机会成本越小,人们则愿意多持有现金。当利息收入不够抵付变现的手续费时,人们就将准备用于交易的全部货币收入都以现金形式持有。可见,交易性货币需求与利率是相关的。

假设某人月内可预见的交易支出总额为 y,交易活动在月内平均分布。每次现金量为 C,而把其余$(y-C)$用于购买债券。等所持货币 C 用完后,再用债券换回现金 C,供交易之需。由于每次由债券兑换成的货币均为 C,则月内共需兑换次数为 y/C。设每兑换一次的手续费为 b,则月内的手续费共为 by/C。

又假定每次换回的货币 C 也是连续和均匀支出的,因此,平均的货币持有额为 $C/2$。持有单位货币的机会成本为债券利率 r,由于平均货币余额为 $C/2$,所以机会成本总量为$\left(\frac{C}{2}\cdot r\right)$。若以 x 表示持有货币的总成本,则有

$$x=\frac{by}{C}+\frac{Cr}{2}$$

该式表明,持有货币的成本(交易成本和机会成本)是货币持有量的函数。其中,交易成本是货币持有量的减函数,机会成本是货币持有量的增函数。将总成本 x 对每次兑换的货币量 C 求一阶导数,并令其为0,即

$$\frac{dx}{dC}=-\frac{by}{C^2}+\frac{r}{2}=0$$

则可求得总成本 x 最小时的每次兑换货币量 C。由上式得：$c=\sqrt{\frac{2by}{r}}$，这就是说，当每次由债券换成的货币量为 $c=\sqrt{\frac{2by}{r}}$ 时，持有货币的总成本最小。由于货币的平均持有量为 $C/2$，所以使总成本最小的货币平均持有量为

$$M=\frac{C}{2}=\frac{1}{2}\sqrt{\frac{2by}{r}}=\sqrt{\frac{by}{2r}}$$

这就是著名的"平方根定律"。若令 $\alpha=\sqrt{\frac{b}{2}}$，公式则更为直观，即

$$M=\alpha y^{0.5}r^{-0.5}$$

这个公式说明，用于交易的货币持有额或交易性货币需求规模的确定与收入 y 和利率 r 都有关，与收入正相关，与利率负相关。收入增加，交易性货币需求随之增加，但 y 的指数 0.5 说明，M 随 y 增加的比例并不大；利率提高，交易性货币需求随之减少，但 r 的指数 -0.5 说明，M 随 r 减少的比例也不大。

当然，这两个弹性值只是一种理论推演的结果，后来的一些经济学家在对其进行实证检验时发现，弹性值与现实情况有较大差距，对于鲍莫尔模型中 1/2 的弹性固定值，许多实证都不能证实这一结论。一些批评者认为，该模型忽视了时间价值、通货膨胀等因素对货币交易需求的影响，也有一些学者从随机理论出发，认为未来的货币收支无法预测和确定，所以经济体只能按一些简单的原则来处理其现金流转。

但多数学者认为，鲍莫尔应用存货管理理论，阐明了作为交易工具的货币，也对利率有敏感性，这在货币学说发展中是一重大突破。

（二）惠伦立方根定律

在凯恩斯的货币需求分析中，预防性货币需求是收入的函数，与利率无关。对于这一结论，1966 年美国经济学家惠伦（Whalen）进行了发展，他论证了预防性货币需求与利率的函数关系，得出惠伦模型即立方根定律。

预防性货币需求来自人们对未来事物不确定性的考虑。人们无法保证在某一时期内的货币收入和货币支出与原来预料的完全一致。不测情况的发生可能导致已有的收入不能满足临时的货币支付要求，因此，实际保持的货币就要比正常的预期需要量再多一些，多保持的部分就是预防性货币需求。与交易性货币需求一样，预防性货币需求也有一个能够使总成本最小的最佳持有量。

惠伦认为，这个最佳的货币持有量与三个因素有关：

(1) 非流动性成本。这是指因低估某一支付期内的现金需要量，持有货币过少或流动性过弱而可能造成的损失。非流动性成本可表现为三种情况：一是

在必须支付时，既无现金，又不能得到贷款支持或将非现金资产转换为现金，因此而陷于经济困境甚至导致破产，这是成本最高的表现形式；二是在必须支付时能够得到贷款支持，这时的非流动性成本就是支付的贷款利息；三是在必须支付时可将非现金资产转换为现金，这时的非流动性成本就是资产变现的手续费。分析中以第三种情况为一般情况。

(2) 持有预防性货币余额的机会成本。这是指持有现金而放弃的持有生息资产的利息收益。

(3) 收入和支出的平均值及变化情况以及变现的可能次数。由于未来支出和收入差额的不确定性，只有当一定期间内支出和收入的差额(净支出)大于该期间内预防现金的持有额时，才需将非现金资产转换为现金。因此，收入和支出的平均值及变化情况，决定着变现的可能次数。

上述三个因素中，第一个因素(以资产变现的手续费代表的非流动性成本)与第三个因素(变现的可能次数)的积为预防性货币需求的非流动性成本总额，第二个因素(舍弃的利息收益)与持有预防性现金余额的积为预防性货币需求的机会成本总额。两种成本之间的关系为：当人们为预防不测而多持有现金余额时，就减少了非流动性成本，但却增加了机会成本；反之，当人们为追求利息收益而少持有现金余额时，就减少了机会成本，但却增加了非流动性成本。最佳现金持有量的选择是：在两者相加的总成本最低时的现金持有量。

假设资产变现的手续费为 b，变现的可能次数为 P，债券利率为 r，持有预防性现金余额为 M，预防性货币需求总成本为 C，则：

$$C=M\cdot r+P\cdot b$$

公式中，变现的可能次数 P，取决于净支出(支出与收入之差，用 N 表示。)大于 M 的概率。由于从长期讲收入等于支出，净支出为 0，因此，N 的概率分布以 0 为均值，若设方差为 S^2，则可知净支出 N 与均值之间的偏差大于预防性现金余额 M 的概率 P 满足下列条件

$$P\{|N-0|\geqslant M\}\leqslant\frac{S^2}{M^2}$$

对于一个风险回避者来说，在估计净支出大于预防性现金余额的概率时，要做出对流动性不足的充分估计，估计值应为 $P\{N>M\}=\frac{S^2}{M^2}$。将 P 值代入预防性货币需求总成本公式，得

$$C=M\cdot r+\frac{S^2}{M^2}\cdot b$$

将总成本 C 对预防性现金持有量 M 求一阶导数，并令其为 0，即

$$\frac{\mathrm{d}C}{\mathrm{d}M}=r-\frac{2bS^2}{M^3}=0$$

则可求得总成本C最小时的预防性现金持有量M。由上式得

$$M=\sqrt[3]{\frac{2bS^2}{r}}$$

若令$a=\sqrt[3]{2}$，公式可写作

$$M=ab^{\frac{1}{3}}S^{\frac{2}{3}}r^{-\frac{1}{3}}$$

这就是立方根定律或惠伦模型。该公式表明，最佳预防性现金持有量与非流动性成本（变现手续费）和净支出方差正相关，弹性值分别为$\frac{1}{3}$和$\frac{2}{3}$；与利率负相关，弹性值为$-\frac{1}{3}$。在惠伦模型中，收入对预防性货币需求的影响是通过净支出的方差间接表现出来的，因而，收入和支出的数额和次数是影响净支出方差的主要变量。

（三）托宾资产组合理论

在凯恩斯的投机性货币需求分析中，基于投资者对未来利率的预期，当市场利率低于预期利率时，投资者会大量持有现金；如果市场利率高于预期利率，投资者将减少现金持有。投资者对于货币和债券这两种资产的选择，或是货币，或是债券，不能两者兼得。1958年，美国经济学家詹姆斯·托宾（James Tobin）在他的论文中用投资者规避风险的行为动机对凯恩斯货币需求理论作了重要拓展，提出了对投资活动和金融管理有着深远影响的资产组合理论。

托宾认为，投资者在选择资产组合时，不仅要考虑各种资产组合的预期收益率，而且要考虑到风险。预期收益率是资产组合中所有资产的估计收益率的加权平均值，权数是每种估计收益率的概率，与预期收益率相关的风险用资产组合的收益率的标准差表示，它反映各种估计收益率与其均值（预期收益率）之间的偏离程度。对于众多的风险规避者来说，在投资风险加大时，其预期收益率必须相应提高，来弥补投资风险。投资者要在预期收益率和风险之间进行权衡而做出对资产组合的选择。

若用μ代表资产组合的预期收益率，用σ代表预期收益率的标准差，即风险，那么，风险规避者的资产组合选择就可用落在以μ和σ为坐标轴的无差异曲线I表示出来。见图10－3。

无差异曲线反映了投资者在预期收益率和风险之间权衡进行资产组合选择的原则。位于同一条无差异曲线上的所有资产选择，对投资者都有相同的总效用。在此原则下，投资者决定货币和债券两种资产的持有比例。

托宾假定社会经济运行中只有现金（货币）和利率为r的债券两种资产形式可供投资选择，而且经济主体对未来利率的预测并不确定。这样，经济主体对于投资于债券与持有现金的数量将根据资本收益率g的估计值来决定，g为一随机变量，其均值为0。σ_g表示持有的每一债券的风险大小。

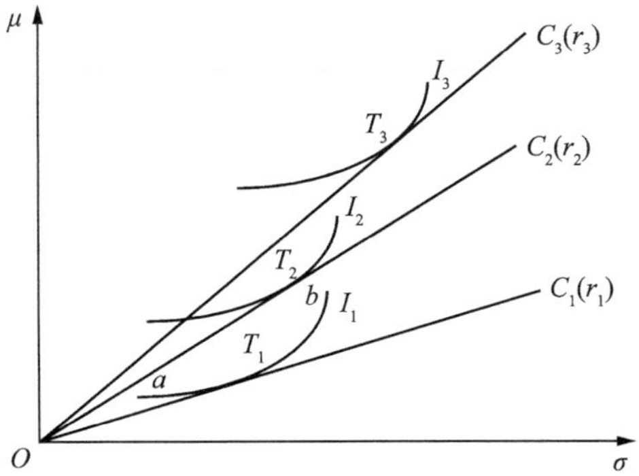

图 10－3 货币和债券两种资产的持有比例决定

假设当以现金形式持有全部资产时，预期收益率和风险均为 0；当以债券形式持有全部资产时，预期收益率为 μ，风险为 σ。

如果投资组合为现金 A_1 和债券 A_2 两部分，且 $A_1+A_2=1$，其风险为 $\sigma_R=A_2\cdot\sigma_g$；投资组合的预期收益率为

$$\mu_R=A_2\cdot r=\frac{\sigma_R}{\sigma_g}\cdot r=\frac{r}{\sigma_g}\cdot\sigma_R$$

当利率一定时，$\frac{r}{\sigma_g}$为一常数，于是资产组合的预期收益率 μ 与其风险 σ 之间可视为线性函数，是一条由从原点出发，对应于不同预期收益率和风险的投资机会线，如图 10－3 所示，$OC_1(r_1)$、$OC_2(r_2)$、$OC_3(r_3)$相对应于不同债券利率水平的投资机会线。这些投资机会线与无差异曲线 I_1、I_2、I_3 分别相切于 T_1、T_2、T_3 点，即随着利率上升，货币和债券持有比例能使收益和风险均衡的资产组合。

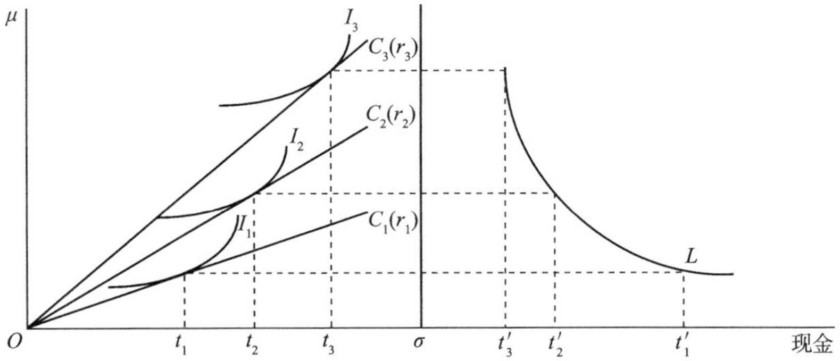

图 10－4 托宾曲线

图 10－4 中，左边区域反映的是收益和风险资产组合的情况。O 点为债券比例为 0 或现金比例为 1 时，收益 μ 为 0，风险 σ 也为 0。σ 点为债券比例为 1 或现金比例为 0 时，收益为 $\hat{u}$，风险为 σ。t_1、t_2、t_3 分别为均衡点对应债券或现金持有比例。Ot_1 是债券利率为 r_1 时投资最优的债券持有比例，$t_1\sigma$ 则是现金的持有比

例；Ot_2 是债券利率为 r_2 时投资最优的债券持有比例，$t_2\sigma$ 则是现金的持有比例；Ot_3 是债券利率为 r_3 时投资最优的债券持有比例，$t_3\sigma$ 则是现金的持有比例。随着利率水平由 r_1 升到 r_2 再到 r_3，投资机会线由 $OC(r_1)$ 旋转到 $OC(r_2)$ 再到 $OC(r_3)$，投资者的债券比例由 Ot_1 升到 Ot_2 再到 Ot_3，现金比例由 $t_1\sigma$ 降到 $t_2\sigma$ 再到 $t_3\sigma$。

这种变化折射到图的右边的预期收益率与现金余额平面图上，即 $t_1\sigma$ 等于 $\sigma t_1'$、$t_2\sigma$ 等于 $\sigma t_2'$、$t_3\sigma$ 等于 $\sigma t_3'$，显示出一条现金与利率成负相关的货币需求曲线，被称为“托宾曲线”。这条曲线证明了凯恩斯的流动偏好曲线，但托宾是以投资对未来预期的不确定性为前提，在解释现金和风险资产以一定比例同时持有的资产分散化的同时，证明了投机性货币需求与利率的负相关关系。

托宾把资产分为两类，一类是以债券为代表的既有收益也有风险的风险性资产，另一类是以货币为代表的没有收益也没有风险的安全性资产。人们总是根据效用最大化原则在两者之间进行选择。托宾模型对投机性货币需求的解释发展了凯恩斯流动性偏好理论，但是也存在一些不足：模型分析中，资产只有货币和债券两种，没有包括越来越丰富的金融资产；模型忽略了价格波动的因素，如果商品价格不断上升，模型中作为无风险资产的货币资产其价值会下降，也是有风险的。另外，由于信息及其他交易成本的存在，分散化投资策略可能更适合于资金规模较大的投资者。

第四节/现代货币数量论

凯恩斯货币需求理论，推翻了自 18 世纪以来占支配地位的传统货币数量论，特别是在 20 世纪 30 年代经济恐慌时期和第二次世界大战后的经济恢复期，发挥了重要作用。1936 年到 50 年代末期，可称为凯恩斯学派的全盛时期。但是，从 20 世纪 50 年代开始，世界范围内大规模的经济萧条已不存在，出现了通货膨胀，到 70 年代，更是出现了“滞胀”，一些发达国家出现通货膨胀的同时生产停滞，失业增加。对于这种经济环境的变化，凯恩斯理论无法解释。美国芝加哥大学的米尔顿·弗里德曼(Milton Friedman)于 1956 年发表了其名作——《货币数量论：一种新的阐释》，从而标志着现代货币数量论的诞生。他的理论及其政策主张，被称为“新货币数量论”或“货币主义”。与凯恩斯不同，弗里德曼不再具体分析持有货币的动机，而是笼统地分析影响其他资产需求的因素也必将影响货币需求。

一、新货币数量论的主要内容

弗里德曼理论一方面采纳了凯恩斯学派把货币作为一种资产的核心思想，形成其货币函数，另一方面肯定了传统货币数量论的长期结论，即货币量变动从长期来看只能影响到总体经济中货币部门的名义变量，如物价、名义利率、名义收入等，而不能影响实质部门的真实量，如就业、实际利率、实际产出和生产率等。

弗里德曼在其文章中详尽分析了影响货币需求的各种因素。他提出的货币需求函数式为

$$M_d = f\left(P, r_m, r_b, r_e, \frac{1}{p}\frac{dp}{dt}, Y, W, U\right)$$

式中：M_d 代表名义货币需求量。

P 代表物价水平，它决定人们为购买商品和劳务所要持有货币的多少。价格水平越高，购买商品和劳务所需要的名义货币就越多。

Y 代表以货币表示的恒久性收入，即一个较长时期的平均收入水平。它是影响货币需求的最重要的变量因素，对货币需求起着主导作用。

r_m 代表货币的预期报酬率，主要指银行存款利率。

r_b 代表固定收益的债券利率。

r_e 代表非固定收益的证券(股票)利率。

$\frac{1}{p}\frac{dp}{dt}$代表物价变动率。它们决定持有货币的机会成本，即持有货币而放弃生利资产收益所受的损失。物价急剧上升时，各种实物升值，静态的物质财富就会给人们带来收益，持有货币反而要受货币贬值的损失。因此，物价变动率也决定持有货币的成本，是影响货币需求的重要因素。

W 代表非人力资本(物质财富)对人力资本(个人获得收入的能力)的比率。这一比率制约着人们所得收入的状况。如在劳动力处于失业状态时，人力资本就无法形成收入，自然会减少货币需求。因此，在一定的总财富水平下，W 值越大，货币需求量越小；W 值越小，货币需求量越大。

U 代表反映主观偏好与风尚以及客观技术与制度因素的综合变数，比如，人们的兴趣、嗜好、习惯等。节俭守财的人与注重享用的人保有货币的数量就相差很大，因而具有不同的货币需求。再如，交通运输、通讯、金融机构等技术条件越好，就越能方便货币加速周转，减少货币需要量。

弗里德曼进一步假设上述函数全部由真实量所决定，也就是完全独立于衡量货币变数的名义单位。实质货币余额需求的函数为

$$\frac{M_d}{P} = f\left(r_b, r_e, \frac{1}{p}\frac{dp}{dt}, \frac{Y}{P}, W, U\right)$$

式中：$\frac{M_d}{P}$代表剔除物价水平影响的实际货币需求，即能实际支配财富的货币需求；

$\frac{Y}{P}$代表剔除物价水平影响的实际收入水平，它是影响实际货币需求的主导因素。

对上述影响货币需求因素的分析结果表明:①实际货币需求不受物价水平(P)的影响。②实际货币需求主要取决于作为总财富代表的恒久性收入$\frac{Y}{P}$。由于恒久性收入在长期内取决于生产力发展状况(如生产技术水平、人口、物质资源及其利用状况等),其变动是相对平稳的,这就从根本上决定了货币需求也是相对稳定的。美国统计资料的经验数据证明,货币需求的收入弹性为1.394,即当收入提高1%时,货币需求提高1.394%。③持有货币的机会成本对货币需求的影响极小。r_m、r_b、r_e 决定于市场利率,而实际统计资料表明,货币需求对利率变化的敏感性很差。统计资料还表明,物价变动率只有在幅度很大、持续时间很长的情况下,才会影响货币需求,因而不会对货币需求发生较大影响。

由此可见,尽管货币需求是多种复杂变量的函数,但是,由于起决定作用的变量受社会生产力水平和制度等因素制约,从长期来看不会发生大的变动,尤其是具有高度稳定性的恒久性收入这一因素对货币需求起主导作用。一些易变因素如利率、价格变动率等,对货币需求的作用十分有限。因此,从总体上看,货币需求函数是稳定的,经过努力,货币需要量是可以预测的。问题的关键只在于,货币当局能否按货币需求量控制货币供应,使货币供应量稳定增长。

弗里德曼的货币需求理论,采纳了凯恩斯货币需求理论中把货币作为一种资产的重要思想,但在货币需求函数中考虑的因素更复杂,把预期物价变动作为一个独立变数,确定了预期因素在货币理论中的作用,严格地将名义量和实际量加以区分。货币量的变化从长期来看只能影响总体经济中货币部门的名义量,如物价、名义利率、名义收入等,不能影响实质部门的真实量,如就业、实际收入、实际产出、实际利率、生产率等。弗里德曼的研究特别强调实证检验的重要性,改变了以往货币理论中注重抽象演绎的缺陷。

二、弗里德曼与凯恩斯货币需求理论的区别

(一)货币需求函数分析的出发点

凯恩斯货币需求函数从货币需求的动机和目的出发进行分析,除了强调投机性交易需求外,还包括交易性和预防性需求,分析思路较为宽阔。

现代货币数量论推导其货币需求函数,主要关心的是货币作为一种资产,同债券、物质资产一样,都是持有财富的可替代形式。

(二)利率与货币需求的关系

现代货币数量论与凯恩斯的货币需求理论的冲突主要体现在货币需求的利率弹性上。凯恩斯学派将影响货币需求因素归结为收入和利率,利率是决定货币需求的重要因素。

现代货币数量论则将影响货币需求因素进行扩展,引入了更多的变量,细分为规模变量(财富 W 和收入 Y)、机会成本变量(各种利率和通货膨胀率)、其他

变量(个人偏好、影响生产的技术条件等变量,统称 U)。其中,未完全定义的变量 U 很难被实际引入模型,因而认为利率变动对货币需求几乎没有什么影响。从本质上来说,弗里德曼的货币需求函数则认为永久性收入是决定货币需求的主要因素。

(三)货币需求的稳定性

凯恩斯货币理论分析中认为,货币需求是不稳定的。投机性货币需求是货币总需求的重要组成部分,利率与货币需求呈负相关。在某一利率水平下,市场参与者宁可持有货币而不愿持有债券,即流动性陷阱,此时货币当局将无法实施扩张性货币政策。货币需求的不稳定会带来经济中的总需求、价格和产出的不确定,使得引起投资者预期变化的货币政策操作具有较大的风险性。所以,凯恩斯更支持把财政政策作为稳定经济的政策手段。

现代货币数量论认为,货币需求函数是极为稳定的。原因有三:①影响货币供给和货币需求的因素相互独立;②在函数式的变量中,有些自身就具有相对的稳定性;③货币流通速度是一个稳定的函数。货币需求函数的稳定性,使货币供应量的人为变化不能被货币需求所抵消,从而作用于物价乃至名义收入,对经济生活产生影响。因此,货币供应量的不规则变动是经济波动的根本原因,通货膨胀就是货币供应过多的结果。如要控制通货膨胀,实现经济的稳定增长,就必须实行“单一规则”的货币政策。

凯恩斯主义与货币主义的货币需求理论先后对货币政策产生了重大影响,形成所谓“相机抉择”与“单一规则”的货币政策。从半个多世纪以来西方国家宏观经济管理的实践看,凯恩斯主义仍然没有丧失对经济政策的重要影响力。日本经济衰退中宏观经济政策的选择即是如此,我国在 1998 年以后的情况也不例外。尽管很难找到哪个国家的货币政策是严格按照“单一规则”制定与实施的,但以现代货币数量论为基础的政策主张,在一定程度上对一些国家习惯于使用扩张的货币政策解决经济衰退问题是一种积极的校正,对货币政策的具体操作也提供了一系列有益的实证分析结论。就理论与实证的相互作用而言,现代货币数量论对以后掀起的有关货币需求、货币供给的大量的经验研究提供了方法论引导,开辟了新的货币理论研究领域。

第五节/货币需求的实证研究

实证研究是指运用计量经济学方法进行检验的过程,即先将理论假设以数学模型的形式表示,然后再以统计学的方法来测量资料,以证明或推翻该项假设。要对经济体系中货币的需要量做出估算,必须选择影响货币需求的某些主要变量,确立一定的货币需求模型或货币需求函数,用历史数据对货币需求函数的稳定性加以检验。

建立货币需求函数主要为满足以下三个用途:①用于分析各种因素对货币需求的不同影响,包括影响的方向和影响的程度;②用于验证货币需求理论分析的结果;③用于预测一定时期内全社会货币需求量及其变化的方向,作为制定货币政策、调节货币供给的依据。弗里德曼极力主张进行实证研究,也是最早对货币需求进行实证检验的学者之一。1959 年发表了《货币需求的一些理论与实证答案》一书,书中揭示了美国在 1870—1954 年,实际收入每增加 1%,实际货币需求增加 1.8%。弗里德曼实证结果的发表,刺激和促进了实证研究方法在研究货币需求中被大量应用。

一、货币需求实证研究的简单归纳

关于货币需求函数的实证研究数不胜数,在这里只能就一般性研究成果,特别是货币需求的决定因素、货币需求稳定性等进行一些简单介绍。

(一) 货币需求的决定因素

许多经济学家利用美国 20 世纪五六十年代的数据,对货币需求函数进行回归分析。

在 20 世纪 60 年代末,货币需求函数的基本形式为

$$m^d = a_0 + a_r r + a_y y$$

这一函数的随机形式,用线性或对数线性形式进行估算,实证分析都用年度数据。

20 世纪 60 年代,主要的争论是:货币应当被定义为 M_1、M_2 还是更宽,利率应当是短期利率还是长期利率,收入应当是永久性收入还是财富。估计的收入弹性大约为 0.7～1,特别是对 M_1,M_2 的收入弹性较高,有时会超过 1。利率弹性是负数且显著,在区间 −0.15～−0.5 之间。

20 世纪 70 年代,金融管制不断放开,金融产品创新不断出现,这一时期的货币需求函数基本形式为

$$m_t^d = a_0 + a_r r_t + a_y y_t + (1-\gamma) m_{t-1} + \mu_t$$

其中,r 是调整参数,μ_t 是白噪声扰动项。这时期的实证分析开始增加季度数据的运用。

实证结果表明,M_1 优于 M_2,一个季度的收入弹性约 0.2,长期(2～6 个季度)的收入弹性小于 1,常常为 0.7;一个季度的利率弹性约为 −0.02 或以下,长期利率弹性为 −0.05～−0.15 之间。

大量的实证表明,在金融体系发达的国家,货币需求与利率确实存在负相关的关系。在对一些发展中国家的实证研究中也证明了这一结论。

货币流通速度等于名义收入对货币存量的比率。由于货币需求的收入弹性

小于1,所以收入增加会引起货币流通速度的提高。又由于货币需求的利率弹性为负数,利率上升将降低货币需求,从而提高货币流通速度。因此,收入和利率的增加都会提高货币流通速度。所以,货币流通速度是会波动的,实证估算的货币流通速度年度变化范围,在美国大约为3%～4%。

(二)货币需求的稳定性

在货币政策的制定、实施中,运用货币总量目标的条件是货币需求函数稳定。包括货币主义在内的一些学者所做的实证研究结果表明,适当考虑时滞的收入、利率等变量可以对货币需求做出合理的解释。但20世纪70年代中期以后,根据传统货币需求函数所做的估计显著地大于实际的货币余额,从而出现所谓的“失踪货币”现象。70年代以后,一些国家面临供给冲击(如石油危机)、严重且不稳定的通货膨胀和高利率等问题,出现经济衰退和通货膨胀并发的“滞胀”格局。与此同时,布雷顿森林体系崩溃后,西方国家普遍推行浮动汇率制,金融创新和放松金融管制导致市场规制等制度层面出现深刻变革。在80年代,伴随可观察的货币流通速度的下降,根据现有的美国的货币需求模型所估测的货币余额持续地低于实际值。对货币需求进一步的实证研究基本上是从两个方向展开,一个是对原有货币需求函数的各种变量、函数形式重新考察;另一个是试图引入新的变量以体现金融创新和放松管制的影响,对货币需求函数内容做更多的修正。20世纪八九十年代估计出来的货币需求函数,对于许多国家来说,都显示出高度不稳定性。

专栏10-2 信用卡对货币需求的影响

信用卡是电子货币的主要类型之一,是目前世界范围普及率最高的一种电子货币,也是电子商务支付系统用于零售业务的首选品种。

根据凯恩斯关于货币需求的流动性偏好理论,消费者之所以持有货币,是因为货币最具流动性和灵活性。而与其他支付手段相比,信用卡的最大特征是提供消费信用,消费者在预定的限额内无须担保可自由借贷,有助于增长消费者的流动性偏好。在信用卡等消费信用普及的国家中,其宏观储蓄率比消费信用不普及的国家低。由于信用卡特殊的消费信用功能及其使用的方便性(如网上交易只需输入加密的信用卡号和口令或者IP号即可实时支付),当普及范围扩大到一定程度后,会缓解对流动性的制约,直接调节货币供给量,对制约流动性的金融政策起到削弱作用。

另外,信用卡可以随时提供消费信用,即在预定时间集中结算,这样就可以削弱对货币需求的预防动机,使基于预防动机的货币需求减少,可使货币流通速度上升。

资料来源 根据相关资料整理。

(三) 流动性陷阱

对流动性陷阱的实证，采取的方法是分别估计利率不同的各个时期的货币需求，如果显示利率较低时的需求利率弹性明显增大，可以理解为流动性陷阱可能存在。但到目前为止的实证分析没有发现这种状况，即使是在 20 世纪 30 年代，利率弹性与一般情况相比也没有实质性的不同。

二、戈登费尔德对货币需求的实证分析

美国普林斯顿大学的 S. M. 戈登费尔德(Stephen M. Goldfeld)在 1973 年的综合研究中，专门对 M_1 的货币需求函数进行了实证检验。

表 10－1　实际 M_1 货币弹性

M_1	Y	i(定期存款)	i(票据)
短期	0.19	－0.045	－0.019
长期	0.68	－0.160	－0.067

资料来源　[美]多恩布什，费希尔著，李庆云等译:《宏观经济学(第六版)》，中国人民大学出版社 1997 年版。

表 10－1 的数据是戈登费尔德的研究结论:短期即一个季度，货币的实际收入弹性为 0.19，也就是实际收入增加 1%会引起货币需求增加 0.19%;长期实际收入弹性为 0.68，实际货币需求的增加是实际收入增加的 68%，显然没有达到同比例变化。

货币需求中利率呈现负弹性，短期利率弹性较小，长期利率弹性是短期利率弹性的 3 倍以上。

戈登费尔德的这一早期研究，揭示了货币需求的基本特性:实际货币余额的需求与利率反方向变化，货币需求随着实际收入水平的增加而增加，货币需求对利率和收入变动的短期反应较长期反应小，名义货币余额的需求与价格水平成比例。

1990 年，戈登费尔德和西奇尔(Goldfeld and Sichel)在传统的货币需求模型中加入滞后期因变量，对美国 M_1 季度数据进行货币需求估计，见表 10－2。

表 10－2　货币需求估计(收入弹性和利率弹性)

样本期	收入	短期利率	存款利率	长期收入	长期利率
1952.3—1974.1	0.131	－0.016	－0.030	0.62	－0.075
1952.3—1979.3	0.039	－0.013	－0.002	－0.57	1.857
1974.2—1986.4	0.044	－0.018	0.100	14.67	－6

资料来源　[加]杰格迪什·汉达著，郭庆旺、刘晓路、陈卫东译:《货币经济学》，中国人民大学出版社 2005 年版。

收入弹性和利率弹性只有1952年3月—1974年1月样本期的估计值拟合度较高，其他两个样本期都不可信。

两人还选用1952年3月—1979年3月和1952年3月—1986年4月这两个样本期进行研究，都把1974年1月作为样本分界点，用Chow检验考察货币需求模型在这两个样本期的分界点前后是否具有稳定性，结果如表10-3所示。

表10-3 货币需求函数稳定性的Chow检验

样本期	分界点	F值的显著性程度
1952.3—1979.3	1974.1	0.000 4
1952.3—1986.4	1974.1	0.036 4

资料来源 Friedman & Hahn著，陈雨露等译:《货币经济学手册(1)》，经济科学出版社2002年版。

结果显示，明显拒绝模型稳定性假设。1974年以后，货币需求函数变动较大，利用传统货币需求模型已无法估算。

三、货币需求实证分析的困难

利用计量方法进行实证检验时，只有选择的测算指标真实可靠，测算结果才具有合理性、准确性和适用性，指标关系才具有可信度，所以数据的选择非常重要。在货币需求实证检验中，作为因变量的货币需求数据并非可以直接统计出来。在统计资料中我们能看到的货币数据是货币供应量，如果货币市场均衡的话，可以用货币供给数据资料来测量货币需求。但货币供给也有自己的函数，如研究货币量和利率之间的关系时，货币供给与利率成同方向变化，而货币需求与利率则成反方向变化。所以，在实证分析前很难分清是货币需求函数还是货币供给函数，这是困扰货币需求实证检验的主要问题之一。但货币需求的测算又非常重要，因为它直接影响了中央银行对货币供应的控制和经济生活中货币量的稳定。

第六节/我国货币需求研究

中国古代就有货币需求思想的萌芽，如两千年前的《管子》一书中，就有“币若干而中用”的提法，意思是铸造多少钱币够用，这反映了考虑货币需求来铸造铸币的内容。那时的货币需求可归结为:人口数量乘以人均所需钱币数量等于应流通中铸造的钱币总量。这种按每人平均铸币多少即可满足流通中所需的货币的思想，一直是中国控制钱币铸造数量的主要思路。

纵观西方现代货币需求理论可以发现，货币需求理论从总体上讲是一种经济变量的分析理论，它为人们提供了商品货币经济条件下货币需求分析和研究的基本理论和方法。诸如将货币作为资产、货币需求的收入弹性和利率弹性的分析、货币需求稳定性的判断、资产收益率、物价变动率、人的心理和行为、技术和制度等因素影响货币需求的分析等，都是货币需求理论的珍贵财富。学习和借鉴这些理论，对探索中国经济体制变革过程中的货币需求问题、正确测定货币供应量的客观界限、保证货币政策的正确实施，都是大有益处的。

一、我国货币需求研究的发展阶段

（一）1∶8 经验公式

所谓“1∶8 经验公式”是指如果现金流通量与社会商品零售总额保持 1∶8 的比例，则货币流通是正常的。

我国社会主义改造基本完成以后，根据货币流通的实践经验提出一种简便易行的方法，即货币流通量对社会商品零售额要保持 1∶8 的比例，对商品库存要保持 1∶5 的比例，对农副产品收购要保持 1∶4 的比例。这些比例是借助于比较法计算出来的，统称为“经验数据”。这里的货币流通量是指现金流通量，即流通中的现金。从 1955 至 1979 年这 24 年间货币流通量同社会商品零售额的对比关系来看，一般认为 1∶8 至 1∶9 是正常的。大于 1∶8，比如 1∶6，则认为流通中的货币偏多；小于 1∶8，比如 1∶9，则认为流通中货币偏少。1∶6 以下就是“临界点”。1955 至 1957 年均大于 1∶8，其时市场繁荣，物价稳定，货币流通正常。而 1961 年、1962 年和 1968 年这一比例降为 1∶6 以下，其时商品供应严重不足，物价飞涨，通货膨胀严重。1964 至 1966 年，比例回到 1∶8 以上，货币流通恢复正常。

经验公式法是在特定历史条件下形成的。它是根据第一个五年计划时期的情况总结出来的。那时，我国实行高度集中的经济管理体制，国家对生产资料和主要消费资料实行统购统销，商品流通渠道主要是国营商业和供销合作商业。货币的投放主要是农副产品收购和工资性的支出，然后再由国营、合作商业通过商品销售回笼现金。城乡居民持有现金量较少，货币流通渠道单一，同时物价受到严格管制，商品流转额容易准确掌握。经济中的一些情况往往表现在货币流通速度的变化上，所以用货币流通量和社会商品零售额的比例关系来考察市场货币流通是否正常。

20 世纪 80 年代以前，这个经验公式较为准确，但改革开放以后，这一经验公式受到挑战。年末货币流通量对社会商品零售额的比例，1980 年为 1∶6.8，1981 年为 1∶5.93，1983 年为 1∶5.85，1984 年为 1∶4.24。特别是 1984 年，比例数值比困难时期的 1961 年的 1∶5.5 还低。原因是十一届三中全会之后，经济体制发生了重大改革，计划经济逐步向市场经济靠近，市场变得更加活跃，现金流通量比以前增加，各经济体对货币的需求增加，现金在人们手头的沉淀增加，导致货币流通速度放缓。由于简单的经验公式已无法解释或说明我国货币需要量的状况，有些经济学家开始借鉴西方货币需求实证分析的思路，提出我国的货币需求量的回归方程。

(二) 公式：$\dot{M}=\dot{P}+\dot{Y}$

为了取代业已过时的“1∶8”，人们企望寻找一个简明而又易于度量的公式。其中影响较大的是

$$\dot{M}=\dot{P}+\dot{Y}$$

即货币供给增长率 $\dot{M}$ 等于预期（或计划）物价上涨率 $\dot{P}$ 加经济增长率 $\dot{Y}$。

这个公式与“1∶8”一样，旨在解决如何确定年度计划货币供给增长率的问题，但与“1∶8”公式相比，该公式(增长率计算法)的思路要宽阔得多，主要是考虑了 P 的变化。所以，这一公式从 20 世纪 80 年代中期提出后流行颇广。但这个公式也存在问题，具体表现在：

(1) 在以计划价格为主时，选用计划价格上涨率可能是适当的，但在开放价格的条件下，物价上涨率 $\dot{P}$ 的求证是一个复杂而不易解决的问题。

(2) 改革开放后影响货币需求的因素增加，决定货币量的除 Y 和 P 外，还有其他因素，这些因素叠加和消长，往往会使货币需求增长率距公式测算值很远。

所以，运用这种简单的方法测算货币需要量，已经很难得出对实践具有指导意义的结论。

(三) 经济计量方法在我国货币需求量计算中的运用和发展

经济计量方法是一种常用的测算货币需求量的方法，这种方法能用数学语言描述货币需求量同某些经济指标之间的数量关系。采用这种方法进行预测，比单纯凭经验的预测更为科学。回归分析法是运用数理统计和线性回归分析的方法，测算时，可以采用多元回归方程，也可以采用一元回归方程。

20 世纪 80 年代采取的计量方法主要是一元回归方法，确定自变量和因变量及它们之间的关系，建立数学模型。用比较简单的公式 $Y=a+bX$，根据历史统计数字，求出 a、b 两个参数的数值，就可大体预测出我国的货币需要量。1986 年王守春在《预测货币必要量的数学回归模型初探》一文中，以工农业总产值为自变量 X，流通中的货币量为因变量 Y，对我国 1979 至 1983 年这 5 年的年度数据进行了回归分析，得到我国货币流通量的预测公式：$Y=0.089\ 6X-294.74$。1985 年林继肯采用回归分析方法，根据我国 1955 至 1983 年的数据，计算出我国货币流通速度每年正常递减 0.088 次，并且认为“是符合规律的。根据弗里德曼的统计，美国自 1867 年至 1960 年，其中有 90 年货币流通速度大体平均每年递减 1%，我国的实践也证明，V 并不是常数，而是变数”。但由于我国历史数据的完整性和可信度不甚理想，所以这一时期运用回归分析方法也存在困难，得到的结论也不是太准确。

20 世纪 90 年代以后，随着我国各项改革的不断深入，多元回归及更多计量

经济学方法被采用。国内许多学者和专家对中国的货币需求问题进行深入探讨，从收入变量、利率变量、其他变量等不同角度进行实证分析。迄今，关于收入及价格变量对货币需求的影响分析较为一致，对其他变量如何影响货币需求的结论存在分歧。这种情况与西方学者的研究现状颇为相似。

邓乐平、殷孟波选取1956至1996年的年度数据并利用双对数方程对货币需求（M_1，M_2）的收入（GNP）弹性的研究结果表明，M_1、M_2 的收入弹性分别为1.185和1.317，且有较好的拟合度。

易刚根据1952至1989年数据将人均实际国民收入作为解释变量，用混合价格指数折算的实际人均 M_2 对收入的弹性系数接近1，当引入货币化水平（城市人口百分率变动）后 M_2 的收入弹性系数下降为0.75。后来，他又选择实际零售额作为收入变量，选取1983年1月—1989年4月间季度数据，用半对数方程证明伴随着预期通货膨胀率上升，人均货币需求降低。

杨小勇、龚晓莺对1977至1996年期间的数据进行实证分析，得出的结论是 M_1、M_2 对零售商品价格指数的弹性分别达到3.247和3.680。我国改革开放以后一直到20世纪90年代末，交易性货币需求与物价指数有较稳定的正向变化关系。

还有一些学者就我国货币需求对利率变动的敏感性进行了实证分析，结果表明交易性货币需求具有在居民收入水平越过温饱线后才对实际利率产生反应；预防性货币需求具有当收入水平越过温饱线的差额大于 $2b_t/r$（b_t 为当期生息资产转化为货币的手续费，r 为利率），且收入到达一定高度时，才与利息率变动存在反向关系。

我国20世纪90年代以来股票市场成长较快，股票价格对长期实际货币需求具有显著的、正向的财富效果，货币化进程已不再是影响货币需求的主要因素。相关研究还表明，中国货币需求波动的主要原因是利率的结构变化和通货膨胀冲击的结构变化。

二、决定和影响货币需求的主要因素

由于不同国家在经济制度、金融发展水平、文化和社会背景以及所处经济发展阶段的不同，影响货币需求的因素也会有所差别。现阶段影响我国货币需求的因素主要有以下几个方面。

（一）宏观角度

1. 全社会商品总量及供求结构变化

商品和劳务的供给量越大，对货币的需要量就越多；反之，则越少。

商品供给一方面决定于产出的效率和水平，另一方面又受制于人们对它的需求，只有真正满足人们需要的商品供给，才会产生真实的货币需求。我国改革开放以来，从不断丰富人们的物质和文化生活需要出发，商品生产和供给出现了前所未有的变化，商品供求结构在经常发生变化，因而货币需求也随之发生变化。

2. 价格水平

从本质上看，货币需求是在一定价格水平上人们从事经济活动所需要的货币量。在商品和劳务量既定的条件下，价格越高，用于商品和劳务交易的货币需求也越多。因此，价格和货币需求，尤其是交易性货币需求之间，是同方向变动关系。在现实生活中，由商品价值或供求关系引起的正常物价变动对货币需求的影响是相对稳定的。而由通货膨胀造成的非正常物价变动对货币需求的影响则极不稳定。新中国成立后，我国几次通货膨胀期间都曾不同程度地出现了提款抢购、持币待购的行为，造成了这些时期货币需求的超常增长。可见，价格因素对我国货币需求的影响是很大的。

另外，市场供求状态一般规律显示，商品供不应求时，价格趋于上升；供过于求时，价格趋于下降。这种市场供求状态对货币需求的影响，主要是通过改变人们的预期而产生的。例如，商品供应短缺，会使人们产生物价上涨预期，要求以实物代替货币，用于贮藏的货币需求减少；反之，人们会增加手持货币，或持币待购，货币需求增加。

3. 收入水平和收入的分配结构

家庭和个人一定时期内的收入水平、机关和团体的收入水平、企业的收入水平是决定他们为各种交易和财富贮藏，为各种营业活动开销而持有货币的首要因素。一般来说，收入水平越高，以货币形式保有资产总量也就越多。在市场经济中，各微观经济主体的收入最初都是以货币形式获得的，其支出也都要以货币支付。一般来说，收入提高，说明社会财富增多，支出也会相应增加，因而需要更多的货币量来满足商品交易。所以，收入与货币需求呈同方向变动关系。近年来，随着人们收入水平的不断上升，以及经济货币程度的提高，货币在经济生活中的作用领域不断扩大，使得我国的货币需求不断增加。

在现实经济生活中，货币需求实际上是各部门因对其所分配到的社会产品或收入进行支配的需要而发生的。收入在各部门分配的结构，必然决定货币总需求中各部门需求的比重或结构。

4. 货币流通速度

在用来交易的商品与劳务总量不变的情况下，货币流通速度的加快会减少现实的货币需求量。货币流通速度越快，单位货币所实现或完成的交易量就越多，完成一定的交易量所需要的货币就越少；反之，货币流通速度越慢，需要的货币量就越多。因此，货币流通速度与货币总需求呈反方向变动关系。改革开放初期，我国的货币流通速度有减缓的趋势，这在客观上加大了货币需求量。

5. 制度性变迁

由经济体制和生产组织结构的变化所引起的对货币需求的变化，成为影响我国货币需求变化的重要因素。价格改革、财税体制改革、投融资体制改革等都极大地推动了我国经济货币化(M_2/GDP)的进程,即以货币为媒介的经济活动比例不断增长,货币需求主体多元化引起的货币需求的不确定性增加。

6. 人口密集程度、产业结构、信用制度、社会分工、交通运输状况等客观因素

人口密集地区,货币需求量就大;人口的就业水平提高,货币需求就会增加;生产周期长的部门占整个产业部门的比重大,资金周转慢,对货币的需求量就大;信用制度和信用工具越发达,对货币的需要量将越少;社会分工越细,进入市场的中间产品越多,经营单位也越多,货币需求就越大;交通、通信等技术条件越好,货币支付所需的时间越短,货币周转速度越快,对货币的需要量就越少。其他因素,如政府货币需求的变化、金融服务技术与水平、民族特性等也都影响我国的货币需求。

(二)微观角度

1. 收入的来源

在收入量既定时,收入的来源增加,将影响持币者的消费与储蓄行为,由此对交易和贮藏的货币需求量发生一定影响。例如,一个家庭或个人,原来以工薪为主要收入来源,后又加进了额外劳动报酬等其他收入,其收入来源的变化可能使这个家庭或这个人原来的货币需求数量和结构发生变化,如减少用于购置商品的货币需求,增加用于预防或投资谋利的货币需求等。

2. 利率变化和金融资产选择的多元化

银行存款利率、债券利率、股票收益率等金融资产收益率的存在,使持有货币产生了机会成本。利率和各种资产的收益率越高,持有货币就越不划算,因而会减少货币需求量;反之,货币需求会增加。利率的高低决定了人们持有货币机会成本的大小,利率越高,持币成本越大,人们就不愿意持有货币而愿意购买生息资产以获得高额利息收益,因而货币需求就会减少;利率越低,持币成本越小,人们则愿意手持货币而减少了购买生息资产的欲望,货币需求就会增加。因此,利率的变动与货币需求量的变动是反方向的。例如,1988 年全国零售物价指数上升 18.5%,而当时一年定期的储蓄利率则仅为年率 7.2%,实际利率为负的状况导致了人们大量挤提存款,抢购商品,货币需求急剧上升。当政府很快采取物价指数保值的储蓄办法之后,实际利率上升,挤兑、抢购的状况很快得到扭转,储蓄余额又开始上升,货币需求回落。

金融资产选择方面,各金融资产的收益率、安全性、流动性以及公众的资产多样化选择,对货币需求量的增减都会产生影响。近几年,我国在推进直接融资市场建设的过程中加快了间接融资产品的开发和提升,大量理财产品为投资者的投资性货币需求拓展了空间,投资性货币需求的规模发生了很大变化。

3. 支出结构变化

我国经济体制改革中进行的社会福利制度的改革,特别是医疗、就业、教育、住房、养老金等方面的改革，加大了我国居民的预防性货币需求。随着改革措施的不断出台，人们未来支出的不确定性增强，提高了人们对于预防性货币需求的愿望。

4. 生活习惯及消费心理等因素

如人们的消费倾向上升时，对应于交易活动的货币需求就会上升；越来越多的企业习惯于运用支票账户来完成其收付活动、越来越多的居民习惯于使用信用卡进行消费支付活动，这都会使货币周转速度提高，交易性货币需求量就会减少。

专栏 10-3 金融资产交易的需求纳入货币需求

2001 年 6 月起，在中国人民银行的统计季报中，广义货币供给 M_2 的统计口径在原来的狭义货币供应量 M_1、储蓄存款、定期存款及其他存款的基础上，增加了证券公司客户保证金。证券公司客户保证金是在上海和深圳证券交易所开户的投资者存入各证券公司账户的保证金，是用来进行有价证券交易的。这就意味着，我国部分金融资产交易的货币纳入货币供应量的统计中。我国货币当局开始关注金融资产交易的货币需求。

资料来源 根据中国人民银行统计季报整理。

本章小结

货币需求就是指在一定时间内社会各经济主体为满足正常的生产、经营和各种经济活动需要而应该保留或占有一定货币的动机或行为。对于一个经济社会中需要多少流通货币这个问题，马克思及其早期的一些经济学家认为，流通中货币需要量是由商品价格决定的。

货币数量论的观点正好相反，认为流通中货币数量的变化引起价格的变化。传统的货币数量论有现金交易说和现金余额说，其共同点在于认为货币对经济没有实质性影响，货币数量变化的影响全部反映在物价水平上。但现金余额说采用了需求函数形式，从人们愿意持有货币这一动机出发来研究货币需求，开始了货币需求的微观分析。

凯恩斯将人们的货币需求动机分成交易动机、预防动机和投机动机。由于收入增加引起交易及预防性货币需求增加，同时利率下降，货币的投机需求也增加。凯恩斯在《通论》中提出有效需求的原理，认为货币供应量可以通过改变利率从而改变货币有效需求，但这一机制可能会因为流动性陷阱或投资对利率缺乏弹性而不起作用。凯恩斯学派的研究者还进一步发展了凯恩斯货币理论，鲍莫尔提出交易性货币需求与利率反相关的"平方根公式"，惠伦论证了预防性货币需求也与利率负相关，托宾从风险规避的角度提出了货币需求是资产组合的一种形式。

以费里德曼为代表的现代货币数量说从资产持有的角度出发，认为货币需求由许多变量决定，用"恒久性收入"来分析货币需求，一改凯恩斯及其他经济学家的逻辑推理的研究思路，通过实证分析得到利率对货币需求的敏感性不强、货币需求函数具有相对稳定性的结论。

在借鉴西方货币需求研究理论和方法的基础上，我国许多学者结合我国经济发展的不断变化，进一步加大对我国货币需求的分析和探索。

重要概念

货币需求　实际货币需求　名义货币需求　货币流通速度　现金交易说　现金余额说　交易性动机　预防性动机　投机性动机　流动性偏好理论　流动性陷阱　鲍莫尔平方根定律　惠伦立方根定律　托宾资产组合说　恒久性收入　货币需求函数

思考题

1. 试比较费雪交易方程式和剑桥方程式的区别。
2. 凯恩斯货币需求理论的主要内容是什么？
3. 简述凯恩斯学派对凯恩斯货币理论的发展。
4. 费里德曼货币理论的主要内容是什么？
5. 试分析凯恩斯货币理论和费里德曼货币理论的区别和政策意义。

第十一章　通货膨胀

本章集中讨论一种与货币密切相关的经济现象，即通货膨胀。在20世纪60年代中期以前，世界各国的价格水平基本还是比较稳定的，通货膨胀在战争和饥荒等特殊时期才比较严重。但是20世纪60年代中期以来，通货膨胀逐渐成为一种常规性、世界性的现象。70年代，主要的发达国家通货膨胀率曾达到过两位数。中国自1978年实行改革开放以来，伴随经济的高速增长，也多次出现持续的通货膨胀现象，80年代末、90年代中期曾出现过两位数的通货膨胀率，2007至2008年又出现了接近两位数的通货膨胀率。

由于通货膨胀往往对一国经济发展和社会稳定产生重要而广泛的影响，因此经济学家和政策制定者都对它给予了极大的关注。本章将对与通货膨胀相关的重要理论和政策问题展开讨论，并对与通货膨胀相对应的影响宏观经济波动的通货紧缩问题作必要的介绍和分析。

第一节/通货膨胀的定义、类型及影响

一、通货膨胀的定义

在现代社会中，通货膨胀和货币、利率等词汇，是人们常接触到的经济术语。那么，它的确切含义是什么？在很多时候，它和价格水平上涨是同义词。例如，当本月的总体价格水平比上月上涨了1%时，人们会说，本月的通货膨胀率为1%。但是确切地说，总体价格水平的上升并不意味着发生了通货膨胀。当经济学家说到通货膨胀的时候，他们往往指的是总体价格水平的持续的、较为明显的上升。以下两种情况不能被视为通货膨胀：①价格水平的某些微小的上升，例如每年上升不足1%。②某些暂时性的或一次性的价格水平上升，例如，某些偶发性的因素可能使价格水平明显上升，譬如说2%，但如果这种上升是一次性的，也就是说价格水平上升了2%后，就不再继续上升，那么在经济学家看来，这也不能叫通货膨胀。只有价格水平上升的趋势持续了较长一段时间后，才能被称为通货膨胀。在主要的西方国家，考虑到技术进步、产品和劳务质量的提高等因素的影响，一般会使价格总水平上涨1%左右。因此，当价格总水平上涨幅度不

足3%时，不认为发生了通货膨胀。只有当价格总水平上涨大于或等于3%时，才视为发生了通货膨胀。

在西方经济学教科书中，通常将通货膨胀定义为：商品和服务的货币价格总水平持续上涨的现象。这个定义包括以下几个关键点：①强调将商品和服务的价格作为考察对象，目的在于与股票、债券以及其他金融资产的价格相区别；②强调“货币价格”，即每单位商品、服务用货币数量标出的价格，通货膨胀分析中关注的是商品、服务与货币的关系，而不是商品、服务与商品、服务之间的对比关系；③强调“总水平”说明这里关注的是普遍的物价水平波动，而不仅仅是地区性的或某类商品及服务的价格波动；④关于“持续上涨”，是强调通货膨胀并非偶然的价格大幅度波动，而是一个“过程”，并且这个过程具有上涨的趋向。

二、通货膨胀的度量

通货膨胀的严重程度是通过通货膨胀率这一指标来衡量的，该指标的计算公式为

$$\text{当期的通货膨胀率}=\frac{\text{当期价格水平}-\text{上一期价格水平}}{\text{上一期价格水平}}\times 100\%$$

价格水平的高低是通过各种价格指数来衡量的。世界上较为流行的价格指数可以分为以下四类：

(1) 消费者价格指数(consumer price index)。该指数是根据家庭消费的代表性商品和劳务的价格变动状况而编制的，它主要反映了与人们生活直接相关的衣服、食品、住房、水、电、交通、医疗、教育等商品和劳务价格的变动。该指标的优点是资料比较容易收集，便于及时公布，能够较为迅捷地反映公众生活费用的变化。由于它与社会公众的生活密切相关，所以备受关注。但是该指标涵盖的范围较窄，不能反映各种资本品及中间产品的价格变动情况。

(2) 生产者价格指数(producer price index)。该指数是根据企业而不是消费者所购买的商品价格的变化状况编制的，它反映了包括原材料、中间产品及最终产品在内的各种商品批发价格的变化。由于生产者价格指数反映了企业经营成本的变动，所以为企业所广泛关注；同时，由于企业生产经营成本上升的传递效应最终往往要在消费品的零售价格中反映出来，所以，生产者价格指数在一定程度上预示着消费者价格指数的变化。

(3) 国民生产总值价格平减指数(GNP deflator)。该指数是一个涵盖范围非常广的价格水平指标，它反映了一国生产的各种最终产品(包括消费品、资本品，以及劳务)价格水平的变化状况。它等于按当期价格计算的国民生产总值(即名义值)与按基期计算的国民生产总值(即实际值)的比率。例如，某国2007年的国民生产总值为3.3万亿美元，而按2005年价格计算则为3万亿美元；如果以2005年的价格指数为100，则2007年的GNP平减指数即为110

(＝33 000/30 000×100)。虽然 GNP 平减指数能够较为全面地反映总体价格水平的变化趋势，但是编制该指标所需要的大量数据却不易收集，因此难以经常性地统计公布，一般只能一年公布一次。

(4) 核心价格指数。在所有商品和服务价格中，一般认为能源和食品价格的波动是最大的，而这两者价格的变化往往与社会总供求对比及货币供应量增减之间的直接联系并不显著。比如国家对能源产品限产、限价，以及由于人们消费结构的变化所导致的食品价格波动，或食品季节性波动等因素，都不是直接由社会总供求对比和货币供应量增减所引起的。所以，人们把剔除了能源价格和食品价格之后的物价指数视为核心价格指数，并用这种经过处理后的指数来度量物价变动和通货膨胀的程度。需要特别指出的是，由于各国的经济发展水平不同及居民的消费支出结构不同，核心价格指数的作用也不尽相同。在我国消费物价指数的计算中，食品类支出比重高达 34%，而美国只有 15%。从我国近 30 年的历史经验来看，通货膨胀时期总是伴随着食品类价格的上涨；从构成来分析，食品价格的上涨在整个物价上涨中的权重往往超过 50%。由于中国的特殊国情，在通货膨胀的度量中一定要慎用核心价格指数，以免造成对宏观经济形势的不正确判断。

利用上述价格指数来计算通货膨胀率有一个前提，那就是价格能够较为自由地波动。在一些对价格，特别是基础性产品价格严格实行控制的国家，价格上升的趋势可能被人为地压抑，因而表面上物价并未上涨或上涨幅度不高，实际上却可能存在着部分商品的严重短缺，人们为获得一定量的商品必须支付排队等候等一系列额外的成本，这种情形被称为隐蔽性的通货膨胀。

三、通货膨胀的类型

通货膨胀可以从多个角度进行分类。

根据通货膨胀的表现形态，可以把它分为公开型通货膨胀和隐蔽型通货膨胀。①公开型通货膨胀是指在价格普遍放开、自由升降的条件下，由各种价格指数充分反映的物价上涨情形。②隐蔽型通货膨胀则是指价格因严格的政府管制而维持表面上的稳定，商品和劳务供求之间的矛盾通过各种非价格的形式反映的情形。在存在隐蔽型通货膨胀的条件下，官方的牌价常常与自由市场价格或黑市价格存在很大的差额，人们往往必须支付许多额外的成本，例如排队等候的成本、各种票证的成本，甚至行贿的成本，才能以官方牌价购买到一定数量的商品。有时即便是通过各种途径买到的商品，其质量也缺乏保证，因为厂家会通过降低质量的方式来变相涨价。中国在改革开放前，对物价的控制较严，通货膨胀往往是以隐蔽的形态出现，而且有些年份还很严重。例如在 1959 年至 1962 年间，官方的零售价格总指数上涨 24.4%，而市场的消费物价指数却上涨了 168.6%。这反映出当时确实存在着严重的隐蔽型通货膨胀。

根据通货膨胀的严重程度，还可以把通货膨胀分为温和式通货膨胀、急剧的通货膨胀和恶性通货膨胀。①温和式通货膨胀。其特点是价格上涨缓慢且可以预测，通货膨胀率一般小于 10%。此时物价相对来讲比较稳定，人们对货币比较信任。人们乐于持有货币，因为这些货币的价值在一个月或一年中不会有很大的变化。人们会愿意签订以货币形式表示的长期合同，因为他们有较大的把握肯定自己买卖的商品价格不会超出现行价格水平太多。大多数发达国家在过去的近 20 年中都经历过温和的通货膨胀。②急剧的通货膨胀。当总价格水平以每年两位数甚至三位数的速度上涨时，这种通货膨胀便称为“急剧的通货膨胀”。许多拉美国家，在 20 世纪七八十年代，通货膨胀率曾高达 50%～700%。中国在 20 世纪 80 年代末和 90 年代中期也曾经历过两位数的通货膨胀。这种急剧的通货膨胀一旦形成并稳固下来，便会出现严重的经济扭曲。一般地说，大多数经济合同都会用某种价格指数或某种外币，如美元，来加以指数化。急剧的通货膨胀时期，货币贬值非常迅速，人们仅在手中保留最低限度的货币以应付日常交易的需要。金融市场逐渐消亡，资本外逃。人们囤积商品、购置房产，而且绝不会按照很低的名义利率出借货币。③恶性通货膨胀。虽然存在急剧通货膨胀的经济似乎还可以生存下去，但当恶性通货膨胀袭来时，整个经济体就犹如患上恶性肿瘤一样，会逐渐使整个经济窒息。在恶性通货膨胀发生的时期，各种价格以每年百分之一百万，甚至百分之十亿的惊人速率持续上涨。20 世纪初的德国和 40 年代末的中国都曾经历过这种物价上涨以亿计的通货膨胀率。

专栏 11-1　德国在 20 世纪 20 年代早期的恶性通货膨胀

德国在第一次世界大战战败后，一场革命推翻了威廉二世的统治，成立了魏玛共和国。在 1919 年的和谈时，协约国——美国、英国、法国和意大利——迫使新的德国政府签订赔款条约。所谓的赔款，就是要求德国就战争中导致的对协约国的损害进行赔偿。对于德国政府而言，要想用税收收入来偿付正常的政府开支和赔款是十分艰难的。

德国政府决定向德国国家银行——德国的中央银行出售债券来弥补开支与税收收入之间的差额。几年之后，德国的赔款远未能按照协议进行。德国政府向国家银行出售债券，因此增加了货币供给。货币供给增加导致的通货膨胀率十分惊人：流通中的马克从 1922 年 1 月的 1.15 亿马克增加到 1923 年 1 月的 13 亿马克，而在 1923 年 12 月，这一数字达到了惊人的 497 000 000 000 000 000 000 元。过量的货币供给，其结果必然是极高的通货膨胀率。德国物价指数在 1914 年为 100，1922 年 1 月为

1 440，而在1923年12月已经上升到了126 160 000 000 000，德国马克变得一文不值。德国政府以此结束了这场超级的恶性通货膨胀：①与协约国重新谈判，削减战争赔款；②减少其他政府支出，增加税收来平衡预算；③发行新币替代旧币，新的1马克相当于1万亿旧马克。德国中央银行也将新的马克发行量控制在32亿马克之内。

这些措施足以结束这场超级的通货膨胀，但使用旧马克的人的积蓄没有了。大多数的德国中产阶级对这一结果极度厌恶。很多历史学家相信这次超级的恶性通货膨胀极大地削弱了德国人对魏玛共和国政府的信任，为希特勒和纳粹分子10年后的上台打下了基础。

资料来源 Thomas Sargent. "The End of Four Big Hpyerinflations," in Rational Expectations and Inflation. New York: aHarper and Row, 1986.

四、通货膨胀的影响

通货膨胀对经济的影响可以分为三个方面：①对总体就业和产出的影响；②对财富和收入再分配的影响；③对微观经济效率的影响。

（一）通货膨胀与就业和产出

一般来说，通货膨胀有可能在短期内扩大就业，刺激生产，但是其前提条件是通货膨胀未被充分地预期。在通货膨胀未被充分预期的情况下，生产者可能将物价的总体上涨误认为自己产品的相对价格的上涨，从而增加生产；工人可能将自己名义工资的上涨误解为实际工资的上涨，从而一方面增加自己劳动的供给，另一方面增加自己的消费支出。但是这种虚假的繁荣显然无法持久，当生产者发现所有商品的价格都上涨之后，他便没有扩大生产的积极性了；而工人意识到由于通货膨胀，自己的实际工资不仅没有上涨，反而下降了之后，也不会有动力再去提供更多的劳动和增加消费支出了。因此，通货膨胀所带来的就业扩张仅仅是短期的，是不可能持久的。

（二）通货膨胀与财富和收入的再分配

通货膨胀对财富和收入再分配的影响是显而易见的。例如，你借给别人10 000元钱，商定一年后连本带息将还10 500元。但如果一年后价格水平上涨了10%，那么这10 500元钱的购买力就不如现在的10 000元。这样你不仅未能得到资金的增值，反而损失了一部分购买力，而向你借钱的人却从这种价格水平上涨中得到了好处，这相当于通货膨胀将一部分财富从债权人手中转移到债务人手中。许多经济学家指出，这种财富再分配效应有助于解释为什么政府总是倾向于发行过多的货币：因为政府往往是一个巨大的债务人，向公众发行了巨额的国债，当价格水平上升时，政府还本付息的负担就会变得更容易承受。

在通货膨胀条件下，不仅债权人和债务人之间存在着这种财富的再分配，任何有固定支付合同的双方之间都可能发生这种财富的再分配。例如，在有长期工资合同的雇员和雇主之间、收取固定数额房租的房东与房客之间，以及领取固定数额养老金的退休工人和养老基金之间，都会因通货膨胀而发生财富的再分配。但是当通货膨胀被充分预期时，这种再分配效应就可能被消除。以前面的那个例子为例，如果你和你的债务人都预期未来一年的通货膨胀率将达到10%，那么你们双方商定的利率就会是15%，而不是5%，这样再分配效应就不存在了。此外，某些制度性的安排，如工资和养老金支付的指数化(即与价格指数挂钩)，以及浮动利率等也有助于降低通货膨胀的再分配效应。

(三) 通货膨胀与效率损失

通货膨胀会引起相对价格的扭曲，从而使资源无法得到有效配置。

首先，在高通货膨胀的条件下，持有现金的成本将大大增加。假如现金的名义收益率为零，如果通货膨胀率上升15%，则意味着它的实际收益率下降为−15%。因此，公众会觉得现金烫手，他们将会想尽办法将现金转化为实物资产，或名义收益率已随通货膨胀上升的存款和债券。企业将花费大量的精力来进行现金管理，以尽可能地避免在自己的账户上保存过多的现金余额。西方经济学家将人们因此而花费的大量时间和精力形象地称为“皮鞋成本”(shoe leather)，因为人们一遍一遍地去银行存钱、取钱，容易磨破鞋底。

其次，在高通货膨胀的条件下，名义利率往往不能随通货膨胀率的上升而进行充分的调整。因而，人们储蓄的积极性将受到打击。虽然经济学家费雪早就指出，预期通货膨胀率的上升会引起名义利率的上升，即存在“费雪效应”，但实际上这种调整往往是不充分的。历史经验和实证研究表明，对费雪效应的分析从长期来看是正确的，在通货膨胀不可预料的短期中，费雪效应是不成立的。名义利率是对一笔贷款的支付，而且，它通常是在最初进行贷款时确定的。如果通货膨胀出乎债务人和债权人的意料之外，他们事先确定的名义利率就没有反映物价的上升。

第三，在许多国家，价格并不是充分放开的，政府往往对某些行业进行物价管制。这样，在通货膨胀的环境中，那些价格放开的行业价格上涨，利润丰厚，吸引了大量的资金流入，而受政府价格管制较严的行业的发展则受到严重制约，加剧了相关产品的供求不平衡状况。

第四，在高通货膨胀的环境中，各种商品的相对价格不断变化，企业和消费者将感到无所适从，难以做出正确的投资决策和消费决策。突出的一点是，由于通货膨胀，使得未来的不确定性增大，风险增强，企业为避免风险，往往从生产周期较长的产业转向生产周期较短的产业；同时，经济中各种短期行为、投机行为盛行，这显然不利于经济的长期发展。

此外，通货膨胀还会造成税收负担的扭曲。许多国家实行的都是累进税，在发生通货膨胀时，企业和个人将因为名义收入的上升而承担较高的税率。许多人将这种因通货膨胀而造成的税收增加称为“无需立法的征税”，显然这种税负的增加会影响生产者和消费者的实际利益，挫伤生产的积极性，抑制消费需求的增加。

总之，通货膨胀造成了相对价格的混乱和扭曲，使价格作为一种信号机制来反映资源相对稀缺程度、引导资源配置的功能受到了削弱，就不可避免地带来效率的损失。

第二节/通货膨胀的成因

在现代经济中，通货膨胀是如此常见而且影响又是如此巨大，因而探讨通货膨胀的成因便成为经济学家们责无旁贷的任务。在众多解释通货膨胀成因的理论中，较为流行的有三种，即需求拉上说、成本推动说和结构性通货膨胀说。通货膨胀也据此分为三类，即需求拉上型、成本推动型和结构型。但是弗里德曼却对此提出了强烈的质疑，他断言“通货膨胀无论何时何地都是一种货币现象”。也就是说，货币是导致通货膨胀的唯一重要的因素。弗里德曼以简洁明快的论断给他的经济学同行们留下了深刻的印象，使人们重新认识到货币和通货膨胀之间密不可分的联系。但是弗里德曼这一见解并不意味着对通货膨胀的上述划分失去了意义。尽管不论何时何地，通货膨胀的发生都和货币的扩张联系在一起，但是在不同的时间、不同的地点，导致这种货币扩张的原因却是多种多样的。

一、需求拉上型通货膨胀

需求拉上型通货膨胀，是指总需求超出了社会潜在产出水平之后引起的价格水平连续上涨的情形。

引起这种通货膨胀的主要原因之一是总需求的变动。在宏观经济分析中，投资、政府开支或净出口的变化，都可以使总需求发生变动，并推动产出增长，使其超出潜在生产能力。无论出于什么原因，只要总需求的增长速度超出经济潜在生产能力，就会发生需求拉上型通货膨胀，使物价上升以平衡总供给与总需求。这就是说，由于需求方的货币竞相追逐有限的商品供给，从而将价格提拉起来。由于失业率下降、劳动力变得稀缺，工资也被抬高，所以通货膨胀会加速到来。

当一国依赖多发行货币来维持支出时，经常可以看到需求拉上型通货膨胀。货币供给的快速增加使总需求增长，而后者又使价格水平升高。这里存在一种因果关系，即整个过程是从货币供给增加开始的，然后引起总需求的扩张，最后走向通货膨胀。实证分析表明，货币供给的扩张的确是需求拉上型通货膨胀的唯一根源，但是导致这种扩张性货币政策的原因却是多种多样的。在有的国家，因为政府制定了过高的就业目标，试图将失业率控制在自然失业率之下；而在另外一些国家，主要是一些发展中国家，为了缩小与发达国家之间的差距，制定了过高的经济增长速度目标，同时又由于国民收入水平低，政府的征税能力较弱，只能通过增发货币来筹集实施赶超战略所需的各项资金；还有一些国家，如改革中的中国，由于体制方面的不健全，地方政府和企业存在着过旺的投资需求，而中央银行又缺乏应有的独立性来抵制这种过旺的需求，从而导致了货币和信贷的失控。这种体制性的通货膨胀在中国近 30 年的转型过程中已发生过多次。

二、成本推动型通货膨胀

如果说通货膨胀仅仅是由于总需求过大而产生的，那么它应该只出现在经济达到充分就业水平之后。因为当经济中还存在着大量闲置资源的时候，抱怨总需求过大显然是没有道理的。但是我们在现实中观察到的情形却是：许多国家在失业率居高不下时也出现了很高的通货膨胀，尤其是进入 20 世纪 70 年代之后，西方国家普遍经历着高失业和高通货膨胀并存的“滞胀”局面。这种情况下的通货膨胀显然无法通过需求过度来加以解释。因此，许多经济学家转而从供给方面去寻找通货膨胀的根源，提出了“成本推动”的通货膨胀理论，即认为通货膨胀的原因在于成本上升引起了总供给曲线的上移。

引起成本上升的因素很多，例如，农产品的歉收就会引起以农产品为原料的工业成本上升。但是“成本推动论”者主要关注的是由于经济中某些垄断性因素引起的成本上升。他们着重论述了两种类型的成本推动，即工资推动和利润推动。所谓工资推动，是指在一些发达国家中，工会的力量日益强大，作为一个垄断性的组织，工会提高了工人的谈判能力，使得工人有可能获得高于均衡水平的工资，这种过高的工资要求推动了总供给曲线的上移，从而造成工资推动的通货膨胀。许多经济学家将欧洲大多数国家在 20 世纪 60 年代末 70 年代初经历的通货膨胀认定为工资推动的通货膨胀，因为在这一时期出现了工时报酬的急剧增加。例如，在联邦德国，工时报酬的年增长率从 1968 年的 7.5%上升到 1970 年的 17.5%；在同一时期，美国的工时报酬年增长率也从 7%上升到 15.5%。所谓利润推动，是指一些垄断性的经济组织控制了某些重要原材料的生产和销售，这些垄断性组织为了获得高额的垄断利润而提高价格，使总供给曲线上移，从而导致通货膨胀（又称为供给冲击型通货膨胀）。其中最为典型的是，1973 至 1974 年，石油输出国组织历史性地将石油价格提高了 4 倍；到了 1979 年，石油价格又被再一次提高。这两次石油提价对西方国家的经济产生了强烈的影响，由此导致的经济萧条被称为“石油危机”。各种使成本上升的因素还可能交织在一起，使得通货膨胀进一步加剧。例如，在 1973 年石油提价的同时，由于连年的粮食歉收，世界粮价也出现了暴涨；同时，许多国家的工资增长也进一步加剧，例如，美国和日本在1973至1975年的工时报酬年增长率都达到了30%以上。

尽管许多国家在战后曾经历过成本推动型通货膨胀是一个不争的事实，但是这种通货膨胀是否就可以完全归因于供给方面的原因而与货币无关呢？回答是否定的。弗里德曼指出，在货币供给不变的条件下，由成本上升导致的总供求曲线上移只能是一次性的，而且由此导致的失业增加最终将对工资和价格水平产生向下的压力，使之恢复到原来的均衡水平。结果与先前相比，仅仅是相对价格发生了变化，价格总水平并没有上升。上述成本因素之所以会引发严重的通货膨胀，其原因并不在于成本因素本身，而在于某些政府因无法忍受暂时性的失业上升而采取的增加货币供应量的反应。这一点可以由图11-1来加以说明。

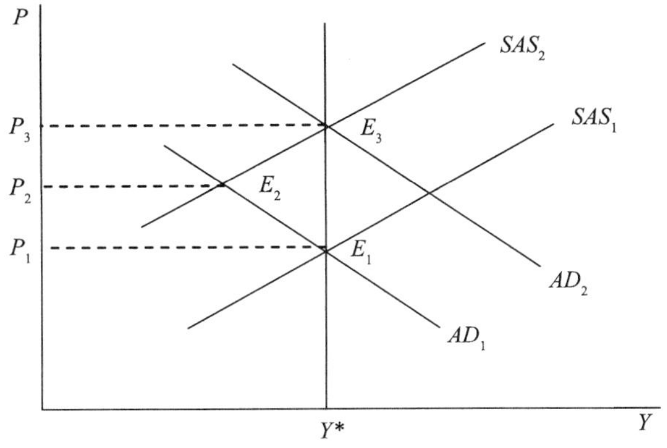

图11-1 成本推动型通货膨胀

假定开始时经济处于充分就业的均衡点 E_1，由于工资（或石油、农产品等原材料价格）的上升，使得短期供给曲线上移到 SAS_2，均衡点就变成 E_2。此时，若需求曲线 AD_1 保持不变，则由于产出低于充分就业水平，总供给曲线存在向下移动的压力，最终将恢复至 SAS_1。其结果是，相对价格发生了变化，而总体价格水平并没有上升。但是如果政府对 E_2 点上的高失业感到难以忍受，采取扩张货币的方法来使总需求曲线上移至 AD_2，以使经济尽快达到充分就业均衡点 E_3 上来，那么总体价格水平就会进一步上升。由于总体价格水平的上升抵消了工资（或原材料等）相对价格的上升，所以，工人（或原材料供应者）会进一步要求提高工资（或原材料价格），总供给曲线就存在进一步上移的压力。其结果，政府往往被迫再一次对高失业率作出反应。这样，总供给曲线和总需求曲线的一次次交替上移就会导致价格水平的持续上涨，即通货膨胀。

由此可见，成本推动仅仅是物价上涨的最初动因，政府为维持其就业和产出目标而采取的扩张性政策是价格水平持续上升的必要条件；同时，政府利用财政手段来扩张需求的能力是有限的，只有货币才有持续的扩张能力。因此，成本推动型的通货膨胀也主要是一种货币现象。

三、结构型通货膨胀

除了总量因素外，许多经济学家还从结构方面寻找通货膨胀的原因。这些经济学家相信，即使在总供给和总需求相对平衡的条件下，某些结构性因素也可能导致通货膨胀。这些结构性因素包括：

(1)“瓶颈”制约。在有的国家，由于缺乏有效的资源配置机制，使得资源在各部门之间的配置严重失衡，有些行业生产能力过剩，另一些行业，如农业、能源、交通等部门则严重滞后，形成经济发展的“瓶颈”。当这些“瓶颈”部门的价格因供不应求而上涨时，便引起其他部门，甚至是生产过剩部门的连锁反应，形成一轮又一轮的价格上涨。

(2) 需求移动。社会对产品和服务的需求不是一成不变的，而是不断地从一个部门转移到另外一个部门，而劳动力及其他生产需要的转移则需要时间。因此，原先处于均衡状态的经济结构可能因需求的移动而出现新的失衡。那些需求增加的行业，价格和工资将上升；但需求减少的行业，由于价格和工资刚性的存在，却未必发生价格和工资的下降。其结果，需求的转移导致了物价的总体上升。

(3) 劳动生产率增长速度的差异。部门间劳动生产率增长速度的不同会引起整体物价水平的上升，这是结构型通货膨胀理论最津津乐道的一个命题。其基本的逻辑是，一国的经济可根据劳动生产率增长速度的差异而划分为不同的部门。我们把生产率增长较快的部门称为先进部门，将生产率增长较慢的部门称作落后部门。如果不同部门内的货币工资增长率与本部门的劳动生产增长率相一致，则价格水平便可以维持在原有的水平上。但是落后部门的工人往往会要求与先进部门的货币工资上涨率看齐，因为如果不这样的话，他们的相对工资就要下降。经济学家认为，工人对相对工资的关心要超过对绝对工资的关心。由于这一压力，货币工资的整体水平便与先进部门的劳动生产率同比例增长。其结果是，落后部门的生产成本上升，进而造成物价整体水平的上升。

结构型通货膨胀理论标志着人们对通货膨胀成因认识的进一步深化，特别是在许多发展中国家，经济结构的失衡和部门间劳动生产率增长的差异确实在促成通货膨胀方面扮演着重要的角色。但是结构型通货膨胀的发生同样要以货币扩张为条件，因为在货币总量不变的条件下，这些结构型的因素也只能导致相对价格的变化，而不是整体价格的上涨。

第三节/通货膨胀的对策

一、抑制总需求的政策

由于通货膨胀的一个基本原因在于总需求超过了总供给，因此当经济面临较大的通货膨胀压力时，政府往往采取紧缩性的财政政策和货币政策来抑制过旺的总需求。这种反通货膨胀政策通常是较容易奏效的，但是，它的缺点在于往往伴随着失业率的大幅度上升。

控制货币的过快增长，通常被认为是抑制总需求的最重要的手段。正如弗里德曼指出的那样，通货膨胀主要是一种货币现象，是因为“太多的货币追逐太少的商品”而造成的。因此控制货币的增长速度，使之与总产出的增长大致保持一致，便构成了物价稳定一个基本的必要条件。货币主义的经济学家特别强调这一点。

紧缩性货币政策的一个重要方面是利率的提高。中央银行既可以通过减少货币供给而间接地使利率上升，也可以通过提高贴现贷款的利率而直接地带动整个市场利率体系的上扬。利率的上升促使人们将更多的收入用于储蓄，从而使消费需求减少；同时它还意味着投资成本的上升，从而对投资需求也有抑制作用。

紧缩性的财政政策通常采取增加税收或减少政府支出（包括政府购买和转移支付）的形式。税收的增加及转移支付的减少，减少了企业、家庭用于消费和投资的资金来源，而政府购买的减少则直接意味着总需求的下降。

由于人们对紧缩性货币政策和财政政策导致的总需求下降通常缺乏准确的预期，或者即使对此有着准确的预期，将这种预期充分反映到工资和物价的决定中去也仍需一定的时间。因此，总需求曲线的下移并不会立即引起总供给曲线的充分下移，紧缩性政策通常伴随着短期内的失业上升和产出下降。为了度量这种成本，经济学家发明了一个词汇——“牺牲比率”(sacrifice ratio)，它的含义是，为了使通货膨胀率降低一个百分点所必须牺牲的年实际国民收入的百分比。例如，在某一年中，通货膨胀率下降了 2%，而实际国民收入为潜在国民收入（即充分就业国民收入）的 90.8%，即实际国民收入的损失为 9.2%，则牺牲比率为 4.6%。显然，牺牲比率的大小同人们的预期形成方式及工资、价格调整的灵活程度是有关的。人们的预期越是趋于理性，工资、价格的调整越是灵活，则牺牲比率将越小。因为在这种情况下，总需求曲线的下移会迅速引起总供给曲线的相应下移。

二、收入政策

收入政策是通过对工资和物价的上涨进行直接干预来达到降低通货膨胀率的目的的。

收入政策的理论基础是通货膨胀的成本推进论。既然通货膨胀的一个重要原因是由于工资、物价上升导致的总供给曲线的上移，那么采取某些直接的手段来限制这种上移便是理所当然的了。从一些国家的经历看，这种限制主要采取以下四种形式。

(1) 规劝(jawboning)。就是政府劝告工资和价格制定者们负责任地采取行动,鼓励员工和雇主在较低的工资增长水平上达成和解,以减轻通货膨胀的压力。

(2) 自愿的工资—价格指导线(voluntary wage-price guidelines)。政府根据长期劳动生产率的平均增长率来确定工资和物价的增长标准,并要求各部门将工资—物价的增长幅度控制在这一标准之内。例如,美国 20 世纪 60 年代的肯尼迪政府和约翰逊政府,都相继实行过这种政策。但是由于指导线政策原则上是自愿的,只能依靠说服,而不能以法律强制实行,所以效果并不明显。

(3) 以税收为基础的收入政策(the tax－based incomes guidelines)。即政府以税收作为惩罚或奖励手段来限制工资增长,对于工资增长率保持在政府规定界限以下的企业,以减少税收的方式进行奖励;对于工资增长率超出政府规定界限的企业,则以增税的方式进行惩罚。这种形式的收入政策仅仅以最一般的形式尝试过。例如,英国在 1977 至 1978 年间,工党政府曾经许诺,如果全国的工资适度增长的话,政府将降低所得税。澳大利亚则于 1967 至 1968 年间实行过这一政策。

(4) 工资—价格管制(wage-price control)。既由政府颁布法令,强行规定工资、物价的上涨幅度,在某些时候,甚至暂时将工资和物价加以冻结。这种严厉的管制措施一般在战争时期较为常见,但是当通货膨胀变得非常难以对付时,和平时期的政府也可能求助于它。例如,美国在 1971 至 1974 年间曾实行过工资—价格管制,特别是在 1971 年,尼克松政府还实行过三个月的工资—价格冻结。1985 年的阿根廷和以色列以及 1986 年的巴西,都曾将工资—价格管制作为他们反通货膨胀的一揽子方案中的重要组成部分。

各国的经验表明,利用收入政策对付通货膨胀的效果并不理想。首先,温和的收入政策,如规劝及自愿的工资—价格指导线往往收效甚微。其次,严格的工资—价格管制将严重削弱价格机制在资源配置中的作用。相对价格的灵活调整是市场经济配置资源的基本途径,在管制过程中,由于很难区分哪些价格变动代表着合理的相对价格变动,哪些代表着物价水平的整体上升,所以政府只能笼统地加以管制。其结果是,在限制物价总水平上升的同时,也限制了资源向合理方向的流动。第三,即使是严厉的工资—价格管制,在没有紧缩性的财政、货币政策配合的情况下,也不可能长期奏效。这是因为人们会找出种种办法来变相地规避管制,变相地提高价格和工资;而且,一旦管制造成的经济失衡引起公众的强烈反对,使得管制难以持续并最终放弃时,因管制而得不到释放的价格上涨就可能爆炸性地释放出来。

三、收入指数化政策

收入指数化政策,也就是各种名义收入,如工资、利息等,部分或全部地与物价指数相联系，自动随物价指数的升降而升降。例如，在劳资双方的工资合同中，可以附加上这样一个“生活费用调整”(COLA)条款，即当消费物价水平保持不变时，下一年的工资上涨率为2%，若消费物价指数上升10%，则工资上涨率为6%(或10%、12%，取决于劳资双方的讨价还价)。同样，债券的利息也可以实行指数化，即利率随实际通货膨胀率的上升而上升。

自从20世纪70年代以来，除少数国家，如联邦德国，禁止指数化以外，收入指数化，尤其是工资指数化在发达国家中较为普遍。实行这种政策的好处在于：①指数化可以缓解通货膨胀造成的不公平的收入再分配，从而消除许多不必要的扭曲。例如，工人或债权人有了指数化条款的保护之后，就不必费心去预测未来的物价水平变动了。②可能使政府实行通货膨胀政策的动机减弱。指数化条款使得在通货膨胀条件下，作为净债务人的政府还本付息负担加重，政府从通货膨胀中得到的好处减少(货币发行收入和政府债券还本付息负担的减轻)。③指数化条款可能使紧缩性政策的代价减少，从而使通货膨胀更容易被遏制。当政府的紧缩性政策使得实际通货膨胀率低于签订劳动合同时的预期通货膨胀率时，指数化条款会使名义工资相应地下降，从而避免因实际工资上升而造成失业的增加。

收入指数化政策同样存在明显的局限性。①指数化政策在消除收入不公平分配方面的作用是有限的。这一方面是因为价格指数的编制和收入的调整都需要一定的时间，因而收入的调整往往滞后于物价的实际上升；另一方面，并非所有的劳动合同中都有指数化条款，例如，美国大约也只有30%的劳动合同附有“生活费用调整”条款，那些不受指数化条款保护的劳动者或债权人受到的相对损失会更大些。②指数化有可能不利于通货膨胀率的下降。由于指数化强化了工资和物价交替上升的机制，有可能对通货膨胀起推波助澜的作用。例如，假定农产品的歉收使得消费者价格指数上升了10%，在一个充分指数化的经济中，这将使所有的名义收入都上升10%，从而使得下一期的消费者价格指数进一步以接近10%的比例上升。然后，各种名义收入再次上升，并引起新一轮的价格水平上升。当这一螺旋式的上升过程最终停止时，价格水平可能已经上升了好多次。

专栏11-2 指数化债券

这种债券的利息和本金要根据通货膨胀率向上调整，以保证其未来的购买力。

1822年，经济学家约瑟夫·路伟(Joseph Lowe)第一次倡导发行指数化债券。19世纪70年代，英国经济学家威廉·斯坦利·杰文斯推动了指数化债券。20世纪初期，经济学大师欧文·费雪终生倡导指数化债券。近几十年来，每一个政治派别的经济学家——从米尔顿·弗里德曼到詹姆斯·托宾，从艾伦·布林德到艾伦·格林斯潘，都支持指数化债券。

英国在1981年已经发行了通货膨胀指数化政府债券，加拿大在1991年发行了指数化政府债券，而且在许多国家，包括澳大利亚、新西兰和瑞典，都发行了这种债券。英国有世界上最大的指数化债券市场，该债券提供的收益率比通货膨胀高3%～4%。

1997年，美国财政部第一次发行了收益率根据物价水平指数化的债券。

资料来源 [美]曼昆著；梁小民译：《经济学原理》（宏观经济学分册），（第四版），北京大学出版社2006年版。

第四节/通货紧缩

一、通货紧缩的概念

通货紧缩一般是指商品和劳务的货币价格总水平持续下降的经济现象。

有些学者还把货币供应量的持续下降和经济增长的持续下降或经济衰退与物价水平的持续下跌并列在一起，用两个或三个因素来定义通货紧缩。如加拿大一家投资公司的首席经济学家G.莱斯根的观点很有代表性，他认为，通货紧缩不只是价格下降，还包括货币数量减少和货币流通速度下降，以及经济萧条。不过，在西方国家大多数普及版的经济学教科书和一些权威的经济学大辞典中，都把通货紧缩定义为物价水平的持续下降，是与通货膨胀相对应的一个概念，而将货币供应量的下降和经济萧条视为通货紧缩的原因和后果。

二、通货紧缩的社会经济效应

（一）通货紧缩对投资的影响

通货紧缩对投资的影响主要通过影响投资成本和投资收益发生作用，通货紧缩还通过资产价格变化对投资产生间接影响。

通货紧缩会使得实际利率有所提高，社会投资的实际成本随之增加，从而减少投资的影响。同时，在价格趋降的情况下，投资项目预期的未来重置成本会趋于下降，就会推迟当期的投资。这对许多新开工项目产生的制约较大。另外，通货紧缩使投资的预期收益下降。由于理性的投资者通常在通货紧缩条件下预期价格会进一步下降，公司的预期利润也将随之下降，因此投资倾向必然降低。

通货紧缩还经常伴随着证券市场的萎缩。公司利润的下降使股价趋于下降，而证券市场的萎缩又反过来加重了公司筹资的困难。

（二）通货紧缩对消费的影响

物价下跌对消费需求有两种效应：一是价格效应，二是收入效应。物价的下跌使消费者可以以更低的价格得到同样数量和质量的商品和服务，但也会对消费者产生收入减少的效应。在通货紧缩条件下，就业预期和工资收入因经济增幅下降而趋于下降，收入的减少将使消费者缩减消费。如果消费者预期未来价格还会下跌，他们将减少即期的消费或推迟消费。因此，在通货紧缩情况下，价格效应倾向于使消费者缩减消费，收入效应则使他们缩减支出。

（三）通货紧缩对收入再分配的影响

在通货紧缩情况下，普通商品的价格下跌，金融资产也常常面临价值缩水。虽然名义利率很低，但由于物价呈负增长，实际利率会比通货膨胀时期高出许多。高的实际利率有利于债权人，不利于债务人。不过，如果通货紧缩持续时间很长，而且相当严重，导致债务人失去偿还能力，那么债权人也会受到损失。

（四）通货紧缩与经济增长

在大多情况下，物价疲软、下跌与经济增长乏力或负增长是结合在一起的，然而也存在通货紧缩条件下的经济增长。这是由于生产力的提高和技术的进步所产生的价格走低，并不会阻碍经济增长。

三、通货紧缩的类型

（一）需求不足型通货紧缩

需求不足型通货紧缩主要是由总需求小于充分就业的总供给造成的。从宏观经济分析来看，总需求（或有效需求）不足，既可能源于错误的理论（如“萨伊定律”）和观念（如美国胡佛总统任期内片面追求预算平衡和政府不干预政策），也可能源于中央银行未能有效地履行最后贷款人的职责，致使货币供应量的锐减（如“大萧条”期间美联储的一些做法）；既可能是由于政府在运用需求调节政策时对经济形势的判断有误，使总需求受到过分抑制（如美联储在1935—1937年连续3次调高法定准备金率，致使经济复苏中断，重又陷入萧条），也可能是政府在治理通货膨胀的过程中，实行紧缩性需求调节政策，由于“时滞”效应，而引起需求不足。

对需求不足型通货紧缩成因的理论分析，凯恩斯从三大心理定律着手深入探讨了有效需求不足的原因，弗里德曼和施瓦茨等人则从信用关系的破坏引起货币供给量的减少等方面分析了需求不足引起的通货紧缩。

20世纪90年代，日本持续的通货紧缩引起了许多有才华的经济学家的关注，其中美国知名的国际经济学教授保罗·克鲁格曼的分析独树一帜[①]。克鲁

① 柳永明：“克鲁格曼通货紧缩理论述评”，《经济学动态》1999年第9期。

格曼认为,需求不足在不同的国家和不同的时期有着不同的社会根源及制度根源。日本经济所面临的普遍的需求不足完全可以从人口学的角度来解释。一方面,由于日本人口出生率逐年降低,而日本人又保持了世界上最长的平均寿命,因此,老龄化问题日趋严重,加之缺乏完备的社会保障制度,使得日本的社会公众都倾向于更多地储蓄以备将来退休之后使用。另一方面,缓慢的人口增长率加上日本大量的向外移民,造成适合工作年龄的人口迅速减少,使得企业预期利润降低,不愿扩大投资。克鲁格曼断言,人口老龄化问题将在未来较长时期内制约日本乃至整个欧洲的社会总需求,只不过 20 世纪 90 年代初日本泡沫经济的破灭,使得企业投资机会减少,公众预期收入降低,从而提前和加剧了社会总需求不足的矛盾,酿成了今天通货紧缩的局面。

为了描述更为一般的情况,克鲁格曼用跨期分析的方法刻画了消费需求与物价水平的关系。根据经济学基本原理,经济主体在消费与储蓄之间的选择实际上就是在当前消费与未来消费之间进行抉择。这一抉择在持久性收入没有重大变化的情况下,取决于当期物价水平 P 与按市场利率 i 贴现后的预期未来物价水平 $Pe/(1+i)$间的对比,如果 $P=Pe/(1+i)$,则经济主体在当前和未来消费之间无差异;若 $P>Pe/(1+i)$,则理性的经济主体会减少当前的消费支出,而尽可能地多储蓄满足未来的消费需要,从而实现效用最大化。而这一行为本身,又会迫使当期物价水平 P 的下降,使经济恢复跨期均衡($P=Pe/(1+i)$)。据此,克鲁格曼认为,在低通货膨胀的环境中,当期物价水平的下跌,并非由于当期物价水平过高,而是由于预期物价水平太低或高名义利率所致。要阻止通货紧缩,要么提高预期通货膨胀率,要么降低名义利率,如果预期通货膨胀率和名义利率存在某种刚性,则传统的经济政策就难以生效。

克鲁格曼还从凯恩斯提出的“流动性陷阱”的分析出发,论述了流动性陷阱是通货紧缩的必要前提。

克鲁格曼认为,在弹性货币供给条件下的通货紧缩与金本位下的通货紧缩有着本质的区别。在信用货币条件下,之所以发生通货紧缩而传统的货币政策又无能为力,必然是因为经济已经处于流动性陷阱状态。此时,使得储蓄与投资达到充分均衡的真实利率为负,即相对于现在而言,社会公众更加偏好未来,即使短期名义利率降至很低的程度甚至为零,意愿的储蓄仍然超过意愿的投资,经济处于非均衡状态。克鲁格曼认为,要消除储蓄与投资之间的缺口,有两条途径:要么当前物价水平下降,使得消费增加,储蓄减少;要么降低名义利率,使投资支出增加。前者只能使经济在低水平上获得均衡,因而是政策当局所不愿看到的。但是,由于名义利率不能低于零,这使得现行的真实利率高于经济均衡所需要的负的真实利率而难以下降,利率对经济活动的调节作用完全丧失,因此,第二条途径也不能生效。此时,经济实现均衡的唯一途径是物价水平的下跌。由此可知,在克鲁格曼看来,通货紧缩一方面是市场力量的必然,是市场通过价格机制强制性地为建立新的均衡而开辟的道路；另一方面，通货紧缩也是流动性陷阱的结果。

克鲁格曼还进一步指出，不完全资本市场的存在，会有助于负的真实利率的形成。假定一些人预期他们的未来收入会高于现在的收入，而另一些人预期未来收入会降低，在完全的资本市场上，预期收入增加的人倾向于多消费从而抵消预期收入降低的人新增的储蓄。但是在不完全的资本市场上，预期收入增加的人由于受流动性约束，往往得不到足够的贷款进行消费，这一抵消作用便难以正常发挥，因而会使储蓄过多，均衡的真实利率比在完全的资本市场下还要低。因此，流动性陷阱的存在，与资本市场和金融中介的机能有着密不可分的联系。

传统的经济开放宏观经济学认为，只要存在资本流动和国际贸易，流动性陷阱便不可能出现，因为社会公众不会在低利率面前无动于衷，而会将其储蓄向境外投资，以获取较高的回报。但克鲁格曼却认为情况并非如此，因为即使资本可以完全流动，但商品与劳务市场有限的一体化也会阻碍国内储蓄能在国外找到较佳的投资机会。同时，许多对就业有较大影响的产业是非贸易性的，因此，过多的储蓄很难通过向境外投资的方式彻底消除，资本输出是不能完全解决流动性陷阱的。

对需求不足型通货紧缩成因的分析，还可以遵循以下的思路：

(1) 假定初始的物价下降源于政府紧缩的财政、货币政策，即推动物价下降是一种外生变量的作用。

(2) 物价的短期下降，即便是普遍下降并不视为通货紧缩，物价的普遍下降必须持续一定时期(如一年以上)才视为通货紧缩。

(3) 物价持续下降提供的市场信息会使有关经济主体——消费者、投资者和商业银行三方面的预期发生变化，从而对其资产选择行为进行调整。消费者预期物价会进一步降低，持有货币资产可以使财富增加，实现跨时期效用的最大化。投资者预期伴随物价下跌，实际利率水平提高，因而其债务负担会加重，另外在物价持续下跌的市场环境中，其投资的不确定性和风险增大，预期投资收益严重降低。投资者的理性选择是减少投资，清偿债务。商业银行预期物价持续下降，负债经营的企业和投资者的债务负担加重，金融市场风险加大，为避免信息不对称条件下借款者的逆向选择和道德风险，商业银行“惜贷”是一种理性的选择，如大多数商业银行都选择“惜贷”，即使商业银行的超额准备金增加，货币乘数降低，货币供应量减少。上述三类经济主体在预期的作用下做出的理性选择，就单个的行为本身都是理性的，但作为一个整体的选择，其结果必然是非理性的——消费需求和投资需求下降，货币供应量减少，总需求的减少又促使物价水平进一步下降，最终酿成通货紧缩。通货紧缩若不及时有效治理，就有可能引起经济衰退。

（二）供给过剩型通货紧缩

这往往是在开放经济的背景下，由于全球性或区域性的技术创新和进步、全球经济一体化进程加快，高投资率等原因，使得全球生产能力有了巨大的增长，造成了全球性生产能力的过剩，从而引起部分国家乃至全球性的通货紧缩。对于转型国家来说，转型初期的通货膨胀和国有经济的软预算结束，导致盲目投资，重复建设，特别是传统产业过分扩张，形成大量过剩生产能力。

（三）结构型通货紧缩

这种通货紧缩在发展中国家最为典型。发展中国家（特别是大国）具有明显的二元经济的特征，这不仅表现为发达的现代城市经济和落后的传统农业并存，还表现为现代经济聚集的发达地区和传统产业集中的欠发达地区的并存。在工业化和市场化过程中，发展中国家收入分配差距扩大的趋势，呈现“倒 U 形”变化，结果使城乡、地区差距以及不同社会阶层间的收入差距扩大。按照凯恩斯的消费理论，低收入阶层往往具有更高的消费倾向，而高收入阶层大都具有较高的储蓄倾向。这种收入分配结构的差异会导致全社会的消费倾向下降，使需求饱和与需求不足并存，生产能力大量闲置、过剩，从而引起通货紧缩。

（四）体制型通货紧缩

体制型通货紧缩主要指实行渐进式转型的国家，国有经济在整个经济中还占有相当的比重，在高负债经营的条件下，国有企业效率低下，许多国有企业不仅资本金难以按期偿还，支付利息也常常发生困难，因此形成国有商业银行的大量呆账、坏账。一方面，在宏观紧缩、物价水平回落的条件下，国有企业亏损面持续扩大，银行为避免呆账、坏账比率过高，加强贷款风险管理，对国有企业贷款趋于减少；另一方面，由于金融体制改革滞后，对非国有经济贷款的担保体系未建立起来，非国有企业对贷款的正常需求难以满足。两种力量综合作用的结果是供给过剩和需求不足，物价持续下降，最终形成通货紧缩。

四、通货紧缩的治理

通货紧缩的治理要根据通货紧缩形成的原因和类型，采取不同的措施或多管齐下的综合措施。

就短期而言，主要是采取总量调节，实施积极的财政政策和与之相适应的较宽松的货币政策。在通货紧缩时期，为了抑制物价持续下跌造成的负面影响，需要实行积极的财政政策并辅之以积极的货币政策。实行单一的财政政策会产生“挤出效应”，即由于财政支出增加，对货币的需求量增加，在货币供给量不变的条件下，会推动利率水平的上升，由此造成的融资成本提高会对企业投资产生抑制作用。实行积极的货币政策的作用在于通过松动银根，增加货币供给量，抑制利率水平的提高，以避免对民间投资的“挤出”。

实行积极的财政政策，具有在短期内直接扩大需求、增加产出和就业、改善宏观经济环境的作用。伴随着宏观经济的好转，各经济主体的市场预期就会发生变化，对政府的需求调节政策也会做出积极的反应和理性的选择：商业银行积极寻求有利可图的贷款；企业预期投资收益率提高，投资意愿增强而积极融资；个人消费意愿增强而扩大消费，对消费信贷的需求增加。

在通货紧缩时期，需求调节的重点是在短期内直接地增大总需求，借以改善公众的预期。货币政策的间接性和时滞性使其在扩大需求方面具有明显的局限性，只有实行积极的财政政策，才可能在短期内直接、有效地增加总需求。因此，通货紧缩时期必须以积极的财政政策为主导，辅之以积极的货币政策，才有助于宏观经济尽快从通货紧缩的阴影中走出来。

从长期来说，主要是经济结构的调整和制度创新，推进城乡经济和区域间经济的协调发展，调整收入分配关系，建立和完善社会保障制度。积极推进体制的变革和创新，在不断完善市场竞争机制的同时，着力建设与市场经济相适应的产权制度和激励机制。

专栏 11-3 台湾 20 世纪 70 年代的两次通货膨胀及其对策

台湾经济在 20 世纪 60 年代的特征是高速增长和价格稳定。1961 至 1971 年间，GNP 年均增长 10.2%，而消费物价指数只上升了 2.9%。但这种形势被 1973 年以来发生的几次石油危机打断。1973 年，尽管台湾经济的增长率仍然高于上一年，但物价也突然上涨了 22.9%。1974 年进一步上涨为 40.6%，同年的经济增长率却比上年回落了 1.1%。当时台湾经济面临着严峻的考验，台湾当局为此采取了许多严厉的措施。1975 年通货膨胀大幅下降，消费物价指数为—5.1%，经济增长率为 4.2%。尽管 1976 至 1978 年又发生了石油危机，但台湾经济的增长率仍高达 12.4%，通货膨胀率只有 3%。

1979 至 1980 年，石油价格上升又一次形成对台湾经济的巨大冲击。1979 年，台湾经济年均通货膨胀率上升了 13.8%，1980 年又上升了 21.5%，经济增长率 1979 年下降为 8.1%，1980 年更降为 6.6%。因此，虽然这次通货膨胀率只有上次的一半左右，但经济增长速度却比上一次更低。

造成 1973 至 1974 年和 1979 至 1980 年两次通货膨胀的原因，既有成本推动的因素，又有需求拉上的因素。从成本推动来说，台湾商品的成本主要由四部分组成：工资、利润、中间投入成本和间接税。其中，台湾的工资由竞争激烈的劳动力市场的供求关系决定，所以，它不是成本推动的主要因素。成本推动也不能归之于利润的最大化，因为台湾的行业垄断权并不强大。由于台湾的中间投入严重地依赖进口，因此国际市场上产品价格的暴涨和汇率的变化就成为成本推动的主要原因。台湾是一个小而开放的市场经济体系。1973年，台湾所面临的国际市场条件有其特殊性。首先，1972年台湾存在大量的贸易顺差，以至于占了当年GNP的8.2%，仅此一项就增加货币供给37.9%。其次，始于1972年的世界性食品短缺严重影响了世界市场价格。美国1973年第一季度通货膨胀率达到了破纪录的水平，同年日本的通货膨胀率也达到了22.8%，通货膨胀几乎席卷了整个资本主义世界。最后，旧的国际金融体系于1971年8月崩溃以后，美元在1971年12月的斯密森会议后分别对日元和马克贬值16.88%和13.56%，1973年2月12日对特别提款权也贬值10%，整个西方世界开始实行浮动汇率制。

针对1973至1974年的严重通货膨胀，台湾当局采取了十分严厉的措施。

(1) 高利率政策。随着1973年价格开始上升，利率也于同年4月和7月开始提高。其中担保贷款利率提高了13.25%，3至9个月的贴现率也提高了11.75%。由于1973年下半年价格指数仍以每月4%的速度上升，到10月，存款的时间和数量也开始下降，1974年1月通货膨胀率已达到每月上升12.9%的水平。1974年1月27日，台湾当局采取了“稳定经济措施”：第一，一次性提高储蓄存款利率33.4%，贷款利率25.8%；第二，短期存款利率提高快于长期存款利率；第三，储蓄存款利率提高快于贷款利率；第四，新的存款利率和债券利息适用于所有以前的存款和公共债券。这样，从1974年1月以后，这一政策极大地刺激了储蓄存款的增加。

(2) 一次性油价调整。1973年国际市场上石油价格提高，由台湾当局经营的中国石油公司曾利用其利润努力吸收油价的提高部分。但是，油价的上涨很快就超过了中国石油公司的吸收能力。为了避免油价逐步上升造成的通货膨胀预期，1974年1月27日，台湾当局决定一次性提高石油及其产品的价格。不同种类的石油产品价格提高了88.4%，电力价格也上升了78.7%。虽然1974年2月价格水平仍上升了12.9%，但高利率和调整油价两项措施使3月份价格水平有所下降，以后逐月降低，到1975年通货膨胀率已变为—5.1%。

(3) 税负减免。为了减少生产成本，刺激经济复苏，台湾当局对收入税、消费税、商品税和关税实行了减免。减免税收总额达111.1新台币，分别占当年税收总数的12.9%和GNP的2.1%。

(4) 投资10项公共支出的工程项目。其中包括6项交通运输工程，3项重工业工程和1项原子能发电工程。10大工程的投资约占1973至1974年投资总额的4.5%，1975至1976年的20%。这些项目极大地刺激了1975年的经济复苏和后来台湾经济的繁荣及增长。

由于1979至1980年发生的通货膨胀和经济增长下降较为温和，因此台湾当局未采取严厉的措施，而是用较温和、渐进的方法来引导石油及其产品的价格更为合理化，汇率由市场力量决定，利率更加自由化。调整的时间也比上一次更长。

(1) 石油及其产品的价格。允许台湾的石油价格在某种程度上更直接地反映进口成本的水平。1979 至 1981 年，石油和电力价格平均每年上升 49.4%和 30.7%，这对提高能源的使用效率和进一步节约能源起了巨大作用。

(2) 汇率。从 1979 年起，汇率体制由原来的固定汇率改为浮动汇率，避免了新台币币值的高估和低估现象。

(3) 利率。根据台湾的银行法，存款的最高利率由“中央银行”规定，贷款利率则由银行家协会提出，由“中央银行”审议并实施。为了使利率更加自由化，“中央银行”于 1980 年 11 月颁布了“利率调整纲要”，允许在最高和最低利率之间有更大的浮动空间，实行更具有弹性的利率。从 1980 年 11 月至 1982 年 12 月，先后对利率调整了 10 次。

总结：台湾的通货膨胀，其发生与国际市场有着非常密切的联系。与此同时，反通货膨胀的政策措施也越来越向市场化、自由化方向发展，台湾地区经济参与国际分工和交换的适应能力不断提高。

2007 年以来，中国经济又出现了新一轮的通货膨胀，这次通货膨胀的原因相当程度上与台湾 20 世纪 70 年代的两次通货膨胀的原因类似。在中国经济国际化和市场化的过程中，台湾治理通货膨胀的措施，今天仍具有重要的借鉴意义。

资料来源　安佳，肖遥：《走出通货膨胀的战略选择——台湾经济学界大论战》，群众出版社 1989 年版，第 251－257 页。

本章小结

通货膨胀一般是指商品和服务货币价格总水平的持续上涨的现象。

通货膨胀的严重程度是通过各种价格指数来衡量的。较为流行的价格指数可以分为以下三类：一是消费者价格指数，该指数是根据家庭消费的代表性商品和劳务的价格变动状况而编制的，它主要反映了与人们生活直接相关的衣服、食品、住房、水、电、交通、医疗、教育等商品和劳务价格的变动；二是生产者价格指数，该指数是根据企业而不是消费者所购买的商品价格的变化状况编制的，它反映了包括原材料、中间产品及最终产品在内的各种商品批发价格的变化；三是国民生产总值价格平减指数(GNP deflator)，它是一个涵盖范围更广的价格水平指标，反映了一国生产的各种最终产品(包括消费品、资本品,以及劳务)价格水平的变化状况。

通货膨胀可以从多个角度进行分类。根据通货膨胀的表现形态,可以把它分为公开型通货膨胀和隐蔽型通货膨胀;根据通货膨胀的严重程度,可以把通货膨胀分为温和式通货膨胀、急剧的通货膨胀和恶性通货膨胀。

通货膨胀对经济的影响可以分为三个方面:①对总体就业和产出的影响;②对财富和收入再分配的影响;③对微观经济效率的影响。

一般来说,通货膨胀所带来的就业扩张仅仅是短期的,是不可能持久的;通货膨胀对财富和收入再分配的影响是显而易见的;通货膨胀造成了相对价格的混乱和扭曲,使价格作为一种信号机制来反映资源相对稀缺程度、引导资源配置的功能受到了削弱,就不可避免地带来效率的损失。

尽管不论何时何地,通货膨胀的发生都和货币的扩张联系在一起,但是在不同的时间、不同的地点,导致这种货币扩张的原因却是多种多样的。需求拉上型通货膨胀是指总需求超出了社会潜在产出水平之后引起的价格水平连续上涨的情形;成本推动型通货膨胀认为,通货膨胀的原因在于成本上升引起了总供给曲线的上移。成本推动仅仅是物价上涨的最初动因,政府为维持其就业和产出目标而采取的扩张性政策是价格水平持续上升的必要条件;同时,政府利用财政手段来扩张需求的能力是有限的,只有货币才有持续的扩张能力。因此,成本推动型的通货膨胀也主要是一种货币现象。结构型通货膨胀一般是指在总供给和总需求相对平衡的条件下,某些结构性因素也可能导致通货膨胀。但是结构型通货膨胀的发生同样要以货币的扩张为条件,因为在货币总量不变的条件下,这些结构型的因素也只能导致相对价格的变化,而不是整体价格的上涨。

由于通货膨胀的一个基本原因在于总需求超过了总供给,因此当经济面临较大的通货膨胀压力时,政府往往采取紧缩性的财政政策和货币政策来抑制过旺的总需求。这种反通货膨胀政策通常是较容易奏效的,但是它的缺点在于往往伴随着失业率的大幅度上升。收入政策是通过对工资和物价的上涨进行直接干预来达到降低通货膨胀率的目的。收入指数化政策,是各种名义收入,如工资、利息等,部分或全部地与物价指数相联系,自动随物价指数的升降而升降。

通货紧缩一般是指商品和劳务的货币价格总水平持续下降的经济现象,通货紧缩对经济增长、投资和消费存在着明显的负面影响。根据通货紧缩的类型或成因划分,主要有需求不足型通货紧缩、供给过剩型通货紧缩、结构型通货紧缩和体制型通货紧缩。通货紧缩的治理要根据其形成的原因和各国的国情,采取相应的政策和措施。就短期而言,主要是采取总量调节,实施积极的财政政策和与之相适应的较宽松的货币政策。从长期来说,主要是经济结构的调整和制度创新,推进城乡经济和区域经济的协调发展,调整收入分配关系,建立和完善社会保障制度。积极推进体制的变革和创新,在不断完善市场竞争机制的同时,着力建设与市场经济相适应的产权制度和激励机制。

重要概念

通货膨胀 通货紧缩 消费物价指数 核心价格指数 需求拉上型通货膨胀 成本推进型通货膨胀 结构型通货膨胀 指数化债券 需求不足型通货紧缩 供给过剩型通货紧缩 结构型通货紧缩 体制型通货紧缩

思考题

1. 请对通货膨胀和通货紧缩的经济社会效应进行比较。
2. 如何度量通货膨胀?
3. 为什么说通货膨胀是一种货币现象?
4. 结合我国实际,分析诱发通货膨胀和通货紧缩的原因
5. 台湾治理通货膨胀的经验对我国有哪些借鉴意义?

第十二章　货币政策

货币政策是由货币当局即中央银行通过调节一系列政策工具影响货币供应规模和利率，促进特定经济目标实现的方针和措施的总称。货币政策问题一般涉及四个方面的内容：①货币政策目标；②货币政策中间目标和货币政策工具；③货币政策传导机制；④货币政策效果。本章将从这四个方面逐一展开，分析从货币政策目标的确立到最终目标实现的全过程。

第一节/货币政策目标

货币政策的最终目标是货币当局所期望达到的最终实施结果，是中央银行组织和调节货币流通的出发点与归宿，它必须服务于国家宏观经济政策的总体目标，这也就决定了货币政策最终目标与宏观经济政策目标之间的一致性。

一、货币政策的主要目标

货币政策目标，是中央银行通过实施各种控制货币和信用的手段所要达到的宏观经济目标。主要包括四个方面：物价稳定、充分就业、经济增长和国际收支平衡。目前，国际上许多国家都把物价稳定作为货币政策的首选目标。

（一）物价稳定

所谓物价稳定，是指物价总水平在某一时期内的波动保持在一个较小的幅度内。货币政策实现的物价稳定可以理解为以下四个方面：

（1）物价稳定的目标，是指稳定物价总水平，而不是指稳定部分商品的物价水平。最能衡量物价总水平的通货膨胀率指标是国民生产总值折算数，由于该数据的取得周期较长，无法及时反映物价变动状况，影响货币政策的实施，所以现在许多国家用消费物价指数（CPI）来反映物价波动情况。

（2）物价稳定并不是物价绝对不变，在市场经济环境中，各种商品和要素的价格是由市场上的供求状况决定的。某种商品如果供不应求，市场价格就会上升，需求过热导致持续的供应不足，会引起物价持续上升，此时，货币政策的运用可以进行一些引导，增加供给，减少需求，实现价格的回落和平稳。相反，如果市场上某种商品供过于求，其价格就会下降，如果物价持续下跌到零增长或负增长，会导致经济低迷，影响投资信心。所以通过货币政策的调控，使物价增长回复到较低的增长目标中。

(3) 物价总水平保持在一定的波动幅度内，将有利于社会经济的发展，一定的物价变化有利于加强企业的成本意识和风险意识。

(4) 物价总水平的波动幅度在同一国家的不同时期会有不同。一般根据一个社会对物价上涨的承受能力而定。如新西兰在20世纪90年代的不同时期有不同的变动范围，1990至1992年为3%～5%，1992至1996年为0%～2%，1996年后为0%～3%。90年代前期的高位波动是由于新西兰80年代高通货膨胀的惯性所致。

(二) 充分就业

所谓充分就业，是指凡在一定年龄范围内有劳动能力并愿意参加工作的人寻找工作且找到了适当的工作。充分就业并不是人人都有工作，而是指将失业率维持在一个较低的、合理的限度之内。

货币政策目标所要求的充分就业，是指将失业率降到一个社会能够接受的水平。实现充分就业时的失业率称为自然失业率。除去自愿失业外，在充分就业情况下仍然有一定的失业人口，因为在经济发展过程中，劳动力市场上劳动力的需求和供给存在摩擦性、求职性、结构性、技术性和季节性等失业状态，使劳动力流动受到影响。将充分就业作为货币政策的目标之一，是因为失业问题已成为困扰各国经济发展和社会安定的基本问题，要发展经济、稳定社会，必须降低失业率。

失业率，即一国的失业人数占该国有劳动能力人数的比重，这个比率应该是多少呢？或一个国家能容忍多大的失业程度？这并没有一个统一的标准，而是由一国的政治、经济、文化、就业方式等多种复杂因素共同决定的。在不同国家或同一国家的不同时期都是不同的。如：美国在20世纪五六十年代的正常失业率为3.5%～4.5%，70年代的正常失业率为4.5%～5.5%，80年代的正常失业率为5.5%～6.5%。

(三) 经济增长

所谓经济增长，是指一国在一定时期内所生产的商品和劳务总量的增长，以不变价格计算的国内生产总值和人均国内生产总值的增加来衡量。理解经济增长必须区分短期的经济增长与长期的经济增长，并分析保持经济长期持续增长的内在因素和动力；不仅要考察经济增长的数量指标，更要考察经济增长的质量指标。

作为货币政策目标要求的经济增长，是指经济在一个较长的时期内始终处于稳定持续增长的状态中，不出现大起大落。经济增长应有一个适度的增长率，这种增长既能满足社会发展的要求，又是人口增长、各种资源潜力和技术进步所能达到的。一国的经济增长率在客观上主要取决于该国要素资源的投入水平，而要素资源的投入水平又取决于要素资源的实际供给潜力。因此，过低的经济增长速度不能充分利用资源，造成资源的浪费，而过高的经济增长速度则造成资源的短缺。衡量经济增长的程度，不仅要从增加的数量指标上看，还要从增长的质量上看。经济增长的目的是为了增强国家实力，提高人们的生活水平。在经济增长过程中，如果过度使用和浪费资源、破坏生态环境、无效的重复建设等，这样所实现的经济增长，并不是真正的经济增长。因此，货币政策实施可以从一定程度上调控各种污染、森林面积减少等导致国民经济负增长的因素，实现经济稳定可持续增长。

（四）国际收支平衡

国际收支平衡是指一个国家在一定时期内对外经济交往中全部货币收入和全部货币支出相抵后基本平衡。国际收支状况反映了一国对外经济关系的综合能力。

国际收支反映的一国对外经济交易活动，按其性质来分包括自主性交易和调节性交易两类。自主性交易又称事前交易，指经济实体根据自主的经济动机而进行的各种交易，如商品和服务的输出入、赠予和侨汇、资本输出入等；调节性交易又称补偿性交易或事后交易，指为弥补自主性交易差额或缺口而进行的各种交易活动，如分期付款、商业信用、黄金外汇储备的支付等。一国的国际收支，无论是顺差还是逆差，如果数额过大、持续时间过长，都会对经济的正常运行和发展产生不利影响。因此，改善国际收支状况、实现国际收支平衡，是许多国家货币政策的目标之一，尤其是一些对国际市场依赖性强的国家，如日本，更是将此目标摆到突出的位置。货币政策所要达到的国际收支平衡，是指一国国际收支大体持平或逆差、顺差减小，避免逆差或顺差的进一步扩大。

二、中央银行货币政策目标的相互关系

（一）物价稳定与充分就业

经济学理论中的菲利浦斯曲线说明了失业率与物价变动率之间存在此消彼长的关系。1958 年，菲利浦斯得出关于就业率与工资增长率之间存在正相关关系的研究结论，后人在进一步研究的基础上也证明了失业率与物价变化率之间的负相关关系。如果降低失业率，增加就业机会，必须扩大生产规模，增加货币供给，物价就会以更快的速度上涨；如果要降低物价上涨率，就要压缩生产规模，就必须承受较高的失业率。物价稳定和充分就业之间的矛盾关系给政策的制定者一个启示：要实现充分就业，必然要忍受一定的物价上涨率；要维持物价稳定，又必须承受一定的失业率。政策目标之间需要设置社会临界点组合，即失业率和通货膨胀率的社会可以接受程度组合。

（二）物价稳定与经济增长

从长期来看，物价稳定与经济增长之间具有一致性。稳定的物价，可以减少市场的不确定性，充分发挥市场的功能，维持经济的长期增长；而经济的持续增长又有利于生产充足的商品，保持物价的稳定。从短期来看，物价稳定与经济增长之间还是存在着矛盾的：稳定物价需要抑制总需求，而促进经济增长需要扩大总需求；要加快经济增长，就必须配合扩张性的货币政策，以刺激投资和消费，而投资和消费的增加，又有可能引发物价上涨；要稳定物价，必须实施紧缩性的货币政策，而这种政策又可能降低经济增长速度；最坏的状况是通货膨胀与经济停滞并存，出现经济“滞胀”。所以，既要保持持续的经济增长，又要防止通货膨胀，保持物价稳定，也是政策目标的难解之题。

（三）物价稳定与国际收支平衡

物价稳定与国际收支平衡是货币政策的内部目的与外部目的。由于影响国内经济因素与国际经济关系的因素很复杂，所以中央银行要同时实现其内部目标和外部目标将非常困难。当本国出现通货膨胀时，有利于外国商品的进口，同时为了平抑国内物价，增加国内供给，就必须增加进口，减少出口，这会导致外汇储备减少，造成国际收支逆差。为了消除国际收支逆差，须减少进口，扩大出口，减少国内商品供给，这又可能给国内市场造成压力，导致价格上涨。

（四）经济增长与国际收支平衡

在一般情况下，一国经济增长，将有利于提高本国商品在世界市场上的竞争力，有利于提高本国的出口能力。如果一国经济增长的同时国外物价上涨，会促进出口的增长，有利于平衡国际收支。

经济增长引起收入增加，人们对商品的需求及购买能力增强，由于进口一般是国内国民收入的递增函数，这样就会导致进口增加和国际收支逆差。

（五）经济增长与充分就业

根据奥肯法则，在失业率与自然失业率之差和实际国民收入与潜在国民收入之差之间存在一种负相关关系。这说明，实际经济增长越接近潜在的国民收入增长率，失业率便越接近自然失业率，所以可以理解为经济增长和充分就业之间存在着正相关关系。经济增长、生产规模扩大、就业岗位增加、就业人数增加，能实现充分就业。但是经济增长方式出现变化的时候，两者之间的正相关关系被打破，在资本和知识密集型模式下，两者之间可能会存在一定的矛盾，经济增长的同时就业人数的增加可能并不明显。

货币政策目标之间存在着不一致性和冲突性，因此各个国家所选择的货币政策目标是不一样的。即使在同一国家，在不同的社会经济发展阶段，货币政策目标的侧重点也有所不同。

三、货币政策目标：单一目标和多目标

虽然我们讨论了货币政策的四大主要目标，但并不是说每个国家的中央银

行都将上述四个目标全部确立为自己的货币政策目标，而是说各国的货币政策目标一般都在这四个目标中选择，一国的货币政策目标总是这四个目标的部分或全部的某种组合。

由于不同国家和地区的经济、金融环境不同，所处的发展阶段和历史背景不同，经济生活和管理体制的不同，因此在货币政策目标的选择上必然会存在差异。有些国家明确突出其中一个目标，即单一目标，如德国、澳大利亚等国就比较注重对币值和物价稳定的维护，因而其货币当局历来认为货币政策的目标只能有一个，就是物价稳定；欧洲中央银行诞生后，也明确把物价稳定作为货币当局的唯一目标。而有些国家明确要实现几个目标，即多目标，如美、英等国将全面追求经济增长、充分就业、物价稳定和国际收支平衡作为货币政策目标；日本银行在1998年新银行法实施前，把稳定物价、国际收支平衡和维持对资本设备的适当需求作为货币政策目标。当然，货币政策目标的选择并不是在各个历史时期都是相同的。20世纪40年代中期，充分就业成为货币政策的目标之一，并且比物价稳定还要突出；50年代后期，受各种经济增长理论的影响，各国的货币政策目标普遍突出经济增长；从60年代起，国际收支失衡、汇率波动越来越成为影响经济正常运行的因素，因此，货币政策目标中又加进了国际收支平衡这项内容。70年代中期以后，"滞胀"促使一些国家把货币政策目标确定为稳定物价。日本新修改的银行法中，也明确物价稳定为货币政策的主要目标。

专栏12-1　我国货币政策目标的变化

1979年以前	"一切为国民经济计划发展服务"
1979年—20世纪80年代	1986年1月，《中华人民共和国银行管理暂行条例》提出："中央银行、专业银行和其他金融机构，其金融业务活动，都应以发展经济、稳定货币，提高社会主义经济效益为目标"。双重目标：经济发展和稳定货币，但经济发展放在首位
20世纪90年代	1995年3月，《中华人民共和国中国人民银行法》提出："保持币值稳定，并以此促进经济发展"。双重目标：保持货币稳定、促进经济发展，但中央银行的首要任务是保持货币稳定，其次才是促进经济增长
2004年至今	2003年12月，《中华人民共和国中国人民银行法》（修正）第三条还提出：货币政策目标是保持货币币值的稳定，并以此促进经济增长。

资料来源　根据相关资料整理。

从各国的货币政策目标变化看，总体趋势是单一目标的选择。20 世纪 90 年代以后，一些国家把“通货膨胀目标制”(Inflation Targeting)作为货币政策唯一目标。“通货膨胀目标制”的核心是以未来一段时间内数量确定的通货膨胀率作为货币政策目标或目标区，来实施货币政策工具的操作(可见表 12－1)。

表 12－1 世界上主要发达国家货币政策的主要目标(1996 年以后)

国家或地区	货币政策主要目标	衡量指标	目标区间
美国	经济增长和物价稳定		
加拿大	稳定货币兼顾国际收支平衡	CPI	2%±1%
欧盟	稳定货币	HICP[1]	中期≤2%
英国	稳定货币	RPI[2]	2.5%
日本	稳定货币兼顾国际收支平衡	CPI	0～2%
新西兰	稳定货币	CPI	0～3%
澳大利亚	稳定货币	CPI	中期内平均 2～3%

注：1. HICP (Harmonised Index of Consumer Prices)消费物价调和指数。

欧盟统计局所公布的 HICP 构成有 94 项，分成五大类，根据它们各自在消费支出中的比重来确定权重，即商品价格占比为 59.1%，服务占比为 40.9%。商品中未加工食品为 7.6%、加工食品为 11.7%、非能源工业产品 31.6%、能源为 8.2%。(阙澄宇)

2. RPI (Retail Price Index)零售价格指数。

资料来源 ［美］本・S. 伯南克、托马斯・劳巴克、费雷德里克・S. 米什金、亚当・S. 波森著。孙刚、钱泳、王争译：《通货膨胀目标制(国际经验)》，东北财经大学出版社 2006 年版。

“通货膨胀目标制”的优点是政策透明度强，公众易于理解，同时也能提高中央银行的责信度。但这一制度在实施过程中，应注意避免僵化，要有一定幅度的变动弹性，同时要避免因过于关注通货膨胀指标而导致对实际经济产出的政策干扰。

第二节/货币政策中间目标与政策工具

货币政策中间目标的选择是实现货币政策最终目标的前提条件。因为最终目标的资料统计需要较长时间的收集和整理，所以中央银行对整体经济状况的运行数据无法随时掌握。为了能及时了解政策工具是否得力，掌握政策工具的调节是否能实现预期的目标效果，中央银行实施货币政策时需要设置有效的货币政策中间目标。

一、货币政策中间目标

(一)货币政策中间目标的含义

货币政策的中间目标,是指中央银行在货币政策实施中为考察货币政策的作用,在货币政策操作目标和最终目标之间设立的一些过渡性指标。货币当局必须在较短时间内利用一些能够反映经济形势的变化状况的金融变量,作为考察货币政策工具最终目标实施效果的信号。

(二)货币中间目标选择的原则

中间指标的选择,是货币政策运行过程中的重要环节,它直接关系到货币政策执行的效果。选择时一般要符合可控性、可测性、相关性、抗干扰性四个原则。

可控性是指中央银行通过运用货币政策工具,可以直接或间接地控制和影响中间目标的变动状况及趋势。当货币政策工具的参数改变后,这种指标的数值随之发生变化。

可测性是指货币政策中间目标能及时显现其数量变动,并通过迅速收集相关数据来反映货币政策工具参数变化后中间目标的变化趋势。透过这些资料和信息能够准确观察、分析和监测货币政策作用的效果及实施进度。

相关性是指选定的货币政策中间目标与最终目标之间有稳定的、较高的统计相关度。当这种指标的数值发生变化时,最终目标的实现程度也随之发生变化。

抗干扰性是指选定的货币政策中间目标在中央银行运用货币政策调节过程中,受其他非货币政策因素的干扰度较低。

(三)可选择的货币政策中间目标

货币政策中间目标,一般有如下四个。

1. 利率

利率作为货币政策的中间目标,具有极好的可测性、较强的可控性和较好的相关性。首先,利率的数据和信息的获取比较容易,也易于分析。利率能够反映货币和信用的供求变动,也能反映经济中的投资和消费的变动。利率水平趋高表明银根紧缩,利率水平趋低则表明银根松弛。其次,利率能够为中央银行所控制。中央银行可通过变动再贴现率或在公开市场买卖有价证券等方式来影响利率水平和利率结构。最后,利率与收入水平、物价水平、国际储备水平等反映货币政策目标的宏观经济指标密切相关。利率变动后,这些指标均受到不同程度的影响。

但是,利率作为中间目标,也存在很大缺陷。由于利率经常变动,影响利率变动的因素也很多,有些因素是按同一方向影响利率变动的,有些因素之间则相互抵消。这样,当市场利率发生某种变化时,中央银行难以准确判断其成因,所采取的调节措施就不一定完全奏效。在存在通货膨胀的条件下,决定借款主体行为的根本因素是实际资本损益,而不是名义利率变动带给他们的那些表面上的影响。但是，中央银行能够观察和控制的是名义利率，而不是实际利率，这也会影响中央银行对经济形势的判断。

2. 货币供应量

从货币供应量的相关性、可测性和可控性等方面来看，把货币供应量作为货币政策中间目标较为理想。首先，货币供应量容易观测，数据容易获得。它直接来源于中央银行的有关报表，各国中央银行都普遍将货币供应量划分为不同层次，并定期公布各个层次的货币供应量监控指标。其次，货币供应量可以为中央银行所控制。中央银行通过对货币发行的控制及对商业银行再贴现和再贷款的控制，掌握着基础货币的扩张和收缩，因而使货币供应量受到控制和调节。最后，货币供应量与反映货币政策目标的宏观经济变量相关性较高。经济增长较快时，信贷需求增加，货币供应量增加；经济衰退时，信贷需求减少，货币供应量就要收缩。

但作为货币政策中间指标，货币供应量也存在一些不足：首先，货币供应量与物价水平之间的对应关系是非线性的，其变动方向和数量关系不是很稳定；其次，不同层次货币的流动性及功能强弱存在很大差异，货币供应结构的变动客观上对经济活动的总量和结构会产生不同的影响；最后，中央银行在短期内控制货币供应量比较困难。

3. 基础货币

基础货币由流通中现金和商业银行在中央银行的准备金存款所构成。基础货币与稳定货币币值之间具有较高的相关性，并且基础货币具有较好的可测性和可控性，所以基础货币是一个良好的货币政策中间目标。首先，基础货币受中央银行直接控制。现金发行是由中央银行垄断控制的，商业银行的准备金存款则可由中央银行通过再贴现、再贷款、买卖证券等方式进行调节。其次，基础货币的变化能够影响货币政策目标的实现。基础货币是货币供应量扩张和收缩的基础。基础货币发生变化，通过货币乘数的作用，货币供应总量就会成倍地变化，而货币供应总量的变化会引起物价水平、投资规模和经济增长水平的变化。

但是，选择基础货币作为货币政策的中间目标时也应注意一些问题。通过基础货币中间目标来调控货币供应量的前提条件是货币乘数必须稳定，而货币乘数常常受现金漏损、超额准备变动等因素影响而发生变动，这就使得基础货币与货币供应量之间的关系并非完全一致。

4. 超额准备金

超额准备金是商业银行全部准备金中扣除了应缴中央银行法定准备金后剩余的准备金。这一货币政策中间目标，主动权在商业银行，中央银行对它的监控和调节较为有限，因此，这一中间目标能发挥的作用也是有限的。尽管超额准备金可以由中央银行通过调整法定存款准备金率、再贴现率和公开市场操作而调节和控制，但超额准备金的多少主要取决于商业银行业务经营的原则。

(四)货币政策中间目标使用应注意的问题

(1)在经济周期的不同阶段,社会经济主要矛盾不同,货币政策最终目标侧重点也有所不同,因此,中间目标必须与货币政策最需要解决的社会经济矛盾紧密联系。一般来说,衰退时期的中间目标以利率和信贷为主较好,而膨胀时期的中间目标以控制货币供应量为佳。

(2)中间目标的表现形式多样,选择时要适应不同国家的不同情况。

(3)任何货币政策中间目标甚至货币政策本身都不是万能的。

中央银行能否同时选择利率和货币供应量两个中间目标呢?答案是"不能"。选择货币供应量作为中间目标必然失去对利率的控制。如图12-1所示,如果中央银行预计的货币需求在 M_D 处,但由于产生意外增加或减少,或者物价水平的意外变动,货币需求曲线可能在 M_{D1} 和 M_{D2} 之间移动。如果货币供应量保持稳定比率,使得货币供应在 M_0 处,那么估计的利率水平为 i。然而当货币需求曲线在 M_{D1} 和 M_{D2} 之间移动时,导致利率在 i_1 和 i_2 之间波动。所以将货币供应量作为中间目标就意味着利率波动。

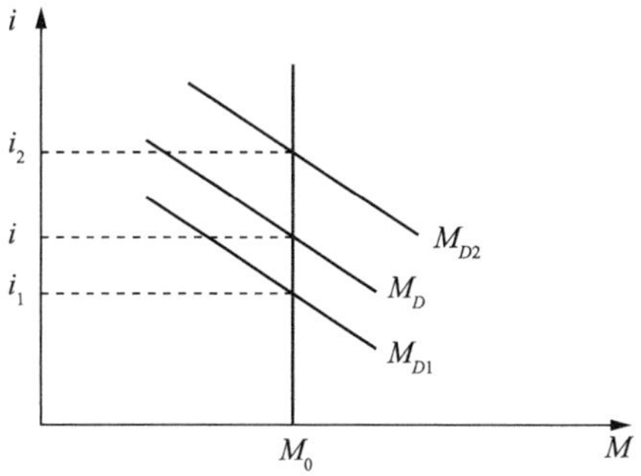

图12-1 货币供应量作为中间目标

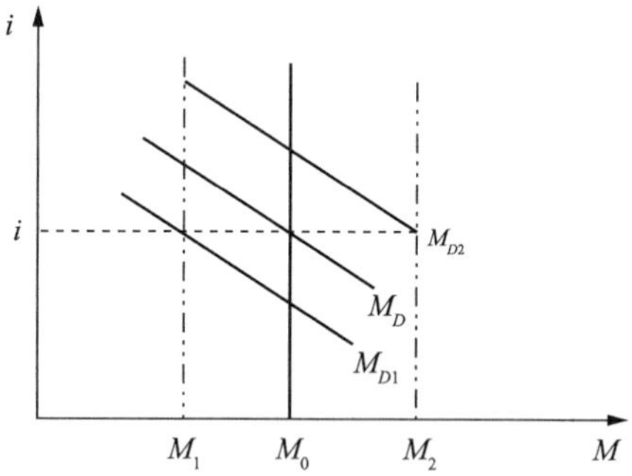

图12-2 利率作为中间指标

同样,如图12-2中,如果中央银行预计的货币需求在 M_D 处,但由于产生意外增加或减少,或者物价水平的意外变动,货币需求曲线可能在 M_{D1} 和 M_{D2} 之间移动。如果利率水平保持不变,使得货币供应在 M_0 处,那么估计的利率水平为 i。然而当货币需求曲线在 M_{D1} 和 M_{D2} 之间移动时,导致供应量在 M_1 和 M_2 之间波动。如果货币需求下降时,利率会下跌,中央银行为了防止利率下跌就需要在公开市场上卖出债券,收进货币,导致市场上货币供应量减少。相反的情形会引起市场上货币供应量增加。所以将利率作为中间目标就意味着货币供应量出现波动。

(五)美国的货币政策中间目标——联邦基金利率

联邦基金利率(Federal Funds Rate)是美国金融机构间的准备金头寸调整的隔夜拆借贷款利率。1994年2月,美联储实施了新的政策秩序。美联储开始公布联邦基金利率的变动,一年共八次,每次美联储公开市场委员会会议后,公布联邦基金利率指标是提高、降低或是保持不变。美联储公开市场委员会通过调整公开市场业务操作，引导金融机构之间拆借利率的调整，通过短期同业拆借利率这一渠道，将货币政策决策传递到经济中。美联储银行的资产 90% 以国债形式持有，如果美联储决定向商业银行体系注入资金，在公开市场上购买债券，就会导致公开市场利率下跌，引起金融机构之间的拆借利率下跌，从而推动美国其他市场利率的走低，减少投资成本，提高消费能力，最终实现经济增长目标。

专栏 12－2　美国的量化宽松货币政策

量化宽松货币政策（Quantitative Easing Monetary Policy，QE）是由中央银行通过公开市场操作以增加货币供应量的手段。其通过为回购国债等中长期债券、增加贷款、购买资产等途径以增加基础货币的供给、向市场注入大量流动性、刺激微观经济主体增加借贷和开支。一般来说，只有当利率等常规工具不再有效的情况下，货币当局才会采用这种极端的货币政策。

量化宽松货币政策最初由日本央行于 2001 年提出。2008 年金融危机爆发，主要发达经济体均受到严重冲击，经济复苏缓慢，失业率居高不下。各国相继下调政策目标利率并维持在历史最低水平，但经济仍未有明显起色，发达经济体均不同程度地使用或扩展了量化宽松政策。

美联储实施第一轮量化宽松政策（QE1），截至 2010 年 3 月已经购买了总额超过 1.7 万亿美元的抵押贷款支持证券和国债，避免了金融市场崩溃。2010 年 11 月 3 日，美联储宣布推出第二轮量化宽松政策（QE2），即在 2011 年第二季度末之前再购买 6 000 亿美元的长期国债，约每月购买 750 亿美元，并再次表示将把到期的抵押贷款支持证券所得用于国债再投资，以维持资产负债表规模。

从效果来看，货币当局购买政府债券，使投资者转向公司债券和股票等风险资产，提高收益，产生财富效应，同时降低企业融资成本，对支持经济复苏和消除通货紧缩风险发挥了一定作用。例如，美联储第二轮量化宽松货币政策实施后，美国信用利差收窄，消费者开支有所增加，但其经济复苏没有持续。量化宽松政策并不能从根本上解决其经济难题，反而可能加剧全球流动性泛滥和货币竞争性贬值的风险，对全球经济产生负面的溢出效应。

资料来源　根据相关资料整理。

（六）我国货币政策中间目标的选择

我国正处在金融高速发展的时期，各种政策制度的变化使货币政策中间目标的选择具有不稳定的特性。我们曾长期将贷款规模既作为操作工具，又作为中间目标。在治理20世纪80年代中后期较严重的通货膨胀的过程中，贷款规模事实上起了控制信用、控制货币量的重要作用。随着金融体系的扩展和信用形式的多样化，只控制信贷规模已经很难达到控制货币供应量的目的。而且，贷款规模的控制，有强烈的行政干预色彩，不利于各项改革的深入进行。1993年底，国务院发布的《关于金融体制改革的决定》，提出将货币供应量、信用总量、同业拆借利率和银行备付金率作为中间目标和操作指标。其中，货币供应量很快在1994年9月被人民银行正式作为监控目标，并按季公布不同层次的货币供应量统计指标，作为分析货币金融形势的重要依据，1996年，又进一步将 M_1 和 M_2 作为货币政策操作的实际依据。1998年以后，我国货币政策重点监测、分析的指标和调控中间目标是 M_2 和新增人民币贷款。

以货币供应量作为货币政策中间指标，具有以下几方面的优势：①能够满足可测性要求。②具有较强的可控性。随着间接调控工具的广泛运用和不断完善，中央银行有能力通过各种间接调控工具对货币供应量进行控制并影响其变动趋势。③选择货币供应量作为货币政策标的，能够有效地抵抗非货币政策因素的干扰。但目前我国的货币供应量指标还需要不断完善，比如，优化货币供应量统计结构，减少货币供应量增长率的变化中的行政干预，提高货币供应量与经济变量之间的稳定联系等。

近年来，我国社会融资结构发生了很大变化，直接融资快速发展、非银行金融机构对实体经济的资金运用增加、商业银行表外业务大量增加，中国人民银行从2012年起增加社会融资规模作为中间目标进行监测分析，如专栏12－3的2012年第一季度社会融资规模。社会融资规模是指一定时期内（每月、每季或

专栏12－3　2012年第一季度社会融资规模（单位：亿元人民币）

社会融资规模	25 420	10 659	25 488
其中：人民币贷款	10 721	6 200	10 625
外币贷款	1 795	1 149	1 509
委托贷款	2 061	1 426	1 748
信托贷款	2 108	1 816	4 312
未贴现银行承兑汇票	5 798	−1 838	2 731
企业债券	2 222	1 427	3 856
非金融企业境内股票融资	244	165	208

资料来源　中国人民银行社会融资规模统计数据报告（http://www.pbc.gov.cn）。

每年)实体经济从金融体系获得的全部资金总额。社会融资规模的内涵主要体现在三个方面:①金融机构通过资金运用对实体经济提供的全部资金支持,即金融机构资产的综合运用,主要包括人民币各项贷款、外币各项贷款、信托贷款、委托贷款、金融机构持有的企业债券、非金融企业股票、保险公司的赔偿和投资性房地产等;②实体经济利用规范的金融工具,在正规金融市场通过金融机构服务所获得的直接融资,主要包括银行承兑汇票、非金融企业股票筹资及企业债的净发行等;③其他融资,主要包括小额贷款公司贷款、贷款公司贷款、产业基金投资等。

二、货币政策工具

货币政策目标需要中央银行采取有效的措施和手段去实现,这些措施和手段又称为货币政策工具。中央银行通过对政策工具操作,改变基础货币的供应,控制货币供应量,或者影响利率,进而影响投资和消费;或者影响商业银行的行为,影响其创造存款货币的能力;或者影响社会公众的预期心理,改变他们的经济行为。货币政策工具是多种多样的,按照工具影响范围来划分,对经济体系中有普遍影响的政策工具可称为一般性货币政策工具,影响部分地区和部分业务对象的政策工具可称为选择性货币政策工具。

(一)一般性货币政策工具

一般性货币政策工具是从总量的角度对货币和信用进行调节和控制,从而对整个经济体系发生普遍性影响的工具。这类工具主要有三个:法定存款准备金率、再贴现率、公开市场业务,人们习惯上称之为中央银行货币政策的“三大法宝”。

1. 法定存款准备金率

法定存款准备金率,就是以法律形式规定商业银行等金融机构将其吸收存款的一部分上缴中央银行作为准备金的比率。规定这一比率最初只是为了建立集中的准备金制度,以增强商业银行的清偿能力。从 20 世纪 30 年代初起,一些国家相继把调整存款准备金率作为中央银行调节信用、调节货币供应量的手段之一。当经济处于需求过度和通货膨胀状态时,中央银行可以提高法定存款准备金率,借以收缩信用和货币量;而当经济处于衰退状态时,中央银行就可以降低存款准备金率,使银行及整个金融体系的信用和货币量得以扩张,达到刺激经济增长的目的。

法定存款准备金率是威力巨大的货币政策工具,它的调整可以使商业银行持有的超额准备金直接受到影响,这样,商业银行存款货币创造能力会发生变化,即货币乘数的变化,其结果使货币供应量大大改变。中央银行调高法定存款准备金率,就是向金融体系和社会公众发出了紧缩信号,金融机构和公众立刻会根据市场变化做出判断或预期,并调整各自的行为。例如,商业银行可能会调整准备金头寸、调整资产负债结构,企业可能会改变融资计划,家庭可能会改变支出计划,等等。所有这些都会影响到货币供应量的变化。所以,法定存款准备金率的调整具有很强的告示效应。

法定存款准备金率作为货币政策工具具有明显的优点:作用速度快、效果明显,对于信用制度不太发达的发展中国家而言,政策工具操作简便。但这一工具存在明显的缺陷:作用效果过于猛烈。由于货币乘数效应,即使法定存款准备金比率的微小变动,也会造成法定准备金的较大波动,从而对经济造成强烈影响;同时也给商业银行带来许多的不确定性,增加了商业银行资金流动性管理的难度。

2. 再贴现率

再贴现是随着中央银行的产生而发展起来的。中央银行通过再贴现业务发挥其最后贷款人功能并维持银行体系储备供给的弹性制度。再贴现是相对于贴现而言的,企业将未到期商业票据卖给商业银行,得到短期贷款,称为贴现;商业银行在票据未到期以前将票据卖给中央银行,得到中央银行的贷款,称为再贴现。中央银行在对商业银行办理贴现贷款时所收取的利息率,称为再贴现率。作为中央银行货币政策工具的再贴现率,在实际中的运用原则一般是:当经济出现需求过度、通货膨胀时,就调高再贴现率;而当经济出现需求乏弱、生产下降时,就降低再贴现率。

调整再贴现率能起到调节信用和货币量的作用。中央银行提高了再贴现率,商业银行或者减少向中央银行融资,或者相应地提高向工商企业贷款的利率。商业银行贷款利率上升,直接增加了企业的生产经营成本,降低了投资的边际效益,贷款需求受到抑制,信贷总规模必然缩小。同时,再贴现率的调整还能起到很好的告示效应,提高再贴现率是中央银行紧缩银根的信息,金融机构和社会公众的经济行为都会发生相应变化,导致信用的收缩和货币供应量的减少。

再贴现率作为中央银行货币政策工具,其变化直接反映了中央银行的政策取向,告示效应明显。但再贴现率调整政策的效果取得,其主动权不在中央银行,而在商业银行。另外,发挥再贴现率调整政策工具的作用需要有一个相当规模的完善的票据市场,如果政策工具操作的市场弹性很小的话,政策工具的操作效果就不理想。

3. 公开市场业务

公开市场业务是中央银行在金融市场上公开买进或卖出有价证券的活动。20 世纪 20 年代,美国联邦储备体系首先选用公开市场业务工具。此后,公开市场业务逐渐成为各国中央银行最重要的货币政策工具。中央银行买卖有价证券并非以盈利为目的,而是借此活动达到调节信用和货币供应的目的。中央银行买卖的有价证券主要是政府短期债券,交易对象的主体主要是商业银行。公开市场业务作为中央银行货币政策工具,其运用原则一般是:当经济中出现需求过大、物价上涨趋势,有必要收缩货币时,中央银行就卖出有价证券;而当经济中出现需求不足、生产下降趋势，有必要扩张货币时，中央银行就买进有价证券。

中央银行通过买卖有价证券产生的影响表现在：①引起基础货币供应的变化。中央银行将一笔证券卖给某家商业银行时，这家银行或者减少库存现金，或者减少准备金存款，表现为基础货币收缩；反之，会引起基础货币扩张。②引起利率的变化。当中央银行要买进或卖出政府债券时，会直接导致市场对政府债券的需求增加或减少，这种需求的变化会推动政府债券价格的上升或下降，从而促使其利率水平反方向变动，市场其他利率也相应受到影响。

在中央银行的一般性货币政策工具中，公开市场业务通常被认为是最重要、最常用和效果最理想的工具。其优势是：①中央银行在操作中始终处于主动地位。在证券买卖的操作中，中央银行可以主动决定买卖时机和买卖数量，变动商业银行的准备金，从而达到调节信用和货币量的目的。②中央银行可以进行反向操作，具有纠错功能。公开市场业务是一种经常性、连续性的操作，调节的方向和力度随时可以根据变化了的经济金融形势而改变，如果出现操作过头可以及时纠正。③操作时对经济的震动很小。公开市场操作以经常性和连续性的交易活动的形式出现，减少对市场状况的突发性改变，间接调控优势明显。

但是，公开市场业务这一工具的启用和作用的发挥，必须要有发达的金融市场，尤其是国债市场要有相当规模。中央银行必须持有相当数量的证券，主要是国债，否则就没有足够的调节力量。

（二）选择性货币政策工具

选择性货币政策工具是中央银行针对个别部门、企业和特殊用途的信贷而采用的政策工具。选择性政策工具主要有以下几种。

1. 间接信用控制工具

这类工具的作用过程是通过市场供求关系或资产组合的调整途径才能实现。主要工具有优惠利率、消费信用控制、预缴进口保证金制度、房地产信贷控制、证券保证金比率等。优惠利率是指中央银行对优先发展或重点发展的部门或产业制定较低的贴现率，鼓励这些部门和产业的发展。消费信用控制是指中央银行通过一系列手段调整特定商品消费信用的规模，以期达到消费市场的稳定有序。这些手段包括最低首付比率、最高偿付期限和信贷利率等。预缴进口保证金制度是指中央银行根据进出口状况，主动调整进口商预缴按进口商品总价值一定比率的资金作为保证金，改变进口成本，影响进出口交易。房地产信贷控制是指中央银行运用信贷政策调整来影响房地产开发和经营企业的成本，引导房地产市场的平稳发展。

2. 直接信用管制工具

这类工具是中央银行用行政命令的方式，直接对商业银行放款或接受存款的数量进行限制。最普遍的工具是银行贷款最高限额和银行存款利率的最高限额。中央银行对商业银行贷款最高限额的控制主要有直接控制贷款总量的最高限额和控制贷款增长幅度的限额两种。中央银行对商业银行存款利率进行限制，是指中央银行规定商业银行吸收存款的最高利率，主要是为了防止商业银行之间的恶性竞争，规避银行系统性风险。在市场经济条件下，这类工具的使用大为减少，只有在出现战争、经济危机和金融秩序混乱时，中央银行才会采取直接的信用管制手段。

3. 道义劝告、窗口指导等

道义劝告是指中央银行利用其地位和权威，对商业银行和其他金融机构发出书面通知或口头通知，向商业银行通报经济形势，劝其采取相应措施，配合中央银行货币政策的实施。窗口指导是指中央银行根据产业行情、物价趋势和金融市场动向，给商业银行贷款提供风险提示，并提出贷款要求。在中央银行的权威性和公信力较强的情况下，这类工具的使用将更为有效。

货币政策的实现过程如图 12－3 所示。

图 12－3　货币政策的实现过程

（三）我国的货币政策工具

1995 年 3 月颁布的《中华人民共和国中国人民银行法》规定：中国人民银行为执行货币政策，可以运用下列货币政策工具：①要求金融机构按照规定的比例缴存存款准备金；②确定中央银行基准利率；③为在中国人民银行开立账户的金融机构办理再贴现；④向商业银行提供贷款；⑤在公开市场上买卖国债和其他政府债券及外汇；⑥国务院确定的其他货币政策工具。这些政策工具的最终确定，一是借鉴了发达国家的经验，二是肯定了十多年货币政策工具探索和改革的成果。目前，中国人民银行可以根据宏观经济形势，灵活地、有选择地运用法律所确定的这些政策工具。

近十年来，持续、大量的国际收支顺差倒逼中央银行购入外汇、吐出基础货币、直接增加货币供应，从而形成流动性过剩的压力，中国人民银行把存款准备金工具发展为常规的、与央行票据为主要业务的公开市场操作相互搭配的流动性管理工具。其次，央行创造性地建立了差别准备金制度并引入动态调整机制，并且 2004 年将总量调控和个体风险差异相结合，促进货币政策传导、加强流动性管理并抑制货币信贷盲目扩张，中国人民银行建立了差别准备金制度。2008

年，全球金融危机爆发后，为了构建逆周期的金融宏观审慎管理制度框架，中国人民银行自 2011 年起明确了对金融机构采取差别准备金动态调整机制，并作为一种支持、激励性工具加以运用。同时，中国人民银行加强了选择性货币政策工具“窗口指导”和信贷政策工具的运用。央行通过对商业银行进行“窗口指导”，及时提示金融机构高度重视因贷款过快增长而可能产生的风险，以保持合理、均衡放款；引导金融机构强化资本约束，树立持续稳健的经营理念以提高风险控制能力，按照国家宏观调控政策及产业政策的要求，加强信贷结构调整和信贷支持；引导商业银行通过拓展中间业务调整盈利结构，增强持续盈利能力。

专栏 12-4 央行票据已成为中国人民银行灵活开展公开市场业务主要操作工具

中央银行票据即央行票据，是中央银行为调节商业银行超额准备金而向商业银行发行的短期债务凭证，其实质是中央银行债券。之所以叫“中央银行票据”，是为了突出其短期性特点（从已发行的央行票据来看，常规的票据品种为三月期和一年期两种）。人民银行在国债现券余额有限的情况下，从 2002 年开始引入这一新的操作工具。从 2004 年开始，中国人民银行发行的央行票据由短期性、权宜性和补充性向长期性、常规性和主要性转变。在每周二和周四分别发行三月期和一年期的央行票据。

下面是两则中国人民银行发行中央银行票据的公告：

中央银行票据发行公告

[2011]第 90 号

为保持基础货币平稳增长和货币市场利率基本稳定，2011 年 12 月 20 日（周二），中国人民银行将发行 2011 年第九十八期中央银行票据。

第九十八期中央银行票据期限一年，发行量 260 亿元，缴款日为 2011 年 12 月 21 日，起息日为 2011 年 12 月 21 日，到期日为 2012 年 12 月 21 日。本期中央银行票据以贴现方式发行，向全部公开市场业务一级交易商进行价格招标，到期按面值 100 元兑付，到期日遇节假日顺延。特别提示，第九十八期中央银行票据缴款要素如下，收款人户名：中央银行票据（1101098），账号：23511098，支付行号：001100001509。

中国人民银行公开市场业务操作室

二〇一一年十二月十九日

中央银行票据发行公告

[2011]第91号

为保持基础货币平稳增长和货币市场利率基本稳定,2011年12月22日(周四)中国人民银行将发行2011年第九十九期中央银行票据。

第九十九期中央银行票据期限三个月(91天),发行量10亿元,缴款日为2011年12月23日,起息日为2011年12月23日,到期日为2012年3月23日。本期中央银行票据以贴现方式发行,向全部公开市场业务一级交易商进行价格招标,到期按面值100元兑付,到期日遇节假日顺延。特别提示,第九十九期中央银行票据缴款要素如下,收款人户名:中央银行票据(1101099),账号:23511099,支付行号:001100001509。

中国人民银行公开市场业务操作室

二〇一一年十二月二十一日

资料来源　中国人民银行网站(http://www.pbc.gov.cn)。

专栏12-5　差别存款准备金动态调整制度

所谓差别准备金率制度,是指对金融机构适用的存款准备金率与其资本充足率、资产质量状况等指标挂钩。实行差别存款准备金率制度可以制约资本充足率不足且资产质量不高的金融机构的贷款扩张。

2004年3月24日,中国人民银行宣布,4月25日将实行差别准备金率。4月11日,中央银行对外宣布:资本充足率低于一定水平的金融机构,将从4月25日起上调存款准备金率0.5个百分点,即存款准备金率从7%调高至7.5%,其他金融机构仍执行现行7%的存款准备金率。

实行差别准备金制度,抑制通货膨胀,为经济稳定健康发展创造条件。同时,通过限制资本充足率较低、资产质量较差的银行盲目扩张贷款,维护金融系统的稳定。差别准备金制度结合总量调控和个体风险差异,加强流动性管理,抑制货币信贷的盲目扩张,是存款准备金率工具的补充。

2008年,国际金融危机发生后,建立并加强宏观审慎政策框架是完善金融监管制度的核心内容之一。中国人民银行于2011年起创新性地对金融机构引入差别准备金动态调整机制。

差别准备金动态调整制度是央行向金融机构实施差别准备金动态调整。中国人民银行根据银行的资本充足率、流动性状况、杠杆、拨备、审计结论、信用评级、内控水平、信贷政策的执行情况等参考系数，通过按月测算，对资本充足率低、放贷过猛的银行随时调整存款准备金率，建立了一种惩罚机制，即贷款增长较快的金融机构将会缴纳更多的准备金。另外，在利率的支付方面，一般情况下差别准备金按照法定存款准备金利率进行付息，但如果某家银行信贷增速持续过快，屡次被要求缴纳差别准备金，央行将考虑减少付息或不计利息。

差别准备金动态调整，可以实现较好的“逆周期”金融监管，因为动态调整机制既可适用于经济上行时期，也可适用于经济下行时期，即在经济上行时期要求商业银行提高资本充足率、提高拨备覆盖率以及拨贷率、降低对商业银行流动性的监管要求等；而经济下行时期，则反之。但其调整周期应合理设置，否则对金融机构的正常经营会产生干扰。

资料来源 根据相关资料整理。

第三节/货币政策传导机制

中央银行运用一定的货币政策工具，监测和评价货币政策中间指标的变化，实现货币政策最终目标。这一货币政策的实施和作用过程，需要通过经济内在机制的各种经济变量的传导，最终影响到整个社会经济生活和宏观经济变量。这个传导机制是一个非常复杂的过程，一些经济变量之间是否存在稳定关系，直接影响了货币政策的实施效果。

一、货币政策传导机制概述

（一）货币政策传导机制的含义

货币政策传导机制，是指从运用货币政策工具到实现货币政策目标的作用过程，即如何通过货币政策各种措施的实施，使经济体制内的各种经济变量影响整个社会经济活动。货币政策传导机制具有间接调控性，调控主客体具有较规范的法律意识和经营行为，各项政策措施遵循市场经济的内在规律间接地发挥作用。

（二）货币政策传导机制的途径

中央银行货币政策的传导可通过两条基本途径来实现。

（1）商业银行，也就是信贷渠道。货币政策工具实施后可改变商业银行向中央银行的融资成本和商业银行的准备金头寸，然后，商业银行通过调整信贷规模、利率、贷款期限等，影响企业和居民等的消费、储蓄及投资活动，实现货币政策的最终目标。但是有一些经济学家认为，信贷市场主要力量来自信贷需求，如果信贷需求者有较强的内部融资能力，或信贷需求者有更方便的外部融资渠道，或信贷需求者对经济发展的预期与政策制定者不一致，货币政策的传导机制会出现偏差。对于金融市场欠发达的国家和地区而言，采用商业银行信贷渠道来运行货币政策的传导机制较为有效。

(2) 金融市场，也就是利率。货币政策工具实施后，比如进行公开市场操作后，使金融市场的货币供给和货币需求发生改变，从而引起各种金融资产的收益和价格的变化，这种变化会在一定程度上影响企业、居民等经济主体的行为，并影响货币政策最终目标的实现。中央银行在公开市场上的操作，会影响直接货币市场利率，在通货膨胀预期不变的情况下，短期利率变化必然会影响到长期利率，而对企业的投资决策和消费者的储蓄行为真正产生影响的是长期利率。所以，通过市场利率来实现货币政策目标，主要取决于对未来通货膨胀的预期。如果一个国家的对外开放度较大的话，汇率及国际市场的影响将会使货币政策的传导更为复杂。

所以，通过金融市场运行货币政策传导机制必须具备下面几方面的经济环境条件：

(1) 建立未来通货膨胀稳定的目标预期，有利于中央银行货币政策的传导。

(2) 较为完善的金融市场。在市场经济条件下，从货币政策工具的启动到最终对企业和居民行为产生的影响，都是借助于形形色色的金融市场来完成的，一个完善的金融市场是建立有效的货币政策传导机制的重要条件。

(3) 企业与银行行为市场化程度强。只有企业与商业银行真正以市场作为资源配置的有效手段，才能对中央银行的货币政策调控反应灵敏、准确，货币政策传导效果才会明显。

二、西方主要货币政策传导机制理论

关于在货币政策传导过程中哪一种变量起主要作用的问题，在西方货币政策理论中存在很大分歧，凯恩斯学派强调利率的作用，而货币学派则强调货币供应量的作用。由此形成了凯恩斯学派的货币政策传导机制理论和货币学派的货币政策传导机制理论。

(一) 凯恩斯学派的货币政策传导机制理论

1. 早期凯恩斯学派的货币政策传导机制理论

凯恩斯认为，货币供给(Ms)相对于需求突然增加，货币市场失衡，利率(i)下降，利率下降后，资本边际效率提高，投资(I)就会增加，投资的增加必然影响总支出(E)和总收入(Y)。货币政策的实施是从货币市场对商品市场的影响开始的，这一传导过程简单表示为

$$Ms\uparrow \rightarrow i\downarrow \rightarrow I\uparrow \rightarrow E\uparrow \rightarrow Y\uparrow$$

在这一传导过程中，利率变动起着关键的作用。由于利率的下降，引起投资的增加，使产量增加。产量增加后，货币需求增加，如果没有进一步增加货币供给，货币市场的供求失衡又会使利率回升，这便是商品市场对货币市场的作用。利率回升，将导致投资萎缩，产量下降。而产量下降，货币需求减少，利率又要回落。这是一个循环往复的过程，这个过程使货币市场供求和商品市场供求同时满足均衡的要求，最终找到一个均衡点。在这个均衡点上，利率较原均衡水平低，而产出量较原均衡水平高。

凯恩斯学派的经济学家们从不同的角度丰富和发展了凯恩斯的货币政策传导机制。其中最有代表性的是詹姆斯·托宾(James Tobin)的 q 理论中的货币传导机制。

2. 托宾的 q 理论

以托宾为首的经济学家把资本市场的资产价格纳入传导机制，认为货币理论应看作是微观经济行为主体进行资产结构管理的理论。传导的过程是：货币变化，直接或间接影响资产价格，资产价格的变动导致实际投资的变化，并最后影响实体经济和产出。资产价格，主要是股票价格，影响实际投资的机制在于：股票价格对现存资本存量价值的评估，是企业市场价值赖以评价的依据，而企业的市场价值评价是高是低，必将影响投资行为。托宾把 q 定义为企业真实资本的市场价值与资本重置成本之比。q 理论是一种关于股票价格和投资支出之间相关关系的理论。

$$q=\frac{\text{企业真实资本的市场价值}}{\text{资本的重置成本}}$$

如果 q 值高，意味着企业真实资本的市场价值高于资本重置成本，厂商将愿意增加投资支出，追加资本存量；相反，如果 q 值低，厂商对新投资就不会有积极性。这一过程可以表示为

$$Ms\uparrow\rightarrow i\downarrow\rightarrow PE\uparrow\rightarrow q\uparrow\rightarrow I\uparrow\rightarrow Y\uparrow$$

(二) 货币学派的货币政策传导机制理论

与凯恩斯学派不同，以弗里德曼为代表的货币学派认为，利率在货币传导机制中不起重要作用，而更强调货币供应量在整个传导机制中的直接效果。

货币学派认为，增加货币供应量在开始时会降低利率、银行增加贷款、货币收入增加和物价上升，从而导致消费支出和投资支出增加，引致产出提高，直至物价上涨将多余的货币量完全吸收为止。因此，货币政策的传导机制主要不是通过利率间接地影响投资和收入，而是通过货币实际余额的变动直接影响支出(E)和收入(Y)，可用符号表示为

$$M\rightarrow E\rightarrow I\rightarrow Y$$

式中，$M\rightarrow E$，反映的是货币供给的变化直接影响支出的变化。这是因为货币需

求有其内在的稳定性。货币供给是一外生变量，当货币供给增加时，如果货币需求不变，人们的货币收入增加，必然增加支出。

$E \rightarrow I$，反映的是支出增加会引起投资增加。这是因为人们手持的货币量增加后，将进行金融性或非金融性投资，不同资产收益率会引起资产结构的调整，最终对 Y 产生影响。

（三）弗里德曼和凯恩斯在货币传导机制理论上的分歧

(1) 凯恩斯认为，货币供应量变化后对国民收入有实质性影响，增加货币的结果使利率降低从而增加投资，通过乘数效应引起总需求和总收入(Y)的变动，即 $\Delta M \rightarrow \Delta R \rightarrow \Delta I \rightarrow \Delta Y$。因此，货币供应量增加可以引起实际产出的增加，货币是非中性的，即货币供给变化对实际经济会产生影响的。弗里德曼则认为，货币供给的变化短期内对实际产量和物价水平两方面都会产生影响，但从长远来看，只会影响物价水平。因此，货币从长期看是中性的，即货币供给的变动不会对实际经济产生影响。

(2) 凯恩斯的分析主要在货币市场，资产在货币和债券中选择，传递渠道主要是货币市场上金融资产的调整。增加的货币量：一是通过利率下降、投资增加、货币收入增加后导致货币交易需求量的增加；二是随着利率下降后增加的货币投机需求量。而弗里德曼理论中资产品种较多，有金融性资产和非金融性资产，传导途径是多种多样的，可以在货币市场和商品市场同时进行，通过物价普遍上涨吸收过多的货币量。

(3) 凯恩斯模型中利率作用明显，利率是传导机制的中心环节，货币量变动后首先引起的是利率的变动，货币供需和整个社会经济的均衡是通过利率的变化来调节的。而弗里德曼理论则强调收入支出在传导中的作用，人们主要根据各种资产收入来确定现金持有量。由于货币需求是稳定的，因此货币供需均衡只能通过支出来调节，最终引起物价上升，而且货币量与利率之间存在着不一致的关系。弗里德曼认为，货币增长加速时，短期内会降低利率，但是后来，由于支出增加又会刺激价格上涨，引起借贷需求的增加，从而促使利率上升。所以，弗里德曼反对把利率作为制定货币政策的中间目标，不赞成利率成为传导机制中的主轴。

三、开放经济下的货币政策传导机制

在开放经济条件下，净出口，即一国出口总额与进口总额之差，是总需求的一个重要组成部分。货币政策可以通过影响国际资本流动来改变汇率，并在一定的贸易条件下影响净出口。在实行固定汇率制度的国家，中央银行可以直接调整汇率；在实行浮动汇率制度的国家，中央银行必须通过公开市场业务来改变汇率。当一国减少货币供应时，利率随之上升，外国资本流入，使得外汇市场本币升值。本币的升值不利于本国商品的出口，却有利于进口，使净出口下降。当一国实行扩张的货币政策时，提高货币供应量，本国市场利率下跌，导致资金外流，外汇市场对外汇需求增加，本币出现贬值，在其他条件不变的情况下，本币贬值有利于出口，进口减少，一国的净出口会增加。这种机制可以描述如下：

$$Ms\uparrow \rightarrow i\downarrow \rightarrow E\uparrow \rightarrow NX\uparrow \rightarrow Y\uparrow$$

式中，E 代表汇率（直接标价法），NX 代表净出口，其他同前面。

在金融全球化的趋势下，国际资本的流动对本国货币政策的运用效果具有抵消作用。当本国需要提高利率以限制对本国商品和劳务的总需求时，外国资本的流入增加会抑制利息率的上升。与此相反，当中央银行采取降低利率时，资本的流出却会阻碍利率的下降。因此，在开放经济条件下，各国间货币政策的国际协调机制将会越来越重要。

第四节/货币政策效果

货币政策通过传导机制是否会产生良好的政策效果，如何理解货币政策效果，还有哪些因素影响货币政策效果，对这些问题我们将做进一步分析。

一、货币政策的有效性

（一）货币政策有效性含义

货币政策有效性是指中央银行通过操作货币政策工具，通过良好的传导机制，较好地实现中央银行预期的最终政策目标。现在几乎所有国家的中央银行都相信，货币政策对实际经济是有影响的。中央银行通过控制货币规模来实现货币政策目标，但由于存在制度和技术等方面的制约，货币政策操作往往难以真正有效地实现货币政策目标，导致货币政策有效性的欠缺或不足。许多经济学家通过大量的实证分析，试图寻找货币政策中间目标与各种实际经济变量之间的相关关系，但实证结果发现这些关系并不稳定。在这种情况下，货币政策的有效性就取决于对这些相关关系的正确认识和把握。在承认货币政策中间目标与实际经济变量紧密相关的基础上，对货币政策调控效应的评价，就转移到对货币政策传导机制的评价上来。货币政策传导机制是否有效，主要看中央银行基础货币的创造及其结构是否合理、货币政策工具和货币政策中间目标的选择是否恰当、货币政策工具作用于货币政策中间目标进而作用于实际经济变量的过程是否顺畅，当然，也包括货币政策传导机制是否规范以及与外部经济环境是否适应等。

（二）影响货币政策有效性的因素

一般认为，影响货币政策有效性的主要因素有三个，即货币政策时滞、货币流通速度的变动和人们对货币政策的合理预期。

1. 货币政策时滞

货币政策时滞,是指货币政策从研究、制定到实施后发挥实际效果全过程所经历的时间。如果货币政策时滞较短或者中央银行对货币政策时滞能准确预测,货币政策效果就容易确定,货币政策工具在实施和传导的选择中就容易把握方向和力度;如果货币政策时滞较长且不稳定,政策效果就难以观察和预测,那么,政策工具在实施和传导过程中就可能变得无所适从,政策的取向和力度不能根据对政策生效程度的判断而随时确定和灵活调整,就难以达到理想的政策目标。货币政策时滞太长,其间的经济形势已发生很大变化,还可能导致最初采取的政策工具和选取的传导中介变得无效,导致政策的彻底失败。

为了准确地预测和把握货币政策时滞,人们通常将时滞进行分段分析。简单的分段法,是将时滞分为内部时滞和外部时滞两部分。

(1) 内部时滞,是指从政策开始制定到实施政策工具为止这段时间。其中又细分为两个阶段:第一阶段叫认识时滞,是指经济生活发生变化时,中央银行要获得反映这种变化的各种资料并进行分析和研究,以确定货币的政策意向所需要的时间;第二阶段叫决策时滞,是指货币政策意向确定后,中央银行根据对经济活动变化规律及其后果等的分析,决定实施具体的政策工具所需要的时间。内部时滞的长短,取决于中央银行收集资料、判断形势、制定决策等工作的效率,也取决于经济形势的复杂程度。

(2) 外部时滞,又称为效应时滞,是指从中央银行操作货币政策工具开始到对政策目标产生影响所经过的时间。决定和影响外部时滞的因素要比内部时滞复杂得多。要首先作用于商业银行等金融机构、作用于金融市场,然后再进一步作用于企业、家庭、个人等经济主体,通过经济主体投资、消费活动的变化使政策目标得以实现。在政策工具与政策目标之间,须经过由利率、货币供应量、基础货币、超额准备金等作为中间目标的复杂的传导过程。如果传导过程中的任何一个环节、任何一个指标发生预料不到的变化,都将影响对时滞的准确预测和把握。

时滞客观存在,其中认识时滞和决策时滞可以通过各种措施缩短,但不可能完全消失;效应时滞则涉及更复杂的因素,一般说来也是难以控制的。时滞的存在可能使政策决策时的意图与实际效果脱节,从而不可避免地导致货币政策的局限性。

2. 货币流通速度的变动

货币流动速度变动是货币政策有效性的一种主要限制因素。货币学派认为,货币流通速度对货币政策效应的重要性表现在,货币流通速度中的一个相当小的变动,都有可能使货币政策的有效性受到严重影响,甚至有可能使本来正确的政策走向反面。

3. 人们对货币政策的合理预期

合理预期对货币政策有效性的影响很大。合理预期的含义是:人们对未来的经济变量的变动能够做出合乎理性的而且也是正确的预期。

合理预期对货币政策有效性的影响表现在:当中央银行货币政策推出后,各经济主体立刻会根据所获取的各种信息来预测政策的后果,并很快采取对策,货币政策的作用可能被这种对策所冲销。例如,扩张性货币政策推出后,人们通过所掌握的各种信息,预期社会总需求要拉上,物价水平会上升。在这种情况下,企业预期原材料要涨价,工人的工资会由于工会的力量强大而提高,生产成本会由此而上升,投资利润率会由此而下降,于是,投资需求必然减少,其结果是,物价上涨了,产出却没有增长甚至会减少,货币政策最终无效。这就是说,货币政策只有在人们不存在正确合理的预期而盲目跟从的时候才会有效,但事实上,经济生活中的主体都是"理性人",他们都会在效用最大化和利润最大化原则的驱使下,对任何一条有用的信息做出理性反映,中央银行的货币政策信息更不例外,合理预期是一定存在的,货币政策的作用就难免被抵消。

当然,合理预期对货币政策有效性的这种影响不能过分夸大,因为公众预期的普遍形成要有一个过程,不可能没有"时滞",而且这种预期不一定始终完全正确,即使是有了完全正确的预期,要采取一定的对策以及这些对策发生作用,也得有一个过程。如果再考虑到中央银行同样会对经济主体的行为作出正确预期这一因素,那么,就可以说,只有未被中央银行预期到的行为才会抵消货币政策的作用。所有这些都决定了合理预期对货币政策有效性的影响是有限的。

二、货币政策的"相机抉择"或"单一规则"

货币政策因为存在着"时滞"等因素给政策的实施效果带来了困难,这在如何执行货币政策方面也产生的分歧和争论。

凯恩斯学派认为,应采取"相机抉择"政策,即反周期货币政策。它是指经济过热时,应采取紧缩的货币政策;若经济低迷时,应采取扩张的货币政策。凯恩斯学派认为市场经济无自动调节或稳定的趋势,而且货币政策的时滞是短暂的,中央银行应会同财政部门依照具体经济情况的变动,运用不同工具并采取相应措施来稳定金融和经济。中央银行一旦认定目标,就要迅速采取行动。在情况发生变化或原有预测与所采取的行动有错误时,要及时做出反应,纠正错误,采取新的对策权衡处理。

货币学派则主张应制定"单一规则",即中央银行应长期一贯地维持一个固定或稳定的货币量增长率,而不应用各种权利和工具企图操纵或管制各种经济变量。货币主义相信市场机制的稳定力量,认为在经济繁荣、需求过旺时,固定货币增长率低于货币需求增长率,因此,具有自动收缩经济过度膨胀的能力;而在经济不景气、需求不足时,固定货币增长率高于货币需求增长率,因而又具有自动刺激经济恢复的能力。同时,由于时滞的存在和人为判断失误等因素,“相机抉择”货币政策往往不能稳定经济,反而成为经济不稳定的制造者。

理性预期学派认为,对于宏观干预政策,公众依据预期会采取相应行动,结果会使政策不能实现预定的目标,所以货币政策是无效的。

三、货币政策与财政政策的协调配合

宏观经济调控目标的实现,往往是各种政策措施共同作用的结果。在调控经济活动中,为了避免政策效果的相互抵消,增强调控力度,某种政策的制定和实施往往是与其他政策相配合而进行的。中央银行的货币政策若想取得最大效果,必须与政府其他部门特别是财政部进行充分合作和协调。因此,衡量和评价货币政策的有效性,还要看货币政策与其他政策协调与配合的情况。下面着重从货币政策与财政政策的协调与配合上展开说明。

宏观经济协调稳定发展的基本判断标准就是社会总需求与社会总供给的平衡,而货币政策和财政政策是直接影响社会总需求的两个最主要的政策。原因是,社会总需求是货币购买力的总和,是由货币供给形成的,而货币政策和财政政策都与货币供应量的变化有密切关系。货币政策主要通过信贷活动和货币发行的变化影响货币供应量,财政政策主要通过财政收入和支出的变化影响货币供应量,这样,中央银行和商业银行的信用活动和货币创造以及财政的各种收支活动等就在共同影响货币供应量、影响社会总需求的过程中紧密地联系在了一起,以调节信用和货币创造为主的货币政策和以调节财政收支为主的财政政策也就必然地联系在一起了。这就要求两种政策始终要保持相同的目标,在政策工具、调节范围、调节力度等方面必须相互衔接,密切配合。

由于货币政策和财政政策在使用的政策工具与作用对象上以及在制定和推行政策的方式上存在着诸多不同,例如,货币政策的工具主要是法定存款准备金率、再贴现率和公开市场业务等,作用对象主要是商业银行和金融市场,政策的推行主要通过中央银行的资产负债业务活动,而财政政策的工具主要是征税范围、税率、预算收支、公债、补贴等,作用对象主要是纳税人、财政性支出单位,政策的推行主要通过立法和行政程序,因此,两种政策发挥作用的特点和效果是不相同的。比如,在一般情况下,要求扩张经济时,财政政策比货币政策来得更直接、更迅速,因为扩张财政支出、降低税率,执行起来都很容易,对投资的作用也很直接;而要求紧缩经济时,货币政策则能比较及时和灵活地操作,见效较快,而财政政策在执行压缩开支、提高税率等措施时阻力较大,见效较慢。国家在运用这两种政策时必须根据某一时期经济运行的特点和要求,寻求两种政策的最佳组合。

主要的组合形式可有四种:

(1)“双松”,即同时执行放松的货币政策和财政政策。在出现社会总需求严重不足、经济严重衰退、社会存在大量闲置资源情况时，可选择这种组合。

(2)“双紧”，即同时执行紧缩的货币政策和财政政策。在出现社会总需求过旺、存在严重通货膨胀时，可选择这种组合。

(3)“松货币紧财政”，即执行放松的货币政策和紧缩的财政政策。在总供求大体平衡，但政府与公众间的投资动力不同，政府投资过热，财政赤字较大，而民间投资不足、经济处于萎缩状态时，可采取这种组合。

(4)“紧货币松财政”，即采取紧缩性的货币政策和放松性的财政政策。这种组合应在经济较为繁荣，但投资支出不足时较为有效。

政策之间的配合，不管采取什么方式，都应根据不同经济情况而灵活运用。目前，财政政策与货币政策的配合已为许多国家所实践，取得了较好的效果。

四、货币政策的透明度

国际货币基金组织(IMF)在1999年9月26日通过了《货币金融政策透明度良好行为准则》，明确了中央银行在实施货币政策和其他金融机构在实施金融政策中有关透明度的做法。该准则将透明度定义为：在通俗易懂、容易获取并及时的基础上，让公众了解有关政策目标及其法律、制度和经济框架，政策决定过程和原理，以及与货币和金融政策有关的数据、信息和机构的职责范围。货币政策和金融政策相互联系、相互影响，准则对金融政策下了定义：金融政策是指管理和监督金融与支付系统(包括市场和机构)的有关政策，这些政策旨在促进金融稳定、提高市场效率和保护客户资产及消费者利益。

提高货币政策透明度主要基于两方面的原因：①如果公众知晓政策的目标和操作工具，而且货币当局对实施这些目标和工具做出可信的承诺，那么货币金融政策的有效性就会增强；②中央银行要对其行为负责，尤其是当其独立性较高时，增加透明度有利于接受公众的监督。

(一)货币政策透明度的良好行为准则的主要内容

货币政策透明度的良好行为准则共有四个方面的内容，分别是：

(1) 明确中央银行货币政策的作用、责任和目标，包括应在有关立法或规定中明确定义货币政策的最终目标和制度框架，应明确定义货币政策和财政操作的制度关系，应明确定义中央银行代表政府行使的代理职能。

(2) 公开中央银行制定和报告货币政策决策的程序，包括应向公众介绍、解释并说明实现货币政策目标的分析框架、工具和某些指标；如果设有货币政策决策机构对基本经济状况进行评价、监测实施货币政策目标的进展情况以及制定未来政策，那么，应公开这一机构的组成、结构和职能的相关信息；应及时公布和解释货币政策工具的变化；中央银行应就实现货币政策目标的进展情况和前景定期发表公开声明；如果拟对货币管理结构做出重大的技术性改变，则应为公众在适当时期内发表意见创造条件；应公布金融机构向中央银行报送执行货币政策所需数据的有关规定。

(3) 货币政策信息发布，包括中央银行提交和公布的数据，应符合IMF数据公布标准中关于覆盖范围、频率、即时性和公众可获性的各项标准；中央银行应按事先宣布的时间表公布其资产负债表，并按预定周期向公众提供关于市场交易总量的若干信息；中央银行应提供并保持公共信息服务，公众应随时可以获得中央银行发布的管理条例。

(4) 中央银行的责任心和诚信保证，包括中央银行官员应随时向指定的政府当局当面汇报货币政策的执行情况，解释其政策目标，说明实现政策目标的情况，并可能就经济和金融体系的情况交换意见；中央银行应按事先公布的时间，编制和公布经审计的财务报表；每年应向公众提供有关中央银行业务支出和收入的信息；应公开披露中央银行官员和工作人员个人财务行为标准；以及防止利用利益冲突，包括任何一般性的受托义务规定。

(二) IMF准则推出的背景

(1) 20世纪70年代初，布雷顿森林体系崩溃。在纸币本位制下，由于没有了货币标准或价格稳定器，不确定性加大了金融市场的波动，各国经济遭受通货膨胀与通货紧缩交替之苦。透明度可以充分披露货币政策信息，减少不确定性，有助于稳定人们对未来通货膨胀的预期。而且，由于纸币本位制下特权容易被滥用，为了杜绝中央银行的道德风险，需要对中央银行的货币政策行为进行监督。透明度降低了这种监督成本，获取、收集、整理相关信息的成本越低，公众的监督积极性就越高。

(2) 20世纪七八十年代初"严重通货膨胀"(Great Inflation)。70年代和80年代初，物价水平以超过10%的年率上升，袭击了几乎所有的工业国家。当时这些国家的中央银行在安排货币政策时过分看重产出不足，过度扩张的货币政策引发了通货膨胀，高的、不稳定的通货膨胀引起了产出、就业上的极大波动性。在反通货膨胀的痛苦中，一种常识业已形成：中央银行应保持价格稳定。要达到更广泛意义上的经济稳定，关键是承诺价格的稳定，授命中央银行维持价格稳定，被视为货币政策体制可信的必要条件。如今，无论是工业国家还是新兴市场经济国家的货币政策，其首要目标都是价格稳定。许多国家采取了透明的通货膨胀目标制的货币政策框架，2001年，据Mishkin，Schmidt—Hebbel的统计，已有19家通货膨胀目标制中央银行。

(3) 20世纪90年代末亚洲金融危机爆发。亚洲金融危机爆发后，国际货币基金组织(IMF)认为，一些国家的政策不够透明，是危机爆发的主要原因之一。于是，提高透明度便成为国际社会"加强国际金融架构"的核心内容之一。为此，国际社会在各个领域建立透明度良好的行为准则和国际标准，并积极推动这些准则和标准的实施与执行。人们普遍认为，构成中央银行有效性的关键要素是其独立性、可信性、透明度与责任心，也就是说，独立的、透明的、负责的与可信的中央银行能够实现更好的、全面的政策效果。在过去10年左右的时间里，无论是工业经济体、转型经济体还是新兴市场经济体，都不仅加强中央银行独立性和责任心的制度改革，而且还通过公开阐述工具、方法和目标来提升货币政策透明度。

（三）我国货币政策透明度

提高货币政策透明度，不仅是我国加入WTO的承诺之一，也是我国货币政策调控方式由直接向间接成功转变后的必然要求。可以看到，我国央行正在努力加大货币政策透明度方面的工作力度。

(1) 货币政策目标与工具透明。《中华人民共和国中国人民银行法》规定中国货币政策的目标、货币政策中间目标和政策工具等方面的内容。公开市场业务已成为中国人民银行日常操作的主要政策工具，通过透明度很高的公告制度，及时发布中央银行票据的发行情况，央行通过中央国债登记结算有限责任公司的“中国债券信息网”和全国银行间同业拆借中心的“中国货币网”同时向社会公开发布相关市场交易信息。

(2) 中国人民银行通过建立的网站，可以供公众随时查询其所公布的各种信息。网站中设置了人行简介、行领导讲话、新闻、金融法规、报告与统计数据等栏目。此外，央行还采取了一些增加货币政策透明度的特定办法。例如，1998年3月份开始，央行坚持每个月与各家商业银行一起召开经济金融形势分析会；从2001年一季度开始，中国人民银行的货币政策分析小组对每季度的货币政策执行情况进行研究，并向社会公众公布《货币政策执行报告》。

(3) 从制度上不断完善和保证我国央行的货币政策透明度。从2006年7月1日开始执行《中国人民银行政务公开实施方法》(银发〔2006〕144号文)，2008年5月1日正式执行《中国人民银行政务主动公开制度》。

尽管中国人民银行出台了上述诸多透明度举措，但货币政策透明度还有待进一步提高。中央银行的货币政策委员会是制定货币政策的重要机构，每次会议各位委员的发言没有予以公开，这样不利于公众更好地把握货币政策走向以做出正确的决策；货币金融的数据编制与公布也需要向更高的质量、更快的频率和更高的时效努力。

本章小结

货币政策的最终目标是物价稳定、经济增长、充分就业和国际收支平衡。这四个目标之间存在着一些矛盾，所以货币政策很难同时满足四个目标的实现，应在不同的经济状况下政策目标有不同的侧重。

中间目标的选择可以实现对一些直观数据的观测，从而了解实现目标的趋势。中间目标的选择条件是相关性、可测性、可控性和抗干扰性。主要中间目标有利率、货币供应量、基础货币和超额准备金等。

货币政策的主要操作手段和工具是法定准备金率、再贴现率和公开市场操作，被称为货币政策的“三大法宝”。

为了实现货币政策的目标，必须完善货币政策的传导机制，影响货币政策有效性的主要原因是货币政策时滞、货币流通速度的变动和人们对货币政策的合理预期等。

重要概念

货币政策　货币中间目标　社会融资规模　法定存款准备金率　再贴现率　公开市场操作　货币政策传导机制　货币政策时滞

思考题

1. 中央银行货币政策的目标是什么？分析它们之间存在的矛盾。
2. 货币政策的中间目标有哪些？选择中间目标的主要标准是什么？
3. 试分析中间目标各变量的优缺点。
4. 影响货币政策有效性的主要因素是什么？
5. 三大货币政策工具的优缺点是什么？
6. 试区别“相机抉择”和“单一规则”。
7. 试述货币政策和财政政策的组合的现实意义。
8. 货币政策透明度的含义是什么？国际货币基金组织规定货币政策透明度良好行为准则的原因是什么？

第十三章　开放经济的均衡

在开放经济中，政府的宏观经济政策目标主要包括经济增长、物价稳定、充分就业和国际收支平衡。国际收支平衡是一国的外部均衡目标，国际收支失衡会给一国经济带来不利影响甚至是沉重的打击。本章主要介绍国际收支的概念、造成失衡的可能原因及调节失衡的措施。经济增长、物价稳定与充分就业是一国经济的内部均衡目标。内外均衡之间存在着矛盾与冲突，在调节国际收支失衡的同时需要有配套的政策组合共同来实现经济的内外均衡。

第一节/国际收支

国际收支及其相关问题是伴随一国对外交往的发生而产生的，而世界经济一体化的日益加深，更使之成为宏观经济学及国际金融学的一个重要课题。

一、国际收支的概念

国际收支（Balance of Payments）有狭义和广义之分。

狭义的国际收支，是指一个国家在一定时期内对外政治、经济和文化往来所引起的货币收入与支出的总和。在这一时期内，该国在外汇收支相抵后所出现的差额为国际收支差额。如果收入大于支出则为国际收支顺差；反之，如果收入小于支出则为国际收支逆差。国际收支差额从一定程度上反映一个国家在对外金融方面的实力。狭义的国际收支概念是建立在现金基础上的，仅仅包含一个国家必须立即结清和支付的外汇收支款项，而没有包含国际贸易和借贷中尚未到期，并不需要以现金结算的外汇收支部分，因此，它不能反映一个国家国际收支的全部内容。

广义的国际收支概念是第二次世界大战以后形成的，是指一国在一定时期内（通常为一年）居民与非居民之间发生的全部对外经济交易的系统的货币记录。它不仅包含一个国家外汇收支的状况，还包含一个国家在一定时期内的全部对外经济活动，如捐款、赠款、无偿援助、侨汇以及未发生外汇收付的债权债务等。它强调的是经济交易基础，能够更全面地反映一国国际收支的状况。

国际收支记录的是一国居民与非居民之间的交易。判断一项交易是否应该计入国际收支中,依据的标准不是交易双方的国籍,而是依据双方中是否有其中一方是该国的居民。因此,在国际收支的统计中,我们不仅要区分居民与非居民的概念,还要区分居民和公民的概念。①居民与公民。居民是一个经济概念,指在一个经济体(国家或地区)内永久或长期居住并受其法律管辖和保护的自然人和法人,具体包括政府、企业、个人和其他非盈利团体。而公民则是法律的概念,是指具有或取得一国国籍,并根据该国法律规定享有权利和承担义务的个人。居民不等于公民,拥有国籍的公民不一定是居民。居民按居住时间来算,公民按是否有国籍来算。②居民与非居民。居民与非居民都包括个人、企业、政府和其他非盈利团体。居民是指一个国家的经济领土内具有经济利益中心的经济单位,在该经济体内的居住期超过一年并受其法律管辖和保护的自然人和法人。否则,该经济单位就被称为该国(或该地区)的非居民。非居民则指短期(不超过一年)居住于经济体境内和居住于境外的自然人和法人。

国际货币基金组织在其所编写的《国际收支手册》中表述:"国际收支是一种一定时期的统计报表,它表明:①一个经济实体与世界其他经济体之间在商品、劳务和收益方面的交易;②该经济实体所持有的货币性黄金和特别提款权的变化以及它对世界其他经济体的债权、债务的变化和其他变化;③无偿转移支付,以及会计上为平衡前述不能相互抵消的交易和变动所做的对应记录。"

一国对外往来会产生货币支付,但不是所有的往来都涉及支付问题,而且这种不涉及货币收支的国际往来在当今已占有相当重要的地位。目前,各国为了全面确切地掌握错综复杂的对外关系,根据国际货币基金组织的定义,对国际收支的分析绝大部分是根据广义的国际收支概念来进行的。

二、国际收支平衡表

在一个报告期内,一国居民所从事的国际经济交易是大量而又多种多样的,要系统了解一国国际收支状况及其变化,必须要对它们进行收集和整理,并编制国际收支平衡表。编制国际收支平衡表也是为了反映一国对外经济的状况,便于政府据之采取措施,使对外经济朝着更健康的方向发展。一个国家的国际收支状况是通过其国际收支平衡表来反映的。

国际收支平衡表亦称国际收支差额表,是指一国居民和外国居民之间在一定时期内的一切对外活动的综合收支记录,是对国际收支按项目分类统计的一览表。各国一般都按照国际货币基金组织对国际收支所赋予的含义编制国际收支平衡表。它记录了一个国家与其他国家的全部经济交易,其中不仅包括由经济往来所产生的外汇收支,还包括由政治、文化、军事等产生的外汇收支。

IMF 出版了《国际收支手册》,并多次进行修改,对编制国际收支平衡表所采用的概念、准则、惯例、分类方法以及标准构成都做了统一的规定或说明,要求会员国每年按统一格式向其提交国际收支平衡表。国际收支平衡表是按复式记账法编制的，每笔交易都会产生金额相等的借方(debit)和贷方(credit)两笔记录。借方是负号项目(Minus Items)，贷方是正号项目(Plus Items)。任何导致对外国人进行支付或外汇需求的交易，即资产增加、负债减少，都记入借方；任何导致从外国人那里获得收入或外汇供给的交易，即资产减少、负债增加，都记录贷方。每一笔国际交易都自动进入国际收支平衡表两次，之所以如此是因为每一笔交易都有两个方面：一方面是交易的买方付钱给卖方，另一方面是交易的卖方将这笔钱花掉或存起来。

国际收支平衡表的主要项目构成了国际收支的主要内容。为了简明扼要地反映情况，各国一般都按照国际收支发生的原因和性质，对国际收支的内容进行分类。一般来讲，国际收支平衡表包括四大项：经常项目、资本项目、净误差与遗漏以及储备资产增减额。

(一) 经常账户

经常账户(Current Account)是对实际资源在国际上的流动行为进行记录的账户，是一国与别国进行经济交往而经常发生的项目。经常项目构成了国际经济关系的主体，是国际收支中最基本、最主要的项目，包括货物、服务、收益和经常转移项目。服务贸易和收益项目又称为非贸易往来。

(1) 货物。是指通过我国海关进出口货物，其数据来源于海关的进出口统计资料，并根据国际收支统计口径的要求，以商品所有权变化为原则对出口、进口进行调整，按离岸价格统计，包括一般商品、待加工的货物、货物修理、各种运输工具在港口购买的货物和非货币黄金等。

(2) 服务。又称无形贸易，包括运输、旅游、通讯、建筑、保险、国际金融服务、计算机和信息服务、专有权利使用费和特许费、各种商业服务、个人文化娱乐服务、政府服务以及其他商业服务等。

(3) 收益。包括职工报酬和投资收益。职工报酬是支付给非居民工人的职工报酬；投资收益项下是关于对外金融资产和负债的收入和支出，包括直接投资、证券投资、其他投资、官方储备带来的收入和支出，例如直接投资的利润、股本红利、债务利息。资本损益应计入金融账户项下。

(4) 经常转移。指所有非资本转移的单方面转让，即无偿提供的实际资源或金融产品，包括除去资本所有权的转移(资本转移归入资本账户项下)，如侨汇、个人汇款、无偿捐赠、赔偿等。

(二) 资本和金融账户

资本和金融账户是指对资产所有权在国际上的流动为记录内容的账户。

(1) 资本账户(Capital Account)。包括固定资产所有权的转移和与其相联系或以其为条件的资本转移以及非生产、非金融资产的收买和放弃，比如无形资产转移，如专利、版权、商标、经销权等。

(2) 金融账户(Financial Account)。是指对外资产和负债所有权变更的所有权交易,包括直接投资、证券投资和其他投资。

直接投资是投资者对另一个经济体的企业拥有永久利益,直接设立或持股(持股10%以上)。其主要包括外国、我国港澳台地区在我国和我国在外国、港澳台地区以独资、合资、合作以及合作勘探开发方式进行的投资。证券投资是投资于股票、债券、金融衍生品等。其主要指外国、我国港澳台地区购买(或我国买回)我国(包括地方政府和企业)发行的股票、债券等有价证券和我国(政府、企业、私人)买卖外国、港澳台地区发行的股票、债券等有价证券。其他投资指直接投资和证券投资以外的投资,包括贸易信贷(指我国出口商对国外进口商提供的延期收款或预收货款,以及我国进口商对国外出口商的预付货款或延期付款)、贷款(指我国金融机构以贷款和拆放等形式导致的对外资产增减,以及我国境内机构从境外借入的各类贷款)、货币及存款(指我国境内金融机构存放境外资金和库存外汇现金的变化,以及海外私人存款、银行短期资金及向国外出口商和私人借款等短期资金变动)等。

(3) 储备资产。指一国政府拥有的可以直接用于对外支付的储备资产的变动。储备资产主要包括黄金储备、外汇储备、在国际货币基金组织的储备头寸、特别提款权和使用基金信贷等。一国在一定时期的国际收支不可能完全平衡,总会发生差额,须由货币当局通过增减本国储备资产或外债加以解决。当一国国际收支平衡表中的其他项目处于顺差状态时,储备资产增加就必须记入借方;反之,国际收支平衡表中的其他项目处于逆差状态时,储备资产减少必须记入贷方,以保证总的平衡。

(4) 错误和遗漏账户。从理论上讲,国际收支平衡表按复式记账原理编制,其结果总是平衡的。但由于错误与遗漏的存在,如资料来源渠道复杂、统计口径不一、资料不全、计算错误或统计不及时以及其他一些原因,使得实际上国际收支平衡表借贷双方总额总是难以平衡,因而设立了“错误与遗漏”项目来人为地加以平衡。

表13-1是2010年我国国际收支平衡表。

表13-1 2010年中国国际收支平衡表

单位:亿美元

项　　目	行次	差额	贷方	借方
一、经常项目	1	3 054	19 468	16 414
A. 货物和服务	2	2 321	17 526	15 206
a. 货物	3	2 542	15 814	13 272
b. 服务	4	−221	1 712	1 933
1. 运输	5	−290	342	633
2. 旅游	6	−91	458	549

续 表

项　　目	行次	差额	贷方	借方
3. 通讯服务	7	1	12	11
4. 建筑服务	8	94	145	51
5. 保险服务	9	−140	17	158
6. 金融服务	10	−1	13	14
7. 计算机和信息服务	11	63	93	30
8. 专有权利使用费和特许费	12	−122	8	130
9. 咨询	13	77	228	151
10. 广告、宣传	14	8	29	20
11. 电影、音像	15	−2	1	4
12. 其他商业服务	16	184	356	172
13. 别处未提及的政府服务	17	−2	10	11
B. 收益	18	304	1 446	1 142
1. 职工报酬	19	122	136	15
2. 投资收益	20	182	1 310	1 128
C. 经常转移	21	429	495	66
1. 各级政府	22	−3	0	3
2. 其他部门	23	432	495	63
二、资本和金融项目	24	2 260	11 080	8 820
A. 资本项目	25	46	48	2
B. 金融项目	26	2 214	11 032	8 818
1. 直接投资	27	1 249	2 144	894
1.1　我国在外直接投资	28	−602	76	678
1.2　外国在华直接投资	29	1 851	2 068	217
2. 证券投资	30	240	636	395
2.1　资产	31	−76	268	345
2.1.1　股本证券	32	−84	115	199
2.1.2　债务证券	33	8	154	146
2.1.2.1　(中)长期债券	34	19	128	110
2.1.2.2　货币市场工具	35	−11	25	36
2.2　负债	36	317	368	51
2.2.1　股本证券	37	314	345	32
2.2.2　债务证券	38	3	22	19

续 表

项　　目	行次	差额	贷方	借方
2.2.2.1 (中)长期债券	39	3	22	19
2.2.2.2 货币市场工具	40	0	0	0
3. 其他投资	41	724	8 253	7 528
3.1 资产	42	−1 163	750	1 912
3.1.1 贸易信贷	43	−616	5	621
长期	44	−43	0	43
短期	45	−573	4	578
3.1.2 贷款	46	−210	197	407
长期	47	−277	0	277
短期	48	66	197	131
3.1.3 货币和存款	49	−580	303	883
3.1.4 其他资产	50	244	245	1
长期	51	0	0	0
短期	52	244	245	1
3.2 负债	53	1 887	7 503	5 616
3.2.1 贸易信贷	54	495	583	88
长期	55	35	41	6
短期	56	460	542	81
3.2.2 贷款	57	791	5 860	5 069
长期	58	100	264	163
短期	59	691	5 596	4 906
3.2.3 货币和存款	60	603	1 038	435
3.2.4 其他负债	61	−3	22	25
长期	62	−4	1	5
短期	63	1	22	20
三、储备资产	64	−4 717	0	4 717
3.1 货币黄金	65	0	0	0
3.2 特别提款权	66	−1	0	1
3.3 在基金组织的储备头寸	67	−21	0	21
3.4 外汇	68	−4 696	0	4 696
3.5 其他债权	69	0	0	0
四、净误差与遗漏	70	−597	0	597

资料来源　国家外汇管理局网站(http://www.safe.gov.cn)。

三、国际收支调节

(一) 国际收支失衡

1. 国际收支失衡的含义及衡量

在国际收支平衡表里，国际收支最后总是平衡的，这种平衡是会计意义上的平衡。但在实际当中，国际收支经常存在不平衡，即出现不同程度的顺差或逆差，即国际收支失衡(disequilibrium)。国际收支失衡是指特定项目的逆差或是顺差。确定国际收支平衡与否，可将国际收支平衡表上的各种外汇交易按其性质分为自主性交易和调节性交易两类。

自主性交易或称事前交易，即事前纯粹为达到一定的经济目的而主动进行的交易。如经常项目中的贸易收支、劳务收支、转移收支和资本项目中的长期资本个别项目。国际收支的差额或不平衡指自主性交易的不平衡，或者说，如果以上属于自主性交易的各个项目之和等于零，则国际收支处于平衡状态。

调节性交易又称事后交易，这类交易是为了弥补自主性交易各项目所发生的差额而进行的。例如，资本项目中的短期资本项目和平衡项目中的各项。具体说来有以下情况：①入超国动用官方储备偿还外债；②入超国获得外国出口商或外国银行的信用，得以延期付款；③入超国获得外国或国际金融机构的短期融资等。这些都是调节性交易。

总之，将所有国际经济交易划分为自主性交易和调节性交易两类，可作为判断国际收支是否平衡的依据。如果自主性交易中的外汇收支总额自动达到平衡，不需要做事后调节，国际收支便达到平衡。如果自主性交易中的外汇收支不能相抵，而必须以调节性交易来弥补才能维持平衡，由于这种平衡是虚弱的、暂时的，缺乏牢固的基础，所以不能长久维持下去。这种平衡只不过是形式上的平衡，而不是真正的平衡。

必须强调的是，这种按交易动机识别国际收支是否平衡的方法，在理论上很有道理，但是在统计上却很难加以区别，在概念上也很难准确地把自主性交易与调节性交易区别开来。所以，这一方法实际上不可行。

按照国际货币基金组织的做法及人们的传统习惯，国际收支不平衡可按国际收支平衡表中的主要差额来衡量，包括：

(1) 贸易差额，是一国货物进出口规模的对比。当出口大于进口时，为贸易顺差，严格地讲，应该是国际货物贸易顺差；反之，为逆差。

(2) 经常账户差额，也称为经常项目差额，是指经常账户所包括的全部项目的外汇收入和支出的对比。当其为顺差时，实际上反映的是由于本国真实资源的流出大于他国真实资源的流入而形成的净外汇收入，也是当期本国让渡给他国的可支配本国物质资源的程度。

(3) 金融账户差额，也称为金融项目差额，是指国际收支平衡表中所有金融项目，也就是国际资本流动形成的外汇收入和支出对比。

(4) 国际收支差额，是反映一国除货币当局以外所进行的各种国际经济活动而形成的外汇收入和支出的对比。结合国际收支平衡表的分类，它通常等于经常项目差额加资本项目与金融项目差额，并经过净差错与遗漏项目调整后的数字。

2. 国际收支失衡的原因

不论逆差还是顺差，只要达到一定程度，都会给本国经济带来不利影响甚至沉重打击。就一个国家来讲，由于资产减少或负债增加所产生的收入，是财政收支的一种不健全现象，账面上虽然是平衡的，而实质上却是不平衡的。国际收支不平衡有不同的表现，通常将国际收支失衡分为以下几种类型：

(1) 周期性不平衡(Cyclical Disequilibrium)，是指由于经济的循环性波动所引起的国际收支不平衡。典型的经济周期具有危机、萧条、复苏和高涨四个阶段，这四个阶段各有其特征并对国际收支产生不同影响。通常，危机阶段由于生产过剩、国民收入减少、失业增加、物价下降等，一般有助于该国增加出口和减少进口，从而可以缓解该国的国际收支逆差。反之，高涨阶段一般会刺激进口，从而容易造成贸易逆差。因此，经济周期会造成一国国际收支顺差和逆差的更替。如果各国经济周期存在非同期性，即一国处于危机阶段时其他国家处于高涨阶段，则周期性因素对国际收支差额的影响较大。第二次世界大战后，经济周期各阶段的特征有所变化，如危机和萧条阶段仍可能出现物价上涨。但是，经济周期对国际收支差额的影响仍然存在，只不过表现力度有所不同。

(2) 收入性不平衡(Income Disequilibrium)，是指由于各国收入平均增长速度出现差异所引起的国际收支不平衡。在其他条件不变的前提下，一国收入平均增长速度越高，该国进口也会增长得越快。因为收入增加会使企业增加对进口生产资料的需求，使居民增加对进口消费资料的需求。因此，收入增长较快的国家容易出现国际收支逆差，而收入增长较慢的国家容易出现国际收支顺差。但是，如果一国在收入增长过程中通过规模经济效益和技术进步引起生产成本下降，那么，收入增长不仅使进口增加，还会使出口增长。

(3) 货币性不平衡(Monetary Disequilibrium)，是指由于一国货币供应量和货币对内价值的变化所引起的国际收支不平衡。

(4) 结构性不平衡(Structural Disequilibrium)，是指由于一国经济结构不能适应世界市场供求结构变动所引起的国际收支不平衡。结构性变化取决于一国的生产技术水平和资源条件，一般说来，生产结构的变动滞后于需求结构的变动。特别是发展中国家，存在许多制约生产结构调整的客观因素，如科技落后、教育不发达、资金短缺、信息系统不健全、资源缺乏流动性等。

(5) 偶然性不平衡(Stochastic Disequilibrium)，是指由于一些随机因素所导致的国际收支不平衡，例如，自然灾害、战争、骚乱等因素引起国内产量大幅度下降、出口供给减少、进口需求增加，从而导致本国国际收支赤字，但这类冲击是偶然的、暂时性的。

3. 国际收支失衡的影响

国际收支是一个国家整个经济的有机组成部分。就一国而言,国际收支平衡是偶然的、相对的,而不平衡则是经常的、绝对的。国际收支无论是出现顺差还是逆差,都会对一国经济产生不同程度的不利影响。

国际收支逆差的影响主要表现为:①逆差引起本国外汇支出超过外汇收入,这会通过外汇市场供求关系形成使该国货币汇率下跌的压力,从而使该国进口成本上升、进口需求下降。②如果一国政府在国际收支出现逆差时动用黄金外汇储备干预外汇市场,就会使得该国黄金外汇储备减少,从而削弱其对外支付能力。此外,黄金外汇储备减少会导致国内银根紧缩和利率上升,这对收入和就业有消极影响。③如果国际收支逆差是由贸易逆差所引起的,则会通过外贸乘数造成本国收入下降和失业增加。贸易逆差意味着净出口为负值,它可能使国民收入的减少额达到数倍。④如果国际收支逆差是由资本项目逆差所引起的,则会加剧国内资金紧张,造成本国收入下降和失业增加。资本外流使积累率下降,从而导致收入增长速度下降或负增长。

国际收支顺差的消极作用虽不像逆差那样明显,但是,如果国际收支顺差过大且长期存在,也会给一国经济带来消极影响:①顺差的形成促使本币对外升值的压力,后者会鼓励进口和抑制出口,从长远来看不利于该国扩大市场和发展生产;②尽管顺差导致该国黄金外汇储备增加,但它同时也引起该国货币供应大量增长,加剧该国通货膨胀;③由于一国顺差意味着其他国家出现国际收支逆差,它容易引起对方采取报复性措施,这不利于该国长期稳定地开展对外经济贸易;④对于主要面临资源约束而非需求约束的发展中国家来说,如果贸易顺差产生于过度物资出口,它会通过加强资源约束而影响该国经济发展。

(二)国际收支失衡的调整

市场机制一定程度上具有自发调节国际收支的功能,且市场调节机制发挥作用不需要政府付出调节代价,可以避免各种人为的价格扭曲。因此,各国政府都不同程度地为市场调节机制创造适宜的环境。但是,市场调节机制也具有诸多局限性。在现实生活中纯粹的市场调节机制是不存在的,各国政府总会在不同程度上干预经济运行。

通常采取的政策措施有以下几个方面。

1. 财政政策

财政政策是指一个国家的政府通过调整税收和财政支出,来控制总需求和物价水平的政策措施。当国际收支出现逆差时,一国政府可以采用紧缩性财政政策,即缩减财政支出,提高税率以增加财政收入,减少投资,减少消费,促使物价下降,从而降低出口产品成本,达到扩大出口、减少进口、扩大外汇收入的目的。相反,当国际收支出现顺差时,则可以采取扩张性财政政策,以达到抑制出口、增加进口、减少国际收支顺差的目的。

2. 货币政策

货币政策亦称金融政策,包括再贴现政策、存款准备金政策和公开市场业务,是西方国家普遍而频繁采用的调节国际收支的政策措施。货币政策的调节一方面通过银根的紧缩和放松来影响总需求,进而调节贸易收支;另一方面则通过利率的升降来调节资本的流入流出。这两方面的作用均使国际收支发生变化。

财政政策和货币政策作为国际收支调节手段具有明显的局限性。主要表现在为解决国际收支失衡问题而采取的财政或货币政策可能同国内经济目标发生冲突。因此,政府选择财政货币政策实现国际收支平衡,必须注意时机。

3. 外汇政策

外汇政策(Foreign Exchange Policy)是指一个国家通过调整汇率改变外汇的供求关系,由此影响进出口商品的价格和资本流出入的实际收益,进而达到调节国际收支失衡的一种政策。这里所讲的"调整汇率",不是指金融市场上一般性的汇率波动,而是指国家货币金融管理当局宣布本国货币的法定升值或贬值,或者通过外汇平准基金(Foreign Exchange Equilibrium Fund)来干预外汇市场,平衡汇价。外汇平准基金是由中央银行拨出一定数量的外汇储备而专门设立的货币基金。外汇平准基金由中央银行掌握,用来对外汇市场进行干预,以维持本币与外币的一定比价。当国际收支出现顺差时,外汇供过于求,本币升值,外币贬值,出口减少,进口增加,中央银行则购进外汇,平衡汇价,推动出口;反之,则抛出外汇,平衡汇价。当一国发生国际收支逆差时,政府实行货币贬值可以增强出口商品的国际竞争力并削弱进口商品的竞争力,从而改善该国的贸易收支。当一国长期存在国际收支顺差时,政府可以通过货币升值来促使国际收支平衡。实践中,各国的政策对采取贬值措施调节国际收支是十分慎重的,因为通过贬值收到预期效果需具备一定的条件。

4. 直接管制政策

直接管制政策是指政府直接干预对外经济往来实现国际收支调节的政策措施。直接管制可分为外汇管制、财政管制和贸易管制。外汇管制主要是对外汇实行统购统销,以控制进口用汇和出口结汇,限制资本流动,使外汇供求基本平衡;财政管制是政府通过有关机构(财政部、海关、官方金融保险机构等)管制进出口商品的价格和成本,从而调节国际收支,各国常用的财政管制手段有关税管制、出口补贴、出口信贷等;贸易管制是通过关税、配额制度、许可证制度来控制进出口。运用直接管制政策来调节国际收支,具有极强的针对性,能对具体项目实行分类控制,减少调节代价,适用于结构性失衡的调节。其弊端是不利于社会福利,容易导致贸易摩擦。

5. 国际经济合作

各国政府调节国际收支都以本国利益为出发点,就整个国际经济关系而言,一国的国际收支逆差,必然反映为其他国家的顺差。各国基于本国立场采取措施，不仅政策效果本身受到一定的制约，也可能对别国经济产生不利影响，并使其他国家采取相应的报复措施。随着国际经济间相互依赖程度的加深，为维护世界经济的正常秩序，战后各国政府加强了对国际收支调节政策的国际协调。

第二节/内外均衡冲突与政策搭配

一、内外均衡的冲突——米德冲突

在开放的经济环境中，宏观经济政策不仅要实现内部均衡，也要努力实现外部均衡。内部均衡即稳定通货、充分就业和经济增长目标；外部均衡为国际收支均衡，一般认为，外部均衡为“与一国宏观经济相适应的合理的且可持续的国际收支差额”。国际收支赤字固然会引发债务危机等偿还问题，国际收支盈余也会面对贷款无法收回的损失，还容易成为巨额贸易赤字国家实行歧视性贸易保护措施的对象。因此，除非有显著的证据表明贸易将带来巨大收益，否则政府一般应该避免过大的顺差或逆差。

我们采取措施努力实现某一均衡目标时，这一措施可能会同时造成开放经济另一均衡问题的改善，也有可能对另一均衡问题造成干扰或破坏。一般地，我们将前者称为内外均衡的一致，后者称为内外均衡之间的冲突。

英国经济学家詹姆斯·米德(J. Meade)于1951年在其名著《国际收支》中最早提出了固定汇率制下的内外均衡冲突问题。米德认为，根据凯恩斯主义的需求理论，实现国际收支调节使之均衡的政策，由于固定汇率制度下，贬值和升值都受到极大限制，因而主要采用开支变更政策，开支变更对上述各个目标产生不同的政策效应。在国际收支逆差与通货膨胀并存时，减少总需求可以使两者均衡；在国际收支顺差与就业不足并存时，扩大总需求可以使两者均衡。但是，对于既有国际收支顺差又存在通货膨胀，或既有国际收支逆差又存在严重失业问题，就会发生内部均衡与外部均衡之间的冲突，使开支变更政策陷入左右为难的困境。这一情况被称为“米德冲突”(Meade's Confict)。

米德认为，在固定汇率制度下，由于汇率政策无效，又不能采取直接管理制度，政策工具的数目少于经济政策目标，则在某些经济状态下，仅靠单一的支出调整政策根本无法实现内部均衡和外部均衡的目标，其结果必然导致内部均衡与外部均衡的相互冲突。

二、内外均衡冲突的政策协调

(一) 政策目标与政策工具协调的基本原则

1. 政策协调的丁伯根法则

丁伯根是第一个获得诺贝尔经济学奖的经济学家，通过对国际收支调节政策有效性的研究，他最早提出了将政策目标和政策工具联系在一起的正式模型。丁伯根提出，要实现 N 个独立的经济目标，至少要使用 N 种独立且有效的政策工具。换句话说，一种政策工具如果用来实现两种独立的政策目标，则两种目标都不可能得到充分的实现。这一原则被称为“丁伯根法则”。对此原则，可以做出如下的简单推导：假设经济存在着两个政策目标 Y_1、Y_2，有两种政策工具 X_1、X_2，即 2×2 模型；且政策目标是政策工具的线性函数，即：

$$Y_1=\alpha_1X_1+\alpha_2X_2$$
$$Y_2=\beta_1X_1+\beta_2X_2$$

上式中的 $\alpha_1,\alpha_2,\beta_1,\beta_2$ 为两种工具对政策目标的影响程度。显然只要 $\alpha_1/\beta_1\neq\alpha_2/\beta_2$（即两个政策工具线性无关），就可以从上述两个公式中求出能实现政策目标的政策工具水平，即

$$X_1=(\beta_2Y_1-\alpha_2Y_2)/(\alpha_1\beta_2-\alpha_2\beta_1)$$
$$X_2=(\beta_1Y_1-\alpha_1Y_2)/(\alpha_2\beta_1-\alpha_1\beta_2)$$

上述公式说明这两个政策工具对政策目标具有相同的影响力，也就是说两种政策工具实质上是一种政策工具，在此种情况下，要同时实现两个政策目标是不可能的。因为多元方程组有一个确定解的必要条件是方程的个数不能少于未知变量的数目，故如果在线性相关的情况下，要同时实现两个政策目标是不可能的。对这一结论可以进行推广：如果一个经济体的政策目标与政策工具之间具有线性结构，那么决策者要实现 N 个独立的政策目标，就需要 N 个独立的政策工具。

2. 蒙代尔的有效市场分类原则

丁伯根原则虽然对于政府在政策目标及政策工具的配合上具有重要的指导意义，但是，对于当两个政策工具对两个政策目标都起影响作用时，如何进行政策工具的有效分配却没有做出说明。基于丁伯根原则的这一不足，蒙代尔在此基础上提出了政策工具指派的“有效市场分类原则”，即对于某一个政策目标，当多种政策工具同时对其有影响作用时，应该将这一政策目标指派给对其影响力最大的政策工具来完成。如果每种工具都被合理地指派给一个目标，并且该目标偏离其最佳水平时按规则进行调控，那么在分散决策的情况下仍有可能实现最佳调控目标。如果在政策指派问题上没有依据这一原则，则会使经济出现不稳定性而距政策目标越来越远。

依然以上述两个政策目标、两个政策工具的 2×2 模型为例。若 $\alpha_1>\beta_1$，则说明工具 X_1 对政策目标 Y_1 的影响力大于对 Y_2 的影响力，因此，应该将政策目标 Y_1 分配给工具 X_1，将政策目标 Y_2 分配给工具 X_2；若 $\alpha_1<\beta_1$，则说明工具 X_1 对政策目标 Y_2 的影响大于对 Y_1 的影响，此时应该将政策目标 Y_2 分配给工具 X_1，而将政策目标 Y_1 分配给工具 X_2。

蒙代尔的这一“有效市场分类原则”丰富了开放经济条件下的政策调控理论，并对实现内外均衡的政策搭配与组合起到了重要的指导作用。

(二) 固定汇率制下内外均衡冲突的协调

1. 斯旺图形

斯旺以国内总支出和汇率水平构造了内外均衡研究的二维分析框架。通过代表充分就业和物价稳定的内部均衡曲线以及代表国际收支平衡的外部均衡曲线，直观地再现了开放经济体的宏观经济状态，并在此基础上阐明了搭配运用汇率政策和支出政策的方向及其优越性(见图 13-1)。

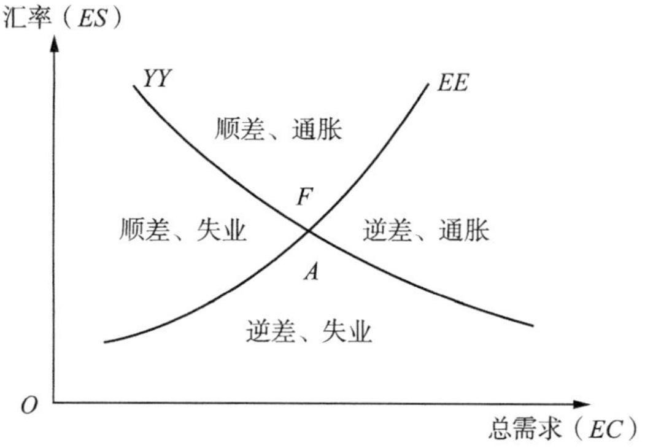

图 13-1 斯旺图形

斯旺的分析建立在两个基本假设之上：一是不考虑资本流动；二是经济在达到充分就业以前，价格水平保持不变。在图 13-1 中，横轴 EC 表示支出调整政策，指凯恩斯的财政政策与货币政策，横轴正方向为扩张性宏观政策；纵轴 ES 表示支出转换政策，即影响商品的国际竞争力的政策，狭义专指汇率政策，这里汇率采用直接标价法，纵轴正方向为汇率贬值。

EE 线表示外部均衡轨迹，该线上的任何一点均表示国际收支处于均衡状态；YY 线表示内部均衡轨迹，该线上的任何一点均表示国内经济处于均衡状态；YY 线与 EE 线的交点 F 为内外均衡点，即政策之目标。YY 线之所以向右下方倾斜，是因为若外汇汇率 E 下降(即本币升值)，则本国的贸易收支会恶化，由于乘数效应的存在使得国民收入萎缩，失业增加，要恢复内部均衡，必须采取扩张性的支出变更政策来刺激总需求。

YY 线左方表示失业状态，右方表示经济处于通货膨胀状态。同理可以说明 EE 线向右上方延伸的原因。当本币贬值时(E 的上升)，本国出口收入增加，会使外部均衡失去(顺差增大)，为了实现外部均衡，必须采用扩张性的支出调整政策，拉动收入的上升，促使进口增加。EE 线左方表示国际收支顺差，EE 线右方表示国际收支逆差。

假若一国经济在某一时期处于逆差与失业状态(即图中的 A 点)，要使经济

状态由 A 移动到 F（内外均衡同时实现），必须同时采取支出转换政策与支出调整政策；否则，要同时实现内外均衡是不可能的。

2. 蒙代尔政策搭配理论

20 世纪 60 年代，米德关于内外均衡的理论被蒙代尔的政策配合理论突破。蒙代尔认为，即使在支出转换政策难以利用的情况下，政府只要适当地搭配使用财政政策和货币政策，同样可以实现内外的同时均衡。蒙代尔将支出调整政策分裂为财政政策和货币政策两个独立的政策工具，并在国际收支研究中引入资本流动因素，提出了“有效市场分类原则”。财政政策（无论是政府预算或支出的变化还是税率的调整）对国内经济活动产生的作用更大，而对国际收支的作用较小；而货币政策（主要是利率的变动）虽然也会对内部经济的活动产生影响，但各国际间利率差距的扩大，在资本项目没有限制的情况下，就会引起大规模的资本流动，从而对国际收支的作用更为明显。据此认为，只要坚持“财政政策追求内部均衡目标、货币政策追求外部均衡目标”，交替使用财政政策与货币政策就可以实现开放经济的宏观经济均衡。

蒙代尔认为，财政政策和货币政策对国民收入和经常账户收支都有影响，但它们作用的不同主要表现在利率对资本账户的影响上。具体来说，紧缩性财政政策趋于降低利率，恶化资本账户收支；而紧缩性货币政策则趋于提高利率，改善资本账户收支。假如经济状态处于逆差和失业并存的失衡状态（如表 13 - 2 的第三种经济状态），此时，只有以财政政策来解决失业问题、以货币政策来解决逆差问题，才可以突现内部均衡和外部均衡。可以先实行紧缩性货币政策实现国际收支平衡，降低进口。紧缩性的货币政策还会带动资本流入，减小逆差，但同时也造成国内产出减少。然后再实行扩张性的财政政策使产出增加，解决失业问题，同时又由于需求增长使国际收支逆差扩大。由于财政政策对内部均衡的作用效果大于对外部均衡的作用效果，而货币政策的作用效果正好相反，最终财政政策与货币政策共同作用的结果使得产出增加，国际收支逆差减少。如果反复运用上述政策组合就可将经济调整到平衡位置，最终达到内外的同时均衡。因此，将实现内部均衡与外部均衡的目标分别分配给财政政策和货币政策，并在这两种政策间进行有效的组合，就可以同时实现内部均衡与外部均衡，具体组合如表 13 - 2 所示。

表 13 - 2　财政政策与货币政策的组合与搭配

经济状态		政策取向与组合	
内部经济状态	外部经济状态	财政政策	货币政策
通货膨胀	顺差	紧缩政策	扩张政策
通货膨胀	逆差	紧缩政策	紧缩政策
失业	逆差	扩张政策	紧缩政策
失业	顺差	扩张政策	扩张政策

但值得指出的是，蒙代尔的政策配合理论只是一种简化的理论模式。现实经济运行的复杂性使得内外均衡的实现过程不可能如此简单。特别是在开放经济中，资本流动规模的日益庞大，使得财政政策与货币政策存在着一个效应减弱的问题。这一切都给内外均衡的实现带来了困难。

专栏 13-1 类滞胀环境下的政策两难

2011 年，中国经济遭遇了寒冬，高企的通货膨胀以及减速的经济使得政策调控面临两难。尽管在连续的调控政策下，通货膨胀从年中开始有了明显的回落，但是负面的结果在于，伴随着货币的全面紧缩，各行各业特别是中小企业无疑受到了严重的冲击。伴随着从三季度开始的高层不断调研、释放政策调整信号，经济下滑的趋势得到了一定程度的修复，但是通货膨胀压力尚未完全解除，全面“保增长”势必引发通货膨胀的再度回头。

1. 供给端回落明显，盈利受到冲击

2011 年，全年国内生产总值为 471 564 亿元，按可比价格计算，比上年增长 9.2%。除了第一产业在国家连续一贯的政策及资金支持下维持的增速稳定以外，第二、三产业均受到了一定程度的冲击，增速下滑较快，并且从目前的形势来看，这一趋势并没有得到逆转。与 GDP 同步的工业生产，特别是重工业产业，出现了较为明显的减速。而地域方面则体现出西进东退的局面。受到生产减速、劳动力以及原材料成本提高的影响，企业效益增速放缓。东部地区受到紧缩性政策的压制增速回落 3.2 个百分点，而中西部地区则维持了一贯的增速。1 至 11 月份，全国规模以上的工业企业实现利润 46 638 亿元，同比增长 24.4%，较去年的 49.4%的增速大打折扣。

2. 三驾马车年中持续回落，今年难有大幅改善

从三驾马车来看，投资的运行从年中开始持续下行，这与 2011 年上半年以来连续的货币政策紧缩、信贷投放少有明显关联，而年中的动车事件更是雪上加霜。表现在房地产投资上，增速回落更为明显，既包括行政干预又包括货币信贷的调控政策不放松使得地产销售数据开始遭遇低谷，由于销售数据对于投资有一二个季度的领先性，铜九铁十的惨淡销售反映到投资上，2012 年一季度预计将继续下滑。从零售销售数据来看，受到通货膨胀高企、政策退出以及信贷紧缩的影响，2011 年耐用消费品的增长速度明显回落。从历史经验来看，在消费信心剧烈下滑的动荡时期，消费的真实表现都不会很好。我们预计，随着 2013 年 CPI 的下降和消费信心的稳定，社会零售品销售总额将会小幅回升至 18%。

资料来源 2012 年 1 月 17 日，《长江证券》，李冒余(http://www.eastmoney.com)。

(三) 浮动汇率制下内外均衡的实现

浮动汇率制下外部均衡的实现与固定汇率制下外部均衡的实现过程有很大的不同。汇率变动对国际收支失衡的调节作用是双重的：一方面，汇率变动会改变商品的相对价格，即贬值国商品相对便宜，升值国商品相对昂贵，从而有利于贬值国商品的出口，使其国际收支状况得以改善；另一方面，国际收支的盈余会引发货币的升值，国际收支逆差引起货币的贬值，到了一定的程度，在投机者的预期之下，投机者会将升值的货币兑换为贬值的货币，这种资金运动有助于改善逆差国的国际收支状况。可见，在浮动汇率制下，汇率的自由波动可以实现国际收支的平衡问题，即不存在外部失衡问题。

由于浮动汇率可以保证国际收支平衡，所以，政府的所有政策都可以以实现内部均衡为目标。具体来讲：

浮动汇率制下的货币政策对国民收入的调节效应要明显大于在固定汇率制下的效应。因为，在一国出现经济衰退时，为了刺激经济的回升，就必须采取扩张性的货币政策，以利率下降刺激国内投资和消费等支出的增加，从而提高国民收入；但与此同时，利率的下降会引发资本流出的增加，从而可能出现国际收支逆差，进一步诱发货币的贬值。而货币贬值又可以提高本国商品的竞争力，促使出口扩张，使国民收入获得更大幅度的增长。

浮动汇率制下的财政政策效应要相对复杂，因为财政政策的调节会产生双重效应：一方面，财政扩张政策会使国内总需求扩大，国民收入水平上升，导致进口增多，贸易出现逆差，货币走势疲软；另一方面，国内需求上升，使市场利率上升，引发资本流入的增加，使本币有升值趋势。可见，这两种相反趋势的最终结果是比较复杂的。

本章小结

国际收支是一国在一定时期内居民与非居民间的经济、政治、军事、文化及其他往来活动中所产生的全部交易的系统记录。国际收支平衡表是按照复式簿记的原理，以某一特定货币为单位，运用简明的格式总括地反映某一经济体在特定时期内与世界其他经济体间发生的全部交易。根据IMF最新版本《国际收支手册》，国际收支平衡表的标准组成部分主要包括经常项目、资本和金融项目、储备资产，再加上一个人为设计的调整项目：净误差与遗漏。

复式记账法使国际收支形式上永远是平衡的。实际上，各国的国际收支经常是处于失衡状态。在分析一国国际收支的盈余和赤字时，通常可以针对不同的口径，主要有贸易差额、经常项目差额以及国际收支总差额。它们各自有不同的分析意义，而且相互之间存在一定的关系。贸易差额体现了一个国家自我创汇的能力，反映了一国在国际市场上的竞争能力；经常项目差额能够反映出一国内外经济的紧密联系；国际收支总差额的状况将导致该国国际储备量的变化。

在开放经济中，政府的宏观经济政策目标主要有四个：经济增长、物价稳定、充分就业及国际收支平衡。其中经济增长、物价稳定与充分就业成为内部均衡目标，而国际收支均衡称为外部均衡目标。由于内外均衡之间存在着矛盾与冲突，需要政府的政策对此进行协调。蒙代尔的政策组合理论对此做出了很好的解释。

重要概念

国际收支　国际收支平衡表　经常项目　资本和金融项目　官方储备　国际收支失衡　米德冲突　丁伯根法则　蒙代尔的有效市场分类原则

思考题

1. 国际收支有哪些差额项目？如何判断国际收支是否平衡？
2. 国际收支失衡的主要原因是什么？国际收支失衡可能带来什么影响？当一国出现国际收支失衡时，如何进行政策调节？

3. 发生国际收支顺差为什么要进行调节？

4. 为什么会产生内外均衡目标之间的冲突？

5. 试论述米德冲突及其解决路径选择。

第四篇 金融发展与稳定

第十四章 金融与经济发展

第二次世界大战后的最初20年,西方主流的金融理论都是以发达国家为研究对象的,显然这对市场经济和金融制度相对落后的发展中国家不是完全适用的。20世纪70年代以来,随着发展中国家独立性的增强和国际地位的提高,发展中国家的金融问题也引起了一些经济学家的兴趣。1973年,美国经济学家罗纳德·麦金农与爱德华·肖以发展中国家的货币金融问题作为研究对象,从一个全新的角度对金融与经济进行了开创性的研究。他们首次指出发展中国家经济落后的症结在于金融抑制,同时深刻地分析了如何在发展中国家建立一个以金融促进经济发展的金融体制,即如何实现金融深化。自此,发展中国家先后开始了以金融发展为目标的金融体制改革。

第一节/金融抑制

一、金融抑制的含义

麦金农和肖等人将金融抑制(financial repression)归结为:发展中国家存在的金融资产单调、金融机构形式单一、市场机制未充分发挥作用、存在较多的金融管制(包括利率限制、信贷配额、汇率及资本流动管制等),致使金融效率低下的现象。

他们认为,金融发展与经济发展之间有着相互推动和相互制约的关系。一方面,健全的金融体制能有效地将储蓄资金动员起来并引导到生产性投资上去,以促进经济发展;另一方面,稳步发展的经济也会通过国民收入的提高和社会公众对金融服务需求的增加而刺激金融业的发展,两者间形成一种良性循环。但在大多数发展中国家,由于金融体制的落后和效率低下,使经济发展受到束缚,停滞的经济反过来又限制了资金的积累和对金融服务的需求,制约了金融业的发展,这样,两者间就呈现一种恶性循环。

二、金融抑制的主要表现

在发展中国家受到抑制的金融体系有几个显著表现:

(1) 金融工具形式单一,规模有限。这主要表现在银行等储蓄机构仅仅开办存、贷款业务,而且期限单一,利率僵硬,无法满足储蓄和借贷双方对金融资产流动性、盈利性和安全性等方面的需要;因商业信用不佳,商业票据无法广泛流通;证券交易品种有限,投资者缺乏选择金融资产的机会。

(2) 金融体系存在着明显的"二元结构",即现代化金融机构与传统金融机构并存。现代化金融机构是以现代管理方式经营的大银行和其他金融机构(包括外国银行),它们主要集中在经济和交通发达的大城市;传统金融机构是以传统方式经营的钱庄、当铺、合会等民间金融机构,它们主要分布在经济落后的小城镇和广大农村地区。这种状况使得货币政策和传导机制受到严重扭曲,从而难以发挥预期的效应。

(3) 金融体系发展不平衡,效率低下。发展中国家的金融机构单一,商业银行在金融活动中居于绝对的主导地位,专业化程度不高,经营效率低下;非银行金融机构极不发达,无法有效地发挥其功能。

(4) 金融资产价格严重扭曲,无法反映资源的相对稀缺性。具体表现是政府对利率和汇率实行严格的管制,使实际利率偏低,本国货币的币值估值较高。

(5) 直接融资市场发展落后。发展中国家经济发展的严重不确定性压制了直接融资的发展,因而证券市场上的交易品种和数量十分有限,限制了通过多种渠道、多种方式大规模地组织和融通社会资金的能力,从而导致资本形成不足。

(6) 金融市场不健全。由于经济上的分割性,银行和非银行等金融机构多局限于在各自的传统领域活动,它们之间缺少一个完整的、有机的短期货币市场来连接.再加之同业拆借的资金量不足,使得金融市场效率非常低下。

三、金融抑制的根源

金融抑制现象的出现并不是偶然的,它有着复杂的经济、政治和社会历史根源。

麦金农认为,发展中国家的经济具有严重的"分割性":资金、技术、土地、劳动力等生产要素分散于零散的经济单位之中,国内市场也处在割裂状态,无法发挥其合理配置要素的功能,市场价格千差万别,生产效率和投资收益率也因时因地而异,这种"分割经济"也就决定了金融体制的割裂与脆弱。由于市场机制的不健全,资金很难通过统一的金融市场来流通,有限的金融机构不能充分发挥"导管"的作用,因而投资多局限于本行业之内,用于投资的资本也只能依靠企业内部的积累,而这种"内源融资"的盛行无疑又减少了企业和个人的储蓄倾向,导致发展中国家的一个常见病——储蓄不足,进而影响到社会的再投资能力,造成全社会范围内效益的损失,延缓了经济发展,并且给一些发展中国家的政府进行人为干预制造了"最佳"的借口。可见,经济的分割性是造成金融抑制的一个重要原因。

从政治方面看，由于大多数发展中国家是摆脱殖民统治后取得独立的，所以新政府对于国家主权有强烈的控制欲望。他们大多对宗主国实施的所谓“自由经济”政策给自己带来的恶果记忆犹新，自然对“市场”的作用持怀疑态度，加之本国经济的落后与割裂，因此它们宁可相信政府干预的力量，也不愿将国家的经济命脉交由那只“看不见的手”来操纵。据此，也许不难解释为什么发展中国家里存在如此众多的经济管理部门和管理政策，而这些恰恰是金融抑制的突出表现。

另外，对高利贷和通货膨胀的恐惧也是导致金融抑制的一个重要原因。对大多数发展中国家来说，高利贷就意味着剥削，意味着社会财富的分配不公，而支付了高额利息的生产商又会将这笔费用计入最终产品的价格中，从而导致通货膨胀率的上升。因此在政府看来，高利率的借贷活动必须禁止并代之以政府的财政计划和信贷配给。这种做法的结果是硬性规定银行存贷款的利率上限，实际利率同名义利率相差甚远甚至为负数，金融体系对储蓄的吸引力日渐衰弱，而随配给制产生的特权与腐败现象却蔓延开来。实际情况往往是，发展中国家金融体系的活动受到这样或那样的限制，而流通中的名义货币量却未受到有效控制，通货膨胀的阴影依旧笼罩在人们的头上。

四、金融抑制的主要手段

金融抑制虽然与发展中国家经济落后的客观现实、存在二元经济结构有关，但发展中国家政府所实行的金融抑制政策更是起到了直接作用。发展中国家的政府都想积极推动经济发展，但面对的现实是经济发展水平低，政府财力薄弱，外汇资金短缺。为获得资金实现发展战略，政府常常对金融活动的强制干预，例如，政府为获得资金以实现发展战略，对存贷款利率、汇率、信贷资金的配置、金融机构的市场进入等实行严格的限制和干预。这种压抑性的金融政策主要体现在以下几个方面：

(1) 利率管制。利率作为资金的价格，反映着资本的社会稀缺程度，并能够灵活地调节社会资金的供求关系。但是很多发展中国家为了降低公共部门的融资成本，扶持国有经济的发展，通过设定存贷款利率上限来压低利率水平，不允许利率自由浮动，使利率不能正确反映发展中国家资金供求市场的信息和资金短缺的现象。同时，政府为弥补巨额财政赤字，一方面，常常不得不依靠通货膨胀政策，使通货膨胀率居高不下，在政府规定的低利率水平下，往往使得名义存款利率低于通货膨胀率，导致实际存款利率为负数，进而阻碍了金融体系吸收社会闲置资金的能力，进入金融体系的社会资金减少；而另一方面，较低的利率又刺激了更多的社会资金需求，甚至是投机活动，导致资金需求远远大于供给，从而加剧了资金供求矛盾。

(2) 信贷配额。这是利率管制所导致的必然结果。在资金短缺的情况下，为了解决资金供求的失衡，金融当局不得不使用“信用配额”的方式进行资金分配。在这种情况下，能获得优惠利率信贷的大部分是享有特权的国有企业，或与官方金融机构有特殊关系的私营企事业机构。但这些借款人的投资并非总能获得较高的收益，甚至往往不能偿还贷款。可见，信贷配给政策导致一些高效益的投资项目无法获得贷款，贷款不讲经济效益，资金集聚的困难和使用效率的低下严重阻碍了经济和金融的发展。与此同时，大多数民营企业因得不到信贷配额而不得不转向传统的金融机构，如高利贷者、当铺等组织进行融资，使其发展受到严重影响。这种游离于金融体系之外的融资反过来又加剧了金融管制的盛行，政府会更加坚定地认为“市场机制会带来无效和混乱”，并采取诸如信贷配给的办法来分配有限的社会资本，从而进一步加剧了资金分配的不平等和分配效率的低下。

(3) 汇率管制。发展中国家为了降低进口机器设备的成本，常常通过官方汇率人为地高估本币的汇率，使其严重偏离均衡的汇率水平。但是，本币高估不可避免地会造成外汇市场的供不应求。在高估本币币值的情形下，一方面，外汇供给只能通过配给来满足，能以官定汇率获得外汇的只是一些享受特权的机构和阶层，这不仅助长了黑市交易活动，使本已缺乏的外汇使用不当，而且使持有官方执照的进口商能利用所享受的特权赚取超额利润，从而刺激进口需求。另一方面，国内出口业将受到损害，尤其是农副产品及其他初级产品的出口。因为过高的本币汇率使出口商按国际市场价格出售商品后收回的外汇兑换成本币的收入远远低于在国内市场上销售的收入，并使本来就处于弱势的发展中国家出口产品的国际竞争力更弱，出口受到极大损害，这又进一步加剧了外汇短缺状况以及官定汇率与均衡汇率的偏离。因此，当低估外汇价格时，只利于进口与消费，而不利于出口与储蓄，并将使本国经济的发展进一步增强了对外援与进口的依赖。

(4) 对金融机构的管制。在发展中国家，政府出于对金融体系和资金分配进行控制的目的，对金融机构的设立及经营活动严加管制，致使现代金融机构不足，商业竞争无法充分展开。政府通常鼓励直接为政府服务、其活动易被政府掌控的部门与机构的发展，而限制民间私营金融机构的发展，形成金融业的高度垄断；各种金融业务必须由规定的机构在批准的业务范围内进行，结果形成金融市场的分割；对金融机构要求很高的法定存款准备金率和流动性，以便于政府有效地集中资金；同时，还限制股票、债券等资本市场工具的发展，使整个金融业效率低下。

五、金融抑制产生的负效应

由于金融与经济的密不可分性，金融抑制会对经济发展产生一些负效应，主要表现在以下方面：

(1) 负收入效应。一般来说,公众和企业所持有的实际货币余额越多,储蓄和投资就越多,而储蓄和投资的增加又会带来生产的增长和收入的提高。但在许多发展中国家,却出现了与此相悖的结果。因为许多发展中国家都处于金融抑制状态,同时大多数国家还存在着严重的通货膨胀,因此,人们为了逃避通货膨胀,就会减少以货币形式保有的储蓄,从而导致投资来源减少,进而使国民收入的增长受到影响。与此同时,这又会反过来制约储蓄与投资的增长,于是不可避免地形成恶性循环,最终结果将导致收入的缓慢增长。

(2) 负储蓄效应。在许多发展中国家,由于市场分割和经济货币化程度很低,以及收入水平低,加之金融工具的品种单调、数量有限,因此资产选择的余地就很小。在通货膨胀率很高的情况下,当存款低利率甚至负利率政策无法弥补物价上涨造成的损失时,人们被迫采用购买实物(物质财富)、增加消费支出,以及向国外转移资金的方式来回避风险,这样就会使国内储蓄率受到严重的影响。

(3) 负投资效应。由于发展中国家急于实现"工业现代化",常常利用国家集权将有限的资金投向那些大规模、高技术的新型产业,但由于技术条件的限制,这些产业并不能带来较高的投资效率,使投资的边际生产力大大降低,造成资金的浪费。同时,将巨量资金耗费在重工业上的投资政策也在无形中限制了向其他传统部门的投资,特别是阻碍农业和轻工业的正常发展。这种做法不但增加了对粮食和原材料的进口需求,而且由于这种传统行业发展的限制又会进一步影响国家出口的增长,导致经济发展缺乏必要的投资动力。

(4) 负就业效应。在金融压抑的条件下,由于缺乏必要的资金投入,传统部门与小规模生产受到限制,劳动密集型产业得不到发展,使得大量农村劳动力涌向城市。而城市中所发展的工业大都是资本密集型产业,其对劳动力的吸纳非常有限的,因此,那些大量的尤其是未受过专业训练的简单劳动力只能寻找更低工资的职业,甚至处于失业状态,从而形成了大中城市特有的贫民阶层与贫民区。即使那些已经就业的劳动者,随着生产的发展和技术的改进,也将面临失业的可能性。

总之,金融抑制加剧了金融体系发展的不平衡,极大地限制了金融机构的业务活动,束缚了金融市场的形成和发展,阻滞了社会储蓄的应有程度和向社会投资的正常转化,造成投资效益低下,最终制约了国民经济的发展,并通过消极的反馈作用加剧了金融业的落后,从而陷入金融落后和经济落后的恶性循环。

六、利率管制对经济增长的阻碍作用

发展中国家的金融抑制政策扭曲了金融领域的"价格"——利率,并对经济效率造成了严重的损害,这是罗纳德·麦金农和爱德华·肖等经济学家关注的重中之重。下面以图 14-1 进行说明。

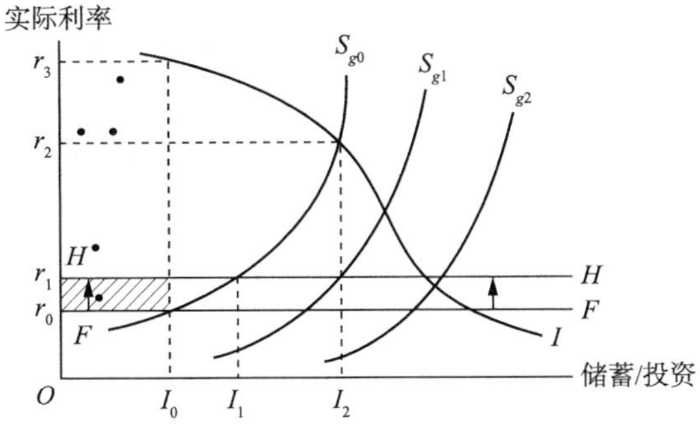

图 14-1 利率管制下的储蓄和投资

图 14-1 集中表现了罗纳德·麦金农和爱德华·肖对利率上限的批评。其中 S_{g0} 代表经济增长率 g_0 下的实际储蓄，它是实际利率的增函数。I 代表实际投资，它是实际利率的减函数。FF 代表金融抑制，这里指人为规定的固定名义利率，使得实际利率 r_0 低于其均衡水平。实际投资被限定在与实际利率 r_0 相对应的储蓄量 I_0 上。

首先，假设政府只对存款利率而不是贷款利率施加上限，则图 14-1 中投资者或借款者面对的利率为 r_3，在受限制的储蓄供给 I_0 下结清市场。差额 r_3-r_0 将由一个受管制但却是竞争性的银行体系花费在非价格竞争上（例如广告费用及开设新的银行分支机构），但这些非价格服务的定价可能并不等于利息支付。实际货币需求总是随着外在的实际存款利率的下降而减少。

我们可以以固定供给下的非贬值资产为例，来说明当出现加速的通货膨胀时，下降的实际利率对储蓄的影响。对大多数发展中国家经济来说，持续或周期性的通货膨胀是一个特征化的事实。假设通货膨胀保值物是供给量固定的土地，预期土地价格至少和一般价格水平上升得一样快。现在，随着实际利率的下降，与银行存款相比，土地作为一种保值手段变得越来越有吸引力，越来越多的家庭从银行提取储蓄以购买土地（但这对整个经济而言并不构成投资）。哄抬之下，土地价格的上涨速度将快于一般价格水平。实际收入不变，而土地价格上涨，家庭部门的财富—收入比例必然上升。所有基于跨时期效用最大化的储蓄理论都表明，更多的财富不仅提高目前的消费水平，也提高将来的消费水平，这必然会导致现期收入中储蓄比例的下降。

事实上，对大多数金融抑制的经济而言，不仅存在存款利率上限，同样也存在着贷款利率上限以及信贷资金的非价格配给。信贷分配往往不取决于投资项目的预期回报率，相反，裙带关系、政治压力、贷款规模及信贷人员私下收受的好处等都可以成为很重要的影响因素。图 14-1 中的圆点表示在这类条件下得到融资的投资项目。

贷款利率上限必然会抑制金融机构的风险承担，从而排除掉一大部分潜在的高回报的投资项目。因此，在金融抑制的经济中，那些仅仅高于上限利率 r_0 的投资项目更容易得到融资。图 14－1 中 FF 线以上灰色区域里的圆点就表示这类投资项目。显然，图 14－1 中投资项目回报率分布的高度离散化在有效的市场竞争条件下是不大可能出现的，市场竞争会促使回报率成为带有收敛趋势的正态分布。因此，麦金农强调，在回报率高度离散化的情况下，将发展视为单一生产率下同质资本的简单积累是一个严重的错误。根据他的理解，应该将经济发展定义为减少国内企业家控制下的现有和新增投资回报率分布的巨大分散。

总结得出，利率上限将经由以下几种途径扭曲经济：①低利率鼓励现期消费而非将来消费，导致储蓄率低于社会最优水平。②潜在的借款者可能从事相对低收益的直接投资，而不是将钱存入银行然后贷放给收益较高的项目，这将降低整个经济体系的效率。③低贷款利率将鼓励借款人选择资本相对密集的投资项目，而忽视比较优势原理。④选择性或有指导的信贷配给程序无法保证银行资产流向那些收益更高的投资项目，从而恶化了银行的资产质量，加大了整个金融体系的脆弱性。所有这些都将对经济增长产生阻碍作用。

如果将图 14－1 中的利率上限从 FF 提高 HH（即从 r_0 提高到 r_1），储蓄和投资将会显著增加。同时剔除了图 14－1 中灰色区域内标出的所有低收益的投资项目，因为对企业而言，在较高的利率 r_1 下这些投资项目已无利可图。因此，总的投资回报或效率将会提高。在这一过程中经济增长率将上升，储蓄函数移向 S_{g1}。

由此可见，提高实际利率是提高投资水平的关键，也是提高投资效率的一个配额装置，而投资水平和投资效率的提高必然会对经济增长产生正向的影响。因此，麦金农和肖为金融抑制经济开出的政策处方是解除利率管制，使其上升到均衡水平；在这一点还无法做到的情况下，则应该尽可能通过提高名义利率或降低通货膨胀率的方式来提高实际利率。

第二节/金融深化

一、金融深化的含义

罗纳德·麦金农与爱德华·肖等经济学家一致认为，金融抑制是发展中国家经济发展的一大障碍，它妨碍了储蓄投资的形成，造成资源配置的不合理，从而阻碍了经济发展。针对金融抑制所产生的负效应，发展经济学家提出，发展中国家必须通过金融深化政策来促进金融部门自身的发展，进而促进经济增长。

所谓金融深化，是指政府放弃对金融体系与金融市场的过分干预，放松对利率与汇率的管制，使之能充分反映资金市场与外汇市场的供求状况，并实施有效的通货膨胀控制政策，使金融体系能以适当的利率吸引储蓄资金，也能以适当的贷款利率为各经济部门提供资金，并进一步引导资金流向高效益的部门和地区，以促进经济的增长和金融体系本身的扩展。

可以看出，金融深化主要是针对发展中国家实行的金融抑制政策，如对利率和信贷实行管制等而提出的。其实质就是放弃政府对金融领域的过度干预和保护，依靠市场机制的作用提高金融体系的效率，优化金融结构和金融资源的合理配置，形成正的投资、就业、收入和结构优化效应，从而建立起经济发展和金融发展的良性循环。

二、衡量金融深化程度的指标

金融的发展包括量的发展与质的发展。量的发展是指金融在数量或规模方面的扩大，具体表现为金融资产的增长、金融机构的增加、金融从业人员的增多和金融市场的扩充；质的发展则主要指金融结构的优化，具体表现为金融工具的多样化。两者分别从总量与结构的角度体现了金融深化的程度。根据“金融结构论”与“金融深化论”，衡量一国金融深化程度常用指标主要有以下几个：

（一）金融存量指标

金融存量指标是反映一国在某一时点的金融发展状况的指标体系，这些指标如下：

（1）货币化比率，用广义货币存量与国民生产总值之比（M_2/GDP）来表示。罗纳德·麦金农和爱德华·肖认为，与金融深化相伴随的是流动性资产存量的增加，由于金融资产的流动性大于实物资产，因此在宏观上这一过程就体现为一国金融资产存量与国民收入之比的提高。但随着经济的发展，人们认识到经济货币化仅仅是金融深化的初级表现，或者说经济货币化程度指标还不能全面而正确地反映一国的金融发展和金融深化，因此当经济发展到一定程度之后，货币量和准货币量的增长便会趋缓，非货币性金融工具（如各类债券、票据、股票等）则会快速增长。如发达国家从20世纪50年代以来货币存量与名义收入的比值便基本停滞不动甚至趋于下降，而发展中国家的该项比值则大幅上升。若仍以该项比值作为依据来考察金融深化的程度，则将得出高估的发展中国家金融深化程度。

（2）金融相关比率。金融深化会导致金融资产结构的变化，因此一定时点上各金融资产存量之间的比例关系是表现金融深化程度的又一指标。由于货币化比率缺陷的存在，目前在学术界得到广泛认可的衡量方式是经济金融化，普遍认为经济金融化更能反映一国的金融深化程度。在经济学中，通常以戈德·史密斯提出的金融相关比率作为衡量一国经济金融化程度的指标。

（二）金融流量指标

金融流量指标是利用一个时段内的金融发展状况来反映一国的金融深化程

度。这些指标包括：

(1) 投资来源构成中财政所占的比重。爱德华·肖指出，随着金融深化程度的加深，投资中财政所占的比重应当逐渐减少。

(2) 居民总储蓄中银行储蓄所占的比重。从理论上说，这一比例将随着金融深化程度的加深而减少。

(3) 企业融资中银行贷款的比例变化。金融深化将使这一指标有渐趋缩小的趋势。

(三) 金融工具的多样化

金融资产包括了流通中的现金、金融机构存款余额、各种债券余额、股票筹资额和市价总额、保险费收入等。随着金融化程度的加深，广义货币会继续增长，但其在金融资产或金融工具中的比重会不断降低。因此，金融资产与广义货币的比值可以用来表示金融工具的多样化程度。金融工具的多样化能反映一国金融发展在质上的进步，或者说是金融深化的深层次体现。

(四) 金融资产价格指标

金融资产价格指标是用金融市场的各种价格水平来表征金融深化的程度，这是金融深化与否的最重要的表征，肖认为这一指标体系“也许是金融深化与否的最明显的表现”。它包括以下几个指标：

(1) 实际利率水平。这一指标与金融深化程度是正相关的。在金融不够发达的经济中，金融资产的需求被低水平的实际利率所抑制，初级证券的供给被信贷配额所压制，甚至场外非法市场也被反高利贷法和政府的管制所压制。而金融深化则意味着，利率必须准确地反映客观存在的、能替代即期消费的投资机会的多少和消费者对延迟消费的非意愿程度。因此，实际利率通常比较高，而各种利率之间的差别则趋于缩小。

(2) 利率的期限结构。金融深化会促使利率的期限结构渐趋合理并能反映消费者延迟消费的非意愿程度。

(3) 实际汇率水平。金融抑制的另一个表现是，在官方的即期外汇市场上，本国货币的币值被高估，但是在黑市和远期外汇市场上，本国货币的贴水率却很高。而金融深化则意味着汇率的扭曲得以纠正，外汇黑市和远期外汇市场上本国货币的贴水率下降。

(五) 金融体系的规模和结构

在金融发展不够充分的经济中，银行系统包揽了有组织的金融活动，其他金融活动则只能通过外汇交换及由高利贷者和互助团体组成的非法市场进行。而金融深化则会扩大金融体系的实际规模，同时给银行之外的其他金融机构，如证券交易商和保险公司带来获利机会。因此，金融深化意味着金融职能和金融机构的专业化，同时相对于外汇市场和场外非法市场而言，有组织的国内金融机构和金融市场将有较大的发展。

三、金融深化的效应分析

根据罗纳德·麦金农和爱德华·肖对金融深化的分析，认为金融深化对经济的发展具有积极的促进和推动作用，他们分别从不同的角度论述了金融深化对经济增长的正效应。

(一) 爱德华·肖的观点

爱德华·肖认为，以取消利率和汇率管制为主的金融深化政策具有储蓄效应、就业效应、收入效应等一系列正效应。

1. 收入效应

收入效应是指由于货币供应量的增加，使企业单位的货币余额增加，因而提高了社会生产力，引起收入的增长。但爱德华·肖认为，实际货币余额并不是社会财富，因而实际货币余额的增长也不是社会收入。因此他认为，收入效应实际上是指实际货币余额的增长引起社会货币化程度的提高，对实际国民收入的增长所产生的影响。同时他指出，这种收入效应是“双重的”，既包括正收入效应，也包括负收入效应。正收入效应是指货币行业为国民经济服务所产生的促进作用；负收入效应则是指货币供应需要耗费实物财富和劳动，从而减少了可用于国民收入生产的实际资源。金融深化所指的收入效应正是那种有利于经济发展的正收入效应，而货币政策的目标正是在不断提高这种正收入效应的同时，相应降低其负收入效应。此外，金融自由化及其相关的政策，还有助于促进收入分配的平等。

2. 储蓄效应

储蓄效应是指金融深化和金融改革对储蓄所产生的刺激作用。罗纳德·麦金农认为，金融深化的储蓄效应由三部分组成：①由收入效应引起的，即金融深化引起的实际国民收入的增加。在储蓄条件不变的情况下，社会储蓄总额将随国民收入的增加按一定比例相应地增加。②由于政府实施金融深化和金融改革的各项措施(如抑制通货膨胀)，提高了货币的实际收益率(实际利率)，同时由于储蓄者资产选择范围的增加，使得私人部门储蓄的积极性将提高，致使整个经济储蓄倾向上升。③汇率扭曲的纠正会使得在国际资本市场上进行融资更为容易，同时使得资金的外逃得以扭转，从而使国外部门的储蓄增加。

3. 投资效应

金融深化的投资效应也包括两个方面：一是储蓄效应的产生增加了投资总额；二是金融深化提高了投资效率。爱德华·肖认为，金融深化可以从四个方面提高投资的效率：①金融深化通过统一资本市场，减少了地区间和行业间投资收益的差异，同时提高了社会平均收益率；②促使金融深化的政策减少了实物资产和金融资产未来收益的不确定性，促使投资者对短期投资和长期投资做出较为理性的选择；③金融深化促进了资本市场的统一，为劳动力市场、土地市场和产品市场的统一奠定了基础，有利于促进资源的合理配置和有效利用，获得规模经济的好处，进而提高投资的平均收益率；④金融深化可以促使那些不易上市的实物财富，如建筑物、土地等通过中介机构或证券市场进行交易和转让，使之通过资本的自由转移提高投资收益率。

4. 就业效应

落后经济中的失业，在某种程度上是金融抑制的结果。由低利率造成的低储蓄本来就不能为生产提供足够的资金，更为糟糕的是，由于利率的人为压低，这些和劳动力相比本来就十分稀缺的资金往往又被大量投资于资本密集型产业，从而使失业状况更为严重。而金融深化的结果会使实际利率水平提高和利率趋向市场化，投资者对资本的运用更加谨慎并注重资金的使用效率，从而促使有限的资本流向经济效益较高的部门，进而促使整个社会生产力水平的提高，使经济发展驶入良性发展的轨道，为社会增加更多的就业机会。

5. 稳定效应

金融自由化还有利于就业和产出的稳定增长，从而摆脱经济时走时停的局面。原因之一在于，通过采取适宜的金融自由化政策，国内储蓄流量和国际收支状况都可以得到改善，从而经济对国际贸易、国际信贷与国际援助等方面的波动就可以有较强的承受能力。更重要的一个原因还在于，由金融自由化带来的储蓄增加可以减少对爆发式通货膨胀和以通货膨胀税平衡财政预算的依赖，从而使稳定的货币政策成为可能。

6. 减少政府干预带来的效率损失和贪污腐化

肖令人信服地写道："在被抑制的经济中，政策策略的特征就是干预主义。由于货币变量难以控制，详尽的价格控制就显得很有必要了。由于汇率高估，因而要实行复杂的关税制度、进口许可证制度和对出口进行不同的补贴。由于储蓄缺乏，贷款就要逐项配给。一个丧失了边际相对价格灵活性的经济，必定要人为地干预政策来平衡市场，但这是行政机构不可能胜任的任务，并且还要为之付出高昂的低效率和贪污腐化的代价。金融自由化的主要目的，就是用市场去代替官僚机构。"

（二）罗纳德·麦金农的观点

麦金农从金融深化的导管效应和替代效应来解释金融深化对经济增长的促进作用。

1. 货币与实物资本的互补性假说

传统理论一般认为，货币和实物资本作为两种不同的财富持有形式，是相互竞争的替代品，而麦金农却认为上述理论不能成立，他提出了货币与实物资本的互补性假说。这一假说建立在两个假设前提基础上：①发展中国家金融市场不发达，所有经济单位必须依靠自我积累来筹集投资所需的资金，即只限于内源融资，从而储蓄者和投资者是一体的；②投资具有不可分割性，因为投资必须达到一定规模才能获得收益，所以投资者必须是在积累相应规模的货币以后才能进行一次性的投资，加之发展中国家基础设施薄弱，配套投资少，缺乏金融市场和金融工具，使投资前的货币积累量增大。基于这两个假设，麦金农认为，经济主体对实物资本的需求越高，其货币需求量也越大，所以货币和实物资本是互补品而不是替代品。

2. 发展中国家的货币需求函数

根据货币与实物资本的互补性假说，麦金农提出了以下适用于发展中国家的货币需求函数

$$(M/P)d=L(Y,I/Y,d-P^*)$$

式中，$(M/P)d$ 为实际货币需求，M 是名义货币存量（指广义货币，包括定期存款、储蓄存款、活期存款及流通中的通货等），P 是价格水平，L 为需求函数，Y 代表收入；I 指投资，I/Y 为投资率；d 为各类名义存款利率的加权平均数，P^* 为预期的通货膨胀率，$d-P^*$ 代表实际利率。

L 的所有偏导数都是正数，这表明解释变量与实际货币需求都是正相关关系：货币需求与收入正相关，这与传统理论相同；I/Y 与实际货币需求是正相关关系，表明投资率越高，实际货币需求越大；存款的实际利率 $d-P^*$ 与货币需求也是成同向变动，因为在严重的利率压制和通货膨胀的情况下，存款的实际利率往往为负数，这制约了货币需求，如果采取金融深化政策，使货币存款的实际利率提高并转为正值，则持有货币有实际收益，就会引致实际货币积累的不断增长和货币需求的增加。

3. 金融深化的导管效应(Tube Effect)

麦金农在以上分析的基础上导出了发展中国家的投资函数，其表达式为

$$I/Y=f(r,d-P^*)$$

式中，r 是实物资本的平均回报率，它与投资率成正向关系；货币存款的实际利率 $d-P^*$ 对投资率的影响分为两种不同的效应，即“导管效应”与“替代效应”。当货币存款的实际利率低于投资的实际回报率时，由于货币需求与实际利率成正相关，实际利率的上升，就会提高人们以货币的形式进行内部储蓄的意愿。在投资不可分割的假设下，内部储蓄的增加，导致内源融资型投资上升。麦金农将实际利率对投资的这种正向影响称为“导管效应”，即货币在一定条件下是资本积累的一个导管，而不是实物资本的替代资产。当实际利率超过实物资本的平均回报率 r 以后，替代效应开始发挥作用，即经济主体将持有货币，而不愿进行投资，货币与实物资本成为相互竞争的替代品，利率与投资的关系由同向变动转化为反向变动关系。

麦金农的上述观点可用图 14－2 表示。

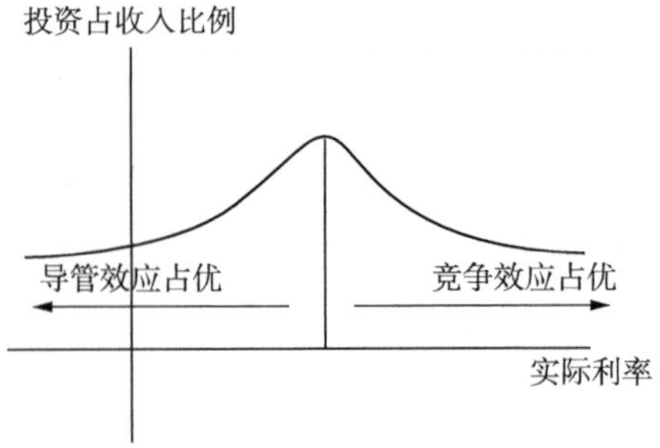

图 14－2　实际利率与投资

（三）金融深化的负面效应

麦金农和肖等经济学家认为金融深化对发展中国家具有积极的正面效应，但与此同时，金融深化也会产生一些负面效应，主要体现在以下方面。

1. 冲击银行体系的稳定性

以金融自由化为特征的金融深化将把银行体系置于广阔的市场风险之中，金融深化的短期金融市场利率、资本市场利率（公司债券与股票市场利率）、国际业务汇率被随市场供求而变动的自由利率所替代，提高了金融业务预期收益的不确定性和风险性。金融深化为企业开辟了更多的直接融资渠道，银行间的金融业务竞争加剧，从而使银行利润下降。若银行储备金中的一部分来自利润，就会减少银行应付呆账、坏账贷款的储备金，削弱银行战胜金融危机的能力；若银行欲获取短期内的最大化利润，就会助长银行的非生产性和潜在不稳定性的投机行为，从而把银行置于破产倒闭的危险之中。金融深化往往使实际利率高于市场出清的均衡利率。当利率上升时，所有投资项目的回报率下降，低风险项目可能不获利，激励效应会引致公司转而追求更具风险的项目。因信息是不对称的，即借款者比贷款者知道更多有关拟建项目的信息，若银行把利率作为审查标尺，又无完善的对借贷人行为的监督机制，则可能使银行因可贷资金的过度供给而产生风险。

2. 债务危机

一些发展中国家在未能有效控制财政赤字、实现预算平衡的情况下急于推行金融深化战略，从而提高了实际利率。一方面，政府为避免财政赤字所导致的通货膨胀，往往以高于市场利率的利率在国内大量举债，这势必增加政府负债的融资成本；另一方面，政府为推动经济起飞而大量从国外融资，为国内经济运行注入资金，但因微观经济活力不足、投资收益率低下，因而难以征收足够的税收来弥补政府赤字、偿还债务。债务高利率的累积效应将使债务与其 GDP 的比例上升到无法控制的地步，从而引发债务危机。

3. 经济滞胀

金融深化可能导致投资和产出的增加，可能导致实际利率高于均衡利率，居民的边际储蓄倾向提高，银行可贷资金供给增加。但是也存在如下问题：①居民的边际消费倾向下降，减少了拉动投资的社会总需求；②高利率增加了企业流动资金的成本和融资成本，降低了投资收益率，甚至使企业无利可图或亏损，从而制约了企业的投资动力；③短期外国资本流入和追求高利润常导致更多的消费信用等。所有这些，加上政府为控制赤字而减少支出所产生的投资减少乘数效应会大规模收缩经济，使经济出现停滞和衰退。

4. 可能导致破坏性的资本流动

金融深化使国内存款利率高于世界金融市场的利率水平，而其间的利差往往不能通过国内货币的预期贬值而抵消；资本的边际生产力通常较高，国内企业能从国外大量融资；政府为扩张经济而大量吸引外资，因此过早地放松或取消了对资本流动的限制。这些都会导致大规模的短期资本流入，破坏中央银行控制货币流通基数的能力，引起严重的通货膨胀。一旦抑制经济过热，又会引起资本大量流出，导致经济迅速衰退。

四、金融深化的政策含义

爱德华·肖和罗纳德·麦金农的金融发展模型从不同角度揭示了金融深化对经济增长产生的正效应，并得出了相同的政策结论，那就是发展中国家应该采取金融深化政策，减少政府干预，解除金融压制，促进经济发展。根据理论分析与发展中国家的现实，要打破金融抑制状态，实施金融深化战略，发展中国家应实施以下几方面的金融政策。

（一）取消对存放款利率的人为限制，使利率真实地反映资金供求状况

在发展中国家，为了吸引更多的储蓄资金转入投资，实际利率必须为正数，因为只有正的实际利率才有利于更多地吸引储蓄资金并转化为投资，而负利率会阻碍资本的形成。因为从发展中国家看，由于储蓄率低，资金极度缺乏，经济中的投资机会极多，资本的预期收益率也较高，因而较高的名义利率或正的市场利率并不会严重影响投资，但其对储蓄资金的形成有着积极的刺激作用。而且较高的名义利率或正的市场利率也可以限制资金的过分集约化投入和消费性使用，有利于劳动密集型产业的发展，扩大社会就业机会，提高资金的边际效率。要将负利率转变为正的市场利率，可采取两种方法：①提高名义利率，使之高出实际的通货膨胀率；②通过有效抑制通货膨胀，降低通货膨胀率而使实际利率为正。而抑制通货膨胀不仅有提高实际利率的作用，还有稳定货币、促进经济稳定增长的作用。

（二）减少对金融业的干预，促进金融业的发展与竞争

发展中国家的金融管制导致金融业的高度垄断，造成了金融业的低效率与服务质量低劣。要改变这种状况，应从以下几方面着手：①要彻底进行金融体制改革，放松金融业的进入限制，允许非国有、非银行金融机构的存在和发展，放宽

金融机构开业的条件，改变国家高度垄断金融业的状态，促进金融业的市场竞争；②要鼓励与促进民营金融事业的发展，特别是在农村地区及非发达地区，政府应大力支持有关金融机构的发展，如农业银行、农村信用合作社、农业贷款协会等，促进农村地区与落后地区金融机构的发展；③要放宽对金融市场的管理和限制，放宽对金融工具发行流通的控制，发展规范化的金融市场体系，培育有组织的金融市场主体，允许资本工具的市场流通，使金融市场成为分配资金、调节资源配置的重要渠道。

(三) 放弃以通货膨胀促进经济增长的做法

金融深化理论认为，经济增长与金融状况是紧密相连的。在金融抑制的条件下，经济增长受阻，此时实行通货膨胀政策，既不利于社会储蓄，也不利于实际投资的增加，会使得金融抑制和经济停滞的恶性循环加剧。因此，政府应通过平抑物价与稳定货币的政策，为金融体系有效地吸收存款和发放贷款创造条件。这样，一方面社会储蓄率上升，可增加储蓄资金；另一方面，在市场利率均衡条件下，储蓄资金的增加可极大地促进实际投资的增长和国民收入的提高，使得经济在非通货膨胀情况下稳定地增长，形成金融与经济发展相互促进的良性循环，即通过金融深化来促进经济增长。在具体的措施上，可采用紧缩通货、控制货币供应量的政策，也可采用逐步提高存款利率以增强对货币的需求的政策。

(四) 放松对汇率的管制，使汇率能真正反映外汇市场的供求状况

汇率的自由浮动是外汇市场发挥积极作用的基本条件。发展中国家因顾虑国际收支的平衡与本国经济的国际竞争力，往往管制汇率，不让其反映外汇市场的供求状况，结果导致了汇率与市场供求的严重脱节与越来越严厉的封闭，对国内经济的发展产生严重的抑制作用。金融深化要求政府当局放松对外汇的管制与对汇率的控制，逐步形成汇率的市场形成机制与自由浮动，使其真实地反映外汇市场的供求状况。外汇管制的放松，可使高估的本币价值自然回落，有利于鼓励本国产品的出口竞争与外资的流入，同时汇率自由浮动以后，更接近于市场汇率，也能抑制不必要的进口，从而有利于国际收支状况的改善。当然，由于发展中国家经济基础较为薄弱，承受力较差，因此，外汇和汇率的管制应逐步放开，以免引起本币的过度贬值和由此造成的国内经济动荡。

(五) 努力发掘本国资本潜力，减少对外资的依赖

金融深化理论认为，经济发展的优先策略是依靠本国的资金来发展经济，而不是依赖外资来消除资金紧张的状态。因为发展中国家内部有可支配资金的潜力，应该可以通过金融深化来求得资金上的“自助”，避免过分和长期地依赖外国资金。当然，这还需要通过贸易自由化、财税体制改革等政策的配合，才能开拓国内资金来源，促进经济发展。

(六) 实行财税体制的改革与外贸体制的改革

因为财税政策的扭曲可导致收入分配的不公，减少社会的金融资产，降低金融资产质量。因此，金融深化要求改革财税体制，一是要求消除财政赤字，抑制通货膨胀；二是财政放弃对金融活动的干预，减少财政性投资、直接拨款和行政性的资金调拨分配，以发挥金融系统的资金调节分配功能；三是实行税制改革，简化税种和降低税收管理成本，并放弃对金融资产收入的歧视性税收政策。在外贸体制改革方面，在汇率自由浮动与外汇市场放松管制的条件下，应逐步取消进出口的歧视性关税，推进对外贸易的自由化。

五、对金融深化理论的评价

(一) 金融深化理论的贡献

金融深化理论为发展中国家促进资本形成，带动经济发展提供了一个全新的视角和思路。经过30多年不断地补充和发展，金融深化理论日臻完善，而它的贡献和影响也是极其深远的，主要表现在以下几个方面。

(1) 揭示了现代市场经济中金融与经济发展之间相互影响的重要关系。凯恩斯以后的货币经济理论虽然认识到了货币对经济所产生的影响，但未能正确认识金融制度在经济增长与发展中的双向作用。以罗纳德·麦金农和爱德华·肖为代表的西方经济学家提出的金融深化理论对这一问题有独到见解，明确提出了金融与经济发展之间双向作用的理论，特别是强调了金融体制和政策在经济发展中的核心地位，在经济和金融理论中第一次把金融业和经济发展密切地结合起来，克服了传统经济发展理论对金融部门的忽视。该理论认为金融部门和经济发展息息相关，它有利于被抑制的经济摆脱徘徊不前的局面，加速增长。但如果金融被抑制或扭曲，它就会阻碍经济发展。这一理论比较详细地分析了金融部门对经济发展的各种影响，把金融发展摆到了经济发展战略中的重要位置上。

(2) 在货币和金融理论方面，该理论针对发展中国家进行了系统分析。在传统的经济理论中，总是以货币与实物资本是相互竞争的替代品为假设建立理论模型，而金融深化理论则根据发展中国家的现实情况对这一理论基础进行了深刻批判，指出只有当实际利率超过了一定限度后，人们不愿意把货币转化为真实资本时，两者才能成为替代品。在发展中国家，因经济发展水平所限，“内源融资”盛行，只有进行大量的货币积累才是有效增加投资和扩大生产的前提，因此，货币与真实资本还在很大程度上是互补的。它还批判了落后经济中盛行的结构性通货膨胀学说，认为在经济发展和结构演变中，通货膨胀是可以避免的，金融体系和实际经济完全可在物价稳定的环境中同步发展。

(3) 剖析了依赖外资和外援的危害性。金融深化理论指出，过多的外资和外援反而会削弱本国的经济基础，加剧对本国金融的抑制和扭曲，带来周期性的市场波动。在此基础上，它提出了自由发展的主张，对发掘发展中国家的内部资金潜力抱乐观态度。它认为只要经过金融改革，充分发挥金融机构的作用，发展中国家就完全可以在本国市场上筹集到所需的资金。

(4) 指出在发展中国家的"割裂性"经济结构中,资本的报酬率在不同部门、不同地区和不同规模企业之间,存在着社会差异,经济发展就是要消灭这种生产力的差异性,以提高资本的平均社会报酬。因此,该理论反对把经济发展看作是"生产力均等的同质资本的积累",其暗含的意义是,发展中国家应多关注中小企业的改造和提高,而不能只重视现代大企业。

(5) 金融政策的突破。在金融政策方面,凯恩斯学派把利率视为投资的成本,并认为只有低利率才能刺激投资。货币学派则过分倚重货币供应量的控制,而忽视了利率的政策作用。金融深化理论既不同于凯恩斯学派的低利率刺激投资的政策,也不赞同货币学派过分倚重控制货币发行的办法,而是主张通过金融自由化和提高利率,在增加货币需求的同时,扩大投资规模,优化投资分配,以保持经济持续、稳定的增长。此外,还提出与财政、外贸政策配套改革的一系列建议,要求尽量减少人为干预,发挥市场的调节作用,这些对发展中国家的经济改革都具有重要的参考价值。

(二) 金融深化理论的局限性

尽管金融深化理论无论在理论上还是在政策上都为发展中国家的金融体制改革提出了极有价值的指导性建议,但该理论原则上只重视经济发展中金融业的改革,而忽视了其他重要的因素,因而仍存在着一些不足之处,主要表现在以下几方面。

(1) 过分夸大金融在经济发展中的作用,忽视了发展中国家经济结构严重失衡的问题。金融深化论者重视金融制度对于经济发展的促进作用,认为发展中国家只要大力度地进行金融体制改革,便可改变自身的金融抑制现象。但是,他们却忽视了发展中国家经济结构严重失调的现实。事实上,过分强调金融在经济发展中的作用很可能出现误导,使得发展中国家忽视社会物质生产能力的提高、社会真实资本的增长和经济结构的改善,而热衷于刺激金融机构和金融市场的扩大、虚拟资本的增长,极易导致信用危机和金融危机。因此,发展中国家金融体制改革必须与经济体制改革相配套,才能取得显著的成效;否则,将不可能收到预期的效果。

(2) 过分强调金融自由化,忽视了政府对金融体系的必要干预。金融深化论者在主张金融体制改革时,其核心观点和政策主张是要全面推行金融自由化,取消政府对金融机构和金融市场的一切管制与干预。事实上,即使在高度发达的市场经济体制下,政府仍须对商业银行、金融机构和金融市场实施适度的监督和管理,规范金融运作和金融秩序,以防止银行、金融机构因管理不善等原因而触发金融危机。当然,发展中国家为了促进金融和经济的迅速发展,解除不合理的管制或过度的干预十分必要,但因此要求实行完全自由放任的金融政策则欲速而不达。这是因为大多数发展中国家的市场经济体制和运作机制还不完善,市场运作中的制约机制、调控机制、自我稳定机制都不健全，在对外开放中的议价能力、竞争能力和抵御外部冲击的能力较弱，全面实行金融自由化的条件不具备。因此，为了保证金融业的安全营运和稳健发展，发展中国家不仅要审慎对待金融自由化问题，还需要强化对金融业的有效监管。这也是 20 世纪 90 年代以来，爆发金融危机的发展中国家共同的经验教训之一。

(3) 忽视了引进外资的必要性。金融深化论者认为，只要发展中国家实行金融体制改革，就可从本国资本市场筹集到全部发展资金。事实上，由于大多数发展中国家的国民收入极低，即使实行利率改革也很难吸收到足够的储蓄作为建设发展资金。所以发展中国家在工业化初期，不仅要通过自力更生筹集所需资金，同时还要适当地借助外援力量，引进外资就显得十分必要。

六、金融深化改革对发展中国家的影响

金融深化理论的政策主张对于发展中国家的金融改革具有较强的影响，在一定程度上促成了开始于 20 世纪 70 年代中期并且在 80 年代发展成为一股强劲浪潮的金融自由化改革。卷入这个浪潮的国家主要有阿根廷、智利、乌拉圭、新西兰等发展中国家。

(一) 阿根廷、智利、乌拉圭和新西兰的金融深化改革

阿根廷、智利和乌拉圭三国在 20 世纪 70 年代中期进行了金融自由化改革的试验。其改革措施主要有四项：①取消对利率和资金流动的限制；②取消指导性信贷计划；③对国有银行实施私有化政策；④扫清本国银行和外国银行登记注册的各种障碍。

智利的金融改革开始后，通货膨胀率从 1974 年的 600%下降到 1981 年的 20%，实际利率水平在 1980 至 1982 年分别为 12.1%、38.8%和 35.7%，阿根廷和乌拉圭两国的通货膨胀率仍旧居高不下，不时出现负利率，但这两个国家的利率在许多时期还是相当高的。

在改革过程中，许多私营企业发生了财务困难。20 世纪 80 年代初，一些金融机构濒临破产。上述三个国家的金融当局为了救助这些破产的金融机构，曾采取扩张货币的救助措施。但这些措施同时也造成了宏观经济的不稳定。在这种情况下，阿根廷和智利被迫对金融重新采取直接控制措施。在直接控制措施实施一段时间后，才逐渐恢复了自由化政策。

新西兰曾被认为是发展中国家从严格管制的金融体系向主要依靠市场机制的金融体系过渡的范例。在 1984 年之前，新西兰政府对金融的干预还十分普遍，主要表现在：①大部分金融机构的利率受到管制；②信贷按指令分配给住宅业、农业等优先部门；③强制要求金融机构以低于市场的利率购买政府公债等。这些措施刺激了住宅业、农业的投资，为政府提供了弥补赤字的廉价资金来源，但由于减少了对效益较高的金融活动的资金供应，因此延缓了经济增长，并削弱

了金融的稳定性和货币政策的有效性。1984 年，新西兰政府采取了新的市场经济政策，主要内容包括：①在金融部门中，政府取消了全部的利率管制和信贷指令；②允许汇率自由浮动；③采取销售政府公债的市场定价和支付方法，并建立一套控制货币的新体系；④政府对新银行的建立采取鼓励态度，并扩大了允许进行外汇交易的机构的范畴，以推动金融机构间的业务竞争，等等。这些措施大大增加了资金的供给，稳定了货币，促进了经济的稳定增长。

（二）亚洲国家和地区的金融自由化改革

大多数亚洲国家和地区的金融自由化改革是依照金融自由化理论来进行的，核心在于更多地依靠市场的力量来提高金融体系的效率和充分发挥货币政策的作用。

亚洲各国和地区实行金融自由化的速度和范围差别很大。新加坡政府一直把建立国际金融中心作为目标，从 20 世纪 70 年代中期就开始了较为广泛的金融自由化改革。香港地区长期以来奉行自由、宽松的经济政策，基本上不存在放松管制的问题。而亚洲其他国家和地区的金融自由化改革则始于 20 世纪 80 年代。概括起来，金融自由化改革的内容主要有以下几点。

1. 利率自由化

这是金融深化的核心内容，放松对利率的管制几乎是所有国家和地区金融改革最显著的特征。新加坡在 20 世纪 70 年代中期就放开了利率；印度尼西亚、菲律宾和斯里兰卡在 20 世纪 80 年代初已完全放开对利率的管制；韩国、马来西亚、泰国则采取渐进的方式，对受控利率放宽浮动幅度，取消了部分利率的上限并经常对利率加以调整。到 1995 年 11 月韩国几乎所有的存贷款利率都已实现了完全的自由化；1987 年，马来西亚货币当局宣布减少行政指导，使银行利率更为灵活，存款利率实现自由浮动，到 1992 年 2 月，马来西亚政府最终完全取消了对商业银行贷款利率的限制；1992 年 1 月泰国国内所有的存款利率实现自由浮动，1992 年 6 月取消了对贷款利率的限制，标志着利率自由化的完成。

利率自由化再加上通货膨胀率降低，使得大多数国家和地区的实际利率由负变正，金融深化指标 M_2/GDP 在 20 世纪 80 年代都有了显著的上升。

2. 减少信贷控制

几乎所有的亚洲国家和地区都减少或取消了对银行信贷总规模的直接控制，并逐步减少按部门配置信贷的比例。不过由于间接调控工具尚不完善，在面临货币失控和宏观经济失调的情况下，许多国家往往仍要依靠某种程度的直接控制。例如印度尼西亚在 1987 年放弃了选择性信贷政策，但中央银行仍向对优先部门提供贷款的银行予以优惠性再贴现；韩国在 20 世纪 80 年代末经常使用非正式的直接控制手段来抵消国际收支盈余过大对货币供给量的影响。

3. 促进金融机构之间的竞争

一方面，为了提高金融体系的效率，亚洲各国和地区都采取了鼓励竞争的措施，包括鼓励新建金融机构、扩大金融机构的业务范围、放宽市场准入限制和对外资金融机构的限制、国有银行民营化以及给予金融机构更大的自主权等；另一方面，政府加强了对金融机构的监管，将监督范围扩大至所有的金融机构，统一并完善了金融管理体系，建立了存款保险制度，对经营不善和违规操作的金融机构进行改组。以韩国为例，1983 年，韩国六大商业银行中的 5 家实现了民营化；20 世纪 80 年代初，韩国立法允许新银行建立，同时对建立非银行金融机构的要求降低。从 1982 年到 1992 年，韩国商业银行从 6 家增至 14 家，并新成立了 44 家储蓄公司和 10 家金融投资公司。

4. 减少资本控制，增加汇率的灵活性

到 20 世纪 80 年代初，印度尼西亚、新加坡已基本取消了对资本流动的限制；马来西亚对非本地筹资的国际资本流动限制减少，只控制资本输出，对资本输入几乎不予以控制。汇率方面，新加坡在 1975 年放弃了固定汇率制，实行浮动汇率制，1978 年完全解除了汇率控制，使名义汇率与实际汇率趋于一致；其他亚洲国家和地区则从 20 世纪 80 年代开始，逐步从固定汇率制转向更为灵活的汇率安排。

专栏 14－1　日本金融改革原因探析

第二次世界大战以后，日本为了恢复经济并实现赶超发达国家的发展战略，政府管制的金融体制得到更进一步的发展和加强。在资金短缺、证券市场发展落后、金融机构弱小的情况下，为迅速恢复经济，确保经济发展所需要的资金，日本建立了政府严密管制下的“护送舰队式”的金融体制，使银行在经营上受到政府高度管制的同时亦受到严密的保护，使得当时还很弱小的民族金融业得以生存和发展。对货币资金分配的直接干预也使国家的主导产业和重点产业能够获得足够的资金支持，从而保持了优先增长，进而带动了整个经济的起飞。同时，日本金融自身也不断发展和壮大，逐渐成为世界上屈指可数的金融大国。

战后日本金融体制的特点主要体现在：①以银行间接融资为主导的金融市场模式，企业主要通过银行等金融中介机构筹集资金；②严格的金融分业经营管理，各类金融机构之间有严格的制度分工，不允许有任何的业务交叉；③严格的金融行政管制和高度的政府保护。

自 20 世纪 80 年代以来，日本着力推行金融自由化。为了应付广岛协议后日元升值的压力，日本采取了长期和过度宽松的货币政策，这导致银行信贷和货币流动性过剩，加之日本经济的高速增长结束，企业投资机会减少，使大量银行资金流入股市和房地产市场，引起虚拟市场的资产价格上升，诱发了泡沫经济。到20世纪90年代初，日本经济形势急转直下，经济泡沫破灭，在日本经济遭遇困境的同时，日本的金融体制也受到巨大冲击。

1. 日本在国际金融市场的地位急剧下降

首先，泡沫经济崩溃后，由于资产规模缩水和巨额不良债权的影响，日本银行国际资信等级明显下降。1997年3月末，除当时资产规模仍列第一的东京三菱银行被评定为A丙级外，其他银行大都降到了B级的行列。外国对日本金融机构的信誉以及日本金融体系的稳定性、健全性产生怀疑，导致日本金融机构在国际金融市场的筹资成本和困难加大。同时，由于日本金融市场的过度管制，使证券市场交易成本高、交易品种少，东京金融市场的竞争力和吸引力明显下降，资金外流严重。根据瑞士IMD(国际经营开发机构)2001年所调查的47个国家中，日本金融的国际竞争力已被排在了第22位。

其次，日本金融国际化相对倒退。日本金融国际化在20世纪80年代后期发展异常迅速，90年代后则有所放缓，甚至在有些方面还有所倒退。2000年后，为处理不良资产，日本金融机构加快压缩海外金融资产，总体上出现了日本银行业海外资产大幅减少、金融机构国际化出现倒退的现象。

2. 不良债权问题特别突出

日本传统的金融体制埋下了不良债权的隐患，泡沫经济使得大量不良债权显露出来并不断加剧。由于日本企业主要资金来源于银行，在泡沫经济破灭后，经济长期停滞不前，因此，银行贷款集中的不动产业、建筑业和批发零售业的大多数企业都处于长期萧条之中，导致其无法按期偿还银行贷款，使银行不良债权增多；由于企业负担加重，出现财务困境，从而使其信用下降，经营困难，破产增加，造成新的不良债权的范围不断扩大。

1997年亚洲金融危机更使日本在亚洲的不良资产总量迅速扩大，不良债权问题成为日本金融体系不稳的关键因素。

3. 金融体系危机重重，随时可能爆发

由于金融体系不稳定，银行和企业相互持股，股市暴跌使金融机构不良债权有增无减，导致许多金融机构财务状况严重恶化，资本充足率大幅下降。这一切使日本金融业存在严重危机。世界最大的金融集团日本瑞穗金融集团、日本联合金融集团和三井住友金融集团的股价下跌不止，而日本第五大金融集团理索纳金融控股集团的自有资本比率跌到不足4%，不得不于2003年5月由政府注入公共资金国有化。

金融体系的不稳定还表现在大量金融机构的破产上。先是1997年发生了日产生命保险公司、三洋证券公司、山一证券公司和北海道拓殖银行等大型金融机构的相继倒闭，继而在1998年10月和

12月，日本两家重要金融机构——日本长期信用银行和日本债权信用银行由于严重资不抵债而被迫申请由政府接管，被暂时国有化。金融机构的倒闭风潮使金融机构危机表面化，导致日本金融动荡，金融危机随时有可能发生。

综上所述，传统金融体制不能适应日本经济发展的需要和国内外经济金融环境的变化是日本金融体系动荡和日本金融改革的根本原因。

资料来源 蔡笑腾：《日本金融改革原因探析》，《日本问题研究》2006年第1期。

专栏14-2 台湾的金融自由化进程

自20世纪80年代以来，为了促进台湾地区经济全面自由化，台湾金融先后进行了利率自由化、汇率自由化、金融服务业综合化、金融机构设立自由化和公有银行民营化等几个方面的改革。

1. 利率自由化

台湾的利率自由化采取了渐进的方式。1975年7月，台湾开始放松利率管制，由“中央银行”核定利率的上下波动限制，银行可根据自身的资金状况和客户的信用程度，在限制范围内浮动，但此时的浮动范围只有±0.25%。1980年11月，利率的浮动范围扩大到±2%以上。1985年3月起、台湾实施放宽基本利率制度，银行根据自身经营状况、对客户授信的长短及用途、客户信用评级和往来业绩等因素，以基本利率加码放款。1985年8月废止《利率管理条例》，1989年7月，《银行法》修正，废止利率放款上下限制规定，由各银行完全依照市场机制运作。

2. 汇率自由化

1978年7月10日以前，台湾汇率制度属于钉住美元的固定汇率制。为了寻求经济的稳定，台湾于1978年7月10日宣布不再钉住美元，改为浮动汇率制度，以使得汇率能根据市场的变化随时做出调整，发挥调节国际收支的作用。1979年2月1日，台湾外汇市场成立，确定5家商业银行为外汇指定银行，由这5家银行的负责人共同商议确定美元对新台币的中心汇率，实际汇率允许在中心汇率的±0.5%的范围内浮动。1980年，由于台湾对美贸易出现大量顺差，台湾地区和美国间贸易摩擦升级，美国要求新台币升值，同时放弃中心汇率制度。1989年4月，台湾宣布放弃中心汇率制度，经常账户下的外汇管制全部取消，资本项下的外汇管制也基本从以前的“管出不管进”改为“管进不管出”的立场。

3. 金融服务业综合化

台湾银行业采取分类制度，分为商业银行、储蓄银行、专业银行和信托投资公司，各类银行各有专属业务。但在执行方面，商业银行却具有综合银行经营性质。早在1960年，一般的银行经过设立储蓄部和信托部，就可经营证券业务。1992年5月和8月，台湾当局先后放开银行办理短期票据的经纪和自营业务以及办理短期票券的签证与承销。票券业务已成为一般银行的一项业务。1989年《银行法》修订时放宽了金融机构的经营业务范围，1988年以后，放宽中小企业银行的经营地域范围，1993年放宽信用合作社的业务区域和经营范围。

4. 金融机构设立自由化

1987年7月前，金融机构在台湾仍然属于特许行业，在市场上处于垄断或寡占的地位。在台湾逐步放开各行业企业进出自由的推动下，1988年开始允许新设证券公司，1990年开放商业银行的设立，1992年开放保险公司的设立，1994年开放票券金融公司与证券金融公司的设立，1998年成立期货交易所，建立期货市场，2001年开放金融投股公司的设立。

5. 公有银行民营化

1989年，台湾地区在公用事业民营化政策方向确定后，对公用事业就展开民营化工作。但有关公有银行民营化的推动直到1996年仍未见任何成效。1996年12月底召开“国家发展会议”，建议民营化过程加速，预定在2002年6月底完成公用事业民营化，包括8家银行在内。这8家银行采取在股票市场中以释股方式来达成民营化。

资料来源　李春平：“台湾金融自由化改革及其启示”，《上海经济研究》2006年第5期。

（三）发展中国家金融深化的经验和教训

发展中国家金融深化改革的进展是相当不平衡的。在已经进行的改革中，既有成功的经验，也有失败的教训。世界银行《1989年世界发展报告》中总结的经验教训如下：

（1）以金融自由化为基本内容的改革一定要有稳定的宏观经济背景。在那些宏观经济不稳定的国家里，实行金融自由化政策，高的通货膨胀很容易导致高利率和实际汇率浮动，从而使得资金出现不规则的流动，进而引起许多企业和银行的破产，使得经济的不稳定加剧。因此，在进行金融深化改革之前，首先必须创造稳定的宏观经济背景，金融改革才能避免上述种种经济不稳定状况。

（2）金融自由化的改革必须与价格改革或自由定价机制相配合。如果一国的价格仍然是保护价格或管制价格，在这种价格信号扭曲的条件下实行金融自由化，并不能改善资金分配的结构，反而会使资金在价格信号扭曲的条件下被错误的价格信号所误导，出现新的资源配置失调。

(3) 金融自由化改革并不是要完全取消政府的直接干预，而是要改变直接干预的方式。具体地说，就是要以法律和规章的干预取代人为的行政干预。从一些发展中国家金融改革的经历看，改革的一项主要内容就是放松对金融体系的管制，但在放松管制的过程中若不注意建立一套适合本国国情的监管制度，就会在信贷的分配方面出现失控或营私舞弊等现象，严重时会使许多银行丧失清偿能力并面临破产威胁。而金融业的混乱经营和失控将会危及国家的金融体系和经济的安全。

(4) 政府当局应采取一些过渡性措施，以减轻社会震荡。在推行金融自由化改革和价格改革政策时，利率和汇率变动会引起各行业和企业集团利益关系的变动。虽然这种相对价格和利益的调整从长期来看是完全必要的，但出于公平原则和政治均衡要求的考虑，政府应充分考虑到原有利益关系的调整，预先判断金融自由化改革和相对价格变动对不同集团利益的影响，并适当采取经济补偿手段或降低金融深化可能引起的社会震荡。

本章小结

金融抑制是指发展中国家存在的金融资产单调、金融机构形式单一、市场机制未充分发挥作用、存在较多的金融管制(包括利率限制、信贷配额、汇率及资本流动管制等)，致使金融效率低下的现象。金融抑制现象的出现并不是偶然的，它有着复杂的经济、政治和社会历史根源。金融抑制的手段主要有利率管制、信贷配额、汇率管制、对金融机构的管制等。金融抑制会对经济发展产生一些负效应，主要包括负收入效应、负储蓄效应、负投资效应和负就业效应。

金融深化是指政府放弃对金融体系与金融市场的过分干预，放松对利率与汇率的管制，使之能充分反映资金市场与外汇市场的供求状况，并实施有效的通货膨胀控制政策，使金融体系能以适当的利率吸引储蓄资金，也能以适当的贷款利率为各经济部门提供资金，并进一步引导资金流向高效益的部门和地区，以促进经济的增长和金融体系本身的扩展。衡量一国金融深化程度常用指标主要有金融存量指标、金融流量指标、金融工具的多样化、金融资产价格指标、金融体系的规模和结构。爱德华·肖和罗纳德·麦金农从不同角度揭示了金融深化对经济增长产生的正效应，并得出了相同的政策结论，那就是发展中国家应该采取金融深化政策，减少政府干预，解除金融压制，促进经济发展。

中国经济曾经长期处于高度集中的计划体制之下，存在严重的金融抑制现象。经过 20 多年的改革，在金融机构体系和金融业管理体制建设，利率、汇率的市场化改革，金融调控监管机制的完善，以及金融市场稳步对外开放等方面都取得了很大成效。但金融改革是一个系统工程，不可能一步到位，还需在很多方面进一步改革和完善。

重要概念

金融抑制　金融深化　货币化比率　金融相关比率　实际利率

思考题

1. 什么是金融抑制？金融抑制的表现及其对经济增长的负效应有哪些？
2. 发展中国家金融自由化改革的经验和教训有哪些？
3. 金融深化理论的政策主张是什么？
4. 发展中国家的金融体制有哪些特征？为什么说这些特征在很大程度上是由于发展中国家抑制性的金融政策造成的？
5. 金融深化程度可以从哪些方面进行衡量？其中最重要的衡量标准是什么？
6. 根据爱德华·肖的观点，金融自由化可以带来哪些正面效应？
7. 试用“金融抑制”和“金融深化”理论分析我国金融发展中所面临的问题及对策。

第十五章 金融稳定

一国若要实现金融稳定，必须要防范金融危机。自18世纪以来，金融危机总是在不同时期改头换面，以不同的姿态出现在人类社会，给经济发展和人民生活带来了极大的破坏性。1997年爆发的亚洲金融危机的阴影还未散尽，接着又爆发了俄罗斯和阿根廷金融危机，2006年爆发并席卷全球的美国次级贷款危机的影响还依然存在。要防范金融危机，首先必须深入了解造成危机的原因，然后才能采取各种措施防患于未然。

第一节/金融脆弱性

金融本身具有脆弱性，从而容易引发金融危机。金融脆弱性是指金融体系本身就具有不稳定的性质，一遇有外部冲击就可能触发金融危机。无论是商业银行、股票市场还是汇率都具有一定的脆弱性。

一、商业银行的脆弱性

当储蓄者对商业银行失去信心时，就会出现对商业银行的挤兑，导致其流动性严重不足，甚至破产。商业银行面对挤兑所显示出的脆弱性，深藏于其业务的特征之中。作为一种中介机构，商业银行的功能，就是通过吸收资金和发放贷款，把对零散储户的流动性负债转化为对借款人的非流动性的债权。商业银行的正常经营依赖于存款者源源不断的资金流入。但是，如果商业银行经营管理不善，资产质量恶化，不良资产累积到一定程度后，存款者就会担心他们的本金安全，从而失去对银行的信心，就会纷纷提取自己的存款。

导致商业银行资产质量恶化的重要原因是商业银行难以有效筛选借款者并对其进行有效监督。商业银行难以有效地发挥监督职能的根源主要在于信息的不对称。金融机构要有效地筛选借款人，就必须对借款者的经营能力及其投资项目充分了解。但事实上，借款者要比商业银行更了解其项目的风险和收益特征。因此，在信息不对称的情况下，商业银行在发放贷款时很容易产生逆向选择，即商业银行恰恰将贷款提供给了那些违约风险较高的借款者，而将信用较好的借款者排挤到信贷市场之外。此外，由于信息不对称，商业银行在发放贷款后又难以对借款者的行为进行有效监督，借款者在获得贷款后极有可能去从事一些银行所不希望的高风险的项目投资。一旦投资失败，就形成了银行的不良债权，恶化了银行的资产质量。

除了因借款者产生道德风险和逆向选择外，商业银行自身也会存在不利于银行股东或存款者的道德风险。在现代经济条件下，商业银行或明或暗都是得到政府“保险”的，商业银行相信，一旦银行陷入了困境，政府是不会坐视不管的。危机越严重，政府援救的可能性就越大。例如，在银行业的监管中，就存在着“大而不倒”的“监管宽容”，监管宽容就是指出于金融稳定方面的考虑，当一家商业银行面临严重的财务困境时，政府会采取各种措施予以保护，而不让其破产。这样，即便个别商业银行认识到某类贷款存在着很大的风险，但如果已经有一些其他金融机构在从事此类贷款，它们也会“跟进”，否则，它们就会失去获取高收益的机会。一旦经济形势发生逆转，借款者无力偿付时，商业银行的资产就急剧恶化了。

总之，商业银行的正常运行依赖高质量的资产和稳定的负债，但由于以上诸多方面的原因，使商业银行面临着道德风险、逆向选择和流动性风险，从而具有很高的脆弱性。

专栏 15－1　衍生产品交易与巴林银行的倒闭

1995 年 2 月，具有 230 多年历史、在世界 1000 家大银行中按核心资本排名第 489 位的英国巴林银行宣布倒闭，这一消息在国际金融界引起了强烈震动。

巴林银行的倒闭是由于该行在新加坡的期货公司交易形成巨额亏损引发的。1992 年，新加坡巴林银行期货公司开始进行金融期货交易不久，前台首席交易员（也是后台结算总管）里森即开立了“88888”账户，开户表格上注明此账户是“新加坡巴林期货公司的误差账户”，只能用于冲销错账，但这个账户却被用来进行交易，甚至成了里森赔钱的“隐藏所”。

自 1994 年下半年起，里森认为日经指数将上涨，于是逐渐买入日经 225 指数期货，不料 1995 年 1 月 17 日关西大地震后，日本股市反复下跌，里森的投资损失惨重。里森当时认为股票市场对神户地震反应过激，股价将会回升，为弥补亏损，里森一再加大投资，其日经 225 期货头寸从 1995 年 1 月 1 日的 1 080 张 9503 合约多头增加到 2 月 26 日的 61 039 张多头（其中 9503 合约多头 55 399 张，9506 合约 5 640 张）。据估计，其 9503 合约多头平均买入价为 18 120 点，经过 2 月 23 日，日经指数急剧下挫，

9503合约收盘价跌至17 473点以下，累积亏损达到了480亿日元。

里森认为日本股票市场股价将会回升，而日本政府债券价格将会下跌，因此在大规模建日经225指数期货多仓同时，又卖出大量日本政府债券期货。未套期保值合约数从1月16日2 050手多头合约转为1月24日的26 079手空头合约，但1月17日关西大地震后，在日经225指数出现大跌的同时，日本政府债券价格出现了普遍上升，使里森日本政府债券的空头合约在1月1日到2月27日期间亏损1.9亿英镑。

截至1995年3月2日，巴林银行亏损额达9.16亿英镑，约合14亿美元。3月5日，国际荷兰集团与巴林银行达成协议，接管其全部资产和负债，更名为"巴林银行有限公司"。至此，巴林银行230年的历史终于画上了句号。

资料来源 根据相关资料整理。

二、金融市场的脆弱性

除了金融机构外，金融市场也具有脆弱性。金融市场的脆弱性是一个意外事件的冲击导致人们信心的丧失时，极易引发金融市场尤其是股票价格的急剧下跌，从而严重扰乱金融和经济体系的秩序。

金融资产的价格是对它所带来的未来现金流的一个贴现值。但是，未来的现金流是人们根据自己所掌握的信息来预测的，由于信息不完全，要对未来的事情完全"先知先觉"是不可能的。事实上，人们在判断金融资产的价格时，往往具有一定的盲目性，这导致了人们在进行金融资产投资时，往往具有"羊群效应"。简单地说，羊群效应就是指金融资产投资中具有跟风操作的现象，即当股票市场价格上涨时，人们就跟着买进；反之，一旦股票市场价格出现逆转下跌，就跟着卖出。所谓"追涨杀跌"就是典型的羊群效应行为。

股票市场最大的波动性表现为股票市场泡沫的形成和崩溃过程。金融泡沫是指一系列资产在一个连续的过程中陡然涨价，开始时价格上升会使人们产生还要上涨的预期，于是又吸引新的投资者进入股票市场，此时投资者只想通过买卖股票获得短期收益，而非关心企业资产的盈利能力。这样，通过股票价格和交易行为的相互循环作用，股票价格间接地决定于自身。当这种价格上升时，被价格自身放大，推动一轮又一轮的价格上升，从理论上讲，当金融资产的价格超过了企业未来现金流量的贴现值时，即认为出现了金融泡沫。但是，金融泡沫不可能持久地维持下去，当市场投机行为陷入狂热，金融资产价格飙升和成交量快速放大，这种力量释放完毕时，市场必将出现反向运动趋势。市场信心可能因为某个微不足道的因素而动摇，引发股票市场价格在短时间内暴跌，并在相当长的时期里维持低迷的行情，成交量也极度萎缩，股价泡沫破灭。这种资产价格的不稳定性加剧了金融体系的脆弱性。

专栏 15－2　狂热的悲剧——荷兰郁金香泡沫

荷兰的郁金香泡沫是历史上最有名的泡沫事件之一。17 世纪早期，在以商为重的富裕荷兰，中产阶级很快便染上了“郁金香热”病，最后，这种惜花热潮演变成了一场对郁金香球茎的竞价战争。

在郁金香泡沫鼎盛的 1635 年，有个人愿出 12 公顷的闹市地产，以换取一颗特种郁金香球，因为整个荷兰只有两颗这样的郁金香球。另一位商人愿出 4 头肥牛、8 头猪、2 箱红酒、4 箱啤酒、1 000 磅奶酪，以换取一种名叫“总督”的郁金香球。一些木匠、农夫和扫烟囱的，也开始带着一种民族自豪感来投资了。不仅荷兰本国人，一些外国人也赶来投资了。在郁金香狂热中，人们成天做着发财的美梦！

但好景不长，郁金香热并没有持续多久。1636 年，一位荷兰人最终清醒过来了，他拒绝以原先约定的价格支付购买的郁金香，由此动摇了人们的信心，郁金香价格便一发不可收拾地崩溃了。结果，相当多的人因已经倾其所有换回了几颗郁金香球，一夜之间成了乞丐。一些富家子弟祖祖辈辈积累下来的巨额财富，一夜之间因偿债郁金香投资而化为了泡影。

狂热是悲剧的种子！

资料来源　理查德·扎克斯：《西方文明的另类历史》，海南出版社 2002 年版。

第二节/金融危机

一、金融危机的含义

金融危机是全部或大部分金融指标——短期利率、资产价格、汇率和金融机构倒闭数——超出社会经济体系承受能力的急剧恶化。例如，股票市场的暴跌使本来腰缠万贯的富翁一夜之间倾家荡产；利率的突然大幅飙升导致债券价格急剧下跌，使持有大量债券的机构遭受巨额损失。这些都会极大地扰乱原来的金融秩序。

金融危机分为四类，即货币危机、银行危机、债务危机和资本市场危机。货币危机是指人们丧失了对一国货币的信心，大量抛售该国货币，从而导致该国货币的汇率在短时间内急剧贬值的情形。例如，1994 年墨西哥比索兑美元的汇率和1997年泰铢兑美元的汇率骤然下跌，都属于典型的货币危机。

银行危机是指出于某些原因导致人们丧失对银行的信心，从而大量挤提存款，银行系统的流动性严重不足，出现银行大量倒闭的现象。

债务危机是指一国政府不能按照预先约定的承诺偿付其国外债务，从而导致对该国发放外债的金融机构遭受巨大的损失。20世纪80年代拉美就爆发了债务危机。1982年，墨西哥宣布无力偿还当年到期的国际债务，由此引发了一场国际债务危机。

专栏15-3 希腊主权债务危机

2009年11月希腊财政部长宣布，其2009年财政赤字对GDP之比将为13.7%，而不是原来所预测的6%，市场一度出现恐慌。2010年一季度，希腊国债对GDP之比达115%。2010年4月希腊政府宣布如果在5月前得不到救援贷款，将无法为即将到期的200亿欧元国债再融资。由于担心希腊政府对其总额为3 000亿～4 000亿欧元的国债违约，投资者开始大规模抛售希腊国债。希腊政府难以通过发行新债还旧债，希腊主权债危机终于爆发。

2010年4月9日，惠誉宣布将希腊主权信用评级降至BBB－，4月27日，标准普尔再次将希腊的长期国债信用评级降至BB＋(垃圾级)，并将葡萄牙长期信用评级下调至A－。4月29日，标准普尔将西班牙长期主权信用评级由AA＋调至AA。金融市场对于欧元以及欧元区经济的信心进一步受到重挫。5月2日，欧盟与国际货币基金组织就援助希腊债务危机方案达成一致，双方决定在未来三年向希腊政府提供总额为1 100亿欧元的贷款，其中欧元区国家出资800亿欧元，国际货币基金组织出资300亿欧元。

2011年6月13日，标准普尔将希腊债务评级连续下调三级，标准普尔将希腊债务评级由“B”级下调至当前全球最低的“CCC”级。穆迪也将希腊信用评级从B1下调为Caa1。面对希腊短期融资需求和政治困局之间的矛盾，欧元区财长月度会议于2011年6月20日凌晨公布的声明称，欧元区同意通过公共和私人途径向希腊提供进一步的援助，有消息称新救助规模在800亿～1 200亿欧元之间。

但是，希腊主权债务危机的传染效应随之出现：西班牙、爱尔兰、葡萄牙和意大利等国同时遭受信用危机，受影响国家的GDP占欧元区GDP 37%左右；欧洲资金外逃，货币市场流动性短缺，利息率上升，欧元贬值。欧盟成员国财政部长于5月10日凌晨达成一项总额为7 500亿欧元的救助机制，4 400亿欧元将由欧元区国家根据相互间协议提供，为期三年；600亿欧元将以欧盟《里斯本条约》的相关条款为基础，由欧盟委员会从金融市场上筹集；此外，国际货币基金组织将提供 2 500 亿欧元。在此情况下，欧盟、欧洲央行和 IMF 紧急出台了 7 500 亿欧元的救援措施。欧洲央行在国债市场上购买私人投资者抛售的希腊国债，以防其价格下跌、收益率攀升。欧洲央行资产负债表上的“垃圾”债券不断增加。与此同时，欧洲央行增加了对银行的短期贷款、放松贷款的抵押条件，以缓解货币市场上的流动性短缺，帮助可能陷入债务危机的欧元区成员国，防止希腊以及欧洲主权债务危机蔓延。

为应对债务危机，欧盟出台了一系列措施，但并未有效扭转债务危机蔓延、恶化趋势，各国债务负担反而更为沉重。减少财政赤字的效果也不理想，西班牙、意大利、法国等国预计 2012 年都无法达到预定的减少财政赤字的目标。因此，一有风吹草动，欧债形势就趋于恶化。近来欧元区第四大经济体西班牙成为关注焦点，主权信用及多家银行遭遇降级，国债收益率上升，十年期国债一度超过 6% 的危险高位。意大利国债收益率也出现上扬。更为严重的是，在欧债危机的“策源地”希腊，鉴于反紧缩政党的民意支持率领先，有可能大选中胜出，如果希腊拒不执行与欧盟已经达成的紧缩协议，就很可能因得不到援助而违约甚至被迫退出欧元区。一旦如此，将给欧盟及世界经济带来巨大冲击。

资料来源　根据搜狐财经资料整理（http://business. sohu. com/s2010/12huquan2haiuu）。

资本市场危机是指人们丧失了对资本市场的信心，争先恐后地抛售所持有的股票或债券等，从而使股票或债券市场价格急剧下跌的金融现象。例如，1929 年华尔街股票市场的崩溃，道·琼斯指数在短短的时间里下跌了 80%；1999 年后，美国纳斯达克股票市场的指数也急剧下跌，从原来的 6 000 多点跌至 2002 年 9 月底的 1 150 点。

现实中真正发生的金融危机，往往并不是这四种表现形式之中的一种，而是多种危机融合在一起，形成系统性金融危机。系统性金融危机是指银行、汇率和资本市场等所有金融领域都同时爆发危机，从而对实体经济产生较大的破坏性影响。1929 年的大危机中，不仅股票市场急剧下跌，美国还有超过 10 000 家的银行破产或倒闭。1997 年的亚洲金融危机就是典型的系统性金融危机。当时，泰国、印度尼西亚、马来西亚、韩国等国的货币汇率大幅度贬值，同时股票及债券价格也暴跌，许多银行都纷纷陷入了破产的境地。

专栏 15-4 美国次贷危机

次级抵押贷款是指贷款人信用等级相对较差的房屋贷款合同。此类贷款主要面向收入证明缺失、负债较重的客户。下表是美国房地产贷款市场分类。

贷款市场分类	信用评级系数	贷款要求	利率水平比较
优质	>660 分	严格出具出示收入证明	较低
次优质(Alt-A)	≥620～660 分	不愿出具收入证明	比优质贷款高 1%～2%
次级(Sub-prime Market)	<620 分	不用出具收入证明	比优惠利率高 2%～3%

1994—2006 年，有超过 900 万户美国家庭购买了新住房，其中约 20%家庭借助于次级贷款。次级抵押贷款发放机构通常无法通过吸收存款，为获得流动性、降低融资成本或避税等因素，这些机构将具有特定期限、利率等特征的次级房屋贷款组成资产池，以此作为现金流支持，通过真实出售、破产隔离、信用增级等技术发行各种次级抵押债券，包括资产支持债券(ABS)和住宅抵押贷款支持证券(MBS)两大类。具体如下图所示。

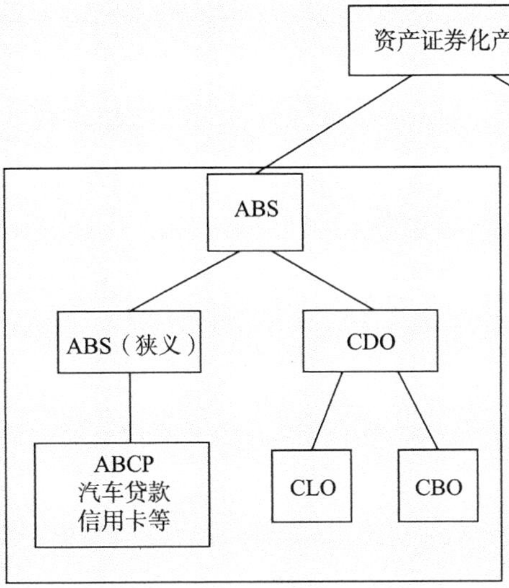

注　ABS:资产支持证券;MBS:房地产的款支持证券;CMBS:商业地产抵押贷款支持证券;RMBS:住宅地产抵押贷款支持证券;CDO:抵押债务权益;CLO:抵押贷款权益;CBO:抵押债券权益

美国次级贷款危机源于其国内房地产市场的膨胀。2003 至 2006 年，美国房价上涨了 50%，房地产价格的持续攀升导致了次级抵押贷款和相应的次级资产化债券备受投资者青睐，高风险带来的高收益吸引了全球巨额高风险偏好的对冲基金、投资银行和商业银行。

然而，随着美联储2005年以来的17次提息，联邦基金利率从1%上升到5.25%。利率大幅攀升加重了购房者的还贷负担，美国房地产市场开始大幅降温。2006年第4季度，美国次级抵押贷款者的拖欠率达到13.3%，很多借款人无法按期偿还借款，也难以将房屋出售或通过抵押获得再融资。2007年3月，坏账激增和流动性不足导致了美国第二大次级抵押贷款机构——新世纪金融公司破产，美国次级贷款危机爆发，在信贷市场、资本市场、房地产市场之间连锁效应的影响下，迅速波及整个国际金融体系，全球著名金融机构都遭受巨额亏损，各大商业银行和金融机构的资产负债表出现恶化，对资产进行减记，形成了世界性危机。

由于市场流动性压力骤增，美联储和一些西方国家央行被迫联手干预。2008年3月份，美国第五大投资银行贝尔斯登濒临破产，迫使美联储紧急向其注资，并大幅降息75个基点。而7月份爆发了“房地美”和“房利美”危机，最终于9月份被政府接管。2008年9月14日，美国第三大投资银行美林公司，由于持有的次级贷款证券出现严重损失，被美国银行收购。9月15日，美国第四大投资银行雷曼兄弟申请破产，成为美国历史上最大的破产案。9月16日，资产超过1万亿美元的保险业巨头美国国际(AIG)由于投资次级抵押证券可能出现损失，需要支付4 000亿美元的保险合同，美联储介入并向其提供贷款维持其生存。而且由美国联邦存款保险公司接管的加州印地麦克银行(IndyMac)，成为信贷危机中破产的最大商业银行和美国历史上第二大遭关闭的金融机构后，标志着美国次贷危机由此进入了更加动荡的阶段。

2008年11月，经过激烈讨论修改获得国会批准的7 000亿美元救市方案中，财政部已使用约2 900亿美元。其中，1 250亿美元用于向美国九大银行和投行注资，1 250亿美元投向上市的地区性银行，另外400亿美元用于追加对美国国际集团的救援。其余部分将用于挽救陷于困境的消费者信用市场。在美国两轮宽松的货币政策和刺激性财政政策的作用下，美国经济缓慢复苏。

资料来源　根据相关资料整理。

二、金融危机的形成过程

总的来说，可以从金融交易行为、金融系统运行和政府政策影响三方面对金融危机的形成机制进行分析。

(一) 金融交易行为

金融交易主体的各种行为有可能会导致金融危机的产生。

(1) 过度交易。随着经济的增长,人们会产生投机性交易需求,争相把货币转换为实物资产和金融资产,从而形成过度交易。过度交易会导致人们的恐慌和经济崩溃,形成金融危机。持有这种观点的经济学家以金德尔伯格(P. C. Kindleberger)为代表。

(2) 理性预期也可能导致金融危机的爆发,也就是说,金融危机具有预期自致的特性。公众对于金融体制的不同预期会产生不同的均衡结果,即使政府不采取与某种体制相抵触的宏观经济政策,如果人们预期这种体制将会崩溃,那么他们会采取相应的措施来避免自己的损失,这种行为恰恰可能会导致真正的崩溃。例如,在实施固定汇率制度的国家,政府根据成本——收益分析来决定是否继续坚持固定汇率。当人们普遍预期汇率会贬值时,政府会发现维持固定汇率的成本大于收益,从而放弃维持固定汇率制的努力,货币大幅度贬值,金融危机爆发。这一观点的代表人物是奥布斯特菲尔德(Maurice Obstfeld)。

(二) 金融系统运行

大部分经济学家认为,应当从金融系统内部的运行中来寻找金融危机的来源,认为金融内在脆弱性的逐渐积累会由于某些因素的刺激而爆发,形成金融危机。

(1) "债务—通货紧缩"过程在金融危机中发挥着重要的作用。托宾认为,在经济繁荣时期,企业对未来充满信心,从而会过度借债以进行投资。然而当经济陷入衰退时,企业归还债务会发生困难,这可能会导致债权人遭受损失。因此,债权人为了自身的安全,将不愿提供贷款,并且向债务人要求清偿债务。这将使得经济体陷入"经营困难—低价抛售—经营更加困难—更低价格抛售……"的"债务—通货紧缩"循环,引起大量企业亏损甚至破产,并产生连锁反应,使得脆弱的金融体系崩溃。

(2) 银行经营中的风险是金融危机的直接来源之一。银行的基本功能是将流动性较差的资产转化为流动性较强的资产,为金融市场提供流动性。银行吸收的存款主要是存款人的短期存款,而发放的贷款中大部分则是面对企业的中长期贷款。因此,当某些借款人的经营陷入困境,从而对贷款的偿还发生困难时,将使得银行经营的风险增大。这时存款人对银行的信心可能会发生动摇,一旦存款人对银行丧失了信心,就会向银行要求提款,而其他的存款人为了避免自己的损失,也会争相涌向银行要求提款。这种挤兑使得银行立即陷入流动性危机,甚至破产,并产生连锁反应,最终导致银行体系乃至整个金融体系陷入流动性危机。持这一观点的经济学家以戴蒙德和戴维格(Diamond & Dybvig)为代表。

(3) 信息不对称导致了金融体系的脆弱性,当它恶化到一定程度时,会引发金融危机。米什金(F. s. Mishkin)就十分重视信息不对称在金融危机形成过程中的关键作用,并且他认为金融危机的爆发又会加剧信息不对称问题,从而金融危机具有自我膨胀的特点。麦金农较早地提出了道德风险对金融危机的推进作用,而克鲁格曼认为道德风险正是亚洲金融危机的原因之一。政府为了维护金融体系的稳定，会对银行提供显性（如存款保险制度）或隐性（如“大而不倒”）的保险，从而银行更倾向于发放收益较高但是风险也较大的贷款，存款人则放心地向银行提供存款。在封闭经济中，国内投资对资金的需求会使得利率升高，从而可以避免过度投资。但是当经济开放后，国内的金融机构可以在世界市场很方便地融资，利率将不再能够制约投资需求，从而形成过度投资。这使得金融体系的风险增大，一旦触发，将形成金融危机。

（三）政府政策影响

政府宏观经济政策对金融危机的作用也不可忽视，即政府的政策就可能会使金融系统陷入危机。

（1）财政赤字可能会导致金融危机，尤其是在实行固定汇率制度的国家中，容易引起货币危机。克鲁格曼认为，如果一个固定汇率制国家存在着大量的财政赤字，那么为了弥补赤字，国内的货币供给必然会过度扩张，这会使得利率下降。过低的利率将诱使资本外流，从而人们对本币贬值的预期会增大，于是在外汇市场上抛售本币，买入外币。中央政府为了维持固定汇率，会利用外汇储备在外汇市场上买入本币，卖出外币。当政府的外汇储备降低到一定程度时，投机者预期政府将无法继续维持固定汇率，于是对该国货币进行更猛烈的攻击，导致政府放弃努力，货币大幅贬值，形成全面的货币危机。

（2）政府货币政策的失误容易引起金融危机尤其是银行业危机。弗里德曼认为，导致货币政策失误是导致金融动荡的根本原因。由于决定货币需求的主要因素是永久性收入，而永久性收入是较为稳定的，因此货币需求也相对稳定。于是，货币供给就决定了物价水平和产出。货币供给是政府通过货币政策进行调节的，所以金融动荡的根源在于货币政策。货币政策的失误可能会导致金融系统中的较小问题演化为金融危机，例如 1929 年美国的大危机就是因为美联储错误地实施了紧缩性的货币政策所导致的。事实上，弗里德曼一向强调货币政策“单一规则”就是由于这样的原因。

布拉尔纳和梅尔泽尔（Brunner & Meltzer）同样从货币政策的角度对金融危机的生成进行了解释，他们认为货币存量增加的速度可能会导致金融危机。突发性的货币大幅度紧缩会迫使银行为了维持流动性所需的储备而大量出售资产，使得资产价格下降，同时利率上升。利率的上升又增加了银行的融资成本，使得银行的偿付能力进一步减弱，存款人对于银行丧失信心。由此而导致的大批银行倒闭会降低银行体系的信用创造能力，使得货币供给进一步紧缩，进而导致全面的金融危机。

三、金融危机的防范

（一）健全的宏观经济环境

健全的宏观经济环境和合理的产业结构是防范金融危机的必要宏观环境。

健全的宏观经济环境主要包括适度的经济增长、较低的失业率、较稳定的物价水平、没有长期性的大规模的国际收支赤字、平衡的政府财政收支和适度的政府债务规模等。例如，过高的经济增长率可能导致人们过于乐观的预期，信贷急剧扩张，资产价格也迅速膨胀。另外，大规模的财政赤字和高失业率，都会造成货币供应量的过快增长，带来通货膨胀。这些都会给金融体系的稳定带来隐患。

（二）建立合理的企业治理结构

有效的企业治理结构是防范金融危机的微观基础。这是因为，有效的企业治理结构可以最大限度地防止融资中的道德风险和逆向选择。有效的企业治理结构包括对企业经理人员的激励和约束两个方面，如对企业经理人员利益的奖赏和不负责任行为的惩罚，促使经理人员采取有效率的行动。因此，合理的企业治理结构减少了给商业银行带来不良贷款的可能性，同时也会提高公司的盈利能力，从而给其投资者带来更高的回报，为股票价格的稳定上涨奠定良好的基础。

在多数情况下，如果公司治理结构不合理，内部人员控制就会更加严重，管理层可能会转移公司的现金和其他资产，用于偿付管理层个人的债务，或将其直接存入在国外银行的账户，或者注入其他公司。在发生金融危机的亚洲国家，经理人员通过转移现金和其他资产来侵占其他股东的财产是非常普遍的事情。在中国，由于不合理的公司治理结构，在上市公司中，大股东作为控股股东非法侵占上市子公司资产的现象屡见不鲜，结果使上市子公司遭受巨额亏损，这给中国股票市场埋下了巨大的隐患。因此，合理的企业治理结构是防范金融危机的微观基础。

（三）选择合理的汇率制度和资本项目开放

不合理的汇率制度与资本项目开放可能带来货币危机。例如，选择固定汇率制度与资本项目开放就是一组错误的搭配。在固定汇率制下，一国货币的汇率往往会被高估。但由于资本项目开放，当该国货币汇率被高估后，就很容易受到投机冲击，从而使固定汇率制度崩溃，该国货币汇率大幅度贬值，最终引发货币危机。

东南亚金融危机发生后，克鲁格曼提出了“永恒三角形”，也叫“克鲁格曼三角形”，如图 15－1 所示。克鲁格曼认为，世界各国的金融发展模式可以被概括进这个三角形框架，A 是选择国内货币政策独立性和资本自由流动，美国及若干亚洲金融危机国家选择了这一模式；B 是选择汇率稳定和资本自由流动，实行货币局制度的中国香港地区及南美诸国选择了这一模式；C 是选择货币政策独立性和汇率稳定，这种模式最有代表性的国家是中国。他认为，美国选择 A 模式却不发生金融危机的原因是美国的金融体系十分健全和完善，而亚洲一些国家之所以发生金融危机，主要教训是没有像中国那样实行资本管制。资本项目的管制断绝了国际投机资本对本国货币发动投机冲击的机会。

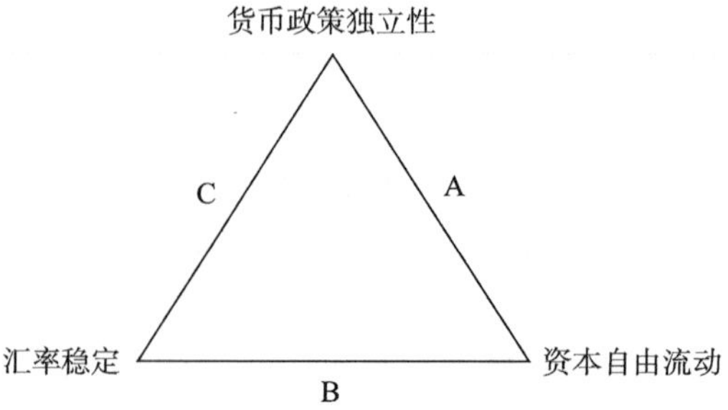

图 15－1　克鲁格曼三角形

(四) 有效的金融监管

有效的金融监管可以减少道德风险和逆向选择,同时,通过限制金融机构从事高风险的业务活动,也减少了金融机构发生坏账的可能性,从而增强了金融体系的稳定性。有关金融监管方面的内容,在本章第三节做详细讨论。

(五) 完善金融机构的内控制度

在防范金融危机方面,金融机构的作用不可忽视。金融机构健全的内部控制制度可以防微杜渐,减少金融机构内部的道德风险。例如,科学的决策程序就可能避免导致严重不良后果的选择,严格的内部稽核与审核就可能及早地发现潜在的问题等。此外,金融机构内部良好的激励与约束机制可以使金融机构的业务人员在开展业务时更为审慎,减少高风险的活动。例如,商业银行良好的内控制度就可以鼓励信贷员发掘风险更低的潜在借款人,也防止了信贷员与借款者之间相互勾结骗取银行信贷问题的发生。巴林银行内控制度的不完善,在很大程度上是导致这家百年的英国商业银行破产的原因,因为它在新加坡的交易员里森可以为所欲为地从事期货交易。金融企业必须有严格的内控制度,才能保证其业务的正常运营。防微杜渐是防范金融危机最安全的措施。

第三节/金融监管

金融监管(financial regulation/supervision)是金融监督和金融管理的复合词。狭义的金融监管是指金融主管当局依据国家法律法规的授权,对金融业实施监督、约束、管制,是它们依法稳健运行的行为总称。当局对金融机构实施的监管包括市场准入监管、业务范围及特定业务管制、风险控制机制约束、市场退出监管等。广义的金融监管除上述主管当局的监管外,还包括金融机构的内部控制与稽核、行业自律性组织的监督以及社会中介组织的监督等。

实施金融监管的目的是保护存款人(投资人)的利益,维护社会公众对金融体系的信心,提高金融体系的效率,保障金融机构的稳健经营,保持金融业的有序稳定，促进社会经济的持续协调发展。这一目的可分为三个层次：①维持金融机构正常有序的经营活动，保护存款人利益，这是最基本的目标；②创造良好的竞争环境，建立公开、公平、公正的金融市场环境，以激励金融机构健康、安全、高效地经营运作；③确保金融机构的经营活动与监管当局的货币政策目标保持一致，优化金融结构和资源配置。

一、金融监管的基本原则和发展阶段

（一）金融监管的基本原则

虽然各国在金融监管体制上存在着差异，但金融监管的基本原则却贯穿于各国金融监管的各个环节与整个过程。

1. 依法管理原则

依法管理包含几重含义：①对金融机构进行监管必须有法可依；②金融监管当局必须依法实施监管；③金融机构必须依法接受监管。只有以法律、法规为依据，监管才具有权威性、严肃性、强制性和一贯性，从而保证监管的有效性。

2. 合理、适度竞争原则

实施金融监管的目的是维护金融市场和金融业的安全有序、公平高效、健康稳定的发展。因此，既要避免由于排斥竞争的高度垄断而丧失效率和活力，又要防止过度竞争而危害安全和稳定，保持合理、适度的竞争。

3. 自我约束和外部强制相结合原则

如果被监管对象不配合、不协作，而且设法逃避，那么外部强制监管就难以收到预期的效果；如果仅仅依靠金融机构自觉自愿的自我约束，则难免存在种种冒险经营与道德风险发生的可能性。因此，需要“内控”和“外控”相结合，即自我约束和外部强制相结合。

4. 安全稳定和经济效率相结合原则

一方面，金融机构安全稳健地开展经营活动，历来都是金融监管的中心目的；另一方面，社会经济的发展要求金融业必须有相应的发展，而追求发展必须讲求效率。因此，需要协调防范风险和提高效率的关系，坚持安全稳定和经济效率相结合的原则。

（二）金融监管的发展阶段

1. 20 世纪 30 年代以前：最后贷款人制度

金融监管的出现与中央银行制度的产生和发展直接相关，中央银行制度的普遍确立是现代金融监管的起点。为了避免由于金融机构不谨慎的信用扩张而引发金融体系的连锁反应，进而引起货币紧缩并制约经济发展，中央银行作为货币管理者，逐渐开始承担起信用“保险”的责任，作为众多金融机构的最后贷款人，为其提供必要的资金支持和信用保证，其目的是防止因公众挤兑而造成银行连锁倒闭，使整个经济活动剧烈波动。

与现代金融监管的体系和内容相比较，最后贷款人制度虽然算不上真正的金融监管，但它却为中央银行后来进一步自然演变为更加广泛的金融活动的监管者奠定了基础。因为最后贷款是可以迫使金融机构遵从其指示的一个重要砝码。由此，中央银行可以要求金融机构接受对其经营行为进行检查，但这种检查是基于贷款协议，对借贷企业所进行的财务及信用检查，而不是行政上或法律上的行为。

2. 20 世纪 30 至 70 年代：严格监管，安全优先

现代金融监管形成于 20 世纪 30 年代资本主义世界经济危机（1929—1933 年）之后。这场从美国开始，席卷整个资本主义世界的经济危机爆发的直接原因是股票投机过度、信贷消费过度。1929 年 10 月 24 日～29 日，纽约股价狂跌，股票市场崩溃；各大小银行出现了疯狂挤兑的现象，大批银行倒闭；随之而来的是企业破产，失业人数激增；农产品价格猛跌，大量农产品被销毁，国民经济陷入绝境。

危机后，主张国家干预经济、重视功能财政政策的凯恩斯主义取得了经济学的主流地位。这一时期金融监管理论主要顺应了凯恩斯主义经济学对自由经济"看不见的手"的自动调节机制的怀疑，为了避免市场失灵，主张实施严格的金融监管，放弃自由银行制度，由政府对金融机构的具体经营范围和方式进行规范和干预。

3. 20 世纪七八十年代：金融自由化，效率优先

时至 20 世纪 70 年代，经过了 30 至 70 年代广泛而深入的金融监管，特别是那些直接的价格管制和对具体经营行为的行政管制，严重束缚了金融机构的自主经营和自我发展，而在当时存款保险制度（美国根据《1933 年银行法》建立联邦存款保险公司，FDIC）已充分发挥其稳定作用，银行挤兑现象大为减少。在这种情况下，主张提高金融业的活力和效率的要求日益凸现，自由经济理论和思想开始复兴。

金融自由化理论认为，政府实施严格的金融监管，降低了金融机构和金融体系的效率；金融监管作为一种政府行为，其实施过程中也受金融市场不对称信息的影响，出现了政府失灵。因此，主张放松对金融机构的严格管制，特别是解除在利率水平、业务范围和经营地域选择等方面的种种限制，要求政府金融监督做出增进效率的制度安排。这一时期，效率优先甚至超越了安全性目标。

4. 20 世纪 90 年代以来：安全与效率并重

20 世纪 80 年代后期至 90 年代初期，金融自由化达到了高潮。但之后，一系列区域性金融危机相继爆发，英国巴林银行倒闭（1995 年）、日本大和银行巨亏（1995 年）和山一证券破产（1997 年）、东南亚金融风暴（1997 年）、俄罗斯金融危机（1998 年）对经济造成了严重打击，使人们开始重新关注金融体系的安全性。这一时期的金融监管理论演变的结果，既不是效率优先的"松悠管"，也不是安全稳定优先的“严监管”，而是注重监督与自由两者的融合和平衡，即安全与效率并重的金融监管理论。

二、金融监管体系

（一）金融监管体系的构成

金融监管就是由监管主体（金融当局）为了实现监管目标，而利用各种监管手段对监管对象（金融市场参与者的活动和行为）所采取的一种有意识的、主动的干预和管理活动，这种干预活动的直接结果是限制了被监管者（金融市场参与者）的选择。它涉及监管主体（金融当局）与监管对象（金融活动和金融行为）之间、监管者和被监管者之间、不同监管主体之间、监管主体与其他相关组织之间、监管对象与其他相关组织之间的关系的定位，这种关系定位构成了监管体系。就金融监管而言，在市场经济条件下，其监管体系一般可以用图 15－2 表示。

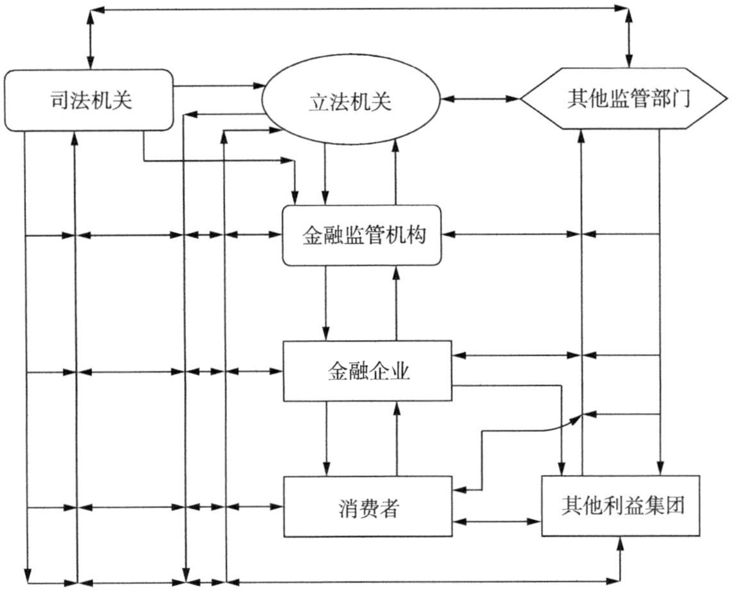

图 15－2 金融监管体系

在图 15－2 中，根据立法要求创立了金融监管机构，目的是对金融业实施监管。一方面，金融行业的活动将会对该行业的消费者产生影响，同时金融产品和金融服务供应量的变化又会影响到有关集团的利益；另一方面，金融行业本身又受到来自消费者和有关利益集团的影响。除此之外，金融产品和金融服务的消费者和有关利益集团，以及金融企业自己都可能向金融监管机构提出采取金融监管行动的建议和要求，或者可能向立法机关提出修改金融方面法律、法规的建议。同时，金融监管机构所采取的某些监管行动，有可能被上诉到法院，而法院的判决则可能导致金融监管机构又改变自己的行为。另外，金融监管机构本身可能向立法机关提出改变自己职责和使命的要求，而其他监管部门也可以向立法机关提出修改法律、法规的要求。

除了上面所描述的各种复杂的关系之外，一旦金融监管进入实施阶段，还有一个金融执法过程中的决策问题，如果这个问题不解决，那么，金融监管的目标就不可能实现。金融执法活动可以被看成是一个“合规机制”或一个“防范机制”。“合规机制”的基本任务是通过一定的合规手段使被监管者——金融市场的参与者的行为符合有关的金融法律、法规，或者采取各种监管行动防止被监管者可能的越轨或犯规行为，但并不一定是调查、处理和处罚犯规者或越轨者。因此，可以认为，“合规机制”的首要职责是防止被监管者，也就是金融市场的参与者的越轨或犯规行为，并就出现的问题进行补救。而“防范机制”的基本任务是通过调查各种金融犯法、犯规和越轨行为，通过确定谁应该对这些行为负责以及通过对犯法者的处罚来确保被监管者的行为符合有关的金融法律、法规，以防止犯法者在未来继续出现犯法、犯规或者越轨的行为。

因此，可以说金融监管体系包括了三个方面的内容：金融监管的法律制度体系、金融监管的组织体系和金融监管的执行体系。法律制度体系从法律制度的角度界定了金融监管过程中有关当事人的法律地位，规定每一方当事人在金融监管过程中的权利和义务；组织体系从当事人自身的行为的角度展现出有关各方在金融监管过程中的互动关系，说明当事人出于本能或者在外部刺激下可能做出的反应以及对其他当事人的影响；执行体系描述的是金融监管者具体实施某项监管时的手段、步骤和做法。在实际的金融监管过程中，金融监管体系的这三个方面往往是同时存在并发挥作用的。

（二）金融监管体制

金融监管体制是指一国金融监督的制度安排，包括金融监管当局对金融机构和金融市场施加影响的机制以及监管体系的组织结构。而狭义的金融监管体制主要是指金融监管主体的组织结构。各国由于历史文化传统、政治体制、经济体制、经济发展水平、金融结构规模等方面的差异，形成了不同模式的金融监管体制。

根据金融管理机构监管金融的行为方式划分，金融监管体制分为以下四种模式：分权多头式监管体制、集权多头式监管体制、集中单一式监管体制、跨国金融监管体制。

1. 分权多头式（又称双线多头式）金融监管体制

一般来说，对于地域辽阔、人口众多、地区间差异大的联邦制国家，宜选择分权多头式金融监管体制。这种模式以美国为代表。所谓“分权”（“双线”）是指联邦和州（或省）级政府当局都有权接受相对应的金融机构的注册登记，并对该注册金融机构实施监管。比如：在州注册登记的银行为州银行，由州级有关机构对其进行监督管理；在联邦注册的银行为国民银行，由联邦级有关机构对其进行监督管理。

所谓“多头”，是指金融监管职能由若干个机构共同承担实施。美国联邦级金融监管机构主要有八个：联邦储备体系（FRS）、财政部所属货币监理署（OCC）、联邦存款保险机构（FDIC）、证券交易委员会（SKC）、联邦住宅贷款银行委员会（FHLBB）、存款机构总局（OTS）、联邦金融机构检查委员会（FFIEC）和全国情用联社管理委员会（NCUA）。此外，司法部、联邦调查局等机构有权从各自的法定职责出发对商业银行进行监管。美国各州都设有自己的金融管理机构，通常称为州银行委员会或银行局，负责对本州注册的金融机构实施监管。

分权多头式金融监管体制有利有弊，其利在于：由于各机构间相互制约、竞争、合作，且各有侧重，因而一方面能够有效地防止金融监管权力过分集中，另一方面有利于金融监管专业化，以提高对金融业务服务的能力，并提高金融监管的效率。其弊在于：管理机构交叉重叠，易造成重复检查和监督，影响货币政策与金融监管的效率；金融法规不统一，使不法的金融机构易钻监管的空子，从而加剧金融领域的矛盾和混乱。

2. 集权多头式（又称单线多头式）金融监管体制

一般来说，对于国家权力集中、经济又比较发达的国家，在较为集中的政治体制和分散的经济管理体制下，易形成集权多头金融管理体制。在这种模式下，全国的金融监管权集中于中央，地方没有独立的权力，故称“集权”；在中央一级由两家或两家以上的机构共同负责金融监管，故称“多头”。这种模式反映了国家权力集中的特征和权力制衡的需要。采用这种模式的国家有日本、德国等。

集权多头式金融监管体制的优点在于：有利于金融体系的集中统一和监管效率的提高。其缺点在于：面临着与分权多头式金融监管体制相类似的机构重叠、重复监管等问题，其运行效率的关键在于各金融监管机构之间的合作。

3. 集中单一式金融监管体制

所谓“集中单一”即由一家金融机构集中进行监管，这一机构通常是各国的中央银行。一般来说，有两类国家采用这种模式：一类是经济金融高度发达、基本上实现了经济金融一体化的国家，其完善的市场体制与中央银行或监管当局拥有较大的独立性相适应，比如英国；另一类是发展中国家，由于市场体系不完备，金融制度比较简单，客观上需要政府通过中央银行统一干预，比如巴西、泰国等。

集中单一式金融监管体制的优点在于：①管理高度集中、法规统一，金融机构不容易钻监管的空子；②克服其他模式的相互扯皮、推脱责任的弊端，有助于提高货币政策和金融监管的效率，为金融机构提供良好的社会服务。其缺点在于，易使金融管理部门养成官僚化作风、滋生腐败现象。

4. 跨国金融监管体制

跨国金融监管体制是指对经济合作区域内的金融机构实施统一的监督和管

理的体制，比如欧洲中央银行。1998 年 6 月 2 日开始运行的欧洲中央银行是顺应世界经济全球化、国际金融一体化形势的需要，其最终目的是建立欧盟国家。1999 年 1 月欧元启动以来，进一步加剧了欧盟金融机构之间的竞争，这就要求具有高度独立的欧洲中央银行来加强区域内金融机构的统一监管。

跨国金融监管体制的优点在于：建立跨国中央银行进行统一金融监管，有利于成员国家的区域性联合，维护经济、金融稳定。其缺点在于：该模式运行成功的关键是成员国的合作，一旦成员国之间出现利益冲突，就会给金融业带来混乱。另外，成员国的金融管理政策可能会失去独立性。

三、金融监管的主要内容

(一) 市场准入监管

对新设金融机构、新开金融业务的审批即市场准入。新设金融机构或新开金融业务会增加金融市场的风险，加剧竞争，具体表现在以下两个方面：①如果让不合格的金融机构或金融产品进入市场，则意味着在金融体系中埋下隐患；②如果在市场没有足够需求的情况下，增加金融机构或金融产品，必然导致平均盈利水平的下降，降低抵御风险的能力。因此，市场准入监管是金融监管的首要环节。

实行市场准入监管是为了保持金融市场主体的合理性。市场准入监管的最直接体现是对金融机构开业登记、审批的管制，其主要内容集中在对注册资本最低限额、业务范围、高级管理人员的任职资格、组织结构和管理制度等方面的审批。其中，注册资本最低限额是一项重要指标。我国对设立金融机构的注册资本最低限额的规定如下：①设立商业银行，其注册资本最低限额为 10 亿元人民币，城市合作商业银行为 1 亿元人民币；②设立综合类证券公司，其注册资本最低限额为 5 亿元人民币，经纪类证券公司为 5 000 万元人民币；③设立全国性保险公司，其注册资本最低限额为 5 亿元人民币，地方性保险公司为 2 亿元人民币。

(二) 市场运作过程的监管

金融机构经审批开业后，金融监管主体还要对其业务运作过程实施有效监管。我国目前实行的是分业经营、分业监管，银监会、证监会和保监会分别对银行业、证券业和保险业的各金融机构实施监管。

1. 银监会对商业银行经营过程的监管

(1) 资本充足率的监管。我国银监会按照 1988 年《巴塞尔协议》的规定，要求商业银行资本充足率不低于 8%，其中核心资本不低于 4%，附属资本不超过核心资本的 100%。

(2) 清偿能力的监管。清偿能力监管主要是针对资产流动性问题，着眼于对银行规定杠杆比率。我国对商业银行资产流动性规定的主要指标包括：①存贷款比例指标，本外币合并各项贷款与各项存款的比例不得超过 75%，其中外币各项贷款与各项存款比例不得超过85%；②中长期贷款比例指标，超过一年的中长期贷款与相应的存款之比不得超过120%；③(人民币)拆借资金比例指标，拆入资金余额与各项存款余额之比不得超过4%，拆出资金余额与各项存款余额之比不得超过8%。此外，为了提高商业银行的清偿能力，通常还要求商业银行提取贷款损失准备金。

(3) 贷款集中性程度的监管。为了防止商业银行信贷风险的过度集中，通常也会对贷款集中度进行管制。所谓贷款集中度，就是对某一家企业的贷款占该商业银行贷款余额的比重。贷款集中度越高，意味着银行贷款的风险越集中，因此，单个企业无力偿还贷款对该银行的冲击就越大。如果贷款分散在众多的行业和企业中，则单个企业的信用风险对银行的冲击就要小很多。我国规定商业银行对同一借款人的贷款余额不得超过银行资本余额的10%，对最大10家借款人发放的贷款总额不得超过银行资本净额的50%。

(4) 信息披露的监管。要求商业银行公开披露全面的信息，以使市场参与者对银行所从事的各项业务以及控制风险的各项手段有充分的认识和了解，能够更好地对银行做出区分。所谓全面信息披露，不仅要披露风险和资本充足状况的信息，而且要披露风险评估和管理的过程、资本结构以及风险与资本匹配状况的信息。

(5) 审查。监管机构必须进行常规的银行检查，以监督银行是否符合资本要求、限制资产持有的规定。一般按照"骆驼"(CAMEL)评级标准执行，具体包括五项内容：资本的充足性(capital adequacy)、资产质量(asset quality)、管理状况(management)、收益(earning)和流动性(liquidity)。

银行监管机构对商业银行的审查通常包括现场检查和非现场检查。非现场检查是指监管当局通过管理信息系统(Management Information System，简称MIS)等现代化的金融风险预警系统，对金融机构的业务活动全面、连续地进行监控，以便随时掌握金融机构和整个金融体系的运行状况，对存在的风险因素和问题进行及时排除和纠正。非现场检查的程序如下：①对金融机构的各类财务报表、信息进行鉴别评估，分析其潜在或存在的问题和风险；②检查上期监管报告以后该金融机构发生的重大变化；③分析近期市场和经济状况对该机构业务经营的影响；④发现异常要及时预警，要求金融机构迅速解决。其中值得注意的是：金融机构业务报表资料的真实性以及报送的及时性是进行有效非现场检查的前提条件。现场检查是指监管当局事先不通知被检查的银行，而是指派专人或专门小组进入金融机构进行实地检查，查看相关的财务凭证和资产负债状况，以防止商业银行提供虚假的财务报表，阻止其从事风险过高的资产活动。

2. 证监会对资本市场的监管

(1) 发行审核。发行审核主要包括注册制和核准制。①注册制即所谓的"公开原则"，是指证券发行者在公开募集和发行证券前，需要向证券监管部门按照法定程序申请注册登记，同时依法提供与发行证券有关的一切资料，并对所提供的资料的真实性、可靠性承担法律责任。在注册制下，监管部门的权力仅限于保证发行人所提供的资料无任何虚假的陈述或事实。注册制一方面为投资者创造了一个高透明度的市场，另一方面又为投资者提供了一个公平竞争的场所，在竞争中实现优胜劣汰和资金的优化配置。但是，注册制也存在着明显的缺陷。它发挥良好作用的前提是信息披露的充分性，以便投资者能够根据所获得的信息做出理性的投资决策。从这一点来看，注册制比较适合于证券市场发展历史比较悠久、市场已经进入成熟阶段的国家。②核准制即所谓的“实质管理原则”，是指证券发行者不但要公开所发行证券的真实情况，而且所发行的证券还必须符合公司法和证券法中规定的若干实质性条件，证券监管机关有权否决不符合实质条件证券的发行申请。我国目前对证券发行的监管属于核准制。虽然各国国情差别较大，具体情况也各不相同，但是实行核准制的国家在规定实质条件时都考虑了以下因素：一是发行公司的营业性质，管理人员的资格能力；二是发行公司的资本结构是否健全；三是发行的所得是否合理；四是各种证券的权利是否公平；五是所有公开的资料是否充分、真实；六是发行公司的发展前景及事业的成功机会。核准制在信息公开的基础上，又附加了一些规定，从而把一些低质量、高风险的公司排除在证券市场门外，这在一定程度上保护了投资者的利益，减少了投资的风险性，有助于新兴的证券市场的发展和稳定。但是，它很容易导致投资者产生完全依赖的安全感，而且监管机关的意见未必完全准确，尤其是它使一些高成长性、高技术和高风险并存的公司上市阻力加大，而这些公司的发展对国民经济的高速发展具有巨大的促进作用。综上所述，核准制比较适合于证券市场历史不长、经验不多、投资者素质不高的国家和地区。对这些国家和地区来说，核准制有助于新兴的证券市场健康、有效、规范地发展。

(2) 对证券商行为的自律监管。对证券商的行为监管是指对证券商的经营活动及其从业人员、管理人员的行为进行的监督管理。证券交易所、证券交易同业公会为规范证券商的行为，一般都会实行比较严格的自律监管。证券商最容易出现的欺诈舞弊行为包括扰乱证券市场价格、散户虚假信息、故意炒作、内外勾结、与交易所管理人员共同作弊、隐瞒实际收入、利用证券信用进行投机、骗取客户资金为自己牟利。自律组织通过制定规章制度，从道义上建立起一种证券商彼此监督、彼此制约的机制，最大限度地防止证券交易中的欺诈行为。证券商自律组织对证券商违规行为进行处罚。证券商违规行为主要指不道德的和有意识的破坏正常交易的行为(违法行为由法律制裁或交政府证券监管机构处理)。在西方，证券业同业公会等自律组织均有较大的自治权，包括对证券商的惩戒权力。证券商出现违规行为，自律组织有权处罚。处罚的主要措施有警告、要求证券商撤换从业人员、罚款直至开除会员席位。对证券商的处罚通常由仲裁委员会做出，仲裁委员会一般由会员选出，必要时采取投票的方法对议案进行表决，表决结果为最终决定。

(3) 信息披露的监管。为了降低由信息不对称所引起的道德风险和逆向选择,证券监管机构要求上市公司必须承担全面及时披露必要信息的义务,包括证券发行及上市时的初次信息披露,以及上市后的持续信息披露。前者主要是招股说明书和上市公告书,后者主要是财务定期报告和临时报告。

3. 保监会对保险公司经营过程的监管

保监会的监管主要集中在公平和风险控制方面,包括以下三方面内容:

(1) 保险条款和保险费率和的监管。保险条款规定了保险双方的权利和义务关系,是保险合约的重要组成部分,包括保险责任范围、保险期限、责任免除、赔偿处理、争议处理等。由于保险条款的技术性和专业性非常强,一般人难以全面正确地理解其主要内容。为了保护被保险人的合法利益,保证保险条款的公平性和公正性,我国主要险种的保险条款和费率由保险监督管理委员会统一制定,其他险种的保险条款和费率通过审批和备案实施监管操作。

(2) 保险资金的监管。保险资金是指保险公司的资本金、保证金、营运资金、各种准备金、公积金、公益金和未分配盈余资金等,其运用一般受到监管当局的严格限制。目前,我国保险资金只能用于银行存款、买卖政府债券和金融债券,还可以进入同业拆借市场和投资基金等领域。

(3)保险保障基金的监管。为了保障被保险人的利益,维持保险公司稳健经营,保监会规定寿险和非寿险公司应提取相应的保险保障基金,对最低偿付能力、未到期责任准备金和未决赔款准备金等做了详细规定并实施监管。

(三) 市场退出的监管

金融机构的市场退出有多种方式,主要有以下几种:①收购兼并。由健康金融机构收购兼并,使危机金融机构退出市场,成本低、效果好。②接管。由监管当局或存款保险公司接管危机金融机构,对其进行整顿和改组,接管期限最长不超过两年,如果金融机构在接管期限内恢复正常经营能力,或者被合并,或者被依法宣告破产,则接管终止。③破产清算。危机金融机构资不抵债,可经监管当局批准提出破产申请,由人民法院宣告破产并依法组织清算。

对金融机构的市场退出实施监管的目的在于:①保证收购兼并、接管、关闭危机金融机构等操作过程的合法性;②防止不规范的市场退出方式的使用;③消除产生系统性风险的潜在因素。

四、国际金融监管的现状和趋势

第二次世界大战结束后,随着战后经济特别是西方国家经济的高速发展,生产资本不断集中,促使银行资本更加集中和垄断,大银行为了获得更大利润,寻求向外扩张,从而推动了金融业的国际化。金融业的国际化一方面使金融机构所面临的风险呈现多样化和复杂化,从而加大了金融机构经营的不确定性;另一方面使得风险越来越不可能限制在一国或一地区内，金融风险会在国际范围内传播。总之，金融业的国际化导致金融风险的国际化，某一地区金融体系的问题很可能演化为国际性的金融危机。

（一）金融监管的国际协调

金融国际化使得任何单个国家政府都无法对国际金融活动实施有效的监管，这就迫切要求在世界范围内推进对金融监管的国际协调，以创造良好的国际金融环境和国际金融秩序，提高全球金融市场监督的有效性，保持金融稳定。

目前金融监管的国际协调主要有以下几种形式：

(1) 双边的谅解备忘录。一般用于两国之间的监管协调。通过两国间就金融监管某一领域问题的探讨并取得共识，签订协议明确双方责任和义务。截至2011年8月，我国证监会已与33个国家和地区签订了监管合作的双边谅解备忘录。

(2) 多边论坛。一般是就某一监管问题在多个国家间进行会谈，并签署监管共同声明或文件。但这些文件一般不具备法律效力。

(3) 制定统一的监管标准。通过各国或国际监管组织的协调，制定统一的监管标准，这些标准为各成员国监管当局所接受并遵守。比如巴塞尔委员会所颁布的资本充足率的标准。

(4) 统一监管，即建立统一的监管机构进行跨国金融监管。目前只有欧盟的金融监管在一定程度上形成了统一监管。

（二）主要的金融监管国际协调组织

根据是否具有法律约束力，可将现有的金融监管国际协调组织分为两类：一类是对其成员国具有法律约束力的监管组织，比如欧盟(European Union，EU)，它所通过的监管规则对其成员国具有法律约束力，可以在一定程度实现对成员国的统一金融监管；另一类是对其成员国不具有法律约束力的国际监管组织，比如巴塞尔委员会(Basel Committee on Banking Supervision，BCBS)、国际证券委员会组织(International Organization of Securities Commissions，IOSC)、国际保险监管联合会(The International Association of Insurance Supervisors，IAIS)等。在国际金融监管组织中，巴塞尔委员会的影响最为突出。

巴塞尔委员会成立于1974年，当时赫斯塔特银行和福兰克林国民银行的倒闭，使国际社会认识到银行国际业务的风险性和危机的传染性，意识到加强对银行国际业务合作监管的迫切性。为此，在国际清算银行(Bank for International Settlements，BIS)的发起和支持下，银行法规与监管事务委员会于1974年底成立，即现在的巴塞尔银行监管委员会，简称“巴塞尔委员会”。巴塞尔委员会现有13个成员国：比利时、加拿大、法国、德国、意大利、日本、卢森堡、荷兰、瑞典、瑞士、西班牙、英国、美国。委员会为其成员国在银行监管合作方面提供条件，主要包括以下几个方面：①交换成员国的监管安排信息；②提高国际银行业务监管技术的有效性；③研究和建立资本充足率最低标准等。委员会实施其国际监管遵循两条原则：①没有任何境外银行机构可以逃避监管；②监管应当是充分的。

（三）金融监管发展趋势：机构型监管向功能型监管转变

与分业经营和混业经营相对应的是机构型监管和功能型监管。机构型监管就是在分业经营条件下，由不同的监管当局分别对不同的金融机构进行监管，即保险监督管理委员会监管保险机构、证券监督管理委员会监督证券经营机构等。我国目前实行的就是机构型金融监管体制（如图 15－3 所示）。

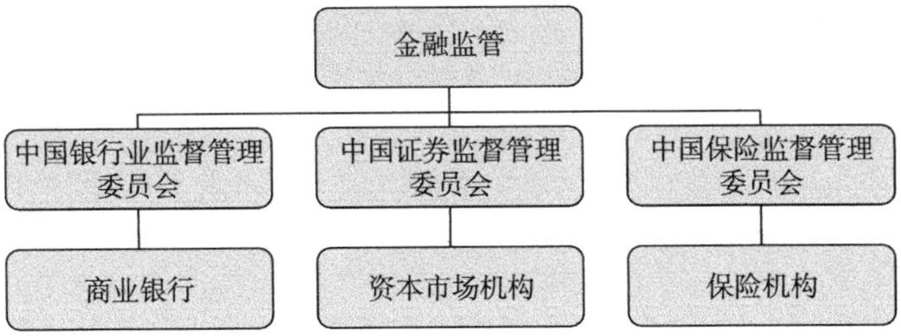

图 15－3 中国的机构性金融监管体制

机构型监管是与银行、证券和保险分业经营相适应的。由于在分业经营环境下，银行、证券和保险之间的业务不能交叉，因此，由不同的监管机构来监管对应的金融机构具有一定的可行性。但是，现在全球都由分业经营向混业经营过渡，商业银行、证券业与保险业之间的业务越来越走向交叉融合。在这种环境下，实行机构型监管就会造成监管的盲区。例如，一家金融机构同时经营商业银行业务、证券业务和保险业务时，到底是由银行业监督管理委员会、证券监督管理委员会来监督好呢，还是由保险监督管理委员会来监管好呢？

专栏 15－5 我国当前的金融监管体制

我国当前的金融监管体制是根据分业经营、分业管理的原则，逐步形成由中国人民银行（简称“人行”）、中国银行业监督管理委员会（简称“银监会”）、中国证券监督管理委员会（简称“证监会”）和中国保险监督管理委员会（简称“保监会”）构成的“1＋3”所谓“一行三会”的金融监管格局。其中，人行负责宏观金融调控，银监会负责银行、信托业的监管，证监会负责证券业、投资基金的监管，保监会负责保险业的监管。监管权限高度集中于中央政府。

这一金融监管体制的形成经历了三个阶段：第一阶段是 1983 年以前，为恢复调整阶段；第二阶段是 1984—1992 年，为改革阶段；第三阶段是 1992 年至今，为完善阶段。特别是第三阶段，为了完善金融监管体制，出台了许多措施：

1993年12月，国务院发布《关于金融体制改革的决定》，1994—1995年，贯彻执行决定精神，初步形成现行的金融组织体系。

1995年分业经营体制确立后，原有的由中国人民银行统一监管的金融监管体制逐步向分业监管的体制演化。

1998年6月，中国人民银行将其对证券市场的监管职责全部移交证监会，真正形成银行和证券的分业监管。

1998年11月，保监会成立，银行和保险分业监管。

2003年4月，银监会成立，银行业监管职能从人行分离，由银监会行使原由人行行使的银行业监管职能，人行则专事三项工作：制定和实施货币政策、防范化解金融风险和维护金融稳定、提供清算服务。

从金融监管体制的模式选择上看，分业监管之前，由人行依法对金融机构及其业务实施监督和管理，应属于集中单一式金融监管体制；分业监管之后的金融监管体制则兼具集权多头式和集中单一式金融监管体制的特征。作为金融监管全局的制度模式属于集权多头式，而对于单个金融部门的监管则属于集中单一式，比如在银行部门建立以银监会为核心的监管体系等。

这种“1+3”即“一行三会”的金融监管体制有利于管理机关集中精力对各自负责的对象进行更高的专业化监管，强化监管力度。但监管机构自成系统、事权被条块分割、监管工作缺乏配合，留下监管真空，从而出现分业监管与跨业违规的矛盾。

因此，由分业监管向统一监管的过渡，要求从原来的机构型监管向功能型监督过渡。功能型监管就是指在一个统一的监管机构内，由专业分工的管理专家和相应的管理程序对金融机构的不同业务进行监管。功能型监管是混业经营环境下金融监管体制变化的一个新趋势。下图揭示了功能型监管体制下的金融监管体制。在功能型监管体制下，同一金融机构的商业银行业务由银行进行监管，其证券业务则由证券监管机构进行监管，相应的保险业务则由保险监管机构进行监管。

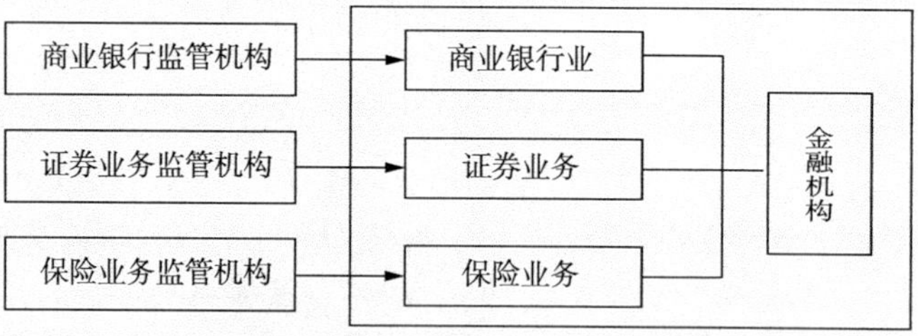

混业经营下的功能型金融监管体制

资料来源 根据相关资料整理。

功能型监管主要有以下几个方面的优点：①它可以根据各金融业务监管机构最熟悉的经济功能来分配法律权限。证券监管更强调公开性和透明度；银行监管关心的是公众对银行的信心，因此更倾向于保密。②以功能为导向的金融监管体系可以大大减少监管职能的冲突、交叉重叠和监管盲区。但是，功能型监管最大的不足在于，它会导致对同一金融机构的多重监管，即多家监管机构对它进行监管，这会在无形中增加金融监管的成本。

专栏 15-6 英国金融监管机构

英格兰银行(Bank of England)为历史最悠久的中央银行。根据英格兰银行法，其经营目标为维护金融体系健全发展，提升金融服务有效性，维持币值稳定。就首要目标而言，最终为保障存款户与投资者权益，这与金融机构业务经营好坏密切相关。

2011年2月，英国政府公布《金融监管的新框架：建立一个更强健的体系(征求意见稿)》，提出设立金融行为局(FCA)负责金融消费者保护和金融机构商业行为监管，并进一步明确了金融政策委员会(FPC)、审慎管理局(PRA)以及FCA各自的职责分工(见下图)。同时，英格兰银行成立临时金融政策委员会(FPC)，开始履行宏观审慎职能，识别和监测系统性风险，维护和提高英国金融体系的稳健性。6月，英国政府发布白皮书《金融监管的新框架：改革蓝图》，将金融改革向法律层面推进，提出了《金融服务法草案》。2012年1月，《金融服务法案》完成立法前预审，正式进入立法程序。

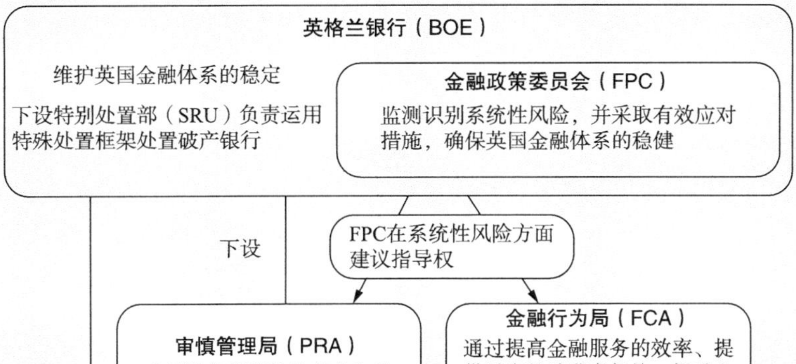

资料来源 英国财政部：《金融监管的新框架：建立一个更强健的体系》，2001年。

（四）次贷危机后的金融监管

由于次贷危机引发了世界范围内的银行业危机，必然对全球的金融监管产生深远的影响。鉴于次级贷款、抵押债务权益等金融创新产品诱发了危机，而金融机构委托——代理问题，以及金融体系的运作效率更是危机爆发的根本原因。目前金融监管的改革尚在进行中，未来可能出现以下的监管改革。

1. 减少次级抵押产品

由于部分次级抵押产品设计得过分复杂，次级借款人无法完全理解也难以做出明智的决策。因此，金融监管将会取缔或加强对这些复杂产品的监管，有助于降低投资人承担的风险。

2. 对金融行业薪酬的管理

金融监管机构将会对金融行业高昂的收费以及经理人的丰厚薪酬进行限制。高昂的收费以及丰厚薪酬不仅加剧了社会收入的分化，更刺激了金融行业的经理人推出高风险证券的动机，因为这些经理人可以享有高风险带来的高收益和高薪酬，而出现风险导致企业巨额亏损则由投资人和纳税人承担，对整个金融体系也会带来严重的危害性。

3. 提高资本金要求

提高金融机构资本金的要求，确保其拥有足够的资本金应对所承担的风险。诸如巴塞尔协议Ⅲ对商业银行的资本充足性要求进一步强化，投资银行和保险公司等也会要求其资本金和它们所承担的风险相适应。

4. 增加对信用评级机构的管理

在次贷危机中，信用评级机构不准确的评级结果促使了金融机构投资于高风险的垃圾债券，从而助推了金融危机的产生和爆发。因此，必须强化对信用评级机构的管理，以限制金融机构之间的利益冲突，鼓励提供更加可靠的评级，帮助投资者获得足够和真实的信息，以便做出明智的投资决策，降低金融体系的风险。

5. 增加对衍生品的监管

由于在次贷危机中，一再出现和衍生品交易所导致金融机构发生巨额亏损，并引发金融市场波动的事件。金融监管将增强衍生品信息披露和交易过程的监管，尤其是场外衍生品交易也要纳入到监管。避免由于类似于“大规模杀伤性武器”的衍生品，在过度不当的运用中，导致金融体系崩溃。

本章小结

金融本身具有脆弱性，从而容易引发金融危机。金融脆弱性是指金融体系本身就具有不稳定的性质，一旦遇有外部冲击就可能触发金融危机。无论是商业银行、股票市场还是汇率都具有一定的脆弱性。

金融危机是全部或大部分金融指标——短期利率、资产价格、汇率和金融机构倒闭数——超出社会经济体系承受能力的急剧恶化。金融危机分为四类，即货币危机、银行危机、债务危机和资本市场危机。系统性金融危机是指银行、汇率和资本市场等所有金融领域都同时爆发危机，从而对实体经济产生较大的破坏性影响。

防范金融危机的主要措施有五个方面：健全的宏观经济环境、建立合理的企业治理结构、选择合理的汇率制度和资本项目开放、有效的金融监管、完善金融机构的内控制度。

金融监管是指金融主管当局依据国家法律、法规的授权，对金融业实施监督、约束、管制，使它们依法稳健运行的行为总称。实施的监管包括市场准入监管、业务范围及特定业务管制、风险控制机制约束、市场退出监管等。对不同的金融业务领域，金融监管的具体内容有所差别。对于商业银行业务而言，金融监管的主要内容包括资本充足率、清偿能力、贷款集中性程度、信息披露。对于资本市场监管的主要内容包括发行审核、证券商自律行为、信息披露。对保险市场的监管主要包括保险条款和保险费率、保险资金、保险保障基金的监管。

金融监管体制是指一国金融监督的制度安排，包括金融监管当局对金融机构和金融市场施加影响的机制以及监管体系的组织结构。根据金融管理机构监管金融的行为方式划分，金融监管体制分为以下四种模式：分权多头式监管体制、集权多头式监管体制、集中单一式监管体制、跨国金融监管体制。

与分业监管和混业相对应的是机构型监管和功能型监管。机构型监管是将在分业经营条件下，由不同的监管当局分别对不同的金融机构进行监管。功能型监管就是指在一个统一的监管机构内，由专业分工的管理专家和相应的管理程序对金融机构的不同业务进行监管。功能型监管是混业经营环境下金融监管体制变化的一个新趋势。

重要概念

金融脆弱性　金融危机　货币危机　银行危机　债务危机　系统性金融危机　金融监管　信息披露　注册制　核准制　机构型监管　功能型监管

思考题

1. 什么是金融脆弱性？导致金融脆弱性的原因有哪些？

2. 中国的金融脆弱性主要体现在什么地方？如何降低中国的金融脆弱性？
3. 什么是金融危机？金融危机有哪些类型？
4. 如何理解金融监管？金融监管的目的是什么？进行金融监管的原因何在？
5. 银行业金融监管的主要内容有哪些？
6. 资本市场的金融监管的主要内容有哪些？
7. 保险市场的金融监管的主要内容有哪些？
8. 什么是机构型监管和功能型监管？它们各自有何优缺点？

参考文献

[1] [美]弗雷德里克·S. 米什金. 货币金融学. 9版. 郑艳文,译. 北京:中国人民大学出版社,2011.
[2] [美]博迪,莫顿,等. 金融学. 2版. 刘澄,等译. 北京:中国人民大学出版社,2010.
[3] [加]杰格迪什·汉达. 货币经济学. 郭庆旺,刘晓路,陈卫东,译. 北京:中国人民大学出版社,2005.
[4] [美]托马斯·梅耶,等. 货币、银行与经济. 6版. 杜宝清,等译. 上海:上海三联书店,上海人民出版社,2007.
[5] [美]弗里德曼,哈恩. 货币经济学手册. 陈雨露,等译. 北京:经济科学出版社,2002.
[6] [美] R. 格伦·哈伯德,等. 宏观经济学(中译本). 张军,等译. 北京:机械工业出版社,2007.
[7] [美]多恩布什,费希尔. 宏观经济学. 6版. 李庆云,等译. 北京:中国人民大学出版社,1997.
[8] [美]本·S. 伯南克,托马斯·劳巴克,费雷德里克·S. 米什金,亚当·S. 波森. 通货膨胀目标制(国际经验). 孙刚,钱泳,王争,译. 大连:东北财经大学出版社,2006.
[9] [美]弗里德曼. 货币稳定方案. 宋宁,高光,译. 上海:上海人民出版社,1991.
[10] 国际货币基金组织. 国际金融手册. 5版. 罗平,译. 北京:中国金融出版社,1994.
[11] [英] 迈克·巴克尔,约翰·汤普森. 英国金融体系理论与实践. 4版. 陈敏强,译. 北京:中国金融出版社,2005.
[12] [美] 佩特·D. 斯潘瑟(Peter·D. Spencer). 金融市场结构与监管. 戴国强,等译. 上海:上海财经大学出版社,2005.
[13] [美]埃迪温·H. 尼夫. 金融体系:原理和组织. 曲昭光,等译. 北京:中国人民大学出版社,2005.
[14] [美]弗兰克·J. 法博齐,弗朗哥·莫迪利亚尼. 资本市场:机构与工具. 唐旭,等译. 北京:经济科学出版社,1998.
[15] [美]查理斯·R. 吉斯特. 金融体系中的投资银行. 郭浩,译. 北京:经济科学

出版社,1999.
[16] [英]路透.金融衍生工具导论(An Introduction to Derivatives).北京:北京大学出版社,2001.
[17] [美]保罗·R.克鲁格曼,等.国际经济学:理论与政策(下册)(国际金融部分).8版.黄卫平,等译.北京:人民大学出版社,2011.
[18] [美]罗纳德·麦金农.经济自由化的顺序——向市场经济过渡中的金融控制.李若谷,吴红卫,译.北京:中国金融出版社,1993.
[19] [美]罗纳德·麦金农.经济发展中的货币与资本.卢瑰,译.上海:上海人民出版社,1997.
[20] [美]爱德华·肖.经济发展中的金融深化.邵伏军,译.上海:上海三联出版社,1988.
[21] [美]约翰·格利,爱德华·肖.金融理论中的货币.王传纶,陈昕,等译.上海:上海人民出版社,1994.
[22] [美]雷蒙德·W.戈德史密斯.金融结构与金融发展.周祠,译.北京:中国社会科学出版社,1993.
[23] 易纲,吴有昌.货币银行学.上海:上海人民出版社,2006.
[24] 黄达.金融学.2版(货币银行学第4版).北京:中国人民大学出版社,2009.
[25] 戴国强.货币金融学.上海:上海财经大学出版社,2006.
[26] 胡庆康.现代货币银行学教程.3版.上海:复旦大学出版社,2006.
[27] 姚长辉.货币银行学.3版.北京:北京大学出版社,2005.
[28] 彭兴韵.金融学原理.4版.上海:上海三联书店,2010.
[29] 杨长江,张波,王一富.金融学教程.上海:复旦大学出版社,2004.
[30] 张尚学.货币银行学.天津:南开大学出版社,2004.
[31] 范从来.货币银行学.3版.南京:南京大学出版社,2006.
[32] 千家驹,郭彦岗.中国货币史纲要.上海:上海人民出版社,1986.
[33] 李翀.当代西方金融理论.北京:经济日报出版社,2005.
[34] 李健.当代西方货币金融学说.北京:高等教育出版社,2006.
[35] 盛松成.现代货币经济学.北京:中国金融出版社,2001.
[36] 邱崇明.现代西方货币理论与政策.北京:清华大学出版社,2005.
[37] 陈文林.货币问题争论和分析.北京:中国金融出版社,1995.
[38] 萧松华.当代货币理论与政策.成都:西南财经大学出版社,2001.
[39] 伍海华.西方货币金融理论.北京:中国金融出版社,2006.
[40] 易纲.中国的货币、银行和金融市场.上海:上海人民出版社,1996.
[41] 韩汉君,王振富,丁忠明.金融监管学.上海:上海财经大学出版社,2003.
[42] 钱小安.金融监管体制、效率与变革.北京:中国金融出版社,2006.
[43] 丁邦开,周仲飞.金融监管学原理.北京:北京大学出版社,2004.

[44] 李青云.理财规划师基础知识.北京:中国财政经济出版社,2007.
[45] 张亦春,郑振龙.金融市场学.2版.北京:高等教育出版社,2003.
[46] 刘红忠.金融市场学.上海:上海人民出版社,2003.
[47] 陈信华.金融衍生工具.上海:上海财经大学出版社,2004.
[48] 姜波克.国际金融新编.4版.上海:复旦大学出版社,2008.
[49] 陈雨露.国际金融.4版.北京:中国人民大学出版社,2011.
[50] 戴国强.商业银行经营学.4版.北京:高等教育出版社,2011.
[51] 蔡志刚.中央银行独立性与货币政策.北京:中国金融出版社,2004.
[52] 阙澄宇.欧洲中央银行体系及政策研究.北京:中国社会科学出版社,2007.
[53] 钱小安.货币政策规则.北京:商务印书馆,2002.
[54] 阙澄宇.欧洲中央银行体系及政策研究.北京:中国社会科学出版社,2007.
[55] 巴曙松.巴塞尔新资本协议研究.北京:中国金融出版社,2003.
[56] 中国银行业监督管理委员会.商业银行资本充足率管理办法(2007修订版).2007
[57] Basel Committee on Banking Supervision (2003). The New Basel Capital Accord. Basel Consultative Document, April, 1-206.
[58] Martin Mayer. The FED: the inside story of how the world's most powerful financial institution drives the markets. Plume. The Free Press. New York.
[59] 中国人民银行:http://www.pbc.gov.cn.
[60] 美联储:http://www.federalreserve.gov.
[61] 欧洲中央银行:http://www.ecb.int.
[62] 英格兰银行:http://www.bankofengland.co.uk.
[63] 国家外汇管理局:http://www.safe.gov.cn.
[64] 中国票据网:http://www.chinacp.com.cn.
[65] 中国人民银行:http://www.pbc.gov.cn.
[66] 中国证券网:http://www.cnstock.com.
[67] 中国银监会:http://www.cbrc.gov.cn.
[68] 上海证券交易所:http://www.sse.com.cn.
[69] 上海银行间同业拆放利率网:www.shibor.org.
[70] 中国货币网:www.chinamoney.com.cn.